· 二十一世纪“双一流”建设系列精品教材

财政绩效评价

CAIZHENG JIXIAO PINGJIA

高琪　方圆　蒲云　编著

西南财经大学出版社
中国 · 成都

图书在版编目(CIP)数据

财政绩效评价/高琪,方圆,蒲云编著 .—成都:西南财经大学出版社,2021.8
ISBN 978-7-5504-4969-5

Ⅰ.①财… Ⅱ.①高…②方…③蒲… Ⅲ.①财政支出—经济绩效—经济评价—研究 Ⅳ.①F810.3

中国版本图书馆 CIP 数据核字(2021)第 139929 号

财政绩效评价
高琪 方圆 蒲云 编著

策划编辑:王琳
责任编辑:雷静
封面设计:张姗姗
责任印制:朱曼丽

出版发行	西南财经大学出版社(四川省成都市光华村街 55 号)
网　　址	http://cbs.swufe.edu.cn
电子邮件	bookcj@swufe.edu.cn
邮政编码	610074
电　　话	028-87353785
照　　排	四川胜翔数码印务设计有限公司
印　　刷	四川煤田地质制图印刷厂
成品尺寸	185mm×260mm
印　　张	19.25
字　　数	422 千字
版　　次	2021 年 8 月第 1 版
印　　次	2021 年 8 月第 1 次印刷
印　　数	1—2000 册
书　　号	ISBN 978-7-5504-4969-5
定　　价	39.80 元

前　言

财政是国家治理的基础和重要支柱，提高财政资金的效率和效益，更好地发挥财政的作用，是新时代国家治理的重要任务。党的十九大报告提出："建立全面规范透明、标准科学、约束有力的预算制度，全面实施绩效管理。"财政绩效评价为实施全面绩效管理提供了基础性支撑。

"花尽量少的资金、办尽量多的实事，向社会公众提供更多、更好的公共产品和公共服务，使政府行为更加务实、高效"一直是我们政府的改革目标。目前我国的"四本预算"（一般公共预算、政府性基金预算、国有资本经营预算、社会保险基金预算）支出金额已超过30万亿元人民币，项目数量巨大。有效地对财政支出进行评价，以帮助政府部门提高效率，促进决策科学化，是全面实施绩效管理的基础。而专业评价人员的缺乏和项目的多样性与复杂性等问题，又一直制约着绩效评价的进一步推行。正是基于这种迫切的国家和社会现实需求，结合财政绩效评价的慕课建设，我们梳理了国内外现有的相关研究成果、课程讲义、评价报告等，在总结分析了国内外绩效评价实践的基础上，编写了《财政绩效评价》这本教材。

本书从项目/政策运行的逻辑视角出发，理解项目/政策的运行逻辑。本书以项目逻辑模型为主线，研讨如何设计评价内容，提出评价问题，开发评价指标；如何运用不同的方法，对项目进行客观、科学、公正的评价。本书涉及财政学、经济学、管理学、逻辑学、社会学等多个领域，有利于学生了解不同学科，拓宽视野，提升综合能力。本书也可以为希望从事绩效管理和绩效评价工作的同学，奠定一个入门的基础。

本书的主要内容包括三个部分。第一部分是绩效评价设计（1~4章）。该部分重点介绍项目运行逻辑、绩效评价框架、评价问题设计和指标设计原则等基本的绩效评价设计。

第二部分是绩效评价方法（5~9 章）。这一部分以项目逻辑模型为中心，重点介绍绩效评价中常用的分析工具和分析方法，包括经济评价方法、归因分析方法、定性分析、需求分析、问卷调查分析等。

第三部分是国外绩效评价实践和借鉴（10~11 章）。这一部分主要是了解和借鉴国外发达国家的绩效评价框架和标准，包括评价的六个步骤和四个标准及其应用以及案例解析。

本书由高琪教授负责全书内容框架设计和统稿，并具体负责第一、二、三、四章的撰写，方圆副教授负责第五、六、七、八、九章的撰写，蒲云副教授负责第十、十一章的编译。本书在编写过程中广泛吸收、借鉴了大量国内外专家的著作、论文，政府和非政府组织的研究报告和绩效评价报告等文献资料，包括施青军教授、邱泽奇教授、曹堂哲副教授、肖鸣政教授、蔡立辉教授、James C. McDavid 教授、Theodore H. Poister 教授、Michael Quinn Patton 教授，四川省财政厅评审中心高淑芳女士等的研究成果和实践经验，以及美国疾控中心、亚洲开发银行的绩效评价报告。本书在编写过程中得到了西南财经大学财政税务学院、教务处和出版社的大力支持，对此我们深表谢意。

虽然我们在编写过程中尽可能完整地吸取学术界和实务界各位专家的研究成果和实践经验，但限于编者的研究水平有限，时间仓促，不足之处在所难免，恳请专家读者批评指正。

高琪

2020 年 10 月

目 录

第一篇 绩效评价设计

第二篇　绩效评价方法

第三篇 国外绩效评价实践和借鉴

第一篇　绩效评价设计

第一章
导论

财政是国家治理的基础和重要支柱。作为政府绩效评价的重要组成部分，财政绩效评价包含支出和收入绩效评价。2018 年《中共中央国务院关于全面实施预算绩效管理的意见》指出，在财政收入绩效方面，要重点关注收入结构、征收效率和优惠政策的实施效果；在财政支出绩效方面，要重点关注预算资金配置效率、使用效益，特别是重大政策和项目实施效果。但目前在具体评价实践中，财政绩效评价实际上等同于财政支出绩效评价，很少涉足收入绩效评价。本书的财政绩效评价指的是财政支出绩效评价，评价对象主要是财政支出项目，评价的项目主要是公共服务类项目。基础设施类项目的评价在公共投资学中有详细的讲述，因此在本书中少有讨论。本章将要介绍财政支出项目绩效评价的基本概念和主要内容，以及国内外绩效评价发展的背景知识，帮助同学们理解为什么绩效评价越来越受到政府和公众的重视。

第一节 财政绩效评价概述

1.1 财政绩效评价的概念

任何公共项目都和政府部门财政资金的使用紧密相关，而绩效评价的目的是要求政府部门“花更少的钱，提供更多、更好的公共服务”。如何有效地对财政支出项目进行绩效评价，以帮助政府部门提高项目价值、效率，促进决策科学化，一直以来都是一个很大的难题。因此，我们先通过分析财政部预算司关于绩效评价的定义，来了解财政绩效评价的主要对象、目的和内容。

在 2011 年 4 月财政部发布的《财政支出绩效评价管理暂行办法》（简称《暂行办法》）中，绩效评价的定义是：

财政支出绩效评价（简称绩效评价），是指财政部门和预算部门（单位）根据设定的绩效目标，运用科学、合理的绩效评价指标、评价标准和评价方法，对财政支出的经济性、效率性和效益性进行客观、公正的评价。

评价的对象是纳入政府预算管理和部门预算管理的资金。部门预算支出绩效评价包括基本支出绩效评价、项目支出绩效评价和部门整体支出绩效评价。评价内容是经济性、效率性和效益性。

《暂行办法》同时也指出了，绩效评价应当以项目支出为重点，重点评价一定金额以上、与本部门职能密切相关、具有明显社会影响和经济影响的项目，即评价的主要对象为项目。

2020 年 2 月，财政部发布了《项目支出绩效评价管理办法》（简称《管理办法》），同时废止 2011 年的《暂行办法》。在《管理办法》中，项目支出绩效评价的定义是：

项目支出绩效评价（以下简称绩效评价）是指财政部门、预算部门和单位，依据设定的绩效目标，对项目支出的经济性、效率性、效益性和公平性进行客观、公正的测量、分析和评判。

评价的范围包括一般公共预算、政府性基金预算、国有资本经营预算的项目支出，以及涉及预算资金及相关的管理活动，如政府投资基金、主权财富基金、政府和社会资本合作（PPP）、政府购买服务、政府债务项目等。

绩效评价主体为预算部门和财政部门。绩效评价方式分为单位自评、部门评价和财政评价三种方式。

单位自评是指预算部门组织部门本级和所属单位对预算批复的项目绩效目标的完成情况进行自我评价。部门评价是指预算部门根据相关要求，运用科学、合理的绩效评价指标、评价标准和方法，对本部门的项目组织开展的绩效评价。财政评价是财政部门对预算部门的项目组织开展的绩效评价。

评价对象为项目，但在不同的评价方式中，评价对象有所侧重。单位自评的对象包括纳入政府预算管理的所有项目支出。部门评价对象应根据工作需要，优先选择部门履职的重大改革发展项目，随机选择一般性项目，原则上应以 5 年为周期，实现部门评价重点项目全覆盖。财政评价对象应根据工作需要，优先选择贯彻落实党中央、国务院重大方针政策和决策部署的项目或覆盖面广、影响力大、社会关注度高、实施周期长的项目。对重点项目，评价主体应周期性组织开展绩效评价。

评价内容依据不同评价方式分别为：单位自评的内容主要包括项目总体绩效目标、各项绩效指标完成情况及预算执行情况。对未完成绩效目标或偏离绩效目标较大的项目，要分析并说明原因，研究并提出改进措施。

财政和部门评价的内容主要包括：决策情况，资金管理和使用情况，相关管理制度办法的健全性及执行情况，实现的产出情况，取得的效益情况，其他相关内容。概括来说，评价内容主要是项目实施、产出、效益及其他情况。

·评价的目的

在评价学科内，“评价”这一术语有多种含义，一般情况下，评价与评估等是同义的，但是评价主要关注价值，更为确切地讲，评价提供项目运行带来的价值方面的信息。某个项目有价值，是因为它对既定的目标或目的的实现起了积极作用。在这种情况下，我们说项目在某种意义上取得了成效。

在项目评价语境下，评价是指通过系统地收集信息，分析信息，做出判断，得出结论，以提高项目的价值或生成知识，为今后项目的决策提供信息。因此，评价过程实际上是通过全面系统地考察项目，创建、整合各种相关信息，并做出判断。

其目的是帮助利益相关者减少对某一项目的不确定性，提高项目的效率，然后将这些信息纳入项目的信息库，提供给政策制定者和执行者作参考和使用，有助于其对未来项目的执行和决策。财政绩效评价的目的是通过评价，激励政府部门努力提高绩效，提升政府公共项目的价值，为今后的科学决策提供帮助。

1.2 项目和政策

·项目

项目涉及范围广、类型多，大到国家的航天航空项目、高铁项目，小到培训项目、社区服务项目。我们以儿童英语培训项目为例来说明什么是项目。

假设我们想经营一个儿童英语培训项目，我们应该怎么做?

一般情况下，首先需要有一定资源，比如资金，合作伙伴等；其次进行一系列活动，包括租赁场地、招聘相关专业教师、招生宣传、招聘学生等；然后在英语技能方面，对儿童进行一定课时的训练等；最终让儿童掌握一定的英语知识技能，同时项目提供者获得一定的盈利。

通过上面英语培训项目的例子，我们可以总结一下什么是项目。项目是指组织(可以是私人机构，也可以是政府部门）在一定时间内，为了实现一个或几个相关目标（盈利目标、技能提升目标等)，以一定资源（资金、合作伙伴）实施的一组互相关联的活动（招聘教师、设计课程、培训)。也就是说，项目是为了实现一个或几个相关的目标而实施的一组相关的、有目的活动。项目也可以被看作是有目的地设计和实施的“手段—结果”关系群。

通常，项目是为了创造独特的产品、服务或成果而进行的临时性的工作，包括启动、规划、执行、监督和结束五个环节。项目应该具有临时性，独特性和成果性等特征。其中临时性是指有明确的起点和终点，并且有时间限制。独特性是指通过横向和纵向比较应该是具有差异的。成果性主要是指项目应该产出一定的产品或服务，通过产出，达到一定的成果。项目的产出可以是有形的，也可以是无形的。也就是说，项目不是一些随机活动的集合，而是为了达到一定的目标，解决某些问题的一系列有计划活动的集合，这些活动能够生产出对参与者有影响的产品/服务。

项目可以是私人提供的，也可以由政府或非盈利部门提供。公共项目可以看作政府或非营利部门为实现一个或几个相关目标而实施的一组相互关联的活动。由于公共项目一般由政府或非营利部门来组织实施，其资源主要来自财政资金，因此经常具有公益性质。这决定了其目的不是为了盈利，而是为了增加社会福利，它追求的是社会效益，包括解决某些社会问题，如贫富差距问题、失业问题、小微企业发展问题等；满足某些人群的需求，如弱势群体、贫困人群和失业人群的需求等；满足公众利益，如环境治理，治安治理等。

·为什么关注公共项目绩效评价?

一般来说，公众不会关注私人项目绩效，更不会对私人项目绩效进行监督。一方面，私人项目投入的资源来自合伙人或股东，与公众无关，另一方面，私人项目一般处于竞争的市场中，私人企业有动机自己对项目的绩效进行评价和客观分析，主动关注客户的反馈。如果客户对产品效果不满意，私人部门会自动及时调整方案，以满足客户需求，否则客户减少，企业会面临经营困难，甚至被市场淘汰。同时企业会根据自身利益的考虑，使项目的投入产出比实现最大化，从而解决成本效益问题等。

而公共项目与私人项目不同，一方面，公共项目的投入资源大都来自政府的财政资金，自然会引起公众对项目的关注，甚至监督，而且这种关注度今后只会越来越高。另一方面，公共项目由于经常处于有限竞争中，在缺乏组织激励，委托代理制等情况下，缺乏自我矫正能力，因此需要其他政府组织和公众的监督，以便一旦发生问题能及时矫正。

·政策

政策是一个或几个组织为解决有关问题或相关事务，所采取的相对稳定的，有目的的一系列行动。政策和项目的关系一般可以认为，项目是政策的载体。

财政政策是指国家制定的、指导财政收支分配和处理有关分配关系的基本方针和准则，包括财政收入政策和财政支出政策。财政支出政策则具体表现为各类财政支出项目或基于共同目标的各类财政支出项目的组合。比如，政府鼓励“创新创业政策”包括了创业基地建设项目、创业创新培训项目、“互联网+小微企业”行动计划等。本书主要是以项目为例来讨论绩效评价，因为评价项目绩效的基本方法和基本原理，也同样适用于对政策绩效的评价。

1.3 一些相关概念

·绩效评价与绩效管理

绩效管理有时也被称为基于结果的管理，以项目的结果为依据，将战略规划与结果连接起来，是规划—实施—评价循环反复的一个过程。图 1.1 显示了部门或机构绩效管理的循环过程和绩效评价在这一循环中的作用。

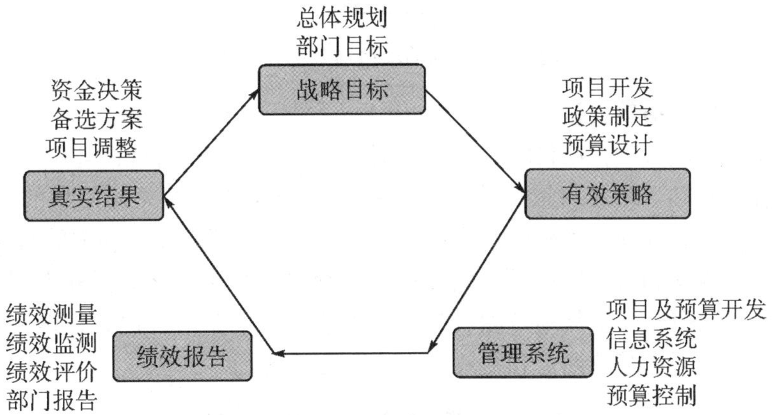

图 1.1 绩效评价与绩效管理

绩效循环过程包括五个阶段，在这五个阶段中，起始和终点重合在第一阶段，即战略目标。政府部门根据社会公众的需求来设置战略目标，包括总体规划和部门目标。为了实现这些规划和目标，政府部门将制定有效策略，包括项目开发、政策制定、预算设计，这是第二阶段。然后进入第三阶段的管理系统，主要包括项目及预算开发、信息系统、人力资源、预算控制几个方面。而后进入第四阶段绩效报告，这一阶段通过评价与测量，达到绩效管理循环的第五阶段，即有效获得项目的真实结果，依据结果，对项目进行调整，甚至终止原有方案，实施备选方案或问责，进行资金运用方面的决策。整个绩效评价和绩效测量环节可以看作是绩效管理中的改进和问责环节，根据循环中前面提供和整理的信息，对既定目标进行适当的调整或重新检测目标。

从图 1.1 可以看出，绩效管理循环是“规划—实施—评价”循环反复的调节过程。在这个过程中，绩效评价是政府部门管理者和决策者获得信息的主要渠道，是绩效管理的重要组成部分。

2015 年 5 月财政部颁布的《关于加强和改进中央部门项目支出预算管理的通知》（财预〔2015〕82 号）提出，建立事前有目标、事中有监控、事后有评价、结果要运用的全过程绩效运行机制，加强绩效目标管理，开展绩效监控，实施绩效评价，强化评价结果的运用（图 1.2）。项目的绩效管理循环也遵循“规划—实施—评价”的一个循环反复的调节过程。

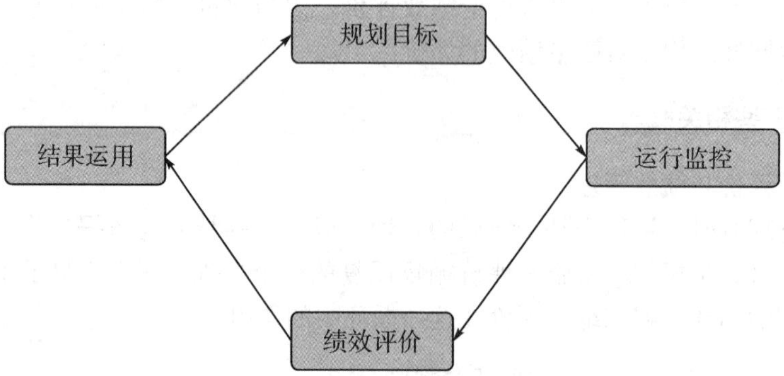

图 1.2　我国的项目绩效管理循环

·绩效评价与绩效测量

从图 1.1 可以看出，项目绩效评价和绩效测量都是绩效管理循环中的重要环节，是绩效管理的基础。绩效测量是持续地收集和报告与绩效相关的信息的一个过程，它主要是衡量和追踪项目目标的进展情况。绩效测量是绩效评价和绩效监控的基础，绩效测量的有效性和可信度也是绩效评价的内容之一。它们之间是相互联系的，但又是相互不同的概念。虽然绩效测量与绩效评价的目的是一样的，但两者还是存在差异。表 1.1 概括了绩效评价和绩效测量的主要区别。

表 1.1　绩效评价和绩效测量的区别

内容	绩效评价	绩效测量
1. 时限性	阶段性的	持续的

表1.1(续)

内容	绩效评价	绩效测量
2. 具体性	指向特定的事项	关注更为宏观的问题
3. 固定性	每个项目绩效评价的指标是客户化的	指标是设定的，数据的收集通常遵循常规程序
4. 归因假设	对结果的归因通常是一个关键问题	归因通常是假定的
5. 资源需求	项目绩效评价需要额外的特定资源	由于是持续性的，资源通常来自项目或组织内部
6. 人员要求	项目绩效评价者通常不是项目的管理者	项目管理者通常在制定绩效指标和上报评价信息中扮演关键角色
7. 信息需求	项目绩效评价的目的通常是事前商定的	信息的使用是随时间推移而发展的，以反映不断变化的信息需求和优先级

（1）时限性。

绩效评价是有时限性的，是在某一时段中进行的。确定评价范围通常是一个绩效评价的起点，提交评价发现、结论和建议通常是其终点。

绩效测量是持续不断的。设计绩效测量系统和执行绩效测量是为项目或政府部门实现目标提供常规和持续的监管和信息。绩效测量一旦施行就成为政府部门信息系统的一部分，建立的数据库就会进行常规的更新。只要数据是有效的、可信的、完整的，管理者和其他利益相关者就可以方便地使用这些信息，生成阶段性的报告。

（2）具体性。

项目的绩效评价通常用来回答利益相关者在某个时间点对其感兴趣的项目所提出的特定的问题。项目评价需要确定评价的使用者，并且针对项目制定评价的内容范围，运用资源开展评价活动和上报结果。有些组织建立了项目评价的即时机制，当要求进行评价时，就能调配人员和其他资源开展工作。即使建立了即时评价机制和常规的评价程序，也需要一个常规的评价周期，也要与关键的利益相关者协商评价的范围。

与此不同，绩效测量更关注宏观的问题。绩效测量系统拥有持续的信息收集和发布机制。制定绩效指标之前要确定哪些宏观问题将影响绩效测量系统，并且确定哪些方面要重点测量；接着明确项目和（或）逻辑模型中的关键概念，制定测量指标；最后进行数据收集、整理、分析和上报。测量系统一旦建立，就成为组织信息系统的一部分，除非人员撤离或发生变动，测量指标、数据结构和报告结构将保持不变。

（3）固定性。

项目绩效评价的指标是客户化的。项目评价的范围通常是特定的，针对每一评价的问题和所需的数据也是特定的。用于回答关键问题所需的指标和对比分析通常需要原始数据和二手数据构成的混合资源。原始数据（及其测试工具问题）将用于回答绩效评价需要解决的问题。被评价组织已有的信息数据也可用于评价，但很少有评价完全依赖于其提供的信息数据，并且需要对其提供的数据信息进行审核和确认。

绩效测量的指标是设定的，数据的收集通常遵循常规程序。绩效测量系统更多地依赖于现有的数据资源，而且数据收集的程序通常在组织中已有规定。项目管理者也参与数据的收集，项目层面的数据将被积累起来用于构建组织的绩效测量体系。即使是为绩效测量系统收集原始数据，这一过程也被常规化了，因而可以对实际的绩效进行阶段性比较，通常比较的是实际结果和目标结果。

（4）归因假设。

项目绩效评价研究设计的核心是为了解决归因问题，项目绩效评价都少不了讨论如何进行评价设计，剥离出项目的实际结果并进行有效的测量。项目绩效评价的实践者都强调要剥离出项目的增量效果，要确定观测到的结果在多大程度上可归因于项目本身而不是外部环境。

绩效测量的归因通常是假定的。绩效测量体系很少通过对比来解决归因问题。绩效指标在确定之后，要关注它们的结构效度（这些指标能否有效表征项目逻辑中的概念）。这是个难题，因为必须在现有数据资源的基础上对指标进行调整，使其“符合”绩效测量系统的关键概念。

（5）资源需求。

项目绩效评价需要特定资源。项目绩效评价的设计、实施和结果上报可以聘请咨询师、内部人员或由两者一起来完成。即使由内部人员完成，也需要一定的预算来进行该项目所需要的原始数据收集及其他的活动。

绩效测量是持续性的，其资源通常来自项目或组织内部。绩效测量系统的设计、实施和结果上报所需的资源来自多个渠道，但管理者在其中扮演着关键的角色。在组织削减了与评价有关的预算时，管理者往往会开展与绩效测量相关的工作。管理者介入绩效测量是件好事，因为他们能够提供资源投入，包括能制定更好地描述产出和成果的指标。

（6）人员要求。

对于项目绩效评价而言，评价者通常不是项目的管理者，但利益相关者包括管理人员应该参与其中，共同协助完成评价。但对绩效测量来说，项目管理者通常在绩效指标的制定和上报测量结果的过程中扮演关键角色。当项目管理者参与到绩效指标的设计和执行中时，使用来自绩效测量系统中的信息是出于何种目的，将影响管理者的参与积极性。

（7）信息需求不同。

项目绩效评价的目的通常是事前商定的，项目绩效评价可以是形成性的，也可以是总结性的，但评价的目的通常在计划阶段就已商定好了，评价的过程和结果也要与之保持一致。

绩效测量对信息的使用是随时间推移而发展的，以反映不断变化的信息需求和优先级。绩效测量系统也可以有形成和总结两种用途，但由于绩效测量在动态的组织环境中持续发挥作用，因此，随着组织的信息需求和优先级的调整，其产生的信息的使用也随之发展。现代信息技术发展很快，当信息需求发生变化时，绩效测量系统可能会被重新关注，同样，典型的绩效测量系统也会包括一些随着时间的推移而变得不太有用的指标。因此，管理者和利益相关者也会对指标进行动态调整，增加一些更有用的指标。

第二节　绩效评价内容

2.1　私人项目绩效评价和公共项目绩效评价

在了解公共项目绩效评价内容之前，先了解一下私人项目的绩效评价内容，这对了解公共项目绩效评价是很有益处的。以儿童英语培训项目为例子，这个项目的绩效评价通常由两部分人完成，即消费者和项目提供者。

首先作为一个消费者，最关注的是花钱参加这一培训到底值不值？产生了什么效果，这个效果是否达到了预期目的？进一步，这些效果多大程度上是参加培训导致的？是否还有其他因素导致？这些问题，我们称为“归因问题”，即所观察到的结果多大程度是由参加培训项目导致的？

项目作为提供方，首先应该关注的是项目自身的盈利，收益是否大于成本，我们称之为效益性。在给定培训参与人数的情况下，成本是否最小化了，我们称之为经济效率。项目资金的投入与项目产出（参加培训的人数）是多少，培训一个儿童的成本处于这一行业的什么水平，我们称之为技术效率。以上评价实际上构成完整的私人项目的绩效评价。

公共项目绩效评价源于20世纪70年代末、80年代初在英、美、澳大利亚和新西兰兴起的“新公共管理”理论。该理论借用了私营部门的管理模式、原则和技术方法，是从私人项目绩效评价发展而来。公共项目绩效评价因为借鉴了许多私人项目的绩效评价，因此包括了私人部门的绩效评价方法和内容，即效率性、效益性、效果性、归因问题，除了这四个方面，还多了一个公平性。

·效率性

项目是否有效率？其衡量标准包括技术效率和经济效率。技术效率是指一定时期内项目产出（完成的任务量）与项目投入（通常是资金）的比率，与特定的基准线相比是否在可接受的范围内，关注的是生产力问题。经济效率是给定相同的产出，是否可以通过优化投入资源的配置来降低成本，关注的是投入资源配置的问题。

·效益性

项目是否有效益，具体是指公共项目收益与其经济成本的比较。成本和效益用相应的货币值来表达。与私人项目仅关心盈利能力不同，政府的公共项目往往关心更广泛的结果，比如社会环境的改善、公众福利的提高等。因此公共项目在计算效益的时候，要把这些收益考虑进来。

·效果性

项目是否有效果？多大程度上实现其预期结果？高于预期还是低于预期？效果性关注的是项目目标的实现程度。

·归因问题

归因问题是指如果项目有了观察结果，那么我们要分析这一结果是项目引起的还是其他环境因素引起的。

相较于私人项目，公共项目由于其资源投入来自财政资金，因此对政府公共项目进行绩效评价时还应该考虑公平性。

·公平性

评价公平性一般从两个方面进行：一是政策受益对象是否公平，即需求人群是否都有平等的机会来获得项目政策所带来的收益；二是政策内容是否公平。任何一个公共项目、政策都会导致收入的再分配。比如失业培训是对失业人员的补贴，扶贫项目是对贫困人群的补贴，公共交通项目是对沿线房屋拥有者的补贴（因为交通方便了而导致房价上涨，而租房者尽管可以享受乘坐公共交通的便利，但也会承担更高的租金），新能源汽车的补贴政策是对该汽车的消费者和生产者的补贴，等等，这些都起到了收入再分配作用。那么这种收入再分配是否公平自然应该被考虑。总的来说，项目导致的收入再分配是否公平取决于整个社会的价值取向。社会价值取向是非常复杂的一个系统，但一般来说，如果一个项目或政策是对低收入者或弱势群体进行补贴，那么我们可以说这个项目是公平的，如培训项目和扶贫项目。相反，如果项目是对高收入者的补贴，对低收入者有伤害，那么这个项目从公平的角度来说，应该是不公平的。

2.2 项目运行逻辑和项目绩效评价

如果项目在环境中运行，项目与环境就是相互影响的，即项目在环境中产生相应结果，环境又为项目提供机遇和限制。在这一情景下，图 1.3 可以用来总结项目绩效评价的主要内容。

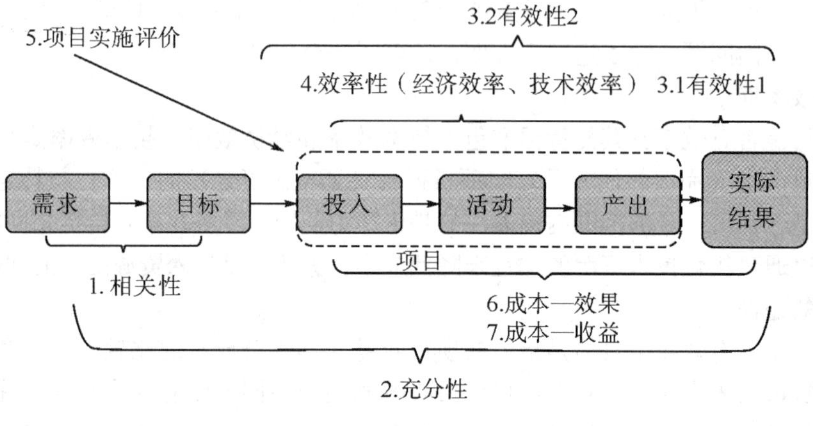

图 1.3　项目绩效评价主要内容

图 1.3 的第一部分是项目的规划和运行的逻辑。从左到右看，公众有需求，需求信息通过某种形式传递给政府，政府制定目标来满足公众需求，为了实现具体的目标，政府设计项目或政策来实施。政府设计的项目，其内部运行包括资源投入、将投入运用到活动中，然后形成产出，最后通过产出达到实际结果。这展示了项目在开放式系统中的运行逻辑。

第二部分是整个开放的逻辑链包括的评价的内容有哪些。

第一，连接公众需求和项目目标的相关性评价。评价问题是项目的目标是否符合公众需求，项目的预定目标是否和所在的政府部门机构的使命、任务及目标密切相关，是否符合国家、社会、区域发展需求，符合公众的需求。有关项目相关性的问题有时涉及需求分析问题。开展需求分析工作在一定程度上能够帮助解答项目同组织目标是否仍具有关联性的疑问。我们经常用定性分析和需求分析来进行相关性评价。第七、第八章将对其作详细讨论。

第二，将实际结果与公众需求联系起来的充分性评价。项目的充分性问题指的是项目资源及达到的结果，是否能够解决项目目标中涉及的需求问题。评价的问题是项目投入是否充分，产生的实际结果是否满足了公众的需求。项目是否足够大，足以完成其任务，或者项目是否投入过大，项目结果是否超出了公众需求。需要说明的是，见效快或效率高的项目不一定是充分的。例如，某个项目效率高，成效快，但是对整个社区或区域的相关问题并没有产生任何明显的影响，那么这个项目也是不充分的，因为该项目没能解决该区域的需求问题。

项目的充分性评价与评估该项目的需求度有关：该项目需求是持续不变的，还是在增加或减少？需求分析是项目管理周期中的一个重要部分，在项目规划和修订项目的工作中十分重要。关于需求分析，我们将在第八章详细讨论。

第三，有效性评价，包括两个部分：一是连接项目到实际结果，即结果与项目的因果关系属于归因分析问题，也就是说，如果项目出现了观察结果，那么这个结果多大程度上是由项目本身引起的。观测结果是由项目引起的，还是由其他原因导致的。归因分析的核心是建立对比，通常是建立反事实条件来进行对比分析，即如果没有实施该项目，情况会怎样。进行归因分析的“黄金标准”是随机实验分析，我们将在第六章进行进一步讨论。二是连接项目目标到实际结果。实施项目绩效评价的最普遍的目标是评价项目的有效性，即项目的实际结果是否与预期的结果相一致及在多大程度上一致的问题。评价问题主要是，如果出现了观察结果，它在多大程度上符合预期结果及其原因。这需要将观察到的结果与项目预期目标进行比较。通常我们用案头审查（文件审查）来分析。这一方法在第七章定性分析中将具体介绍。

第四是连接投入和产出的效率性评价，包括技术效率和经济效率。项目的技术效率是指项目产出（完成的任务量）与项目投入（通常是资金）的比率。通常情况下，为了衡量技术效率，我们会把技术效率与特定的基准线作比较，如行业标准，历史标准等，然后检查是否在可接受的范围内。技术效率关注的是每单位工作量或服务量需要的成本是多少，比如培训项目中，培训每一位顾客的成本是多少。有时候也可以使用特定的基准，将观察到的效率与已有的标准进行比较，这一基准有时也叫绩效标准。另外，还可以对同一个项目不同时期的技术效率进行比较，从而建立一个项目基准，以便与未来的比率进行比较。

经济效率有时也叫配置效率，指的是要完成给定产出，我们是否可以通过重新配置资源投入要素来减少总的项目成本，比如通过减少劳动力投入，而增加资金投入或设备投入等来减少项目的总成本。

五是项目实施评价。这是每个项目固有的评价内容，连接投入、活动、产出，检验整个项目的实际实施情况，项目是否合适。该问题涉及项目所包含的技术和结构等因素。项目的构建是否符合逻辑，或者根据现有的预期结果看，其结构是否“合理”。在特定的环境条件下，项目设计者（通常是项目管理者）是否已经尽自己所能选择和组织现有资源来达到预期结果。对项目实施情况的评价，一般运用深度访谈、专题小组、实地考察和文件审查等定性分析方法。

第六，连接投入（货币成本）到实际结果的成本—效果评价，也就是实际效果与货币成本之比。

第七，连接投入（货币成本）到实际结果（货币价值）的成本—收益评价，是实际结果的货币价值与投入的货币成本之比。实际结果的效益包括经济效益和社会效益，比如环境的改善和时间的节省，以及社会更加公平所带来的社会效益等。对于成本效益分析和成本效果分析，我们将在第五章经济性分析中详细讨论。

最后要指出的是，以上评价内容的顺序不是按重要性来排列的，评价内容不应该是固定的，应该根据项目自身特点、评价目的和评价资源而定。以上这些，我们会在第三章作进一步讨论。

第三节　绩效评价发展

3.1　美国绩效评价发展

政府绩效评价起源于20世纪初美国的纽约市政改革，在60年代肯尼迪执政时期，当绩效系统分析过程被引入联邦政府国防部的时候，人们对绩效评价的兴趣被激发起来。绩效评价随着约翰逊执政时期的“规划—项目—预算”（planning-programming-budgeting，PPB）系统的实施而扩展到其他政府部门。绩效测量和绩效评价在联邦政府得到进一步的发展和运用。其后，美国许多的州、市和县政府开始了对绩效评价的尝试，把它们将增强绩效管理与预算系统结合起来。同时，当各级政府机构认识到对政府工作的效果进行评估的必要性时，社会对绩效评价的兴趣也越来越浓厚了。这种兴趣反过来促进政府部门将阶段性的定期评价和长期性的工作绩效监测有机结合起来。

与此同时，许多国外学者开始发表了大量文章呼吁政府运用绩效评价，并做了大量的关于如何开发和使用绩效评价，以及在具体的管理中怎样更深入地开展绩效评价的研究。除了强调发挥绩效评价对工作的导向作用以外，其他学者更多地提到关于如何使绩效评价更全面地融入政府管理过程中去的问题，还有许多文献也研究了如何在预算过程中使用绩效评价的问题等。

然而到了20世纪80年代中期，公众对绩效评价的兴趣减弱，主要原因有：①许多政府部门出现了数据丰富但信息贫乏（data rich but information poor，DRIP）综合征，信息的贫乏使得人们逐渐认为绩效评价对政府决策制定的支持作用非常有限；②绩效评价需要花费大量时间和精力，而且缺乏恰当的评价方法，使得对许多公共项目的评估都非常艰难，绩效评价在实践中所起的作用，远远低于预期，政府管理者觉得花费大量的时间和精力在评价上是不值得的；③在一定程度上，由于政府缺乏将绩效评价和结果运用制度化的政治意愿，政府管理者没有很好地建立绩效评价与政府决策制定过程之间的联系，这使得政府绩效改进收效甚微，与公众的期盼相距甚远；④大部分政府权力部门都不能客观地评价其工作绩效，导致人们认为评价已流于形式。

进入 20 世纪 90 年代，诸多因素重新唤起了人们对绩效评价的关注，比如纳税人反对公共服务私有化的压力、政府财政支出的快速增长，以及把权责下放到基层政府的分权运动。这一切要求政府应该对立法机关和公众负责，公开政府的财政支出情况及这些支出所产生的结果。这些外部压力和建立低成本、高效率的公共服务驱动机制的内在要求，重新唤起了人们对绩效评价的兴趣。绩效评价复苏的部分原因是受到政府会计标准部、国家公共管理学院、国家治理协会和美国公共行政学会等组织的要求的影响，它们的要求都促使政府创立目标设定和绩效评价系统。

在 1993 年，美国政府对绩效评价与管理的重视程度得到了前所未有的提高。美国国会通过了《政府绩效和结果法案》（简称《法案》）（GPRA），将“做得更好、花费更少，以建成全美人民关心结果的政府”作为美国政府的发展方向。该《法案》要求每个联邦机构都必须制定五年的战略规划和目标，以及年度绩效计划和与五年战略目标相匹配的近期目标，并要求每年向总统、国会和公众报告绩效目标的实现情况。对于未实现的目标，联邦机构需要说明原因，并提出解决问题的措施。为了报告绩效目标的实现情况，绩效测量与评价的开展就十分必要了。许多州政府也在全州范围内实施了包括战略规划、预算和绩效评价等在内的管理工作，有的实际上执行得更早，比如俄勒冈标杆管理（Oregon Benchmarks），明尼苏达里程碑（Minnesota Milestones）。尽管在实施绩效管理系统的过程中经常遇到“绩效定义的问题”和“建立合适的绩效指标方面的困难”，但是在当时，美国 47 个州政府通过立法或行政命令，使用了一定形式的、以绩效为基础的预算管理，并且要求各机构报告相关的绩效指标。由于地方政府对绩效评价的尝试已经开始一段时间了，一些相当常规的和另一些更有创新性的指标逐渐广泛地在各种领域中被确定下来。35%~40%的市政权力机构至少在某些部门或项目中运用了绩效评价系统，1/3 的县政府使用了某些形式的绩效评价。一些城市通过合作，定义了统一的绩效指标，以此来衡量它们各自在特定领域中的绩效水平。

在对政府管理者进行的调查时发现，在有绩效评价系统的权力机构中，57%的机构认为，它们的系统在强化管理和决策方面至少是有些用处的，而其中的 37%声称这些系统是非常有效的。更重要的是，这些关于全面评价系统的调查单位中，70%以上都报告说评价已经带来了在服务质量方面的切实的改进，并且 46%的机构声称评价已经对减少城市运营费用产生了一定的或较大的作用。也有各种个案研究和证据表明，评价系统已经带来了真实的服务改进和其他切实的影响。一些公共管理者的报告还提供了成功的案例。在这些案例中，绩效评价系统被作为改进服务质量、提升工作项目有效性、提高对客户的回应性和提高运营效率的催化剂。有评论把绩效评价作为领先的以结果为导向的管理的重要组成部分。

2000 年以后，美国联邦政府推出了《总统管理议程》（PMA），要求将更多绩效资料整合进国会预算审批过程，同时利用政府项目评级工具（PART）对联邦项目绩效进行全面评议。实施 PART 的主要目的在于，完善《政府绩效和结果法案》要求的机构计划和报告，并在 GPRA 与预算程序之间建立一个有意义的体制联系。

自 2002 年下半年开始，联邦政府先后对主要联邦项目进行评级，到 2008 年年末，已经完成一个评估周期，实现了对 1 016 个联邦项目（98%）的评级，PART 将目标和绩效测量的重点从机构层面转移到了项目层面上。在 2008 年奥巴马政府执政后，提出要在既有的、改善联邦政府绩效和有效性的各种努力的基础上，将高度优先性目标与 GPRA 绩效报告和 PART 开发的项目层次的绩效指标统一起来，并借鉴州和地方及其他国家绩效管理改革的成功经验，构建新的联邦政府绩效管理系统。

过去几十年来，绩效测量在美国各政府部门得到了广泛的应用，但是却很少有部门和机构开展严谨的独立评价。奥巴马政府执政后即倡议推行项目评价，他们认为："绩效测量对于改进项目绩效虽然很重要，但是它不能说明如果没有实施该项目，或者改变项目实施方式，项目绩效与结果会有何不同。"因此，奥巴马政府承诺建立一个评价系统作为补充，并将它与绩效测量和绩效管理结合起来。更多地将评价重点放在项目评价上，并要求一般公众、利益相关者和国会广泛地参与到评价之中。

3.2 我国的绩效评价发展

改革开放以来，我国的社会和经济结构都发生了深刻的变化，自 1983 年起的"两步利改税"后，由原来企业上缴利润，变成上缴税收，国家财政收入来源于广大纳税人。国家财政收入的方式发生变化，导致了国家和社会的关系发生变化。这种变化对于原有的治理模式构成了挑战，因此，我国开始了探索新的治理模式的改革征程。新治理模式在探索中，就包括了对部分公共资金的绩效问题的关注。此时，我国有关部门开始对国有建设项目的投资效益问题进行评价，基本建设项目后评价工作始于 1988 年国家计委委托中国国际工程咨询公司开展的第一批国家重点建设项目的后评价，90 年代中期在全国范围内得到普遍推广，总结出了一套适合投资建设项目的评价方法及评价指标，这是我国财政绩效评价的雏形。1998 年财政部成立投资评审中心，收回建设银行基本建设项目代管职能，各地财政部门也纷纷组建投资评审中心，主要对政府投资的基本建设项目进行评审，评审内容包括基本建设项目概算、预算、决算，部分地区还开展重大基本建设项目财政监管，对财政资金使用的合规性、项目执行的规范性进行监控，以提高财政预算安排的合理性和预算执行的有效性。

进入 21 世纪以来，随着财政支出规模的不断增长，为缓解收支压力，我国开启了一场意义深远的部门预算改革，改变传统的预算编制方法，要求各部门统一实行新的预算编制方法，编制独立完整的部门预算。这是新中国成立以来的初次尝试。一些西方国家的绩效管理理念也逐步引入我国，部分地区开始了绩效评价试点探索。

2003 年，党的十六届三中全会要求“建立预算绩效评价体系”。《审计署 2003 至 2007 审计工作发展规划》提出，“实行财政财务收支的真实合法审计与效益审计并重，逐年加大效益审计分量”。从 2004 年起全国人大财经委连续多年在年度预算审查报告中提出加强财政支出绩效评价的意见。

2006 年，《财政部关于完善和推进地方部门预算改革的意见》（财预〔2011〕1406 号）发布，其从绩效评价对象选择、程序设计、指标体系设计、结果运用等方面入手，对各地开展绩效评价工作提出要求，对绩效评价试点工作做了进一步规范。

2008 年，党的十七届二中全会通过了《关于深化行政管理体制改革的意见》，要求推行政府绩效管理和行政问责制度，建立科学合理的政府绩效评估指标体系和评估机制，健全对行政权力的监督制度。这为政府完善绩效评估体系，创建政府公共管理新模式指明了方向。胡锦涛同志在中央政治局第十八次集体学习时指出，要把改革开放和社会主义现代化建设不断推向前进，就必须深化财税体制改革，完善公共财政体系，提高财政管理绩效。温家宝同志在国务院第二次廉政工作会议上强调，要推进行政问责制度和绩效管理制度。党的十一届全国人大四次会议在关于预算审查结果的报告中也提出，要加强预算支出绩效考核。之后，绩效关口进一步“前移”。

2009 年，《财政支出绩效评价管理暂行办法》（财预〔2009〕76 号）提出，“全面推进预算绩效管理，建立覆盖所有财政性资金，贯穿预算编制、执行、监督全过程的具有中国特色的预算绩效管理体系”。2010 年全国财政工作会议要求完善预算绩效管理制度，逐步建立健全绩效目标设定、绩效跟踪、绩效评价及结果运用有机结合的预算管理机制，实现全过程预算绩效管理。

2011 年 7 月，财政部印发了《关于推进预算绩效管理的指导意见》（简称《意见》）的通知。《意见》指出，预算绩效管理是一种以支出结果为导向的预算管理模式，它强化政府预算为民服务的理念，强调预算支出的责任和效率，要求在预算编制、执行、监督的全过程中更加关注预算资金的产出和结果。要求政府部门不断改进服务水平和质量，花尽量少的资金、办尽量多的实事，向社会公众提供更多、更好的公共产品和公共服务，使政府行为更加务实、高效。《意见》还特别指出，预算支出绩效评价是预算绩效管理的核心。预算执行结束后，要及时对预算资金的产出和结果进行绩效评价，重点评价产出和结果的经济性、效率性和效益性。为规范财政支出绩效评价行为，财政部又发布了《财政支出绩效评价管理暂行办法》（简称《暂行办法》）。该《暂行办法》提出绩效评价应当以项目支出为重点，重点评价一定金额以上、与本部门职能密切相关、具有明显社会影响和经济影响的项目。

2012 年 9 月，财政部印发了《预算绩效管理工作规划（2012—2015 年）》的通知，针对“重分配、轻管理，重支出、轻绩效”的思想，提出建设高效、责任、透明政府的总体要求，构建具有中国特色的预算绩效管理体制，牢固树立“讲绩效、重绩效、用绩效”“用钱必问效、无效必问责”的绩效管理理念，进一步增强支出责任和效率意识，全面加强预算管理，优化资源配置，提高财政资金使用绩效和科学化精细化管理水平，提升政府执行力和公信力。同时，也提出预算绩效管理要“建立一个机制”“完善两个体系”“健全三个智库”和“实施四项工程”。所谓“建立一个机制”，即建立“预算编制有目标、预算执行有监控、预算完成有评价、评价结果有反馈、反馈结果有应用”的全过程预算绩效管理机制。“完善两个体系”，即完善管理制度体系和完善绩效评价体系。“健全三个智库”，即健全专家学者库、中介机构库和监督指导库，分建共享，动态管理，为预算绩效管理提供智力支持和制衡监督。“实施四项工程”包括，实施扩面增点工程、实施重点评价工程、实施质量提升工程和实施机构应用工程内在要求等。可以看出，“一个机制”“两个体系”和“四项工程”都涉及绩效评价。

2013 年，党的十八届三中全会进一步提出“透明预算、提高效率、建立现代财政制度”，为实施预算绩效管理指明了方向。2014 年 6 月，中共中央政治局审议通过的《深化财税体制改革总体方案》明确提出“推进科学理财和预算绩效管理”。同年 10 月，国务院印发《国务院关于深化预算管理制度改革的决定》（国发〔2014〕45 号），全面部署了深化预算管理制度改革的七项工作，明确要求“健全预算绩效管理机制”，贯穿于其中的精神是增强财政政策弹性和预算支出的可调节性，逐步解决困扰中国的预算分配肢解、固化等痼疾，提高财政资金的使用效率和效益。

2015 年 1 月，新的《中华人民共和国预算法》（简称《预算法》）正式实施。新《预算法》首次将讲求绩效列入预算原则，并在国家法律层面上确定了财政支出绩效评价的五个方面的具体要求：一是预算编制方面，明确了绩效目标管理是预算编制的基本要件，财政支出绩效评价结果是编制各级预算的重要依据之一；二是财政转移支付制度方面，要建立健全专项转移支付定期评估和退出机制；三是预算执行方面，预算执行主体对预算执行结果负责，各级政府、各部门、各单位要对预算支出情况开展绩效评价；四是预决算审查方面，财政支出政策实施情况、重点支出和重大投资项目预算安排得是否适当，以及预算绩效是各级人大审查预决算的重要内容；五是决算和预决算公开方面，相关责任主体要报告、公开支出政策效果、重点支出和重大投资项目绩效，就是要“建立全面规范、公开透明的预算制度”。这些都要求我们建立和健全财政绩效评价体系。

2015 年，财政部《关于加强和改进中央部门项目支出预算管理的通知》（财预〔2015〕82 号）提出，要把绩效管理的理念和要求融入项目支出预算管理各个环节，推进全过程项目支出绩效管理，建立事前有目标、事中有监控、事后有评价、结果要运用的全过程绩效运行机制，加强绩效目标管理，开展绩效监控，实施绩效评价，强化评价结果的运用。

2016 年，中央经济工作会议提出“要落实推动中央与地方财政事权和支出责任划分改革”。这些要求离不开建立中国特色的绩效预算制度，财政绩效评价成为这一制度的导向性工具。财政绩效评价作为新的公共支出管理手段，在追求政策产出的同时，承认不当的预算组织与安排会导致预算结果无法达到最优。换言之，财政绩效评价能弥补绩效预算的不足。

2018年3月，中共中央办公厅印发《关于人大预算审查监督重点向支出预算和政策拓展的指导意见》，明确了支出总量与结构、重点支出与重大投资、部门预算、转移支付和政府债务五个方面的审查监督重点，提出坚持问题导向，加强对支出绩效和政策目标落实情况的监督，推动建立健全预算绩效管理机制。该意见的出台是提高财政资金使用绩效和政策实施效果的客观需要，也是对预算法、监督法对于人大预算决算审查监督规定的细化落实。

2018年9月，《中共中央 国务院关于全面实施预算绩效管理的意见》印发，其要求提高政治站位，全面实施预算绩效管理，构建事前、事中、事后全过程绩效管理闭环系统，包括各级政府收支预算、部门和单位预算收支、财政支出政策和财政支出项目在内的全方位预算绩效管理格局和覆盖一般公共预算、政府性基金预算、国有资本经营预算、社会保险基金预算的全覆盖预算绩效管理体系，标志着我国政府预算绩效管理经过十余年的积极探索，发展到了一个新的阶段。

2019年12月全国财政工作会提出，要优化财政支出结构，提高资金配置效率，加强对财政权力运行的制约与监督，完善财政资金分配、使用和管理制度。

党的十九大对加快建立现代财政制度做出重要部署，明确提出要建立全面规范透明、标准科学、约束有力的预算制度，全面实施绩效管理，是建立现代财政制度的主要标志，也是实现国家治理现代化的重要基础，对建设人民满意的服务型政府，推动经济社会高质量发展意义重大。落实这一要求，必须紧紧围绕提高财政资源配置效率，将绩效理念和管理方法深度融入预算编制、执行和监督全过程，不仅要实现财政运行可持续，不断提升公共服务质量和水平，而且要确保全体人民在共建共享中的获得感是稳定可持续的，提高人民满意度。

随着中央和地方政府大量颁布实施关于财政绩效评价的相关文件，中国正迎来一个前所未有的绩效时代，为促进公共利益、提高国家治理能力和强化执政合法性带来崭新机遇

总结

财政绩效评价指通过收集、创建和整合各种相关信息，对财政支出项目和政策进行评价，其目的是通过这一评价，激励政府部门努力改进绩效，提升政府公共项目和政策价值，为今后财政项目政策的科学决策提供帮助。

项目是为了达到一定目标，解决某些问题的一系列有计划活动的集合。政策是一个或几个组织为解决有关问题或相关事务，所采取的相对稳定的、有目的的一系列行动。项目是政策的载体。财政支出政策则具体表现为基于共同目标的各类财政支出项目的组合。

项目在环境中运行，项目与环境互动。在环境中产生相应结果，环境又为项目提供机遇和限制。在这一环境下，绩效评价内容包括相关性评价、充分性评价、有

效性、效率性评价，项目实施评价，成本—效果评价和成本—效益评价。评价内容不应该是固定的，应该根据项目自身特点、评价目的和评价资源而定。

主要概念

项目　政策　财政绩效评价　政府绩效评价　绩效管理循环　绩效测量

思考题

1. 思考在我们日常生活中，哪些公共服务项目的提供是不充分的？举出你首先想到两个例子，是否存在相对提供过度的公共项目，比如公共项目使用较少或闲置。如果有，请举例

2. 思考在经济评价中技术效率评价、经济效率评价、成本—效益评价，成本—效果评价的异同

3. 在评价的七个内容中，你认为实施评价和成果评价应该主要关注什么？为什么？

4. 通过对西方发达国家绩效评价发展历程的了解，思考我国进一步推进绩效评价可能遇到的困难和挑战，我们对此有什么可以借鉴的？

第二章
项目逻辑模型

我们在评价项目时，首先需要了解的问题是“项目是怎么运行的？为什么会起作用？”对项目运行的方式，最终达成的结果，以及其中的逻辑关系要有一个清晰的认识。这是做好项目绩效评价的基础。为了更好地认识和了解项目，我们经常用项目逻辑模型。本章主要讨论如何构建项目逻辑模型。

逻辑模型的运用可以追溯到20世纪70年代。“逻辑模型”这一术语第一次出现是在约瑟夫·S·侯雷（Joseph S. Wholey）（1979）《评价：承诺和表现》（*Evaluation：Promise and Performance*）中，主要用于确定项目是否已准备好进行评价。目前，在私营部门、公共部门、非营利部门、国际领域、评价领域等很多地方都可以看到逻辑模型的思维方式。长期以来，世界银行、亚洲开发银行及大多数国际捐赠机构对项目规划和评价都使用了逻辑模型或其变体。西方发达国家在公共项目管理和绩效评价中，也都广泛采用了逻辑模型工具。欧盟将逻辑建模视为一个健全的项目评价活动中重要的组成部分。在加拿大、澳大利亚和美国，逻辑建模都已成为绩效评价和报告机制的中心环节。

尽管在本章中，项目逻辑模型主要用于项目评价，然而，我们应该了解逻辑建模是呈现实践工作的思维方式。这种逻辑思维方式，不仅仅可以用于呈现项目运行，还可以应用于政策、提案、研究报告、团队交流等。总之，项目逻辑模型的应用是十分广泛的。

第一节　项目运行逻辑

项目逻辑模型是项目运行逻辑的简化图，有时也叫“结果导向图”，它是用图形来呈现项目如何通过运行到达预期的结果。具体来说，它呈现出项目的运行逻辑，也就是如何将现有资源转化为项目活动，通过活动，产生产出，最终产生效果的逻辑关系。有时也称为“项目运行理论”或者“变革理论”。

1.1　逻辑模型的基本结构

项目是指组织在一定时间内，以一定资源，为了实现一个或几个相关目标而实施的一组互相关联的活动。项目的运行一般是为了达到某种预期的结果（图2.1），问题是为什么通过实施项目就能到达预期结果，是如何达到预期结果呢？

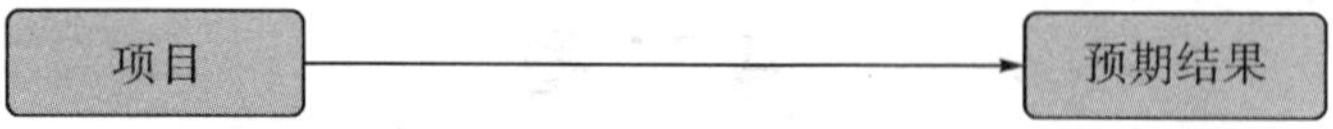

图 2.1　项目实施和预期结果

我们可以把项目看作一个盒子，把盒子里面的活动比作工业装配线。用一定的方式将原材料、零部件、人力、机械和知识等资源组织起来进行生产，生产出产品，这些产品可以销售给消费者，也可以为别的生产过程提供投入。项目里面包含了投入、活动和产出。其中投入包括原材料、零部件、人力、机械、知识等资源，活动就是将这些资源组合起来进行生产，产出就是我们生产的产品。最简单的项目逻辑模型的形式如图 2.2 所示。

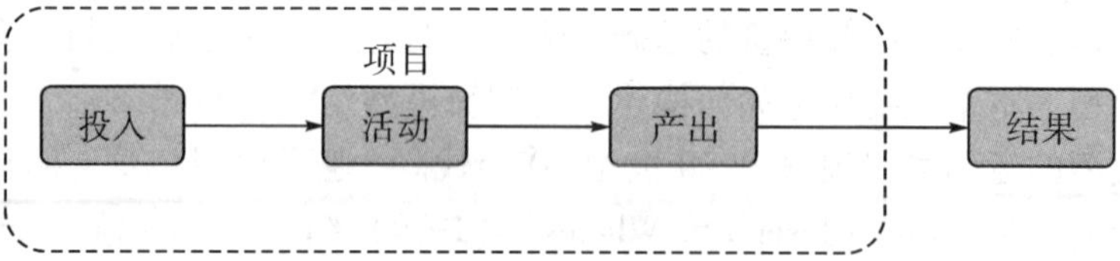

图 2.2　简单的项目逻辑模型

这个简单的逻辑模型的组件包括：投入、活动、产出和结果。投入、活动和产出在项目内，项目产生的结果在项目外。逻辑模型也呈现出从投入的资源到开展的活动到产生产出到结果的逻辑关系。为了展示这一逻辑关系，我们举个生活中的例子来进一步说明。

家庭旅游案例

放暑假了，全家人自驾到美丽的峨眉山风景区露营度假。在这个自驾游项目中，我们的投入资源包括：家庭成员、度假预算、汽车和露营装备。运用这些投入资源，我们可以开车到景区，设立营地并参加各种露营活动。通过这些活动，家庭成员加强了彼此之间的交流、了解和联系，全家人都享受到了家庭生活的乐趣！

这个旅游项目中包含投入、活动、产出和结果。投入包括家庭成员、度假预算、汽车和露营装备，活动包括开车到景区、设立营地、参加各种露营活动，产出包括家庭成员之间的交流，产生的结果是家庭成员增强了彼此了解和联系，享受家庭的乐趣。项目的逻辑是：如果我们投入家庭成员、度假预算、汽车和露营装备等资源，我们就可以自驾去景区旅游、建立营地和参加活动，通过参加活动，家庭成员有更多的时间和机会相互交流，进行互动。通过这一系列的交流互动，家庭成员增强了彼此之间的了解和联系，全家享受到家庭的乐趣（图 2.3）。

通过这个自驾游项目的例子，我们可以将基本逻辑模型分成项目实施和项目结果两大部分。项目实施部分包括投入、活动和产出等组件，项目结果部分包括结果。进一步，结果不是一次性或立即发生的，而是会随着时间的推移发生短期、中期、长期结果。因此，项目结果可以包括短期、中期、长期结果等组件。在这个案例中，

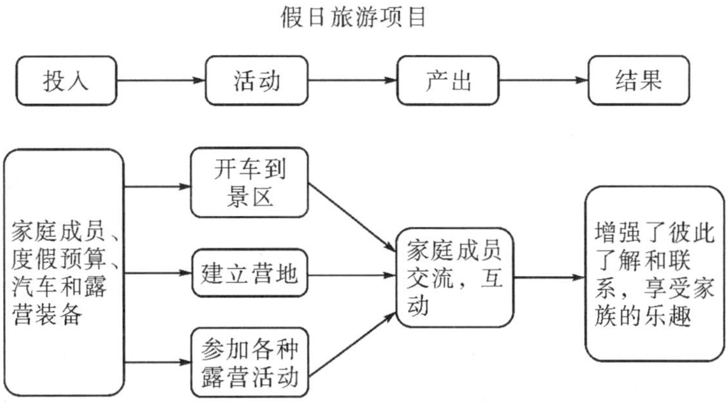

图 2.3　自驾游项目逻辑模型结构

我们将结果进一步分为短期结果、中期结果和长期结果。短期结果可以是享受家庭的乐趣，中期结果可以是增进家庭成员的了解，长期结果可以是家庭成员关系变得更加亲密。

项目实施部分描述了项目资源投入、开展的活动和项目产出的逻辑关系，而项目结果部分描述了短期结果到中期结果最后到长期的逻辑关系。进一步，项目的运行需要考虑一些能够影响项目的假设和外部因素，它们也应该包含在逻辑模型中。假设是有关项目运行原理的基本条件是可以控制的，比如在旅游项目中，假设可能包括的预算是充足的，家庭成员愿意参加并交流等。有了这些可控的假设，旅游项目更可能达到预期结果。而外部因素是描述项目存在的环境可能会对结果的实现产生重大影响，但又无法控制的因素，比如天气情况导致了不适合露营活动等。这是不可控的因素，并且会影响到项目的实施效果。它们通常在逻辑模型图的下方或左侧的框中注明。

图 2.4 说明了逻辑模型的结构和组件及其之间的逻辑关系。从投入的资源到组织的活动到产生的产出，展现了如何利用资源开展活动形成产出。产出可以是产品，也可以是服务，当消费者接收到产品或服务，产品和服务将会对消费者产生一定影响，我们称之为结果，同时，标注项目运行的假设和影响的外部因素。这就是一个项目逻辑模型的基本构架。

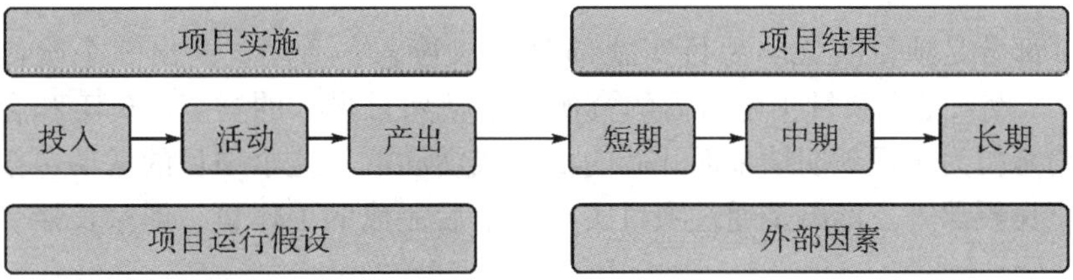

图 2.4　逻辑模型的结构和组件及其逻辑关系

接下来，我们用一个公共项目案例来展示项目运行的逻辑和逻辑模型。

离婚家长教育项目案例

家长离婚往往给孩子带来许多挑战和压力，这些挑战和压力往往得不到父母的认可和理解。由于在离婚期间，父母往往过于专注自己的情感需求而忽略孩子的需求。孩子成为父母之间激烈争执的受害者。由于存在这些问题，美国某地方巡回法院要求，在父母办理离婚手续的过程中，必须参加一个如何在离婚期间和之后对待孩子的培训，旨在通过课程学习，减少虐待和忽视儿童的可能性，以此改善儿童的福利。

在这个案例中，项目运行逻辑是：如果政府可以投入人力、资金等资源，那么就能够设计合适目标家长的培训；一旦设计出合适的培训，目标家长将会参加培训；参加了培训，短期成果将是，父母会增加对儿童成长的了解，学习新的教育方法；然后，父母会利用学到的养育技能对儿童进行教育，从而降低虐待儿童和忽视儿童的可能性。

我们把项目运行逻辑分成两个部分，一个部分是项目实施部分，从资源投入到开展活动到形成产出，另一个部分是项目结果部分。

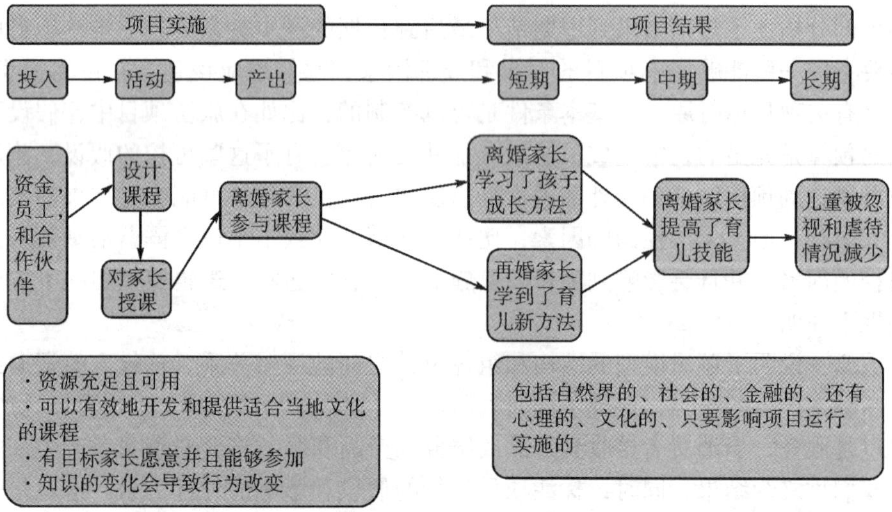

图 2.5　离婚家长教育项目逻辑模型

第一部分是项目实施。项目实施部分分成投入、活动、产出三个阶段。如图 2.5 所示，投入是指项目实施所需的资源，包括项目投入的资金、员工和合作伙伴等。活动是指为实现预期结果而开展的活动或活动群，这个项目的活动包括设计课程、对家长授课等。产出是通过项目实施完毕后完成的工作量，即家长接受的培训服务量。

第二部分是结果，结果是指特定群体、社区、区域等实现的益处。如图 2.5 所示，在这个案例中指的是家长接受教育后产生的结果。结果会随着时间的推移产生从短期、中期到长期的结果。在本例中，短期结果是指家长增加对儿童教育的了解，并学习管教孩子的新方法，中期结果是父母使用改善的养育技能，长期结果是减少虐待和忽视儿童的情况。

在这个案例中，项目要最终获得成功还需要做一些假设。我们认为假设是通过努力是可以掌控的，是基于文献研究或以前的经验等基础提出的，而不是凭空想象的。这些假设是项目成功的关键，任何一个假设的不成立，将会导致整个项目的失败或没有效果。比如在本例中，我们假设家长们愿意参加培训。如果在项目中，目标家长不愿意参加培训，那整个项目将会是失败的；同时，家长是否愿意参加，在某种程度上也是可以掌控的，比如提供一些激励或限制措施等促使家长参加。

同时，我们还需要思考项目运行逻辑来认定外部因素的影响，做到这点非常重要，因为这经常是项目成败的关键。和假设不同，外部因素的内容包括任何不可控，但又影响项目的效果的因素或情况，可能包括自然界的、社会的、经济的、法律的、文化的等因素，比如该区域失业率升高，目标家长承受了更大的经济压力而影响了其对孩子的关注度等。

1.2 逻辑模型的组件和逻辑链

通过上面的案例，我们可以归纳出，项目逻辑模型通常包括组件和逻辑链两个要素。组件是构成逻辑模型的基本元件，包括投入、活动、产出和结果。而逻辑链是通过逻辑关系将组件连接在一起的链条。两者的逻辑组合构成了项目逻辑模型。

·模型组件

（1）投入即项目实施所需的资源，一般包括来自任何来源的资金、人员、合作伙伴、实物资源、知识、法律法规等。项目投入是逻辑模型的一个重要部分。一般情况，所有的投入可以换算成货币。无论是需要对比项目成本和产出（技术效率），还是对比项目成本和结果（成本—效益、成本—效果）等，都需要将投入换算成货币形式。

（2）活动是项目或合作伙伴为实现预期成果而开展的活动或活动群。在这个案例中包括设计课程和对家长授课，并且这两个活动是有先后顺序的，从逻辑上讲，设计课程在授课之前。在逻辑模型里，其可以被清楚地标识为“早期”活动和“后期”活动。

（3）产出是项目实施完毕后完成的工作量，是活动直接产生的结果，例如，在培训项目中，“经过培训的家长数量”就是项目的产出。一般来说，产出是可测量的，而且通常是一个项目直接的、首要的，也是最明显的产品和服务。在以上所举的例子中，最后的项目产出可以更为细化地描述为总的培训课时数，这要比参加培训人数更为准确，因为可能存在参训人员缺席或中途退出的情况。如果已知项目实施的总成本，我们就能相应计算出每个培训成员的成本或是每个课时培训所花费的成本，还可以估算每个需求者所接受的平均培训课时数。

（4）结果是项目理想的预期结果，和项目预期目标相关，结果不是一次性或立即发生的，它们会随着时间的推移产生从短期到长期的影响。比如，在这个案例中，短期结果是家长学习了孩子成长方面的知识和育儿新方法，如果短期结果达到，那么中期结果就可能是提高了育儿技能，如果中期的结果到达，就可以期待长期结果，即忽视和虐待儿童的行为减少。从图 2.5 可以看出，产出是我们开展活动形成的产品或服务，而结果是特定群体、社区等实现的益处。需要注意的是，有些书有时使用影响来表示结果。

（5）假设应该是有依据且通过努力是可以掌控的，是做出项目决策的基础。对实施项目所做的决定通常基于一定的假设。设定假设不是凭空想象的，而是需要有相关领域的研究或最佳实践知识及常识。当我们设定假设时，一般应该考虑以下因素：①资金是充足的，并且在整个项目实施过程中都是安全的；②参与者会采用获取的信息和知识；③相关人员有动力参加项目；④可以招聘和雇用具备必要技能和能力的员工；⑤伙伴关系可以有效地帮助我们解决无法解决的问题；⑥项目的运行会导致认知的改变，认知的改变将导致个人行为改变等。

在开发逻辑模型时，我们要明确所有的隐含假设。尽管假设可能不会全部显示在一页纸的图形中，但是我们应该对其进行探索和讨论。通常，深入讨论会使逻辑模型更加丰富，而不恰当或被忽视的假设可能会导致项目达不到预期的水平。

（6）外部因素描述了项目存在的环境，以及与项目相互作用，并且影响项目实施、可能会对结果的实现产生重大影响但又很难或无法控制的因素。外部因素包括文化环境、气候、经济结构、人口结构、资源、政治环境、项目参与者的背景和经历、媒体的影响、不断变化的政策。我们需要通过思考项目运行的逻辑性来认定其外部因素，能否做到这一点是非常重要的，因为这是影响项目运行成败的关键因素。只要影响项目工作实施的因素或情况，或者是项目工作和机构所不能控制的因素，都有可能是外部因素的表现。

外部因素有时也叫环境因素，使用“环境”一词来提醒我们，项目并不是孤立存在的，而是以某种方式存在于环境中的。环境与项目相互影响，项目受环境影响的同时也影响环境。在我们的逻辑模型中，所有六个组件都可以嵌入周围的环境，比如说，由于冬季的气候不同，不同的年份公路的维护项目工作会产生不同的效果；由于劳动力市场状况的不同，相同的职业培训项目在不同的地方有不同的效果。在弄清楚这些项目工作的内在逻辑的时候，将这些外部因素考虑在内是非常重要的。这对于解释项目的绩效数据是很有帮助的。

当我们需要评价哪些外部因素可能会影响项目达到预期结果时，我们需要检查以下几个方面：①哪些因素是可控的，哪些是不可控的，如果因素是可控的，那么不应该列为外部因素；②需要制定哪些风险管理策略或应急计划，一旦出现不可控的外部因素，我们如何应对；③项目可能与哪些因素交互并可能对其产生影响；④这些因素将如何影响项目的实施和结果。

总的来说，逻辑模型的组件展现的是各种资源被用于开展项目工作所进行的行动和提供的服务，以产生产品或产出。这些产出会带来相应的结果，这种结果就是期望项目工作所能带来的实质性的变化、提高或收益。这些结果常常按次序产生，从最初的成果到中间结果再到远期结果。通常，一个项目工作设计的潜在逻辑可以通过该项目所服务的客户流或所处理的一系列案例来预测。另外，认清项目工作实施的环境或运作过程中的外部因素是很重要的。因为，它们是影响项目工作绩效的主要因素。

逻辑模型的结构不是固定的，可以以可视化的各种方式来呈现，包括流程图、地图或表格等。逻辑模型的唯一“规则”是它须在一个页面上呈现。良好逻辑模型的基本要求包括：①显示在一个页面上；②视觉上吸引人；③适当的细节水平；④有助于澄清项目的活动和预期成果；⑤易于交流；⑥反映项目运作的背景和外部影响因素。

·逻辑链

逻辑模型的结构显示了一系列逻辑关系，把资源投入、活动、产出和结果联系起来。简单模型通常描绘单一的关系链：X 导致 Y，Y 导致 Z。进一步，逻辑模型可以被分解为一系列假设的因果关系，从左到右看，逻辑模型描绘了一系列“如果—那么”的关系。逻辑模型中的方向箭头是对连接的描述，有时将其比作是一系列的“如果—那么”。如果是 X，那么 Y，如果是 Y，那么 Z。

例如，如果我们拥有某些资源，那么我们将能够为目标个人或团体提供活动，产出服务或产品。如果这些个人或团体接收产品和服务，那么他们将在短期内以一定方式受益。如果在预期范围内实现短期效果，则可以实现中期效果。如果项目的中期效果达到预期的程度，那么可以期望在社会、经济、环境或个人变化方面实现长期改善和达到最终影响，也就是实现长期效果。这是逻辑模型和因果关联理论的基础。

在实践中，很少有项目像“如果—那么”关系的单一链条那么简单。对项目更实际的描述是有多个路径和方向流的。更有可能的是，有几个连接链，以及在方向上是垂直和循环的等。多数情况下，将项目视为涉及各种反馈循环的螺旋可能更为现实。比如，当看到培训项目的参与者的数量过少时，我们可以把这些信息进行反馈，并重新设计宣传活动，这样就会发生这种螺旋效应。

当然，正是这种真实场景中复杂的逻辑联系为模型提供了力量。绘制连接通常是杂乱且耗时的，但是必要的。这有助于我们确保解决所有逻辑连接问题。但有时我们也需要简化为仅包括主要关系，否则，逻辑模型可能变得难以阅读。

需要注意的是，在逻辑链中，许多因素会影响项目的发展和发生方式，有的会促进项目的发展，有的可能阻挠项目的运行。培训项目的结果在很大程度上取决于参与者（目标接受者）及其特征（包括态度、动机、知识和学习方式、技能、历史），以及参与者的生活和工作的环境。因此，我们希望项目能实现期望的改变或产生期望的结果，从而将项目视为导致产生结果的机会和可能性，而不是导致结果，可能更合适。

逻辑模型中的逻辑链具体包括活动和产出，从产出和结果，以及结果之间的逻辑链。

（1）活动和产出的逻辑链。我们可以用活动的实施目标来体现活动到产出的关系。实施目标是项目运行的保障，即确保活动得以正常进行，以便帮助我们达到项目目标。典型的活动和产出的逻辑关系是以“这一活动是为了提供……”“这一活动是为了给……”“这一活动是为了做……”和“这一活动是为了使……”例如，开展健康宣传活动的实施目标是为公众提供一定的健康知识，培训活动的实施目标是为需求者提供一定的工作技能。实施目标并不是项目目标，项目目标指的是项目最终要完成的任务，是对项目预期带来的改变的描述。

需要注意的是，项目活动的成功实施并不一定能保证达到预期结果，所以在实施目标的陈述语句中不应该有结果导向的词句出现。如上例中，不能把宣传和培训的实施目标说成“为公众提供一定的健康知识，以提高公众对健康的认知”，也不能说成“为客户提供一定的工作技能培训以增加就业率”。这两种陈述加入了项目的预期目标，将培训活动的实施目标和培训项目的预期目标混淆起来了。

如果没有完成相应的实施目标，就没有必要测量这个项目的有效性，实施目标阶段的完成是产生预期结果的先决条件。比如，在培训项目中，没有成功完成对客户提供工作技能的培训，那么即使客户找到工作，也和项目没有关系，也就没有必要评价项目的有效性。

（2）项目产出和结果的逻辑链。在培训活动案例中，培训公司对客户进行培训，提高他们的工作技能，提高他们找到工作的可能性，这个项目成功与否，取决于培训质量，这就是该项目的逻辑关联。如果培训质量不高，这个逻辑在一开始就是不成立的，而如果他们再就业率增长了，那么就只能归因于项目外的其他因素，比如经济增长。如果产出和结果的逻辑关系不成立，就会导致项目结果无法达到预期。

项目逻辑展现了从投入到结果的线性顺序，想要达到最终的目标，首先必须达到各项子目标，即各项产出。在培训项目中，一般认为，客户接受培训，有一技之长，再就业可能性提高。相应的，我们就能测量客户对技能的掌握程度，然后就能将技能水平和项目观测结果联系起来。

（3）结果之间的逻辑链。结果往往是从短期到长期的连续结果，这种连续体被称为“结果链”，有时也叫“结果序列图”等。结果链对理解结果是至关重要的。我们看到结果从短期到长期都沿着一个链条连续性进行，通常分为三个阶段：短期、中期和长期。但是实际上，短期和长期之间可能会有许多结果。逻辑关系通常是，认知的改变（短期）导致行为的改变（中期）最后到结果的实现（长期）。

比如在学业提升项目中，学校通过组织一系列活动，增强师生互动。预期的结果序列包括：由于增强了教师与学生的信任（认知的改变），师生之间信任增加，将导致出勤率的提高（行为的改变）；学生出勤率的提高预计将导致学习成绩的提高（受益状态的改变）。结果链描述了项目逻辑是：如果我们在短期内增强了师生间的信任，这将导致中期出勤率的提高，而长期来看，这将导致学习成绩的提高（图 2.6）。

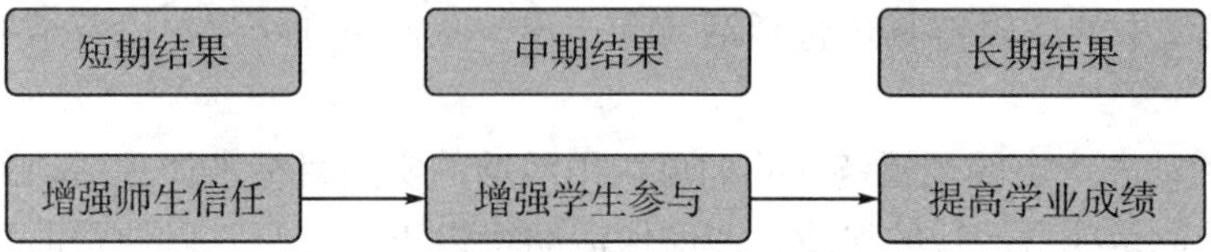

图 2.6　学业提升项目逻辑链

再比如在老年人营养项目中，社区通过对老年人宣传营养知识，方便老年人购物的活动。如图 2.7 所示，在短期内，参与项目的老年人将增加对食品污染风险的了解（知识的改变）。如果老年人增加了对食品污染的了解，那么他们可能会采用更安全的食物冷却方法（行为改变）。进一步，预计这将导致老年人食源性疾病的发生率降低（受益状态的改变），这是长期结果。需要注意的是，在实践中，从初始结果到最终结果，可以有许多结果。该逻辑链甚至可以进一步包括提升健康状况和生活质量的结果。

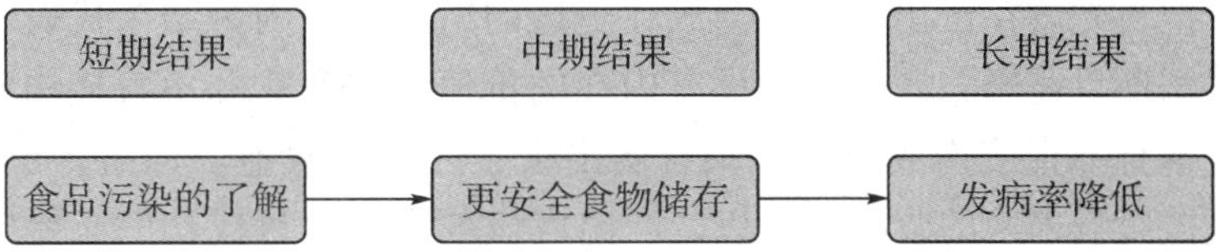

图 2.7　老年人营养项目逻辑链

在创建结果链时，结果应该在哪里停止经常也是一个问题。通常，主要利益相关者最感兴趣的是长期结果。许多资助者、纳税人和参与者都希望有一些有意义的结果，例如，降低吸烟率、改善水质、养成健康的饮食习惯、保护环境等。但是，要改变社会规范或环境质量可能要花费很多年，并受到许多因素的影响。结果链上走得越远，结果受外界因素影响越大，而受项目的影响就越小。

逻辑模型的用途将决定是否在图形中包括长期结果。长期结果通常是项目目标的代名词，密切注意长期结果会很有帮助。项目逻辑模型经常会包括“长期结果”，以显示项目正在努力追求的目标及与最终结果的联系。如果长期结果取决于其他项目、合作伙伴或其他条件，则有助于了解工作的互补性。尽管不一定要评价长期结果，但应该显示目前的结果与长期结果的逻辑关系。

1.3　结果

我们经常说“结果很重要”，结果是衡量项目运行绩效的最终标准。项目结果是逻辑模型的核心，值得我们花更多的时间来理解。

·产出与结果

结果就是项目运行所产生的成果或效果，是实施项目之后，导致的个人、团体、组织、社区、区域等发生的变化。这种结果包括认知能力和技能的提升，涉及个人行为的改变、组织决策的优化、社会环境的改善、区域经济的发展等。在逻辑模型中，最容易混淆的是产出和结果，因此，在确认项目运行逻辑的过程中，区分产出和成果是非常重要的。

（1）产出在项目内，是可控的，而结果在项目外，是不可控的。产出表示的是一个项目实际操作过程的表现及其阶段性成果，在实施项目之内，产出是可控的。而结果是项目最终产生的效果，在实施项目之外，是不可控。比如在培训项目中，产出是接受培训的数量和质量，这是项目工作人员可以控制的，但培训后，参加培训的人是否能找到工作是无法控制的，因为影响个人就业的因素很多，比如个人的自身情况和所处的环境。但高质量的产出，对预期结果的形成也是有积极作用的。通常来说，项目的产出在很大程度上是由项目工作的管理者所控制的。然而，结果则更多地受外部因素的影响，而且越远期的结果，外部因素对它的影响会越大。尽管产出并不能保证一定会得出结果，但是，可以直接监控项目的实施效率（成本产出比率），因此对产出进行评价是非常重要的。

（2）产出应是项目成功的必要条件而不是充分条件。在公共项目中，具体的管理操作人员关注的是如何用有效的方式生产高质量的产出，但关注绩效的高层管理者则不会仅把目光放在产出上，还会放在更远的结果上，因为结果代表着一个项目的效果。根据项目逻辑，产出几乎没有内在的价值，因为它并不直接构成收益，就好比产品，本身不直接构成收益，只有卖出去了才产生收益。但是产出是必要的，因为它会直接影响未来的收益。所以，产出应该被看作项目成功的必要条件而不是充分条件。产出是一个项目工作的直接产品或服务，如果没有高质量的产出，一个项目工作就不能产生预期的结果。

（3）产出经常表示为完成的工作量，而结果是各种产出所产生的真实影响。一种看待产出和结果之间差异的方法是：产出是目标群体得到的服务和产品，而结果是目标群体状况的改善。表 2.1 介绍了产出和结果的区别：比如在犯罪控制项目中，警察巡逻的小时数是产出，代表警察的工作量，治安变好才是项目的预期结果，如果犯罪没有减少，治安没有变好，就不能算作达到预期的结果；又如公路建设项目，产出是改建的公路千米数，最终要达到的结果是减少通行时间，如果改建的公路段不能减少通行时间，我们就不能认为它们带来了特定的公共利益。因此，结果是衡量项目运行绩效的最终标准。

表 2.1　产出和结果的区别

项目	产出	结果
犯罪控制项目	巡逻时间	犯罪减少，更加安全
公路建设项目	改建公里里程	减少通行时间
区分标准	目标群体得到的服务和产品	目标人群状况的改善

（4）产出与结果之间的关系更具流动性而不能用简单的两分法描述。比如招聘、培训员工和志愿者，在大多数情况下，招聘和培训是为了支持或改善项目活动的内部职能。征聘的工作人员和（或）志愿者的人数、受训的人数、致力于其发展的资源等表明了这些内部职能的规模。这些方面有助于我们的项目取得结果，但它们不是结果，它们不代表项目参与者或受益人状况的改变。但是，如果该项目解决的是志愿者在社区事务中的参与度较低的情况，并且该项目的目的是作为更大的社区发展项目的一部分，那么在社区生活中志愿服务的居民人数的增长，就是结果了。再比如，参加人数或服务的客户数量，它们经常作为逻辑模型中的产出，它表示我们完成的目标受众的数量。它并不表示参与者是否从该项目中受益或有所改变，因此这不是结果。但是，如果该项目的目的是促进需求群体使用某项服务，那么使用

该服务的数量将是结果。

客户的满意度也有这样的问题。比如对教育项目的目的而言，学生的满意度可能是必要的，但还不够。学生可能对项目的各个方面（教职员工的专业素养、设施设备、服务的响应性等）感到满意，但这并不意味着学生受益或他们的状况得到改善。如果学生对该项目感到满意，则可能意味着他们将继续或完全投入这个项目。因此，满意度可能是取得结果的重要一步，但是，这通常不是教育项目的期望结果。比如客户流动性极强或难以跟踪导致无法了解学生学习后的就业状况，在这种情况下，满意度衡量可能是评价项目结果的最好方法。

·确定项目结果

要确定结果，首先是找到可能的结果，然后在找到的结果中确定哪些是真正的结果。

（1）确定可能结果的方法包括。

一是问自己项目实施会导致什么样的变化，什么会改变或改进；思考如果让受益人（项目参与者）说该项目的价值，他们会说什么，他们为什么参加。比如，在培训项目中，思考参与者为什么参加培训，参与培训的原因就是结果。

二是查看项目的所有主要活动。对于每项活动，思考我们为什么这样做。通常情况下，“为什么”的答案就是结果。

三是实地询问参与者的想法和意见。参与者是有关项目结果的良好信息来源。问他们为什么来参与，他们希望会发生什么。询问参与者的期望是识别结果的一个好方法。

（2）找出真正的结果。

在实践中，我们也许会找出许多结果，在这些结果中哪些才是真正的结果呢？考虑是否是真正的结果，通常有三个标准：重要性、合理性、现实性。

一是重要性。思考这一结果是否重要，它们是否代表了参与者和关键利益相关者所重视的重大变革或改进。比如社区增加警察巡逻时间，导致的结果可能是增强社区公众的安全感和减少犯罪。相比而言，减少犯罪更重要，因此我们会选择减少犯罪作为结果。

二是合理性。结果之间是否可以以合理的逻辑联系起来，是否有可能下一个结果会导致再下一个结果。比如，增长知识、找到工作、增加收入等可以以合理的逻辑连接起来。

三是现实性。鉴于问题的性质、现有的资源和能力，结果是否切合实际。比如在失业培训案例中，培训后，参加人员都能找到满意工作可能就是不切实际的结果。

我们可以用表 2. 2 来检验可选择的结果，对每个结果的三个标准进行打分，从中选出最合适的结果。

表 2.2　结果检验表

结果	重要性（10分）：最终结果是否代表参与者和主要利益相关者所重视的改进？	合理性（10分）：结果是否按逻辑顺序关联并与项目活动关联？	现实性（10分）：给定资源和情况，结果是否可以实现？	总分
结果 1				
结果 2				
结果 3				

（3）意外结果。

确保逻辑模型不遗漏意外结果是很重要的。尽管很难预料到意外结果，但始终要考虑所有可能性是很重要的。意想不到的结果可能是正面的、负面的，也可能是中性的。例如，当一个社区实施监控项目时，如果犯罪转移到另一个社区，导致另一个社区的犯罪率上升，那么这个项目就产生了意想不到的负面结果。因此，我们还应该考虑项目会出现什么意外结果，在意外情况发生以后，该项目如何展开，谁会受到影响（正面或负面），它们将如何产生意想不到的影响。

定义结果时应注意以下内容：①一个项目的结果没有具体数量，可能会有一些或很多个结果。②结果链可能不止一个，意味着活动的某些产出可能链接到多个“链”或一系列结果，通常，几个结果链会合并在一起，以专注于一项长期最终结果的实现。③通常结果越直接，项目对其效果的影响就越大，比如在育儿教育项目中，短期结果是儿童发展知识和新的育儿方法的增加，在很大程度上是员工的教学技能和课程质量的结果。越是长期结果，该项目对其效果的直接影响就越小，中期结果是父母将使用改进的育儿技能，更加了解儿童，最终结果是减少了参与者虐待和忽视儿童的情况，这结果将受项目外的多种因素的影响，比如家长失业，生活陷入困境等，这些是项目无法控制的因素。④结果可以循环回到项目中，并启动另一个结果链。⑤结果链通常描述了主要的预期联系，结果本身可能不会导致下一个结果，因此，要想取得预期的成效，可能需要在结果链的某个或各个地方增加投入和产出。⑥结果不总是积极的，也不总是可以预期的，建模时应该仔细考虑项目可能带来的负面影响，考虑参与者、社区或环境可能会发生什么意外或意外的结果等。

第二节　构建项目逻辑模型

逻辑模型呈现了组件间一系列的联系或逻辑关系，而且随着时间的推移会带来预期的结果。在构建逻辑模型时，找出项目组件间的逻辑关系是非常重要的。一旦识别出组件间的逻辑关系，我们就可以用逻辑链将项目组件连接起来构建逻辑模型。

2.1　构建逻辑模型

如果我们面对一个复杂的项目，需要建立逻辑模型时，我们需要建立一个框架，通过这一框架，一步一步建立逻辑模型。具体讲，我们首先要对项目组件进行分类，然后用逻辑链将组件连接起来。

第一步，找出哪些是在项目内的、属于项目实施范围的组件，哪些是在项目外的、属于结果范围的组件。

第二步，在实施部分，正确分类投入、活动和产出。

第三步，在结果部分，根据结果发生的时间顺序，确定短期、中期和长期结果。在常见逻辑链条中，知识增长到行为改变再到环境变化分别为短期、中期和长期结果。

如表 2.3 所示，项目逻辑模型框架包含了逻辑模型主要组件的分类，分成项目实施和项目结果部分。项目实施部分包括：①投入，包括资金、人员、实物、知识等资源；②活动，包括利用资源开展的主要项目活动群；③产出，包括开展活动完成的工作量。结果部分根据时间分为短期、中期和长期结果。同时结果之间也要考虑逻辑关系。

表 2.3　项目逻辑模型框架

项目实施			项目结果		
投入	活动	产出	短期结果	中期结果	长期结果
资金、人员、实物、知识等	主要项目活动群	开展活动完成的工作量	由项目设计所决定，和项目目标相关的结果和影响		

当把组件正确分类后，我们就可以用“如果……那么……”来寻找组件间的逻辑关系，并用箭头连接起来，构建逻辑模型。

现在我们用一个案例来分析如何建立逻辑模型。

贫困家庭财务教育项目

低收入家庭通常负债累累，储蓄很少，而且对财务管理策略知之甚少。这些状况减少了其实现财务目标的机会，危及财务安全，降低了对意外财务情况的抗风险能力。在美国阳光县，14%的人口生活在贫困中，他们的主要财务目标是努力支付每月账单。儿童贫困率为 22.9%，远高于全州的平均水平 14.9%。同时所得税抵免项目（EIC）是一项针对有孩子的家庭的有效反贫困项目，可以提供超过 5 000 美元的税收抵免，并可能将收入提高 57%。但是阳光县的许多有资格获得这些税收抵免的人都没有得到这些税收，可能是因为这些人没有听说过税收抵免，或不知道自己有资格获得，或者不知道如何申请。为此，该县有关部门开展家庭财务教育项目，旨在提升低收入家庭财务管理能力，降低该县的贫困率。

假设我们通过各种调查，了解到项目组件如下，我们该如何一步一步构建逻辑模型？

①增加对基本家庭预算的了解；

②增加对控制预算的方法的了解；

③工作人员；

④增加对获得抵免资格的了解；
⑤相关研究；
⑥财务教育培训；
⑦制定家庭财务目标；
⑧达到财务目标；
⑨在适当的时候申请并获得所得税抵免；
⑩进行一对一咨询；
⑪使用支出和储蓄计划来实现目标；
⑫能够评价自己的财务状况；
⑬采取策略来增加有限的资源以满足每月开支；
⑭贫困率下降；
⑮低收入家庭参加项目学习；
⑯资金；
⑰能够制订支出和储蓄计划以实现目标。

首先我们可以区分哪些是项目内的、属于实施范围的组件，比如资金、工作人员、相关研究、财务教育培训、一对一咨询、低收入家庭参加项目学习等，其余的提且件是项目外的、属于结果的范围。在这个案例中，我们对于项目实施组件中的投入、活动和产出，是比较好区分的。结果组件比较复杂，我们可以根据知识增长到行为改变再到环境变化来区分短期、中期和长期结果，如表 2.4 所示。

表 2.4　贫困家庭财务教育项目组件分类

项目实施			项目结果		
投入	活动	产出	短期结果	中期结果	长期结果
·资金 ·工作人员 ·相关研究	·财务教育培训 ·一对一咨询	·低收入家庭参加项目学习	·增加对基本家庭预算各方面的了解 ·能够评价自己的财务状况 ·能够制订支出和储蓄计划 ·增加对控制预算的方法的了解 ·增加对获得的信贷资格的了解	·制定家庭财务目标 ·使用支出和储蓄计划来实现目标 ·采取有效策略以满足每月开支 ·在适当的时候申请并获得所得税抵免	·达到财务目标 ·贫困率下降

通过这个框架图，我们可以看出，实施过程的逻辑链条比较简单，而结果的逻辑链条相对要复杂些。现在我们可以用“如果……那么……”来分析前后逻辑关系。比如，在短期结果中，如果增加了对基本家庭预算的了解，那么能够评价自己的财务状况和能够制订支出和储蓄计划。而短期结果中，如果增加对获得信贷资格的了解，那么可以在适当时申请所得税抵免（中期结果），等等。根据这些逻辑链

条，我们可以构建图 2.8 所示的逻辑模型。

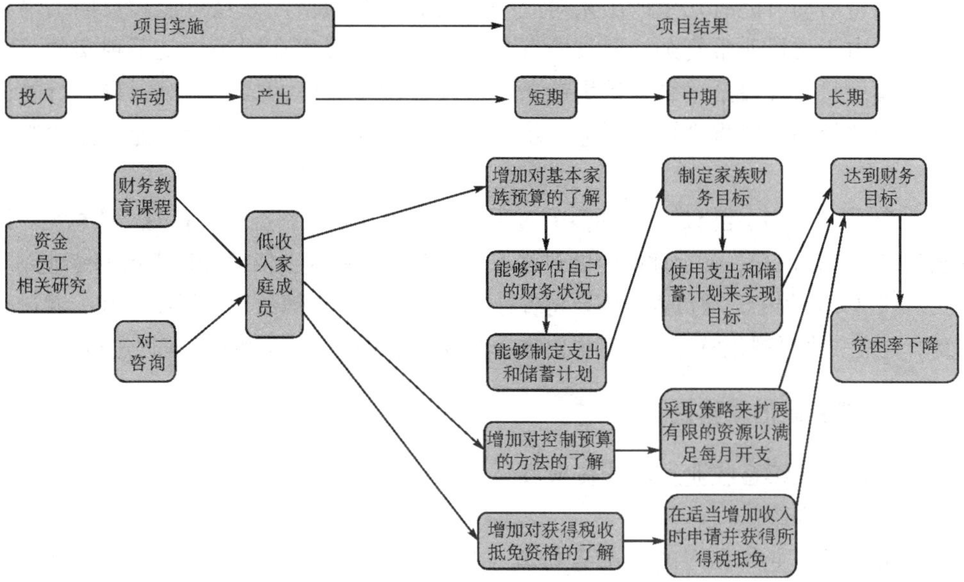

图 2.8　贫困家庭财务教育项目的逻辑模型

在这个模型中，我们投入资金、员工和相关研究，对低收入家庭开展了财务课程教育，一对一的财务咨询等活动，相应的产出是低收入家庭接受培训和咨询的数量。

产生的结果的逻辑关系是：由于低收入家庭接受培训和咨询，他们增加了对家庭预算的了解，由于对家庭预算的了解，他们能够评价自己的财务状况，进而制订支出计划和储蓄计划，然后可以制定家庭财务目标，进而使用支出和储蓄计划实现目标；同时由于增加了对预算控制的了解，他们会采取策略来满足每月开支，由于增加了对获得所得税抵免资格的了解，在适当的时候，他们会申请抵免，增加收入。使用支出和储蓄计划、采取策略满足每月开支和进行所得税抵免，三者共同促进他们实现财务目标。如果低收入家庭能实现自己的财务目标，那么贫困率会下降。

通过上面的案例，在构建逻辑模型时，我们要注意以下几点：

①视项目的复杂程度而定，有的项目只有一个活动，有的项目则有多个活动。

②如果一个项目有多个活动，那么注意活动间的逻辑关系，可能存在前期活动和后期活动，前期活动不一定连接产出。

③一个产出应该和一个或几个项目结果连接在一起。

④每一个逻辑模型的结果划分情况不同，有的逻辑模型需要划分成短期、中期和长期结果，但是在有的逻辑模型中，所有的结果是同一时间发生的，视项目具体情况而定。

⑤每一个短期结果必须和一个或多个后续结果连接在一起；多个结果也可以和一个后续结果连接在一起，代表多种因素导致后续结果。

⑥虽然没有要求逻辑模型中的因果关系箭头为单向头，但是使用双向箭头会大

大增加项目评价的复杂程度。

⑦项目活动可能有几个产出来对应一系列的短期结果，并且可能和长期结果相互关联。由于项目非常复杂，要将所有的因果关系都表现在图表中是不现实的，因此逻辑模型只需要概括一系列逻辑链条，对项目做出总体的描述。对项目进行的任何形式的评价都需要将逻辑模型进一步展开，以明晰项目组件之间更为具体的逻辑链条。

一个项目的逻辑建模是一个重复的过程，其形成有赖于利益相关者的反馈意见。该过程从本质上来说是一个定性研究的过程，并且在很大程度上依赖评价人员的专业判断能力。在这个过程中，评价人员需要将各种文件、访问和其他数据来源结合在一起进行考虑，建立一个可视化模型，然后再由这一领域的专家对这个模型的正确性进行评判。

2.2 更复杂的逻辑模型

·老挝可持续畜牧业发展扶贫项目

(1) 背景介绍。

老挝人民民主共和国的北部省份属于极度贫困地区。导致贫困的主要原因是：①农业生产力的脆弱性。丘陵地区和土壤条件恶劣。②劳动生产率低下。大部分少数民族基本上不能熟练使用老挝语言，甚至不识字。③资本不足。缺乏小额信贷支持及技术知识。④机构效率低下。有限的市场准入以及缺乏社区驱动的发展动力。这些都是制约老挝北部地区发展的主要因素。由于当地的小农资源基础有限，大多数贫困地区的人特别是少数民族和妇女这一群体，普遍存在粮食短缺问题。

针对这些情况，亚洲开发银行、国际农业发展基金、瑞士代理机构和老挝政府资助联合发展了畜牧业发展扶贫项目。该项目于 2007 年 4 月至 2015 年 5 月实施。项目通过对以上四个方面的干预来解决这些制约长期发展的因素，同时，改善北部五个省份的小农生计状况，寻求提供短期救济。它重点关注五省的 18 个最贫困地区的贫困人口和妇女群体。项目实施地区的选择遵循首先选择省份，然后根据贫困发生率选择区域的原则。

该项目致力于解决老挝缺乏现代畜牧系统的主要问题，并试图将畜牧业作为老挝北部省份经济发展的主要工具。因为提高牲畜业的发展，不仅能够在目标受益者的发展需求中产生各种产出和结果，而且还能够与农村家庭及其栖息地的生活方式相适应。贫困家庭熟悉牲畜业，因为他们有从事这一行业几个世纪的传统。

图 2.9 为可持续畜牧业发展扶贫项目逻辑模型。

(2) 项目投入包括亚洲开发银行资金、人员、畜牧知识和技术，以及合作伙伴（农发基金、亚洲开发银行、当地政府等）。在资金上，农发基金批准了一笔 200 万特别提款权[①]（相当于约 300 万美元）的贷款，亚行批准了亚洲开发基金（ADF）的 930 万美元贷款及 70 万美元的补助金，瑞士发展与合作署（SDC）提供了 350 万美元的赠款，老挝政府保证提供 110 万美元资助。

---

① 特别提款权是一揽子货币，包括美元、英镑、日元等，与美元的比值（类似汇率）是变动的。

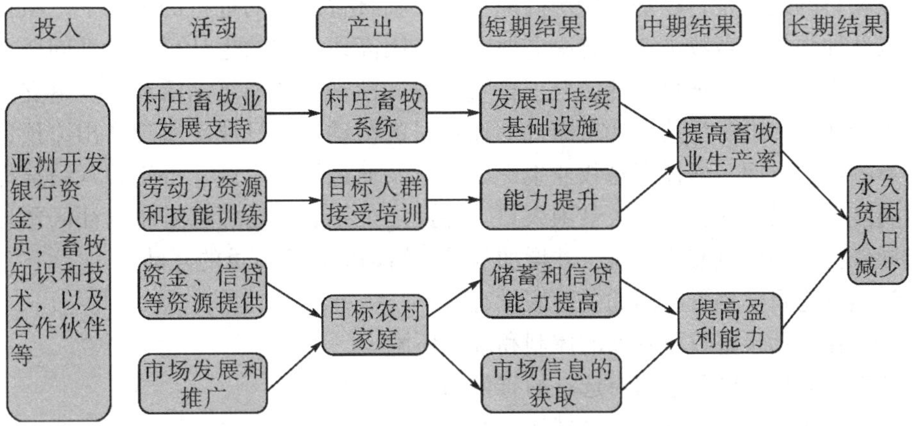

图 2.9　可持续畜牧业发展扶贫项目逻辑模型

（3）项目活动包括四个方面。①村庄畜牧业发展支持活动。由于在小型农场的背景下，畜牧生产收益比种植农业有更高的附加值。加强村庄畜牧系统的发展，提高牲畜的生育力、生存率和数量增长，可以为目标群体带来一些有益的影响，有助于加强对农业活动的支持，提高收入。对畜牧业发展的支持主要包括引进饲草和疫苗、改进饲养和育种方法、增加农民对畜牧生产的了解及对市场机会的了解。

②劳动力资源和技能训练。由于农业生产率下降是迫在眉睫的威胁，正在挤压农村生存空间。了解牲畜的疾病控制、生物安全和加强养殖技能来建立人力资本，这些对该地区的农村发展具有促进作用。高效的劳动技术可以确保减少妇女的工作量，增加她们的收入，同时为她们提供救济。

③资金、信贷等资源提供。为农村家庭提供小额信贷的融资和信贷资源至关重要。它提供了救济，并鼓励社区推动发展，特别是在村庄基础设施已建成的项目区作用明显。这些活动的前提是在项目区建立社会机构，并通过动员目标群体参与社区网络，获得资金和信贷及工作能力，来实现能够增强他们利益的社会变革，并鼓励他们参与社区范围内的决策过程。在这方面，老挝妇女联盟的成立至关重要，同时，项目设计制定了特殊规定（如直接融资和赠款融资），以确保他们参与融资。

④市场发展和推广。加强市场联系和企业发展，以及参与网络推广等活动有利于提高市场准入和效率。由于老挝及邻国（泰国、越南等）的牲畜需求不断增长，该项目将此视为老挝小农发展演变的关键起飞阶段。希望农村家庭通过改善和密切当地和遥远市场的联系以成为畜牧业价值链中的一环。（然而，这种参与市场发展的转型过于乐观。只有在实施过程中才意识到，运作良好的市场的发展需要更长的时间。）

（4）结果。如果项目产出已成功实现，则该项目的短期结果是：①发展可持续基础设施，以支持市场准入和牲畜贸易；②提升参与者的能力；③提高储蓄和信贷能力，以增加对牲畜的再投资；④传播必要的知识和市场信息。短期结果实现能可以提高畜牧业生产率和盈利能力（中期结果）。较高价值的畜牧业生产和较高水平的粮食安全对贫困地区的现金收入做出贡献，从而对农村减贫产生更深远的影响（长期结果）。

该项目的逻辑是，在基于传统高地生计面临日益严重的危机的背景下，项目通过引入并加强村庄畜牧系统，解决老挝北部贫困高地小农的生计可持续性问题，从而减少贫困。因此，项目设计结合了畜牧业发展活动、技能培训活动、资金支持活动及市场建立和推广活动。如果通过上述项目的活动，并且成功实现产出，预计最终将影响两个方面，即提高畜牧业生产率，以及通过提高生产、价格和营销选择提高盈利能力，最终减少了永久贫困人口。除此之外，居住在邻近村庄的社区预计将通过同伴群体的信息交流受益，并增加与受过培训的推广人员的互动。

该项目逻辑模型资助额的关键假设有：

①存在有利于畜牧业发展的体制和政策环境。

②该国其他地区和邻国对选定的省份的牲畜需求充足。

③由于每个省都有自己的区域特点和当地需求，因此针对具体情况的部门战略及体制和社会目标战略能够成为项目实施的基础。

④项目资金有效流动，培训活动有效，推广人员和老挝妇女联盟的工作人员具有资格，项目能够提供相应投入并成功在目标村建立畜牧生产系统。

⑤能够获得购买动物和增加牲畜生产所需的资金。因此，项目必须增加对小额信贷机构和小额信贷的了解，并在每个地区设立小额信贷机构，以鼓励农民购买和管理他们的牲畜。此外，为了提高市场准入，该项目需要建设和（或）恢复关键的村庄基础设施。

⑥增加畜牧业生产需要受益者更加了解小额信贷和当地牲畜市场动态。最重要的是，相关活动应以协调而不是相互独立的方式进行。例如，应实施技术推广和社区动员活动，着眼于以市场为导向的畜牧业发展。此外，投入物（特别是饲料和疫苗）的供应必须满足当地牲畜的需求，特别是满足如猪、山羊和家禽的需求。

⑦为实现其目标，该项目应引起受益者的行为改变，以吸收新技术和获得小额信贷、银行支持和牲畜市场。采用这些新引进的技术还需要有合适的资源（特别是土地和水资源）。此外，这些新技术将使受益者能够通过增强谈判能力来利用营销机会，从而使他们提高生产力水平，并最终改善整个村庄的畜牧系统。

影响项目的外部因素包括：

①既定的基础设施是可持续的；

②牲畜需求和市场价格保持稳定；

③政府提供长期资助并使畜牧生产组织制度化。

·中小企业支持项目逻辑模型

增强经济发展能力建设的项目，其实施是广泛而复杂的，项目的自身特点决定了不仅难以评价项目活动和预期的经济结果，而且也难以确定有效指标。美国经济发展局（EDA）开发了一系列非基础设施项目，支持初创企业、小企业的发展、技术开发及区域创新生态系统和劳动力的发展。这些以经济发展和创新为重点的项目有力地促进了参与者能力的提升，包括企业家、小企业和区域组织。同时，这些项目也有长期的、更广泛的经济效益，但是很明显，它们产生的效益很难测量，如就业增长、能力提升等。

在财政收支矛盾加剧，以及对政府项目的审查越来越严格的政治环境下，项目价值及项目存在的重要性和必要性需要被严格证明。然而，项目评价的标准方法通常只关注狭隘的经济指标，如公司收益和创造就业机会。这种方法不能公正地评价项目活动的长期影响和企业的能力建设结果，以及更广泛和更长期的宏观经济成果。

国际斯坦福研究所（Stanford Research Institute International，SRI）的创新战略和政策中心（Center for Innovation Strategy and Policy，CISP）一直在与 EDA 合作开发试点项目评价经济发展项目的新方法。SRI 开发了逻辑模型来评价项目活动、能力建设成果和更广泛的宏观经济成果，以便更好地理解和评估经济发展项目。同时其还开发了一个经济发展逻辑模型来评价指标，以及更好地完善使用指标来评价 EDA 支持的项目，帮助 EDA 和经济发展从业者使用并转向更全面的经济发展项目评价。

上述的经济发展逻辑模型基于 SRI 和美国经济发展管理局及其他机构的多年合作研究。逻辑模型的组成部分来自有关经济发展理论和大量的实践。所描述的逻辑模型体现了赠款项目从投入到活动再到即时结果和长期结果的逻辑进展。逻辑模型的每个组件根据项目的重点不同，可能会形成不同类别的投入、产出和结果。

图 2.10 是中小企业支持项目逻辑模型，从左到右，逻辑模型的特定组件定义如下。

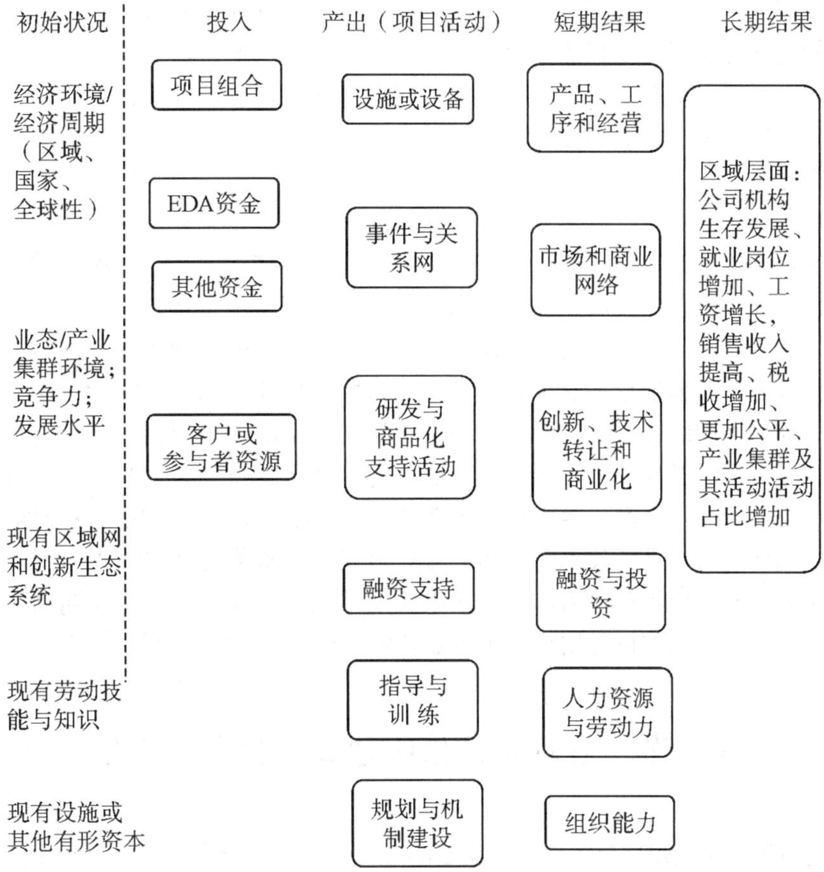

图 2.10 中小企业支持项目逻辑模型

（1）初始条件。初始条件包括影响项目或其参与者的“基线”或潜在外部因素，它们可能影响所实现成果的类型和规模。这些条件可概括描述为区域或全球经济条件、与区域竞争力相关的产业集群条件、现有网络和创新生态系统、现有劳动力技能和知识，最后还有现有设施或其他有形资本。

（2）投入。投入的类别：项目的组合、EDA 资金，其他资金，以及有形或无形的客户或参与者资源（如员工的专业知识）。

（3）产出（项目活动）。产出是对项目参与者（接受项目资助者）、合作伙伴及客户执行的活动的数量和质量的度量。作为资助项目一部分进行的活动在逻辑模型中分为：设施或设备（如经济发展项目需要租赁或购买的设施或设备）、事件与关系网、研发和商业化支持活动、融资支持活动，指导与训练活动，以及规划和机制建设活动。

（4）短期结果（能力成果）。由项目而产生的直接的、短期的成果，可以增强接受资助者或项目的客户或参与者的能力。能力成果类别：产品、工序和经营能力，市场和商业网络能力，创新、技术转让和商业化能力，融资和投资能力，人力资源和劳动力能力以及组织能力。

（5）长期结果（已实现的成果）。该项目的更广泛的长期影响，包括在区域一级的可能包括的在工作或其他可量化经济指标方面的可衡量的增长。具体来说，逻辑模型列出了以下可期望的长期结果，以便在区域层面进行评价：公司机构生存发展、就业岗位增加、收入和工资增长，销售收入提高、更加公平、产业集群及其活动占比增加。

项目的运行逻辑可以概括为：这个项目的目标客户是企业家、小企业家及区域组织，项目投入包括发展局的财政资金和参与者的一些资源。这个项目的使命是支持初创企业、中小企业发展，实现技术开发、区域创新生态系统和劳动力发展。为了完成这个使命，美国经济发展局提供了一些相互依存的活动和服务，包括创建强大的网络资源，增强信息和资源的交流提供研发和商业化的资金支持，对小企业提供指导、辅导和训练服务等。所有这些工作活动产生的产出包括，企业增加了对新设备的购买，网络资源扩大，研发和商业化有了资金支持等。这些产出导致的短期结果是，企业产品的生产、生产流程的把控和业务能力提升，市场与商业网络建立，中小企业创新能力提升，技术转让和商业化融资与投资能力加强，人力资源与劳动力组织能力提升，市场竞争力加强。如果短期结果得以实现，那么长期结果可能包括区域经济增长，工作机会增加，小企业竞争机会增多，提升公平性等。

第三节　在项目评价中建立项目逻辑模型

用逻辑模型来呈现项目需要一个反复的过程，项目评价者在这个过程中起着重要的作用。很多项目的规划者和操作者对逻辑模型的概念不熟悉，并且认为建模工作很困难。实际上，逻辑模型提供了关于项目如何达到预期结果的一个简明的、视觉化的呈现。这样的因果关系模型对于那些了解项目的流程但从未建立过项目的可视化模型的项目经理和利益相关者来说是大有益处的。项目的评价者有必要向他们解释逻辑模型的概念，以及逻辑模型是如何明确项目结构和项目目标的。在开发模型的时候，评价者会把多种不同的项目结构观点结合起来（如文献观点），并为项目选择一个可视化的解释。评价人员能努力完成一个可操作的逻辑模型，因为很多逻辑模型都会有很多不完善的地方，同时人们对模型构建会有不同意见，要记住的一点是，一个逻辑模型要尽可能完整细致，能涵盖项目的关键部分，但不可能要求它涵盖所有细节。

3.1 构建逻辑模型的步骤

实践中建立逻辑模型有以下几个关键步骤：

第一步是收集项目信息。收集该项目的相关信息，包括项目目标、当前的项目描述、现有或以前的逻辑模型、现有的绩效衡量标准，浏览各种描述项目和相关资料，如政策文献、法律规定、工作文件和备忘录等，以及相关文献研究。

第二步是梳理活动和结果。与项目负责人沟通，了解利益相关方的活动和成果，确保清单中没有重大冗余和重大的活动或结果缺失。进一步确保适当的分类，没有把活动列为结果，结果列为活动等。查看信息并从中提取信息以创建列表（表2.5）。表2.5的第1列为活动，即列出项目工作人员的工作；第2列为结果，即列出项目的结果。了解项目目标有助于确定最远端的结果，帮助我们思考期望通过项目解决什么问题。这期望解决的问题，就是最远端的结果。

表2.5　活动和结果列表

活动	结果
活动1 活动2 活动3	结果1 结果2 结果3

第三步是确定活动的顺序。如果活动较多，就要考虑活动之间的逻辑关系，确定某些活动是否需要在其他活动之前实施，如果是，将活动排序为早期或晚期活动，以反映顺序关系。

第四步是确定结果的顺序。考虑结果之间的逻辑关系，即哪些结果在逻辑上需要在其他结果实现之前发生。根据需要标记为短期、中期、长期结果，以反映结果发生的顺序。与利益相关方一起检查，确保活动和结果符合他们对项目的理解，确保没有重大的缺失活动或结果，确保活动和结果的顺序符合逻辑。

第五步是确定产出。确定需要活动的产出，确定这些产出与活动或结果之间的逻辑联系，将产出放在逻辑模型表的适当位置。

第六步是确定投入。确定哪些是关键投入，如果没有它，则无法实施该项目。确定投入应该主要考虑员工、设备、数据、资金和合作伙伴关系等。将投入放入逻辑模型中活动左侧的列中。是否用箭头连接每个投入和相关活动视情况而定。如果查看每个投入与其影响的活动之间的连接很重要，那么就连接；反之，不用连接。

第七步是多方征求意见。审查并确认利益相关方对逻辑模型的意见和建议，以确保其准确地呈现项目组件之间的逻辑关系。

第八步是项目描述与逻辑模型一起使用。单页逻辑模型将无法捕获项目的所有细节。项目描述有助于解释逻辑模型的组成部分及它们如何协同工作以实现结果。项目描述应包括：对逻辑模型的活动、结果和其他组件的扩展描述，活动之间，产出与结果之间及不同结果之间的任何关键联系的逻辑描述，对结果等的贡献的描述，以及对利益相关者的期望的描述。

以上八个步骤是关于在实践中如何构建逻辑模型的建议（表 2.6）。下面我们用一个案例来具体模拟一下。

表 2.6　确定结果之间的逻辑关系

投入	活动	产出	短期结果	中期结果	长期结果
	活动 1 活动 2 活动 3		短期结果 1 短期结果 2	中期结果 1 中期结果 2	长期结果 1 长期结果 2

儿童铅中毒预防（CLPP）案例

铅中毒是儿童面临的最普遍的环境危害，特别是在老城区内。血铅病（EBLL）即使在低水平情况下也会导致儿童智力下降和发育问题。儿童铅中毒的主要来源是老房子中含有铅涂料、油漆和灰尘。儿童铅中毒预防项目通过对高风险儿童进行外展服务和筛查，确定患有血铅病的患者，评价他们铅来源的环境，对家庭进行培训，以及对他们的医疗和生活环境进行矫正，最终降低儿童铅中毒风险，提高生活质量。

对于这个案例，我们在实践中可以按照以上步骤来建立逻辑模型。

第一步收集项目信息。我们可以通过查阅工作记录、管理记录等，以及与项目负责人沟通，找出项目实施的活动。这些活动可能包括：对旧房进行环境评价，对风险家庭进行培训，进行外展服务，筛查血铅病儿童等。根据工作记录等资料，我们也可以发现一些可能的结果，包括铅污染的消除，儿童患者得到治疗；同时根据与项目受益者进行沟通，可能发现的结果是，家庭是否学会怎样防治铅污染，通过查阅项目文件、了解目标，可以发现一些理想的结果，如血铅病儿童患者减少、儿童智力提高等。

第二步梳理活动和结果。我们分别将活动和结果放入框架中，如表 2.7 所示。

表 2.7　逻辑模型构建框架一

投入	活动	产出	短期结果	中期结果	长期结果
	环境评价 对风险家庭进行培训 外展服务 筛查是否患有血铅病的儿童		消除铅污染 家庭学会如何防治铅污染 儿童患者得到治疗 血铅病儿童患者减少 儿童智力提高等		

第三步确定活动的顺序。考虑活动之间的"逻辑"关系，通过逻辑关系检验，

外展服务应该在筛查之前等。

第四步确定结果的顺序。考虑结果之间的逻辑关系：可以发现儿童智力提高的前提是血铅病儿童患者减少，而血铅病减少是因为，房屋铅污染的消除，家庭提高防治铅污染能力，血铅病患者得到治疗等。根据这个逻辑关系，短期、中期、长期结果就出来，如表 2.8 所示。

表 2.8　逻辑模型构建框架二

投入	活动	产出	短期结果	中期结果	长期结果
	环境评价， 对风险家庭进行培训， 外展服务， 筛查患有血铅的儿童		消除铅污染， 家庭学会如何防治铅污染， 儿童患者得到治疗	血铅病儿童患者减少	儿童智力提高等， 生产力和生活质量提升

第五步确定产出。确定产出，即考虑活动的目的是什么，为了实现什么，考虑产出和结果之间的逻辑关系，比如环境评价的目的是认定含铅污染的高风险房屋，认定之后，将采取行动清除铅污染。认定的房屋数量就是项目产出。

第六步确定投入。考虑实施该项目所需的资源，确定关键投入，主要考虑员工，设备、资金和合作伙伴的关系。除此之外，考虑一些特殊活动，比如对儿童进行筛查通常需要法律的授权，因此在投入栏还要放入法律授权等。

第七步多方征求意见。在初步确定好各组件及组件间的逻辑关系之后，可以多方征求意见。审查并确认利益相关方对逻辑模型的意见和建议，以确保其准确地呈现了项目组件之间的逻辑关系。

第八步根据逻辑关系建立逻辑模型。其中的逻辑关系是：当投入资金、员工和获得法律授权及确定合作关系后，我们可以开展环境评价、培训家庭成员、外展服务和筛查患有血铅病儿童等活动，这些活动形成的产出有，被认定为高风险房屋的数量，接收培训家庭的数量，以及筛查出患有血铅病的儿童的数量。短期结果为，房屋铅污染被消除，家庭提高防污染的能力和患病儿童得到治疗。如果这三项成果达成，我们可以期待血铅病儿童患者减少，长期来看，儿童的智力将会提高，生产力和生活质量会提升。逻辑模型如表 2.9 和图 2.11 所示。

表 2.9　逻辑模型构建框架三

投入	活动	产出	短期结果	中期结果	长期结果
资金 员工 法律授权 合作关系	环境评价 对风险家庭进行培训 外展服务 筛查患有血铅病的儿童	被认定为高风险的房屋数量 接受培训的家庭数量 筛查出患有血铅病的儿童的数量	消除铅污染 家庭学会如何防治铅污染 儿童患者得到治疗	血铅病儿童患者减少	儿童智力提高等 生产力和生活质量提升

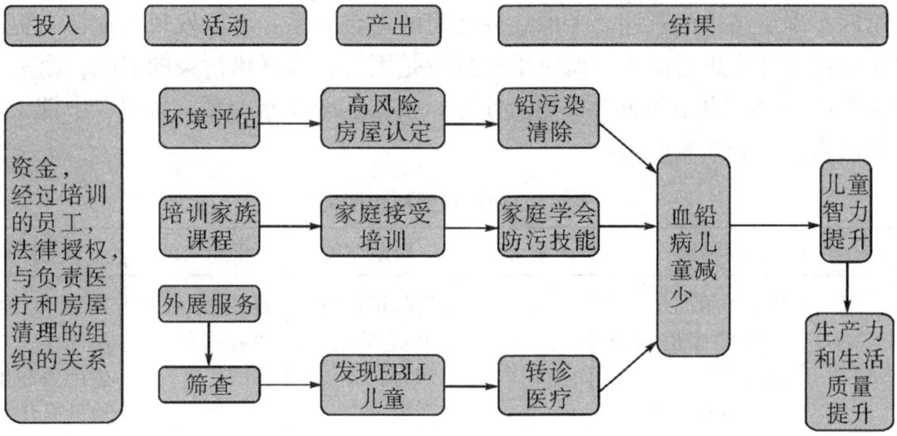

图 2.11 儿童铅中毒预防逻辑模型

3.2 逻辑模型的判断标准

逻辑模型的构建以定性研究为基础，从本质上来说其是一个定性研究的过程。在这个过程中，评价者首先要参考项目的描述文献，咨询不同的利益相关者及项目的其他相关信息，然后同利益相关者共同审视项目逻辑模型以确保模型的充分性。因此模型构建在很大程度上依赖建模人员的专业判断能力。在这个过程中，建模人员需要将各种文件、文献、研究报告、利益相关者的建议等结合起来进行思考和权衡，最后建立一个模型。我们通常可以用意义性、合理性、可行性和可检验性四个标准来判断构建的逻辑模型。

（1）意义性标准。意义性指的是逻辑模型应该呈现有价值的活动和结果，这一标准包括了四个方面。

一是逻辑模型呈现有价值的活动。项目的运行经常包括许多活动，在逻辑模型中展现所有的活动是不现实的，同时这也会让逻辑模型变得复杂，不容易抓住重点，甚至难以阅读，所以就要求对活动要有一定的取舍，因此逻辑模型应该呈现那些能直接形成产出或产生有价值结果的活动。我们可以通过检验逻辑模型的活动栏部分，对列出的活动进行逐一的判断。

二是呈现有价值的结果。逻辑模型的结果应该对公众有价值，这项目存在的理由。如果一个项目逻辑模型不能清楚地呈现出有价值的结果，不能提供证据来证明项目运行会产生一个有价值的结果，那么“这个项目是否继续”就应该重新考虑。我们通常可以通过检查结果栏部分，对列出的结果进行判断。

三是结果与项目相关。逻辑模型呈现的结果，与项目是有关联的，是项目运行能够达到的，或预期能够达到的，而不能是超出项目之外、与项目无关的结果。我们通常可以通过检验结果和项目关联度来判断。

四是呈现潜在的负面和意外后果。一个项目放在环境中运行，就可能受到外部环境因素和意外事件的影响，无论是项目管理还是项目评价，考虑其潜在的负面的后果是十分必要的。我们可以通过检查活动和结果受到外部因素影响的可能性，以及通过和有相关经验的专业人员进行讨论来确定其是否了一潜在的负在和意外结果。

（2）合理性标准。合理性指的是逻辑模型中的逻辑推理应该是合乎逻辑的，能够做到逻辑自洽。

一是逻辑推理有支撑。模型的逻辑推理应该有相关资料的支撑，包括相关的文献、实践经验等的证据支撑。注意检查“如果……那么……”逻辑关系链条，检查每个逻辑推理是否都有证据的支撑，是否做到逻辑自洽。

二是逻辑模型应该正确地将结果与产出分开。有时，产出和结果经常容易被混淆，我们可以通过“目标群体得到什么服务和产品”和“目标人群的状况是否有所改善”来进行区分。如果是目标人群得到了服务，那就是产出，如果改善了状况，那就是结果。

三是模型组件之间是否存在逻辑关系。检查活动之间、结果之间、活动与结果之间的逻辑关系，检查是否有证据支撑。

四是逻辑链应该是完整的。逻辑链中不应该有任何缺失的步骤，项目中的逻辑应该是环环相扣的。有时一些活动的开展需要在前期活动的基础上进行，一些结果的形成也需要有前期结果的基础。检查开展的活动、结果之间的先后关系和逻辑关系。

五是假设是合理的。检查逻辑模型的假设是否成立，是否有遗漏，是否真的可控，检查每个假设是否有证据支撑，如果有可能，查阅以前相关项目的一些材料。

（3）可行性。逻辑模型应该体现实用性，即该模型是切实可行的。

一是投入的可行性。逻辑模型应该反映实施这一项目所需的足够的人力、财力等资源。我们可以考虑开展重要活动需要哪些的资源，我们可以通过与合作伙伴、项目管理人员一起检查讨论是否能在项目实施中获得这些资源。

二是活动的可行性。促使期望产生的结果，活动是必要条件但不是充分条件。有时可以通过增加其他活动来增强项目的可行性。例如，对失业者进行培训不一定就能使他们找到工作，可能还需要开展其他活动，如就业指导、就业安置等。问“还需要什么”有助于发现其他活动，增强项目可行性。

三是获得利益相关者支持的可行性。逻辑模型应该反映主要利益相关者的意见和支持。逻辑模型的构建是个反复讨论的过程，利益相关者的反馈意见和支持是非常重要的。这涉及项目投入能否及时到位，项目评价能否顺利实施。我们通常可以通过检查主要利益相关者的意见来确认。

（4）可检验性。逻辑模型应该经得起检验。项目的运行将导致预期的结果是可以验证的，应该有文献研究或以前相关的实践经验等作为证据支撑。

以上是检验逻辑模型质量和实用性的标准。总之，逻辑模型应该有意义地呈现了有价值的活动和结果，项目运行的推理是合乎逻辑的，能做到逻辑自洽，在实践中是切实可行的，以及项目的结果是清晰的，经得起实践检验。

第四节　项目逻辑模型的作用与限制

逻辑模型是用于规划、描述、管理、沟通和评价项目的工具，是项目运行的可视化呈现，以图形方式表示项目活动与其预期效果之间的关系，陈述构成项目运行期望的假设，并构建项目运行的环境。一句话总结就是，“逻辑模型是项目规划、管理、评价和交流的核心”。同时，逻辑模型不是静态文档，实际上，我们应定期对其进行修订，以反映新的证据、经验教训及背景、资源、活动或期望的变化。

4.1　逻辑模型的作用

·在项目规划中的作用

逻辑建模是将项目与预期结果连接起来的方式和方法。作为一种规划工具，逻辑模型可以看作是“规划图”，即阐明结果出现的顺序及活动与特定结果之间的逻辑关系。具体说，在项目规划阶段，它可以帮助完成以下工作：

（1）与利益相关者一起合作，检查完善政府的使命、愿景和项目的目标的情况。我们通过逻辑模型可以更好地与员工和合作伙伴进行讨论，分析和证明活动与预期结果之间的预期关系和逻辑联系，检查项目预期结果是否符合政府的使命；帮助确定现有资源和所需资源或项目组件的优势和劣势，以及提高绩效的方法。

（2）帮助确定预期结果的实现。在讨论战略结果时，逻辑模型能更好地展示项目是如何达到目标，以及各种资源是如何帮助实现目标的。

（3）帮助确定关键路径。如果投入资源有限，就需要减少成本支出。逻辑模型可以确定哪条路径最有效、最具成本效益，或哪些路径可能最快到达目标。

（4）可以帮助识别项目逻辑中存在的差距并澄清假设。逻辑模型可以充当项目规划和实施的框架，把当前所处的位置和项目期望的结果连接起来，它提供了一个结构，用于清楚地了解推动方案需求的情况、期望的最终状态、怎样通过资源投入开展活动，并且与受益人群的活动相关联，以实现预期的结果。

（5）帮助达到相应的结果，帮助说明项目的基本理念和目标，为广泛的目标带来可操作的细节。我们在进行公共项目的管理时，通常会把目光放在具体的期望结果上。这些项目可以是一些提供公共服务及执行活动的内容。这些服务和活动一般用于解决某些问题、满足某种需要或满足公众利益，以此改善一些不理想的状况。这样产生的积极影响构成了项目运行的结果，而这些产生的结果将成为支持项目立项的首要依据。如果一个实施项目不能清楚地表述是否产生价值的结果，不能提供证据证明项目运行是否会产生一个好的结果，那么在“是否继续支持这个项目工作”这个问题上就应该重新考虑。

要特别说明的是，逻辑模型对于大型的项目规划和更具体的项目设计也同样有用。

·在项目管理中的作用

逻辑模型呈现了资源、活动、产出和结果之间的联系，可以为制订更详细的管理计划提供良好的基础。在实施过程中，逻辑模型具有解释、跟踪和监控操作的功能。它既可以作为管理工具，也可以作为监控项目是否按计划实施的框架。此外，在开发绩效测量系统以监测项目的产出和结果时，逻辑模型也非常重要。

逻辑模型促进了项目管理，增加了项目或政策执行成功的可能性，原因是：①能够清晰简洁地描述项目的目的和预期结果，预期活动如何产生预期结果，有助于管理的实施；②能够清晰简洁地描述项目运行，使得每个项目管理人员容易地找到自己的位置，成为管理人员参与项目实施的参考点；③能够提高项目管理人员在规划、实施和评价方面的专业知识和管理能力，找出项目运作的潜在障碍以促进工作人员尽早解决这些问题；④很容易让利益相关者理解项目运行并参与进来，增强资源承诺到位的可能性。

·项目评价中的作用

逻辑模型在绩效评价的过程中起着重要的作用。逻辑模型描述了项目设计和运行的内在逻辑，项目正是按照这种逻辑运行的，并由此带来了最终的产出和结果。理解了项目运行的内在逻辑之后，项目评价人员就能系统地确定相关的评价问题。如今，逻辑模型不但是政策制定者实施政策（或项目）规划和管理的一个重要工具，而且也是评价人员开展绩效评价的一个重要工具。

逻辑模型呈现了整个项目从投入资源转化为活动，形成产出，最终转化为结果的过程。逻辑模型为项目评价者、项目经理和其他利益相关者提供项目运行的概要。它有两个基本功能：一是将项目开展过程分类，分成投入、活动、产出和结果；二是建立项目产出和结果之间的预期因果连接。因此，逻辑模型是评价人员判断项目是否有效、项目是否产生了预期的结果、项目结果是否和项目目标相一致的重要依据。另外，逻辑模型还可以帮助查找项目组件并形成相应的绩效指标。

在评价阶段，逻辑模型能更好地展示其项目是如何达到目标的，以及各种资源是如何帮助实现目标的。逻辑模型是绩效评价的第一步，有助于澄清什么是适合评价的，何时评价，以及怎样合理地使用评价资源。逻辑模型可以帮助评价人员根据项目特点、评价目的和评价资源来进行评价。评价过程可以概括为：根据评价内容，确定适当的评价问题；了解要收集哪些信息来回答这些问题，并创建指标；确定何时收集数据；确定数据来源、方法和检测标准，从而更加有效地使用评价资源。

·项目交流的作用

沟通是成功和可持续发展的关键。将项目视为以逻辑模型为中心的开放体系，能促进对项目的理解和交流，这点是远不能用语言表达的。逻辑模型可以比作“一张图读懂项目”。逻辑模型比长篇大论的语言描述更加有效，无论是与项目员工、为项目资助的人员，还是其他关键利益相关者的沟通，简单、清晰的图形有助于他们对项目的理解。

4.2　逻辑模型的局限性

逻辑模型作为理解项目的方式具有很强的价值的同时，也有一些局限性。

（1）逻辑模型并不完全代表现实状况。逻辑模型只是一个模型，它并不代表现实状况。逻辑模型构建的好坏只会与评价人员对项目的理解相关，与现实无关。当评价人员对项目的理解好，那么逻辑模型会好，反之亦然。在现实中，项目很少能整齐有序地进行，意外情况经常发生。但是，逻辑模型也确实为我们提供了路线图，有助于我们阐明假设的因果关系。它确实有助于就该项目是什么和可以实现什么达成共识，有助于确定评价的内容和时间。

（2）在环境不稳定的情况下，逻辑模型并不适用。逻辑建模已经成为评价者及项目管理者的重要工具。逻辑模型以公开框架为基础，试图将项目和经验放入这个框架中。在项目环境稳定的情况下，逻辑模型是利益相关者交流项目结构和目标的有效工具。如果项目在非常不稳定的情况下运行，情况瞬息万变，那么项目管理者总是在谋划如何进行调整以确保项目的生存。逻辑模型和照片的原理相似，只是提供了评价人员完成模型构建的那个时点的一个影像，如果项目内部发生变化或者项目和环境之间的关系发生变化，逻辑模型“快照呈现”的特点可能使其无法反映出现实情况的变动性和复杂性，这时逻辑模型就会对项目产生误导。

（3）逻辑模型有时间限制。逻辑模型不是静态文档，所有的逻辑模型都是有时间性的，即使是处于稳定环境中的逻辑模型也必须随着时间的改变做出相应的改变。一旦投入了所需的时间和资源来构建好逻辑模型，那么过一段时间后再声明逻辑模型与现实情况不符就很被动了。实际上，应定期对其进行修订以反映新的证据、经验教训及背景、资源、活动或期望的变化。

（4）逻辑模型面临归因问题的挑战。逻辑模型描述了假定的因果关联而不是直接的因果关系。因此，逻辑模型面临归因问题的挑战。逻辑模型不能“证明”项目引起了效果。该项目可能只是影响结果的众多因素之一，必须考虑可能影响结果的其他因素。

（5）逻辑模型不能判断项目是否应该实施。对项目而言，最重要的是这个项目是否应该实施，项目是否值得实施，这是逻辑模型不能回答的。

总结

逻辑模型的组件包括：投入、活动、产出、结果、假设和外部环境。从投入的资源到组织的活动再到产生的产出，展现如何利用资源开展活动形成产出。结果不是一次性或立即发生的，而是会随着时间的推移形成短期、中期到长期结果。

假设应该是通过努力是可以掌控的，或是基于文献研究或以前的经验提出的，不能是凭空想象的。这些假设是项目成功的关键。

外部因素的影响经常是项目成败的关键。和假设不同，外部因素的内容包括任何不可控的因素或情况，包括自然界的、社会的、经济的、法律的、文化的等。只要能影响项目实施的都是外部因素。

项目结果很重要，结果是目标群体的状况是否得到改善，而产出是目标群体得到的服务或产品。实践中，识别结果通常需要和利益相关者进行讨论。同时，结果应该是重要的、合理的、现实的。

判断逻辑模型的四个标准来：意义性、合理性、可行性和可检验性标准。

逻辑模型是用于规划、描述、管理、沟通和评价项目或干预项目的工具。它们以图形方式表示项目活动与其预期效果之间的关系，陈述构成项目运行的假设，并构建项目运行的环境。

逻辑模型不是静态文档，实际上，应定期对其进行修订，以反映新的证据、经验教训及背景、资源、活动或期望的变化。

主要概念

逻辑模型　投入活动　产出　结果　假设　外部因素　组件　逻辑链

思考题

1. 思考日常生活中发生的事情，构建一个逻辑模型，注明投入、活动、产出、结果、假设和外部因素。

2. 简述产出和结果的关联和区别

3. 简述假设和外部因素的定义，为什么它们对项目成功来说如此重要?

4. 根据对某社区的需求评估，在该社区中，许多老年人饮食状况不佳。原因主要是：老年人很难去商店购买食物，同时，他们也不了解营养与健康之间的关系。假设你是社区管理人员，正在规划一个老年人营养教育项目，目的是改善老年人健康状况。构建一个老年人营养教育项目逻辑模型，注明投入、活动、产出、短期结果，中期结果和长期结果，以及必要的假设和外部因素。

5. 幼儿的阅读有助于培养他们对阅读的热爱，和对学习的热情。然而，来自低收入家庭的儿童，通常无法获得这些有助于认知发展和学习准备所必需的书籍。如果你是个社区的管理员，希望通过开发一个读书项目来解决这一问题，项目组件包括：

①10 万元赠款；

②儿童对书籍的兴趣增加；

③学龄前儿童；

④志愿者；

⑤制作季度新闻；

⑥学龄前儿童的识字率提高；

⑦向学龄前儿童提供书籍；

⑧培训读书志愿者；

⑨孩子们照顾他们的书；

⑩志愿者每周给孩子们读书；

11书籍不会被销毁；

12书籍适合相应的文化和年龄；

13孩子们花时间在读书上；

14孩子们学习如何看书；

15孩子们学习读书很有趣的观点；

16学龄前儿童的父母；

17儿童表现出阅读的欲望；

18社区开始扫盲运动；

19员工。

问题：(1) 对这些项目组件予以归类，包括投入、活动、产出、短期结果、中期结果、长期结果、假设和外部因素。

(2) 构建逻辑模型。

(3) 简要阐明项目逻辑关系。

6. 构建政府扶持小微企业系列政策的逻辑模型

(1) 收集、梳理近五年国家扶持小微企业政策，包括税收优惠、融资贷款支持、帮助企业开拓市场等政策。

(2) 建立逻辑模型，列出投入、活动、产出、短期、长期结果、假设和外部因素（注意区分产出和结果），并根据检验逻辑模型的四个标准对建立的逻辑模型进行检验。

第三章
绩效评价框架

通常情况下，公共项目的预期目标是从政府部门的目标中产生的。项目的预期结果应该反映出政府部门的目标，体现政府部门规划这个项目的目的。所以，政府部门的目标和项目的结果之间通常存在着很直接的联系。在本章中，我们先讨论政府的目标和项目的目标的问题，再讨论如何根据绩效评价框架进行绩效评价。

第一节　政府的目标和项目目标

1.1　政府的目标

第一章的图 1.3 显示了将社会公众的需求传递给政府，政府将公众需求纳入政府目标；为了到达目标，政府通过规划项目或政策，并通过它们的实施来满足公众的需求。任何一个部门项目（政策）应该对部门使命和目标的完成给予一个有力的支撑。因此，要设计好绩效评价，首先应理解政府部门的使命、战略目标（目的）、目标和绩效指标的含义和相互关系等。

政府部门的使命指政府部门工作的基本目的，也就是部门存在的理由，一旦部门的使命结束了，部门存在的理由也就没有了。战略目标是对期望结果的一种概括性表述，而目标是实现战略目标过程中更为具体的目标。因此，战略目标通常是概括性的，有时是理想化的，目标应该是更为具体和实际的。一般来说，使命、战略目标、目标及绩效目标的结构关系如图 3.1 所示：政府部门的使命处于顶端，代表部门的根本目标，为了实现这一根本目标，需要一系列战略目标作为支撑，而每个战略目标的达成有赖于一系列具体目标的实现。如果要评价具体目标是否达成，就还需要制定一系列的绩效目标来衡量。

现在以中美两国的政府部门使命、战略目标、目标与绩效目标为例，来说明它们之间的关系。

（1）中国科技部的使命、战略目标、目标和绩效目标。

我国科技部在 2016 年 12 月发布了《“十三五”国家社会发展科技创新规划》（简称《规划》），在规划中，它的使命陈述为：迈进创新型国家行列，有力支撑全面建成小康社会。这一使命由以下五个战略目标作支撑：

战略目标 1：自主创新能力全面提升。

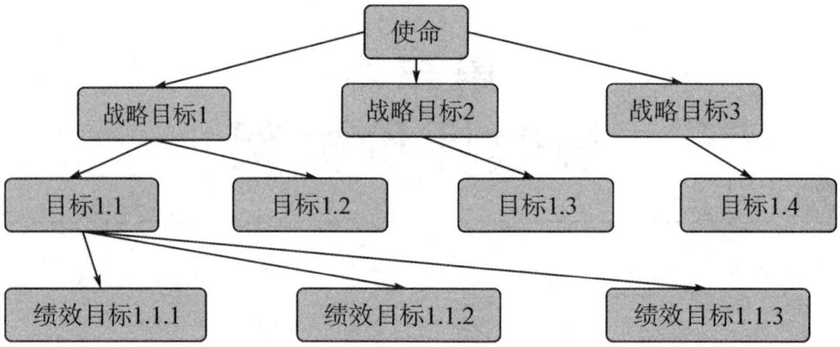

图 3.1　政府目标结构关系图

战略目标 2：科技创新支撑引领作用显著增强。

战略目标 3：创新型人才规模质量同步提升。

战略目标 4：有利于创新的体制机制更加成熟定型。

战略目标 5：创新创业生态更加优化。

这五个战略目标对使命给予了一个良好的支撑，相对来说是比较概括性的表述。

对于每一个战略目标，《规划》还设定了几个相对具体的目标，比如战略目标 1 “自主创新能力全面提升”由两个具体目标来支撑：

目标 1.1：基础研究和高战略技术取得重大突破。

目标 1.2：原始创新能力和国际竞争力显著提升，整体水平由跟跑为主向并行、领跑为主转变。

为了评价这些目标是否达成，针对每个具体目标，科技部设置多个绩效目标来测量，比如目标 1.2“原始创新能力和国际竞争力显著提升，整体水平由跟跑为主向并行、领跑为主转变”，具体包括的绩效目标有：

绩效目标 1.2.1：国际科技论文被引次数达到世界第二。

绩效目标 1.2.2：每万人口发明专利拥有量达到 12 件。

绩效目标 1.2.3：通过《专利合作条约》（PCT）途径提交的专利申请量比 2015 年翻一番等。

三个绩效目标都与目标 1.2 这一目标紧密相关，并且在该目标能否实现及实现的程度等方面给我们提供了一个合理评价的视角。

（2）美国卫生和公众服务部的使命、目的、目标与绩效目标。

美国卫生和公众服务部的绩效评价是美国联邦机构的典范。早在 1993 年，该部门依据《政府绩效与结果法案》，明确了其部门的使命、战略目标、目标和绩效评价过程。目前该部门有大约 8 万多名雇员，年预算达 1.1 万亿美元，部门运行的项目广泛多样，具体包括：医学和社会科学研究、食品与药品安全、对低收入者的财政援助和卫生保健、儿童抚养执行、母亲和幼儿保健、药物滥用与预防，以及对美国老年人的服务等。

该部门使命的正式陈述是：“通过提供有效的健康和公民服务以及保持美国在基础医学、公共健康、社会服务等方面有着强大而持续的科研领先来提高美国公民的健康和福利水平。”该部门致力于通过实施大量的技术创新、政策更新和新的研究项目，来改善美国人民的健康和福祉，推进该部门的使命完成。该部门具体明确了在2018—2022年的五个战略目标，它们是：

战略目标1：改革九加强国家的医疗保健系统。

战略目标2：保护美国人健康的生活、学习、工作和娱乐。

战略目标3：加强美国人一生的经济和社会福祉。

战略目标4：促进强大而持续的科技领先。

战略目标5：促进有效和高效的管理。

针对每一个战略目标，该部门界定了更加具体的目标。例如，针对战略目标1“改革和加强国家的医疗保健系统”，该部门确立了如下四个目标来支撑战略目标：

目标1.1：促进负担得起的医疗保健，同时平衡保费、免赔额及自付费用的支出。

目标1.2：扩大安全和高质量的医疗保健选择可能性，并鼓励创新和竞争。

目标1.3：增强美国人获得医疗保健的机会，扩大护理和服务选择范围。

目标1.4：强化和扩大医疗保健人员队伍，以满足美国的多样化需求。

再进一步划分，每一个目标又包含着多个绩效目标。比如，目标1.1的绩效目标包括：

绩效目标1.1.1：降低处方药支出的平均自付额，特别是对于非低收入人群而言。

绩效目标1.1.2：提高与备用支付模式相关的医疗保险、医疗保健的比例。

两个绩效目标都与改善促进负担得起的医疗保健，同时平衡保费、免赔额以及自付费用的支出等目标紧密相关，并且在该目标能否实现，以及在一定时间内努力到何种程度才能实现等方面给我们提供了一个合理评估的视角。

1.2 项目目标

一般来说，政府部门具体目标的达成主要依赖项目的实施来实现。在绩效管理循环中，政府部门做到目标清晰是很重要的。在一定时期内，政府部门应该以建立清晰的具体目标作为绩效管理循环的起点和终点，这样才能更加清楚项目的目标，反过来又促进对项目的实施和评价。

如果政府部门的目标是清晰明确的，那么项目的目标也应是明确的和实用的。一个实用的项目目标，应该遵循SMART原则来建立。这一原则包括五个方面。

①具体的（speific）：应该具体说明能够具体体现受益的人群或领域。

②可测量的（measurable）：预期结果是可测量的。

③有挑战性的（ambitious）：意味着项目预期目标不能定得过低。

④现实的（realistic）：意味着项目预期目标也不能定得过高。

⑤有时间限制的（time bound）：意味着应具体说明变化出现的时间范围。

一个表述良好的项目目标应该遵循SMART原则，比如，某地区的预防犯罪项目，在实施后的两年内使该地区上报的盗窃案件数量减少20%。城市公共交通系统项目实施5年后，将该地区的旅客周转量提高25%等。

但是在实践中，许多项目目标的描述较为模糊，在时间上也是无限制的情况。这种模糊的目标描述不能清晰地呈现预期的结果和管理的责任，也不能据此界定有意义的评价指标。比如，项目实施后，公众的满意度将会得到进一步提升，对促进经济发展起到了积极作用等。可能的原因是这些项目在从不同利益相关者那里获得资源和支持的同时，都不可避免地存在一些相互的“交易”或妥协。因此，项目目标在设定的过程中，需要把几种不同的观点，甚至冲突的观点，在目标中都体现出来。这通常意味着描述目标所选择的措辞必须兼顾这些不同的观点，因此就很容易导致目标描述的概括性和模糊性，使得项目的目标看起来难以量化。在实践中，也存在编制项目对项目运行将产生的结果并不清晰，导致项目目标模糊和笼统的问题。如果目标不清晰，那么在后期需要界定如何测量这些目标时就会遇上困难。在评价开始之前，对项目最终要完成什么目标这一问题达成共识是很重要的。评价的目标对不同利益相关者的重要程度不同。我们应该确定主要的利益相关群体，并与他们合作，将项目目标转化为适于评价和测量的语言。

第二节　绩效评价框架

逻辑模型通常用于指导评价计划，帮助评价人员根据项目特点、评价目的和评价资源来确定评价内容；根据评价内容确定适当的评价问题；了解要收集哪些信息来回答这些问题，比如开发指标；确定何时收集数据；确定数据来源、分析方法等。

绩效评价框架则是另一个辅助评价设计的组织工具。设计绩效评价框架的目的在于帮助评价人员组织好绩效评价的目的和内容，并保证评价内容、问题和指标与相应的数据收集和分析方法相匹配。这一框架通常包括六个关键要素：评价内容、评价问题、评价指标、数据来源、数据收集方法、数据分析方法（表3.1）。

在绩效评价框架中，评价内容确定了，绩效评价的基本方向就确定了，接下来的评价问题是围绕评价内容提出有价值的问题。要回答这些问题，我们可以用评价指标等信息。这些信息可以是定量的，也可以是定性的。评价指标确定之后，每个指标的数据来源、收集与分析的工具与方法等也随之确定下来。

表3.1　项目评价框架

评价内容	评价问题	评价指标	数据来源	数据收集方法	数据分析方法	注释

2.1 评价内容

第一章的图 1.3 显示了项目在环境中运行并与环境相互影响，这种情况下，项目的评价内容包括：项目的相关性、充分性、有效性、效率性，项目的实施情况、成本—效果、成本—效益评价等。虽然针对不同的项目特点、不同的评价目的和评价资源，项目评价的内容是不一样的，但通常情况下，就项目自身而言，我们都会关注来自逻辑模型的四个方面的评价（图 3.2）。

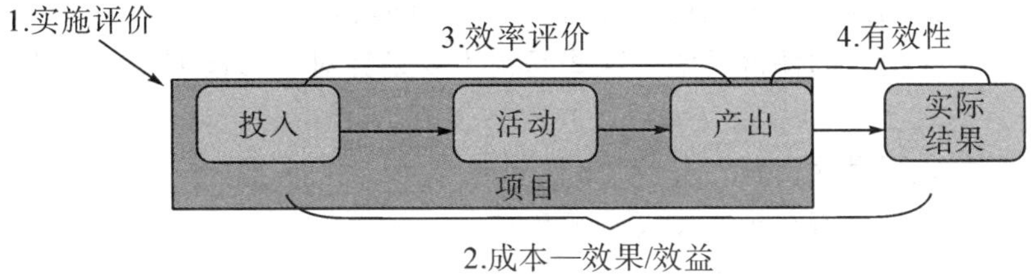

图 3.2 项目评价内容

图 3.2 所示的是个典型的逻辑模型，即投入→活动→产出→结果。我们通过逻辑模型，可以识别和关注项目绩效评价的四个评价内容。

一是项目实施评价。实施评价侧重于监测和评价项目从投入到产出的实施情况。实施评价记录项目是否按预期实施，帮助检查活动是否正在开展，资金是否充足，是否及时到位，以及是否已分配或动员了足够的投入。实施评价可以帮助区分项目是一个好项目，还是一个无法到达预期计划的项目及其无法到达的原因。在一般情况下，项目实施评价都会监测实际执行是否和初始计划一致。

二是效果性评价。效果性评价主要是衡量投入和结果的关系，包括成本—效益分析和成本—效果分析。这两种分析用来衡量项目结果的价值或收益是否超过了成本。我们对于一些不易测量效益的结果，可以用成本—效果分析，即对于给定的效果，是否最小化了成本投入。

三是效率性评价。效率性内容关注的是投入和产出的关系，包括了经济效率和技术效率。对于给定的产出，其是否最小化了成本；对于给定水平的投入资源，其产生了多少产品或服务，是否最大化了产出。

四是有效性评价。有效性评价包括两个部分：一是归因评价，关注的是项目和具体结果之间的关系，分析结果是否与项目有关或者在多大程度上相关；二是关注评价实际结果与预期结果的差距，主要评价项目目标实现的程度、实际产出及成果与预期产出和成果的差异，并探求导致这种差异的原因。原因可能包括：①导致未实现和（或）实现预期结果的因素；②实施安排和实施程序对项目产出和结果的影响；③整体经济、政策和体制环境在项目效果方面的作用。

2.2 评价问题

了解了评价内容之后，下一步是针对评价内容设计具体的评价问题。

（1）关于项目实施整体情况的评价问题。这些问题包括四个部分：项目整体情况、项目投入、活动和产出。

第一，关于项目整体的评价。这些问题主要针对的是项目的整体运行状况，问题一般包括：

①项目总体设计的效果如何？

②项目实施在多大程度上按计划实施？如果没有，原因是什么？是否存在组织内部其他计划影响项目的投入和绩效？

③我们对项目实施过程中的假设是否正确？

④哪些外部因素影响了该项目的运作及项目的效果？

第二，关于投入的评价问题。这些问题主要是针对逻辑模型中的投入组件，一般包括：

①项目投入了哪些资源？

②资金、人员是否充足？投入是否及时？

③是否还需要其他资源投入等？

第三，关于活动的评价问题。这些问题主要是针对逻辑模型中的活动组件，一般包括：

①该项目实际包含哪些活动？

②项目活动使用了哪些策略吸引/激励/强制目标人群参加？

③哪些策略有用？对谁有用？

④哪些活动/方法对哪些参与者更有效？

第四，关于产出的评价问题。这些问题主要是针对逻辑模型中的产出组件，一般包括：

①哪些特征的人参加了哪些项目？每个人是否都有平等的机会参加？

②是否完成了预定的产出任务？

③工作人员的效率如何（技术效率）？

④产品和服务质量怎样？参与者的满意度怎样？

（2）关于效果性的评价问题。这些问题主要是针对逻辑模型中的投入和结果组件，一般包括：

① 谁从该项目受益及如何受益？

② 该项目改善了哪些情况？成本是多少？

③ 是否产生预期外的结果或负面的后果？

（3）关于效率的评价问题。这些问题主要是针对逻辑模型中的产出和投入组件，一般包括：

①对于给定水平的投入资源，产生了多少产品或服务，是否最大化了产出？每单位产品/服务的计划和实际成本是多少？

②该项目活动是否在最少资金、员工和时间等资源的情况下生产？

③项目资源的产出量是多少？

（4）关于有效性的评价问题。这些问题主要是针对逻辑模型中的结果组件，一般包括：

①参与者学习到了什么？参与者的行为有什么变化？情况是否有所改善？在多大程度上是项目导致的？

②该项目效果怎样？是否完成预期目标？还有什么没有完成？

③培训项目给了我们什么启示或经验教训？有什么经验值得借鉴？

以上是四个评价内容相应的评价问题，在具体的案例中可能会有所不同。下面，我们通过一个案例来了解如何根据逻辑模型来设计评价问题。

新生代农民工技能培训项目

全国农民工总量一直保持稳中有增，目前（截至2019年年底）已接近3亿人。1980年及以后出生的新生代农民工占全国农民工总量的50.5%，逐渐成为农民工主体。而新生代农民工相较于老一代农民工体现出的特质是“两高、两强和两低”，即：受教育程度高、职业期望值高，技能提升意愿强、创业意识强，就业稳定性低、技能水平低。党中央、国务院一直高度重视农民工职业技能培训工作，出台了许多文件，明确要求深入实施农民工职业技能提升计划，帮助农民工特别是新生代农民工增加受教育培训的机会，提高其专业技能和胜任岗位能力，将他们培养成为高素质技能劳动者和稳定就业的产业工人。

如果我们要评价这一项目，首先我们需要构建一个项目逻辑模型。如图3.3所示，其中的逻辑关系是：我们投入资金、人员等；然后开展活动，活动包括设计合适的课程，并且对他们进行培训；产出是参加培训的人数；一旦他们参加了培训，短期结果将是他们的技能会提高，中期结果是找到稳定工作，长期结果是这一群体的失业率下降。

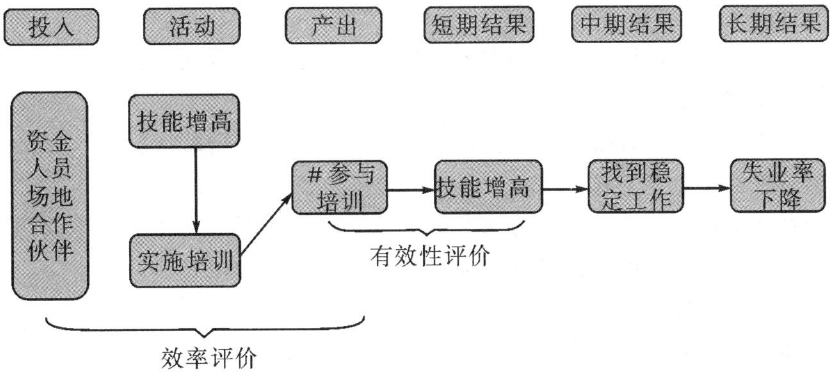

图3.3　新生代农民工技能培训项目的逻辑模型

在这个案例中，假设我们要评价项目实施情况、效率性、效果性和有效性四个部分，具体的评价问题如下：

（1）实施情况的评价问题。通过这个逻辑模型的实施部分，我们有四个方面的评价问题，即关于项目实施整体情况、投入、活动、产出的评价问题。

项目实施整体情况的评价问题，主要针对培训项目的整体运行状况，包括：

①项目实施在多大程度上按计划实施？如果没有，是什么原因导致的？是否存

在组织内部其他计划影响项目的投入？比如和其他计划的冲突导致人数有限或导致项目不能按时进行等。

②每个人是否都有平等的机会参加项目？如果报名参与培训的人数过多，筛选方式是什么？是否公平？

③是否存在外部因素影响项目的结果？比如经济增长或下滑，或者该区域新开了个大型工厂等外部因素。这些不可控因素将会影响就业，进而影响到项目绩效的评价。

第一，关于投入的评价问题，主要针对投入的资金、人员、场地和合作伙伴，可以有以下问题：

①项目资金的投入是否充足、及时？

②培训师是否足够？是否具有资质？

③场地选择是否合适？是否方便学员学习？

④是否还需要其他资源投入等？

第二，关于活动的评价问题，主要针对课程设计和实施培训等活动，可以有以下问题：

①针对课程设计活动，评价问题有课程的设置是否合理且有针对性？哪些课程比较受欢迎？

②针对实施培训活动，评价问题有教学质量、教学效果怎样等？哪些培训课程对他们更有效果？项目活动使用了哪些策略吸引和激励农民工参加？哪些策略有用，对哪部分人群有用？哪些策略没有用等？

第三，关于产出的评价问题，主要针参与者，包括培训的数量和培训质量等产出，可以有以下问题：

①多少人参加了培训项目？多少人中途退出，多少人全程参加了？

②是否完成预定的培训任务？

③参加培训的人具有哪些特点？包括性别、年龄段、婚姻状况等方面的特点。

④参与者的满意度怎样？

（2）关于效率的评价问题，主要针对投入和产出组件，可以有以下问题：

①对于给定资源的投入，该项目为多少人进行了培训？

②工作人员的效率如何？

③培训一个人的成本是多少？是否高于行业平均水平？

④是否可以通过一些方法进一步降低培训成本？

（3）关于效果性问题，主要针对逻辑模型中的投入和结果组件，主要结果包括农民工的技能提升、就业稳定和收入提高，可以有以下问题：

①哪些参与者的技能获得提升？谁从该项目受益及如何受益？

②接收培训后，多少农民工找到了稳定的工作，比例是多少，成本是多少？

③该培训项目改善了哪些情况？成本是多少？

④是否产生预期外的结果或负面的后果？

（4）关于有效性评价问题，主要针对逻辑模型中的项目与结果组件，可以有以下问题。

① 农民工就业的增长多大程度是由项目引起的？（归因分析）

②培训项目是否达到了预期目标？如果没有达到，原因是什么？

③培训项目给了我们什么启示或经验教训？有什么经验值得以后借鉴？等等。

以上这些是如何根据逻辑模型设计评价内容和评价问题。通过逻辑模型，我们可以准确地找出与项目相关的、有价值的评价问题，正如前面所说逻辑模型是绩效评价的第一步，能够为评价提供一个清晰的思路。

2.3　评价问题的质量标准

评价问题的设计在本质上是个定性分析过程，主要依据专业人员的经验。判断评价问题的质量的标准包括：可评价性、相关性、合理性、具体性、可回答性和完整性六个标准。

（1）可评价性。可评价性是指评价问题应该是可评价的，能够对项目价值、优点或重要性形成确定性证据，即评价问题应该朝项目的价值等方面提问。这一标准有助于评价的用户，包括项目管理者、项目决策者及其他利益相关者清晰地获得有价值的信息。评价问题的答案能够直接告知有关项目决策者和管理者下一步如何做，比如，该项目是否存在问题，存在哪些问题，是否应该改进项目，如何改进；是否继续，停止，扩展或重新配置这个项目等。

评价问题不应该是非评价性的，不应该仅涉及事实的信息或离散的数据点。这些信息对项目价值等难以形成确定性证据，无法提供与绩效、价值等相关的参考信息，导致问题的答案对决策的影响有限。

（2）相关性。评价问题应该与项目目标和评价使用者的信息需求相关。这一标准有助于确定项目评价的边界，即哪些问题与项目评价相关，而哪些问题在边界之外、与评价的目的没有关系。这一边界的确定不仅可以满足评价使用者的信息需求，而且也有利于运用有限资源对数据进行收集整理，避免评价资源的浪费，具体包括三个方面：

①评价问题应该与项目的设计、目的、活动或结果直接相关。

②评价问题应该与评价的目的相关。如果评价目的是建议性的，是为完善项目提供建议意见，那么应该重点关注项目实施方面的问题；如果是问责性的，那么应该重点关注项目结果方面的问题。

③评价问题与用户需要相关，应对使用者有价值。问题的答案应该能够至少为一个利益相关者提供信息，比如，能够为项目管理者提供有价值的改进建议或者为项目决策者提供有价值的决策建议。

因此，评价问题不应该是外围的问题，不应该是与项目的目的或用户的需求不相关的问题，不应该是不重要的问题。

（3）合理性。评价问题应该是合理的。合理的问题是指问题应该指向项目影响范围内的内容，主要考虑三个方面：

①评价问题要考虑项目的影响范围。评价问题针对的应该是项目影响范围内的

对象，不能设计超出影响范围之外的问题。

②评价问题应该考虑项目的成熟度，即该项目处于何种阶段？是开发阶段、中期阶段、完全实施阶段，还是准备关闭阶段？不同阶段，项目带来的影响是不一样的，评价问题也应该是不一样的。

③评价问题应该考虑项目的投入资源，包括实施和产生结果所需的货币和非货币资源，在给定的资源条件下所能产生的影响。

因此，评价问题不应该是在给定的资源和干预的条件下，项目无法实现其影响的问题。

（4）具体性。评价问题应该是具体的问题。具体问题是指清楚地指向评价将要调查的具体内容。要调查的问题应该根据各方认可的项目逻辑模型来确定，一旦问题确定，评价人员就知道如何收集数据，在哪里收集数据。具体问题应指向以下内容：

①具体问题应指向项目逻辑模型的具体组件，包括投入、活动、产出、结果、影响、假设等。

②具体问题应指向被项目影响到的利益相关者，包括参与者、项目管理者等，以便我们知道从哪里收集数据来回答问题。

因此，评价问题不应该是模糊的问题，如果使用过于宽泛的术语陈述，会导致评价人员不清楚项目的哪些方面需要进行调查，谁才能回答这些问题，收集哪些数据才能回答这些问题等。

（5）可回答性。评价问题应该是可回答的。可回答的问题指的是以现有的评价资源，评价人员能够收集到相关的数据来回答提出的问题，具体包括：

①在适当考虑隐私、道德、政治、地理和其他问题的基础上，评价人员可以获得数据来回答提出的问题；

②利用现有的时间、人员、技术和资金等资源，收集资料来回答提出的问题。

因此，评价问题不能是无法回答的，不能是在现有状况下无法运用收集到的足够的数据来回答这个问题。

（6）完整性。评价问题应该是完整的。如果需要多个问题来满足评价目的和用户的信息需求，就应该考虑评价问题的完整性。如果设计的评价问题能够完全满足评价目的及评价使用者的信息需求，一套评价问题也就完成了。评价人员可以从广泛的可能主题，如项目设计、背景、过程、实施、产品、产出、结果、影响、效率、成本效益等中有目的地选择问题集。虽然一套评价问题不需要解决所有这些主题，但是应该有一个合理的理由来决定哪些问题应该被包括，哪些应该被排除。

以上六点是关于判断一个好的评价问题的标准，这些标准不仅有利于制定有效和适当的评价问题，还可以评估现有问题的质量。

2.4 指标和数据收集

当基于评价内容和逻辑模型找出绩效评价问题后，接下来，我们需要收集数据来回答这些问题，即用指标来回答这些评价问题。

· 指标

指标这个术语应用比较广泛，但如果把指标放在项目评价语境中，那么指标就是关于项目某些方面的可记录或可测量的信息。在许多情况下，指标提供了一个有意义的标记，能够清晰、准确，并且有重点地回答评价问题。

比如，我们想知道是否患有高血压，如果凭一些眩晕、失眠等症状很难判定，但如果用血压读数指标就很容易判定，如果读数高于140/90则是高血压，这种判定就很清晰、明确，并且抓住了重点。指标不仅可以使用定量信息，也可以使用定性信息，比如基于主观判断的用户满意度指标等。

在培训项目的评价问题中，针对评价问题的绩效指标包括：

（1）实施情况的评价问题。

①项目实施整体情况的评价问题。对于项目实施的情况在多大程度上是按计划进行的，其评价的绩效指标可以是符合程度的百分比，比如通过对一些定性信息的分析来量化符合的程度。

②关于投入的评价问题的绩效指标。

一是项目资金的投入是否充足、及时？这一问题可以用资金到位率、预算执行率等指标来评价。资金到位率=（实际到位资金/预算资金）×100%。预算执行率=（实际支出资金/实际到位资金）×100%。

二是培训师是否足够，是否具有资质？这些问题可以用生师比、培训师的学历结构、有资质培训占比等指标来评价。

③关于活动的评价问题的绩效指标。课程的设置是否合理有针对性？哪些课程比较受欢迎？教学质量和效果等关于活动的评价问题可以用教学评价指标，包括课程难度、实用性等教学评价指标来回答。

④关于产出的评价问题的绩效指标。

一是多少人参加了培训项目？多少人中途退出，多少人全程参加了？其可以用参与人数、全程参与百分比等指标来评价。

二是是否完成预定的培训目标？其可以用实际完成率指标来评价。实际完成率=（实际产出数/计划产出数）×100%。

三是参加培训的人具有哪些特点？包括在性别、年龄段、婚姻状况等方面的特点。其可以用性别百分比、平均年龄、已婚占比等指标来评价。

四是参与者的满意度怎样？其可以用学员满意度指标等来评价。

（2）关于效率的评价问题的绩效指标。

①工作人员的效率如何？这一评价问题可以用人均产量指标来回答。每个工作人员平均负责的培训人员数量为人均产量，即人均产量=参训人员数量/工作人员数量。

②培训一个人的成本是多少？是否高于行业平均水平？这个问题可以用培训成本指标来回答，即每培训一人的成本与行业指标的对比。

③是否可以通过一些方法进一步降低培训成本？这个问题可以用成本节约率指标来回答。成本节约率=［（计划成本-实际成本）/计划成本］×100%。

(3) 关于效果性问题的绩效指标。

接受培训后，多少农民工找到了工作，比例是多少，成本是多少？其可以用成本效果指标来评价。

(4) 关于有效性评价问题的绩效指标。

培训项目是否达到了预期目标？项目达成度指标可以通过定性信息来判断项目完成预期目标的程度。

对任何给定的评价项目，其绩效指标可以来自评价问题，也可以直接来自逻辑模型。针对逻辑模型的各个组件，绩效指标的类型包括资源投入指标、产出、生产力、效率、服务质量、效果、成本效益和公众满意度等。根据项目绩效评价的目的和要求不同，每种评价指标的重要性有所不同。比如针对投入，我们的指标可以是员工人数、资金数量、投入设备数量；针对活动，我们可以以工作量作为指标等。我们将在第四章做进一步讨论。

·数据收集

指标确定后，接下来是收集数据。数据信息资源可以来自法律、法规、相关政策等，也可以来自项目文件和报告，包括相关文献、会议记录、管理记录、工作文件、备忘录、财务记录等项目文件和项目可行性研究报告、项目绩效自评报告、工作总结、进度报告等项目报告，以及来自利益相关方的访谈和调查问卷，即利益相关方包括项目决策者和管理者、项目员工、参与者等。

(1) 管理数据。绩效数据经常来自管理记录。负责管理项目工作和提供服务的公共机构一般会储存交易数据，这些数据记录了项目工作情况、服务的客户数量、完成的项目数量、提供的服务数量、做出的指示等。

(2) 跟踪调查。在一些工作中，实际的结果可能要在项目完成一段时间以后才能体现出来，这就需要对客户进行进一步的接触才能跟踪其效果。这个过程需要通过相关的追踪服务才能实现。比如，培训项目需要用类似与客户保持接触的后续跟踪行动获得关于项目结果的数据。如果长期的后续跟踪不是项目工作活动的一部分或很难执行的时候，评价人员可以通过电子问卷、电话或个人访问来跟踪和调查项目的效果指标等。

(3) 直接观察。许多时候，指标数据的获得需要通过机械工具或人工的方式直接观察，这与跟踪接触客户的情况不一样，比如环境机构经过训练后可以采用精密的测量设备来监测空气和水的质量。在另外一些情况下，观察者可以进行直接的物理观察，并使用评分的方式来获得绩效数据，比如，经过训练的观察者可以监测街道和小巷的清洁状况。

(4) 测验数据。测验是专门设计的工具，可以用来评价个体在某个特定领域的知识或他们完成特定任务的技能水平。这些内容是与教育项目工作最直接相关的，就像学校日常使用课堂测验来测试学生学习水平或学术成绩一样。测验可以用来获取各种其他类型的培训项目工作的绩效数据，包括对工厂工人的工作技能和参训人员的测试。

(5) 定性访谈。定性访谈包括深度访谈和焦点小组访谈。深度访谈是设计一组进行访谈的主题，是访问者和受访者之间根据大致的研究计划进行的互动，它在本质上是由访问者确立对话的方向，再针对受访者而提出的对若干特殊议题的追问。同时，不管是定性访谈者还是调查访谈者，都必须相当熟悉访谈的问题，因为只有这样，访谈才可能顺利、自然地进行。焦点小组访谈也称为专题小组访谈法，它是基于结构化或半结构化、非结构化的访谈，主要针对某一特定评价问题，选择一组熟悉主题的相关人员进行讨论。小组 10 人左右，组中经常有一个或几个人引导讨论并记录过程，他们可以就一系列问题给出自己的看法、建议。焦点小组访谈具有成本低、结果快、有弹性的优点，还经常可以引出研究者所没有想到的一些内容。特别是在构思问卷问题的时候，使用焦点小组访谈方法非常实用。

（6）问卷调查。在项目评价中，问卷经常作为收集资料的一种方式。有时候问卷中的问题是由访问者提出的，有时则是交由受访者提出并完成，即自填式问卷。结构化问卷对于项目评价来说是必不可少的，同时也广泛应用于实验、实地研究及其他资料收集活动。因此，问卷的构建对研究者来说就是一项重要的实践技巧。

综上，数据分析方法可以是成本—效益/效果法、投入产出比例、指标分析法等定量分析方法，也可以是项目相关文献、文件的案头审查、关键利益相关者的访谈等定性分析方法。通过以上步骤，我们可以一步一步地实施评价。

我们以新生代农民工培训为例来了解绩效评价框架。该项目的逻辑是：我们首先投入资金、人员等；然后开展活动，活动包括设计合适的课程，并且对他们进行培训；再获得产出，产出是参加培训的人数；最后一旦他们参加了培训，短期结果将是他们的技能得到提高，中期结果是找到稳定工作，长期结果是这一群体的失业率下降。

根据逻辑模型，我们可以建立一个评价框架，包括评价内容、评价问题、评价指标、数据来源、数据收集方法、数据分析方法六个元素（表 3.2）。

表 3.2　培训项目绩效评价框架

评价内容	评价问题	指标	数据来源	数据收集方法	分析方法
实施评价	项目投入是否充足	①项目使用的金额 ②项目的场地数量 ③服务人员数量 ④项目的其他投入	财务资料 会议记录 管理记录 工作文件 备忘录等 利益相关方	查阅相关文献，财务 与项目相关人员访谈等	项目相关文献文件的案头审查 关键知情人访谈（定性）（投入是否充足）
	课程是否合适，课程质量如何	课程评价	参与者	问卷调查	问卷分析方法

表3.2（续）

评价内容	评价问题	指标	数据来源	数据收集方法	分析方法
效率评价	对于给定水平的投入/资源，产生了多少产品或服务	①培训的人数 ②培训成本 ③培训单位成本	相关管理记录 工作文件 备忘录 财务资料等项目报告 相关工作人员	查阅资料和相关人员访谈	定量分析 标杆对比

在项目实施情况评价中，我们如果想知道该项目投入是否充足，就可以针对这一问题，检查项目投入的资源。包括：项目使用的资金数量、项目的场地、设备数量、工作人员数量、项目的其他投入等原始数据，也可以将这些投入都折算成货币单位。

这些数据主要来自财务资料、会议记录、管理记录、工作文件及项目负责人和工作人员。数据收集方式包括查阅以上相关资料和与项目相关人员进行会谈。项目分析方法包括项目相关文件资料的案头审查和关键知情人访谈等定量和定性分析方法。

比如，我们希望知道培训课程是否合适等，可以通过对课程的评价指标来了解。数据来源是培训的学员，收集方式一般是问卷调查，分析方法可以用问卷分析方法等。

再比如，如果我们希望对项目的效率进行评价，相应的，对于给定的投入资源产生了多少产品或服务，这一问题，可以用产出的指标来评价，其数据主要是接受培训的人数。这些产出水平可以从相关管理文件记录中收集，收集方法包括查阅资料等。分析方法和项目投入联系在一起，以计算每培训一个人需要的成本。

2.5　实践中的绩效评价框架

在实践中，项目绩效评价框架远比以上案例复杂，评价内容和评价问题也不尽相同，这主要依据评价目的和评价资源等决定。下面以亚洲开发银行在乌兹别克斯坦的小额信贷发展项目评价为例来进一步了解实践中的绩效评价设计。

亚洲开发银行小额信贷发展项目案例

在20世纪90年代经历了艰难的转型之后，乌兹别克斯坦的经济稳步增长。从2000年到2004年，国内生产总值（GDP）平均增长为4.9%，2005年到2009年平均为8.2%。小企业对国内生产总值的贡献从2000年的30%增加到50%左右，422家中小企业和401家独资企业提供840万人的就业岗位。这些数字表明中小企业在乌兹别克斯坦的经济发展中的起到重要作用。尽管乌兹别克斯坦的中小企业对国内生产总值做出了重大贡献，但其获得融资的渠道非常有限。根据世界银行2009年的企业调查，乌兹别克斯坦通过贷款融资的中小企业比例最低，为7.8%，是地区平均水平的三分之一（23.3%）。

中小企业获得信贷的主要挑战有两个方面。①居民存款不足。从银行账户提取现金困难，导致客户更愿意持有现金，减弱了银行调动存款的能力，从而限制了银行向中小企业提供贷款。②金融市场扭曲严重。该国的金融部门仍处于发展阶段，并受到各种市场扭曲的阻碍。这些扭曲包括以补贴价格直接贷款和国家大量参与金融机构和补贴贷款计划，这不利于调动金融部门的发展活力，不利于市场导向功能的发挥。

这还阻碍了中小企业的扩张和进一步的市场参与，无法满足从农场到市场链中对园艺和增值加工、储存、运输和其他相关服务，以及中小企业对商品和服务不断增长的需求。中小企业在促进经济增长和就业方面的重要性日益加强，基于此，亚洲开发银行（ADB）推动了中小企业的融资，并将其视为中小企业发展的关键，以促进包容性和平衡性经济增长。该项目逻辑模型如图 3.4 所示。

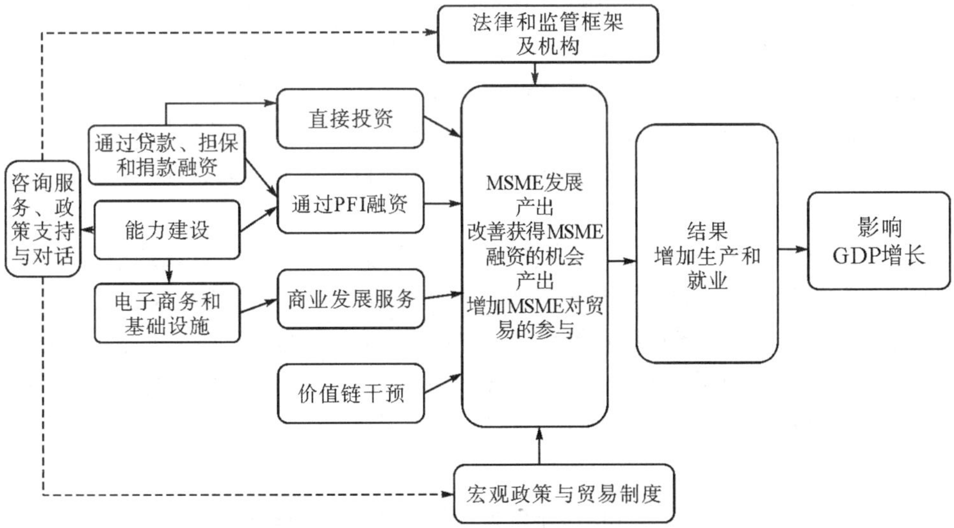

图 3.4　中小企业贷款支持项目逻辑模型

该项目的直接投资包括：①资金，即亚行提供贷款 5 000 万美元，通过三家参与项目的商业银行流向适合的中小企业；②600 000 美元的开发技术援助（TA）拨款，以增强参与的商业银行的 MSME 融资能力和次级借款人的业务技能。亚行选择的三个商业银行是农业银行、IpakYuli 银行和 Hamkor 银行。该项目于 2010 年 4 月获得批准，并于 2014 年 4 月结束。亚行通过专业发展金融机构向中小企业借款人提供信贷额度，开始是向中小企业提供经济援助，然后扩展到帮助中小企业解决影响其发展的政策、法律和监管限制方面的问题。

项目活动包括：①咨询服务、政策支持与对话。只有在适当的商业环境、法律、监管框架和机构到位的情况下，才能实现这些计划的益处，因此，咨询和政策支持与对话在影响促进中小企业发展所需的政策和监管改革方面发挥着重要作用。②能力建设。参与金融机构（PFI）融资和中小企业借款人的能力发展对提高技术技能水平、完善业务流程也至关重要。提高参与金融机构融资的能力将有助于中小企业管理、维持和扩展其额外资金，而中小企业的能力建设活动将帮助他们更有资格获得中小企业融资。③电子商务和基础设施建设。电子商务发展能有效提高市场效率，减少交易成本。

除以上三点，亚行对中小企业的支持活动还侧重于：直接融资、参与金融机构融资、商业发展服务、价值链干预。

项目产出包括：①增加小额信贷和中小企业的贷款；②提高参与金融机构的能力和借款人的创业能力。

项目的结果包括：短期结果是小额融资业务的扩大、可行和可持续，中期结果是生产和就业的增长，长期结果是经济增长。

项目绩效评价框架包括评价内容、评价问题、指标/所需信息、信息来源、分析方法五个要素（表 3.3）。评价内容包括相关性、效果、效率、可持续性、执行和实施机构的表现、亚行的表现和影响七个方面。

例如，就评价内容相关性而言，评价问题包括：①项目是否与国家发展重点保持一致；②是否与亚行的国家和部门战略保持一致；③项目设计的适当性；④在立项时和评估时项目的持续相关性等。要回答这些问题需要的信息指标包括：①项目设计和框架；②设计制定过程中遵循的程序；③项目产出和成果；④项目总体绩效；⑤资金使用情况。

这些信息的可能来源包括：①董事会和管理层会议纪要；②行长的报告和建议、项目完成报告（ADB 和政府），区域资源规划和其他项目文件；③与执行机构（如环境署）、实施机构（如 IAS）和其他利益相关方的讨论；④与亚行相关工作人员的讨论等。分析方法包括：①定性分析方法，如相关项目文件的案头审查、关键知情人访谈等，②定量分析方法，比如项目绩效指标分析。一旦评价框架确定，就可以按部就班地进行评价了。

表 3.3　中小企业贷款支持项目绩效评价框架

评价内容	评价问题	指标/所需信息	信息来源	分析方法
相关性	·与国家发展重点保持一致 ·与亚行的国家和部门战略保持一致 ·项目设计的适当性 ·在立项时和评估时项目（及其组成部分）的持续相关性（事后）	·项目设计和框架 ·设计制定过程中遵循的程序 ·项目产出和成果 ·项目总体绩效 ·资金使用情况	·董事会和管理层会议记录 ·行长的报告和建议、项目完成报告（ADB 和政府）、区域资源规划和其他项目文件 ·与环境署、IAs 和其他利益相关方的讨论 ·与 ADB 相关工作人员的讨论	·相关项目文件的案头审查 ·关键知情人访谈（定性，深入和半结构化） ·项目绩效指标分析（定量）

表3.3(续)

评价内容	评价问题	指标/所需信息	信息来源	分析方法
效果	·达到设计和监测框架中规定的项目成果/目标的程度 ·导致未实现和/或实现预期结果的因素 ·实施安排和程序对项目产出和结果的影响 ·整体经济，政策和体制环境在影响项目成果方面的作用	·项目目标，即预期结果 VS 实际绩效，例如，中小企业发展数量、企业多元化数量、贷款担保金额、贷款担保数量、新的小额贷款数量、小额贷款平均贷款数量、有储蓄的成员数量 ·利益相关者的意见	·项目绩效报告 ·区域资源规划、PCB（ADB 和政府）、区域资源规划和其他项目文件 ·与环境评估、IAs 和其他利益相关方的讨论 ·与 ADB 相关工作人员的讨论 ·来自政府来源的相关二级数据	·相关项目文件和报告的案头审查 ·关键知情人访谈（定性、深入和半结构化） ·项目实际绩效与目标和预期成果的分析
效率	·评估项目资源在实现结果方面的表现如何 ·实施过程和安排的效率 ·融资的及时性	·效率指标（例如，收集效率，运营成本比率，贷款担保比率等） ·贷款利用 ·实施安排和流程的适当性 ·融资和支付的及时性	·执行机构和参与组织的绩效和投资组合报告 ·PCR，BTOR 和其他项目文件/报告 ·与 EA 和 IAs 的讨论 ·与亚行相关工作人员的讨论 ·执行机构的财务报表	·效率指标的估算和分析 ·关键知情人访谈 ·相关文件和报告的案头审查
可持续性	·人力、机构、财政和其他资源足以维持的可能性项目的成果 ·利益相关者的持续支持 ·机构能力和维持项目成果的可行性 ·有利的政策环境	·可持续性指标（投资组合质量，财务可持续性比率） ·持续关注利益相关者以支持项目成果 ·执行机构在继续其担保/基金业务方面的能力和可持续性 ·制定政策改革和基础设施	·实施和参与机构的绩效和运营报告 ·实施和参与机构的财务报表 ·与 EA，IA，参与组织和亚行相关工作人员的讨论	·可持续性指标的估算和分析 ·关键知情人访谈 ·对相关文件和报告进行案头审查
执行和实施机构的表现	·准备质量 ·实施质量 ·监测、评估和报告的充分性	·所有权、参与识别和设计制定 ·支持政策制定和基础设施 ·项目实施的充分制度安排 ·遵守公约 ·制定和运行监测评估和报告系统	·与 EA，IA，参与组织和相关亚行员工的讨论 ·ADB 绩效数据/报告	·关键知情人访谈 ·审查相关文件和报告（BTOR 等）

表3.3(续)

评价内容	评价问题	指标/所需信息	信息来源	分析方法
亚行的表现	·设计质量和入口 ·监督质量	·建立项目基本原理的相关经济，机构和利益相关者分析 ·项目风险评估和经验教训的结合 ·有效的监测和评估系统以及明确的报告安排 ·监督的充分性 ·对项目问题的响应和实施过程中的变更请求	·与EA，IA，参与组织和亚行相关工作人员的讨论 ·亚行员工报告	·关键知情人访谈 ·审查相关文件和报告(BTOR等)
影响	·社会经济，体制和政策影响 ·行业影响	·通过贷款担保计划创造的收入和就业机会 ·新的中小企业通过担保计划 ·现有企业的多样化 ·新公司法的颁布 ·更新的动产登记处 ·在私营部门建立新的信贷参考设施	·项目报告 ·亚行数据、绩效和任务报告 ·与EA，IA，参与组织和亚行相关工作人员的讨论 ·政府采取的法律和监管变革来源 ·项目和其他机构进行的调查	·关键知情人访谈 ·通过实地访问/访谈直接观察 ·审查影响评估调查

注：ADB为亚洲开发银行，BTOR为后台报告，EA为执行机构，IA为实施机构，RRP为行长的报告和建议，PCR为项目完成报告。

第三节　确定评价的重点内容

前面提到，评价内容依据项目的自身特点、评价目的、评价资源和项目所处阶段等而定，这里做更进一步的讨论。

3.1 项目特点和评价内容

项目自身特点主要指的是项目技术特点。项目技术是指完成项目目标的手段—目的关系，是一个项目将资源投入转化为结果的内在机制。在第一章提到，我们经常把项目比做一个盒子，把盒子里面的活动比作工业装配线，用一定的方式将原材料、零部件、人力、机械和知识等资源组织起来进行生产，形成产品。这些产品可以销售给消费者，消费者购买了这个产品，产品对消费者产生了一定的影响。有的项目能够将投入的资源比较可靠地转化为结果。比如，高速公路建设、铁路建设等物理性基础建设项目。就项目技术而言，这类项目能总结出一套有效的工程原理，如果项目严格按照计划来实施，项目达到预期结果的可能性就会很高，我们称之为高概率技术项目。如果直接转化为目标结果的可能性比较小，我们则称之为低概率技术项目，比如，培训项目、扶贫项目等社会项目或公共服务项目。这类项目主要是关注服务方面的问题，以及用于改善或改变人们的生活条件、知识水平、态度和行为。就项目技术而言，这类项目很难总结出一套总是有效或者大部分情况有效的工程原理。一个项目技术的成功概率反映了我们对不同类型问题的掌握程度。

由于社会项目的成功概率要低于高概率技术的项目，因此相对其他项目而言，我们对社会项目的了解较少。但这并不意味着社会项目必定会失败，而是说即使资源充足且项目实施充分，我们对社会项目的成功期望也不应该过高，因为不存在一个能够“解决所有问题”的技术。一个比较典型的例子就是再就业培训项目，该项目的目标是帮助失业人员获得稳定的工作。这个项目的逻辑模型强调对他们的培训以提高他们的技能水平，但是导致失业的原因是多种多样的，有的可能是因为知识技能不够，有的是因为性格不好很难与人相处，有的可能是因为有不良记录，有的可能是有心理上的问题。对于这一系列的问题，单个培训项目是解决不了的。同时，项目活动和结果通常受到外部因素的影响，而低概率的技术受这些环境因素的影响要更大一些，因此项目成功的可能性也更小一些。

表 3.4 列出了项目分类和项目成功概率，同时也列出相应可行的评价方法。高概率技术的物理性基建项目包括基础设施建设、高速公路建设、农村公路建设。低概率的社会项目包括就业培训、扶贫项目等。中概率技术项目既包含了物理性项目又包含了社会项目，比如防火项目，既属于物理性建设项目，即房屋的防火质量等，也属于社会项目，即个人的防火知识及应用。

表 3.4　项目技术水平和绩效评价

项目分类	项目技术的确定性水平 （成功概率）	可行的评价方法
物理基本建设项目 ↓	**高概率技术** 基础设施建设 高速公路建设 农村公路建设	成本—效益分析、归因分析和绩效测量 ↓
	中概率技术 防火项目	
社会项目（人力项目）	**低概率技术** 就业培训项目 扶贫项目 小微企业扶持项目	评价的主要目的是获得反馈信息，以优化项目。应用绩效指标来评价是值得商榷的

对于绩效评价而言，项目技术越是相对确定，结果就越容易量化和测量。比如拓宽公路产生的结果是车辆通行数量增加，同时通行时间减少，其项目效果和收益很容易被量化，而且道路拓宽导致通行数量增加和通行时间减少的因果关系也是显而易见的。因此成本—效益分析是对项目效果的有效度量。

对于低概率技术的社会项目，比如再就业培训项目，尽管我们可以测量培训后多少人找到了稳定的工作，但是否是培训项目导致的还很难说。不仅如此，有的社会项目不仅归因问题很难，而且对效果的测量也相对困难，比如小微企业扶持项目，项目的目标是使小微企业的经营状况好转，但如何测量小微企业经营状况本身就是个挑战。因此，对这类项目进行绩效评价的真正目的是获得反馈信息以优化项目，提升项目价值。

由于社会问题是非常复杂且多变的，受到环境影响很大，同时我们对社会认知也存在很大的不足，因此低概率项目在实施中，即使项目工作人员很努力地工作，项目达到预期结果的可能性也相对较低。所以，如果以通过一个单独项目运行来达成项目目标，并且对项目的目标负责，是有些不切实际的。尽管我们可以设计和实施一套综合的项目来解决这个问题，但项目最终是否成功，取决于我们对如何实现项目目标的认知程度。

接下来的问题是，如果项目负责人所负责的项目是低概率技术的社会项目，当项目没有达到预期的目标，应该由谁来负责？在这样的情况下，让负责人为项目结果负责是否公平呢？应该如何划分管理责任？一种划分的方法就是将产出和项目结果区分开。事实上，如果让项目管理者为项目产出负责，也就是对自己可控的部分负责，这是可以的，他们一般也愿意为产出负责。但是如果让他们为项目的结果负责，就显得不公平了，因为结果发生在项目的外部环境中，是项目负责人不能掌控的，同时，这样也很容易导致项目负责人与绩效指标博弈的问题。

3.2 评价目的和评价内容

按评价目的分类，项目评价可以分成形成性评价与总结性评价。形成性评价是为提高项目质量而提供反馈意见的评价设计。形成性评价的目标在于产生能用以改善项目的结果、结论和建议，主要目的是为项目和组织管理人员提供信息以改善现有项目。但是，对于是否要继续支持该项目的开展则通常不属于形成性评价的考虑范畴。

总结性评价是对是否应该继续进行项目、扩大项目规模或终止项目提供反馈意见的评价设计。总结性评价目标是要对项目进行一定的判断，通过提供信息供决策者对项目的前途问题作决策时进行参考，如是否需要重新配置资源，是否需要停止该项目的实施等问题。

两者在项目实施问题和项目有效性问题之间的关注有所不同。形成性评价关注对项目实施情况的分析，为项目管理者和其他利益相关者提供意见和建议，并进一步改善项目的实效性。总结性评价主要关注的是项目是否达到其预期的目标。

对用途而言，形成性评价的预期用途是提供建议以改善项目的有效性，即测试项目有效性并提供建议改善项目有效性的评价。我们可以将形成性评价看作是管理者导向型评价，这种评价从不质疑项目的存在性问题。总结性评价意图解决更为复杂的问题，例如，是否应削减在该项目上的资金投入，是否应该重新分配资金并将其用于其他方面，项目是否应该继续运作下去。总结性评价注重“底线”评价，是将成本—效率（观测到的产出所消耗的单位成本）作为辅助的分析方法。

尽管项目评价可以努力满足所有这些目标，在咨询/反馈过程中可以是形成性评价，未来也有可能成为总结性评价。但是评价的目的也会对评价者和管理者之间的关系产生影响。由于形成性评价的目的是为促进项目发展提供所需信息，而不会涉及一些能威胁到项目存在的问题，这种评价一般会被项目管理者认为是“友好型”的评价，因而更愿意和项目评价者合作。因为形成性评价的评价者更多的是采用支持的态度，不会提出任何能造成重大改变的问题，包括缩减项目甚至是取消项目。相比较而言，总结性评价的目的是要提出一些关系项目前途的问题，管理者对它的看法自然有很大不同。他们在与评价者合作或者提供信息的过程中会面临不同的动机，虽然项目评价过程和个人绩效的评价是两个单独的过程，但是大多数管理者都会发现，他们的切身利益是很难与项目的成败截然分开的。

从评价者的角度来看，形成性评价和总结性评价也是截然不同的。一般情况下，评价者都需要依靠项目管理者来获取关键信息、安排其与项目工作人员接触、获得数据资源及其他评价所需的信息资源。但是评价者和管理者之间关系的维持与维护会受项目评价目的的影响，如果评价结果涉及项目的前途，管理者往往不愿意合作。

3.3 评价资源及其评价内容

能用于评价的资源，包括人力、时间和专业知识等，总是有限的，如何利用有限的评价资源形成一份有价值的评价，这就要求评价要有所侧重。

资源投入可能会影响有关评价重点的决策。有些结果的评价更快、更容易且更经济，而另一些项目结果的评价则是在当前资源条件下根本无法测量的。这些事实，可能会使有关项目评价的重点偏向某些方面的问题，而不是评价人员认为的最重要的问题。评价的重点经常与资源的限制相冲突，尽早发现项目评价的实用性和可行性之间的矛盾是评价设计中很重要的部分。

评价期间，在确定要收集的数据和分析数据时，在某些情况下，评价人员需要具有最有效和可靠的数据。但有时最有效的数据成本也是最高的，评价人员需要考虑：①是否可以在项目的时间和预算内实施数据收集的方法和获取数据来源；②评价团队是否具有实施所选收集方法的专业知识；③分析和解释方法是否适合当前的专业知识和资源水平等问题。

3.4 项目所处阶段及其评价内容

评价类型按项目所处阶段来划分，可以分为事前评价、事中评价（实施评价或过程评价）、事后评价（结果评价）。

（1）事前评价。对项目规划者而言，规划项目的事前评价是很重要的，特别是基础设施类项目。事前评价一般在项目规划或实施之前进行，可以根据不同的假设来设计多个备选方案，并进行情景分析，以辅助确定具体的项目实施方案。对一些效果比较确定的物理性项目，比如对高铁、公路等基础设施建设项目，我们经常用成本—效益分析对其做出前瞻性评价。另外，推断实施状况及结果出现的时间，也需要进行事前分析。

（2）事中评价。事中评价在项目的实施阶段进行，侧重于评价项目的实施执行情况及存在问题。事中评价关注的范围一般包括从投入到产出（但也可含预期成效）等阶段，重在研究项目实施执行的方式和效果，主要检测事先假设的要素（投入、活动、产出和成效等）之间的“运行逻辑”是否与实际情况一致。如不一致，应分析成因，并提出问题解决方案和目标调整计划。评价项目是否已按预期实施及为什么这么做或为什么不这样做，在这一过程评价中，可以检查活动是否正在进行，由谁进行活动，是否分配或调动了足够的投入。事中评价对于帮助调查项目失败的原因是很重要的。

（3）事后评价。事后评价在政策实施完成之后进行，根据项目的发展阶段和评价的目的来评价短期、中期和长期结果，包括人们态度、信念和行为的变化，外部环境的变化，正式和非正式法规执行及社会规范和其他社会力量的影响。事后评价侧重于评价政策的预期结果和影响是否实现，并对它们的实现情况和程度进行归因分析，主要目的在于总结经验或教训，为未来相关政策的实施提供经验和教训，辅助相关部门进行科学决策。评价者的任务包括对项目的目前状况进行评价，并为未来提供咨询意见。事后评价难度很大，并且评价所使用的信息不一定能很好地解决目前出现的评价问题。另外，很少会有一个评价标准或对照组供其使用，即使有，它们也只是大体上适用于这个评价。

总结

政府部门的使命指政府部门要达到的根本目的。战略目标是对期望形成的结果的一种概括性的表述；目标是实现战略目标过程中更为具体的目标。如果需要评价具体目标是否达成的话，那么还需要制定一系列的绩效目标来衡量。

实用的项目目标，应该遵循 SMART 原则来构建，即具体的，可测量的，有挑战性的，现实的和有时间限制的。

设计绩效评价框架的目的在于帮助评价人员组织好绩效评价的目的和内容，并保证评价内容、问题和指标与相应的数据收集和分析方法相匹配。这一框架通常包括六个关键要素：评价内容、评价问题、评价指标、数据来源、数据收集与数据分析方法。

绩效评价框架首先要确定评价内容，当评价内容确定了，绩效评价的基本方向就确定了。接下来的评价问题是围绕评价内容提出有价值的问题，要回答这些问题，我们可以用评价指标等信息，指标可以是定量的，也可以是定性的。评价指标确定之后，每个指标的数据来源、收集与分析的工具与方法等也随之确定下来。

良好的评价问题应该具有：可评价性、相关性、合理性、具体性、可回答性和完整性六个特征。它们是判断一个评价问题好坏与否的标准，其目的不仅可以帮助评价人员制定有效和适当的评价问题，还可以评估现有问题的质量。

项目的自身特点决定了应该关注的项目评价内容。对物理性的基建项目应该更加关注项目结果，通常用成本—效益、成本—效果分析。对社会项目（公共服务项目）而言，其由于归因问题和绩效测量问题相对复杂，并且项目的结果经常是不确定的，因此应该更加关注项目实施方面的评价，目的是优化项目，提高项目价值。

主要概念

SMART 原则　指标　项目技术　高概率项目技术　低概率项目技术　形成性评价　总结性评价

思考题

1. 简述部门的使命、战略目标、目标和绩效目标之间的关系，并举例说明。（查找其他国家部委的使命，战略目标和目标）

2. 简述 SMART 原则，举例说明项目目标的陈述符合 SMART 原则。

3. 简述评价问题的六个标准

4. 简述项目技术特点，举例说明哪些是高概率技术项目，哪些是低概率技术项目，以及评价重点。

5. 简述形成性评价和总结性评价的在评价重点上的区别

6. 案例分析

儿童铅中毒预防（CLPP）案例

铅中毒是儿童面临的最普遍的环境危害，特别是在老城区内。即使在低水平上，血铅水平升高（EBLL）也与智力下降、医疗问题和发育问题有关。儿童铅中毒的主要来源是含有铅基涂料的老房子的油漆和灰尘。儿童铅中毒预防项目通过对高风险儿童进行外展服务和筛查，确定患有 EBLL 的儿童，评估铅来源的环境，以及管理他们的医疗手段和进行环境矫正。最终结果是患病儿童的减少。

（1）根据案例，构建逻辑模型图。

（2）根据逻辑模型，构建评价内容，假设该评价是形成性评价，关注点应该在哪里？

附录 1　国际金融组织贷款项目绩效评价框架

附录 2　项目支出绩效评价指标体系框架（参考）

第四章
开发绩效指标

指标这个术语应用比价广泛，但如果把指标放在项目评价语境中，那么指标是关于项目某些方面的可记录或可测量的信息。在许多情况下，指标提供了一个有意义的标记，有助于清晰、准确且有重点地回答评价问题。本章从逻辑模型角度讨论指标的类型，以及如何开发有效度、信度和实用性的指标。

第一节　绩效指标类型和数据类型

上一章我们讨论了如何根据评价问题设置评价指标，事实上，通过逻辑模型也可以开发出相同的绩效指标。通过构建的逻辑模型，我们可以明确：项目可以用什么资源，项目的参与者是谁，项目提供什么样的服务，项目的产出是什么，以及项目预期会产生什么结果。一旦这个逻辑可以用叙述的、图形的或两者兼具的方式清晰地表达出来，那么评价人员就可以非常系统地确定与项目绩效评价最为相关的指标。

1.1　指标类型

指标的类型可以通过逻辑模型来确定。如图 4.1 所示，通过逻辑模型，绩效指标的类型包括：针对投入的资源投入指标，针对活动的工作量指标，针对产出的产出数量指标和服务质量指标（代表着产出的数量和质量），针对投入和产出的生产力指标和效率指标，针对结果的效果指标和客户满意度（代表效果的数量和质量），以及针对投入和效果的成本—效果指标等。根据绩效评价的目的和具体要求的不同，最重要的评价指标也会不同，但是在设计绩效评价过程时考虑所有类型的指标通常都是有意义的。对任何给定的项目，所有类型的绩效指标通常都可能直接来自逻辑模型。

· **资源投入指标**

资源投入指标是处于项目起始端的投资，来自逻辑模型的投入组件，通常不作为用于评价的独立指标，一般是和产出或结果指标联合使用，比如培训项目中衡量每个课时的成本的投入产出指标；测量帮助每个失业者找到新工作的成本效果指标等都是和其他指标联合使用的。

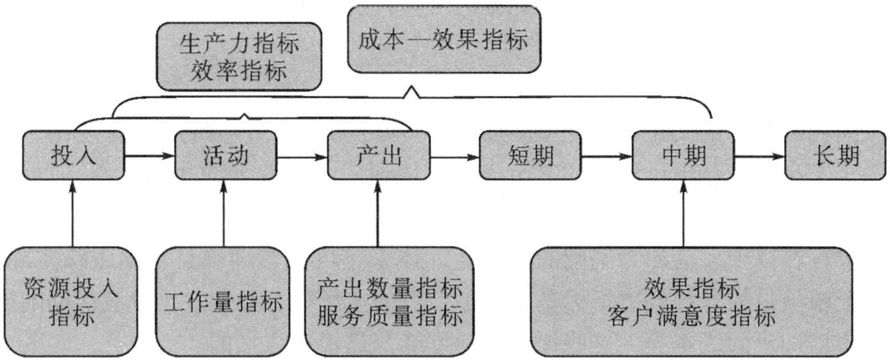

图 4.1　逻辑模型和绩效指标

但是在某些情况下，如果评价的目的是改进资源的投入比例和质量，那么把资源作为绩效评价指标也是合适的，比如在培训项目中，具有一定专业资格的教师占比，一定程度上代表了培训的质量。所有类型的投入资源都可以以自然单位来进行计量，例如，员工人数、资金数量、投入设备数量等，有时也可以转化为货币来计量。

· 工作量指标

工作量指标常常受到项目负责人的极大关注，因为它们代表需要服务的客户数量。它来自逻辑模型的活动组件，用以描述活动的强度，比如开展班级培训的次数、开展外展活动的次数等。当平均生产力比率已经确定的时候，工作量指标可以被定义为资源需求。例如，培训项目开展给定数量的培训课时所需的资源，或者为了让城市街道达到一定清洁标准而所需的人力和时间等的资源投入。

· 产出指标

产出指标是很重要的，来自项目逻辑模型的产出，代表着活动形成的直接产品或服务的数量，它们经常被用来评价项目的效率。产出经常是根据完成的工作量来评价的，比如培训项目中多少人接受培训，改建的公里里程数等。完成产出不等于实现结果，但是它是实现成果的一个重要前提，因此，产出指标可以作为一个重要的绩效指标。

· 生产力指标

生产力指标最经常用于评价特定资源的单位产量，这些特定资源通常是项目工作人员。这一指标通常用于评价项目工作人员的单位产量。为了使其具有意义，这些指标也必须根据特定的时间单位来定义，例如，每个工作人员每天接受就业咨询的人数，每个维护工人每天重修公路的公里数等，都是典型的劳动生产力指标。有时用作生产力指标基础的特定资源可能是按设备而不是人员来评价的，例如，每台机器每小时的产出数量。

员工—客户比率有时被近似地看作生产力指标，但是有时可能会有问题，比如，社区工作人员每日处理的客户数量可以解释为生产力，因为这些客户的问题都得到了处理。然而，这并不能完全作为判定生产力评价的合适指标，这是由于为不同的客户实际提供的服务大不相同，因此社区工作人员对客户付出的努力也是不一样的。

·效率指标

就像生产力指标一样，效率指标连接着投入和产出，但是效率指标关注的是产出与所消耗的资源的货币成本之比，而生产力指标是产出与特定资源之比。比如，完成每千米高速公路项目建设的货币成本，培训一个失业者的货币成本，收集每吨垃圾的成本，调查每一宗犯罪所花费的成本都是标准的效率指标。

如果存在以项目活动为基础的单独会计体系，可以帮助项目活动跟踪实际成本的话，记录项目的各种效率指标基本上是合适的。例如，开展一个外展活动的成本，开展一个培训班的成本等，这些评价指标可能都是很有意义的。

·服务质量指标（产出质量指标）

服务质量指标主要衡量提供产品或服务的质量。当评价产出的时候，我们首先想到的是数量，即提供了多少服务，但是评价产出的质量也同样重要。尽管质量一般是在个体层面进行的主观考评，但是绩效评价在数据汇集过程中，其可以使用更加客观的、量化的数据来跟踪质量。比如在培训项目中，评价人员不仅要评价多少人接受了培训，也要评价培训课程的质量，这时可以让参与者针对课程的设置是否合理，是否有针对性，教学质量等问题，对课程进行等级评价或打分，并将其作为服务质量指标。

公共和非盈利组织经常使用的服务质量指标包括：周转时间（提供服务时间）、准确性、全面性、接近程度、便利性、礼貌性和安全性。这些指标都是从顾客的角度设计的，反映了提供服务的好坏程度，主要依据是顾客的感觉和判断。产出质量处于项目逻辑序列的中间位置，是形成结果的必要条件，有时也被列为“中间成效”指标。

·效果指标

效果指标是构成绩效指标中最为重要的类型，主要衡量项目产出带给目标受众的实际利益，它反映的是客户的受益程度。它们来自逻辑模型的结果组件，因此这些指标与最初的、中间的或最终的结果是相关的。最重要的效果指标是与既定项目的绩效目标相关的，用于反映项目的预期成果的实现程度，比如，再就业项目最重要的效果指标可能是在3个月内成功地找到了稳定工作的人数或百分比；在治安监控项目中，感受到社区变安全的居民人数的百分比等。

·成本效果指标

成本效果指标，即投入与成果之比，投入的资源能带来多大的成果。其与效率指标不同，效率指标是指产出的单位成本，而成本效果指标是效果的单位成本。一些不易货币化的成果，经常用成本效果指标来评价，比如对培训项目来说，成本效果指标是每个客户找到合适的工作的成本。

·客户满意度指标

客户满意度指标主要分析客户的满意等级或客户投诉情况。既然项目的目的是满足公众或客户的需要，那么客户满意度就是测定项目绩效的一个重要指标，例如，养老服务、医疗卫生服务和银行服务等经常会把客户满意度作为一个重要的考察指标。该指标虽然很重要，但是它也有明显的局限性，如由于公共项目提供的服务大都是免费或收费较低的，公众的判断力会因此而受到影响，从而难以准确可靠地反映真实情况。此外，受益者的满意度并不能代表他们对这一服务的真实需求。

客户满意度指标与服务质量指标有一定关联，但这两个指标并不是完全相同的，它们是两个独立的绩效指标。服务质量指标和产出相关及客户满意度指标经常与效果指标相关，它们为考察整体项目的绩效提供了不同的角度。

以上每种类型的指标基本上都可以作为项目的绩效指标。表 4.1 展示了培训项目的各类绩效指标。这些指标直接来自上文中图 4.1 所示的项目逻辑模型。项目的投入包括工作人员、培训师、资金等。产出是开设课程的数量和完成培训的人数等。因此，效率可以通过开设每门课的成本、每课时的成本，以及每个参加者完成培训的成本来评价。劳动生产力可以通过每个为这项工作提供服务的人员每小时所培训的完成培训的人数来体现。服务质量可以通过参与者对课程中使用的材料、教学工具及实际提供的课程的质量进行某些专业性的评价来衡量，也可以依据项目参与者对课程的评级来进行评价。效果指标为参训者顺利结业的百分比及参训者找到工作的百分比。成本效果指标可以通过产生的成果需要付出的成本来定义，最有效的指标是每个参训人员找到工作的成本。客户满意度的最有意义的指标是受训者在培训完成后，对培训表示满意的百分比。

表 4.1　培训项目的指标开发

投入
资金数量
培训师数量
培训师的学历和经验（质量）
产出
参训人数量
课时数
完成课程的参加者人数
运作效率
完成每门课程的成本
每个课时的成本
每个参训人完成培训的成本
劳动生产力
每名服务人员每小时所培训的完成培训的人数
服务质量
参加者对课程的评价等级
效果
参训人找到工作的百分比
参训者结业百分比
成本效果
每个参训人员找到工作的成本
客户满意度
培训完成后，受训者对培训表示满意的百分比

以上这些来自逻辑模型的指标和项目评价问题一样，根据项目评价的目的和要求不同，每种评价指标的重要性有所不同。但是绩效评价指标在设计的过程中，了解所有类型的指标是很有必要的。

1.2 数据类型

指标中最常见的数据类型是原始数字、平均数、百分比、比率、比例和指数。

·原始数字

原始数字通常对特定绩效指标提供了最直观的描述。项目的产出通常以原始数字来评价，并且产出目标通常也是以原始数字来计划的，比如接受培训的人数、接受援助的人数等。除了产出以外，效果指标也可以用原始数字来计量，比如培训后多少人找到工作，接受援助后多少人的情况得到改善等。用这些描述项目成果的实际原始数字来评价产出和结果是特别合适的，这也正是项目负责人所关注的。

·平均数

指标有时候可以用统计平均数来评价，比如在考察培训质量时，我们可以用就业工作的平均工资来计量；高校希望评价招生工作效果时，可能会通过考评每年新生的高考分数平均值来计量等。这些平均数更容易解释，因为它们表达了基于“典型情况”而不是总数方面的绩效信息。但应该注意的是，使用平均数，有时会出现“被平均”的情况，导致指标忽略了最低收入人群或情况最糟糕的人群，这时也可以用中位数或分位数指标来补充。

·百分比

一般来说，百分比是比平均数更权威的绩效信息，特别是当服务标准或绩效目标已经确立时，再用来考察与期望的结果的差距特别有用，例如，培训后找到工作人数的百分比。

·比率

有时以比率来表达的绩效信息，能更准确地表现绩效水平。例如，为了测量交通安全状况，我们可以运用交通事故数量的原始数据，但这些原始数据不一定能体现交通安全状况。通常，事故比率根据被报告的案件数量来评价，比如在评价道路安全状况时，经常用每万运输千米发生的公路交通事故的数量；在评价地方医疗资源的充足程度时，经常用每 1 000 人中的医生数量、床位数量，每 10 万人中的医院数量等作为评价指标。跟踪这些比率指标有助于比较和解释绩效。

·比例

比例在绩效评价中的运用也是非常广泛的，因为它们表达了某些与特定资源相关的绩效信息。比例指标经常用于衡量效率、生产力、成本效果和投入产出比等，因为这些指标都是根据投入和产出的联系来定义的。效率通常是根据单位成本来评价的，例如，一个运输系统每公里的运输成本，在培训中开展每个培训所需要的成本等。同样，生产力也能由这样的比例来评价，如每个工作日能够提供咨询的人数等。成本效益指标一般通过每个参训者的成本之类的比例的形式来表达。

评价人员经常使用百分比、比率和比例，因为它们在相关背景下反映了工作绩效的一定范围，更重要的是它们是适用的，因为作为相关指标，它们根据一些基础绩效因素规定了评价指标，这些基础绩效因素有助于控制那些用来解释结果的因素。而且以百分比、比率和比例规定的绩效指标也有助于对跨时间、跨部门、跨项目之间的绩效进行比较。

·指数

指数通常可以通过合并多个指标或者通过组合变量得到单个的概括性指标，比如，我们常见的评价过度通货膨胀的货币政策的物价指数（CIP），评价工业发展速度的工业生产指数（IPI），评价空气质量的空气质量指数（AQI）等。因为指数是通过综合其他指标、分数或重复性指标而得到的，所以其中一些指数看起来会很抽象，但是可以通过定义范围或类别来解释不同比例值所代表的实际意义。

指数被用作各种各样的项目的绩效指标。例如，空气污染控制项目把空气质量指数（AQI）用作标准指标，用来监测该地区空气质量，告知公众其所在社区的空气污染程度。该指标的数字是从0到500，0代表原始空气，500代表能对公众产生最直接危害的污染程度，然后根据指标的数字，空气质量指数被划分为五类：空气质量优、空气质量良、轻度污染、中度污染、严重污染等。这样划分有利用让公众对污染程度有更直观地了解。

指数并不是统计指标中的一个不同的种类，而是反映某些特征或条件的程度的综合性量表。因此，就像其他绩效指标一样，指数可以用原始数字、平均数或百分数来表示。

第二节　信度和效度

在绩效评价中，我们需要的是高质量的指标，而高质量的指标应该具有高的信度和效度。

2.1　指标的信度

指标的信度是指标的可靠和准确程度。换句话说，即使用不同的测量工具测量，它也会产生相同或非常相似的结果。指标的信度包括两个方面：指标的稳定性和一致性。

稳定性是指采用同样的方法对同一对象重复测量时，所得结果的相似程度，也就是说测量是否可以被重复，如果我们在某一特定的条件下重复测量，是否能够获得相同的或相似的结果。例如，在涉及农村公共安全的动物疫情防控项目中，询问当地上一个月的动物防疫数量，如果每次得到的数量是不同的，那么这个防疫数量指标就缺乏稳定性，也不太可信。尽管这些回答也是有用的，因为它提供了动物防疫的大致情况，但是很显然这不是非常准确的指标。

一般来说，完全有效的测量几乎是不存在的。如果使用某一测量工具，对指定的情境进行反复测量，将得到一系列结果，这些结果中的一些比真实的数据“大”，一些比真实的数据“小”。这些不同数据和真实的数据之间的离散程度就代表了指标的信度。如果离散比较小，就说明信度好，反之就说明信度不好。

从评价的实践看，完美的绩效指标可能并不存在，因为数据在收集处理过程中总是存在出错的可能性。尽管我们在数据处理过程中都会有一定的质量保证手段，但是还会存在偶然性错误，这就会产生信度的问题。例如，我们想在农村沼气补贴项目中统计沼气建成数量，然而，这一数据来自各个地方的数据汇总，如果是以月为单位跟踪这个指标，数据会出现一定的“偏移”情况，可能有些月份夸大了建成数量，而其他月份却被低估了。在这种情况下，这个指标也不是高度可靠和可信的。

信度的另一个问题是内部一致性。内部一致性是指用不同的工具对数据进行测量能够得到相同的结果。如果得到的结果是不同的，那么指标就会出现内部一致性的信度问题。例如，在政府购买服务项目中，评价人员需要对街道“清洁度”进行评估，他们一般会采取一定的质量保证方法，比如对测量工具，即检查人员进行培训，在同样的时间内，采用同样的程序、同样的评分形式对同一区域的街道进行观察，通过这样的方法来对街道的状况评分。尽管有这样的质量保证手段，但是最后检查者的评价分数可能也各不相同，因为评分的结果主要是依赖检察员的主观判断。因此，一般来说，只要绩效指标的测量工具是有主观能动性的人而不是物理性工具的话，那么这种内部一致性的信度问题就很容易出现。

2.2 指标的效度

指标的信度是关于可靠和准确的问题，而绩效指标的效度关注的是合适程度的问题，也就是指标多大程度上反映了我们想要测量的变量，换句话说，就是在多大程度上可以准确地测量要测量的内容。如果设计的指标与我们想要测量的变量毫不相干或者相去甚远，那么该指标就不能有效地反映项目的绩效。

信度问题经常产生于评价过程中的随机误差。在评价过程中，如果设计指标不能真正反映出我们想要测量的变量，效度问题就会出现，从而导致系统性的高估或低估项目绩效。例如，在农村动物防疫项目中，假如大量的养殖户认为公共防疫项目不足以抵御养殖风险，他们会自发地进行其他的防疫，但由于没有补贴，因此没有上报，这样一来，上报的防疫数量低于了真实的防疫数量。而这一上报的防疫数量不是我们真正想要测量的变量，而且也系统性地低于了真实的数量。这一指标将会导致低估农村公共安全的问题出现。

许多公共服务项目的客户离开项目服务以后，就很难对他们进行跟踪，而通常项目的结果正是在他们离开服务以后才会出现。比如培训项目，参与人员离开项目之后项目的成效才出现，在这种情况下，合适的效果指标并不难定义，但是通过系统的客户跟踪调查来收集数据不仅需要大量的人员、时间和精力，而且还可能会出现系统性的偏差，产生效度问题。比如，在就业培训项目中，没有找到工作的参训人员可能更难追踪，如果以找到工作的百分比作为指标，根据追踪调查数据来估计项目效果，那么这一指标可能会被高估。

指标效度在一定程度上反映的是主观判断方面的问题，一般可以从四个方面来检查绩效指标的有效性。

·表面效度

表面效度指的是从表面上能够充分反映所要测量的概念，也就是说，“从表面上”判断，该指标是有效的指标。表面效度是项目评价中最经常使用的。例如，在培训项目中用调查问卷来评价满意度，从表面上看，学生评价这一指标是可以代表学生满意度的。

·一致性效度

一致性效度有时也叫内容效度，即对一特定概念的测量是否能够很好地代表该概念所包含的所有内容。这一效度涉及一些专业化的判断，通常是基于一定数量的专家和项目参与人员的主观判断，也就是他们认为这一指标的合适程度。例如，要评价道路安全状况，专业人员认为与道路交通有关的受伤、死亡人数、财产损失等案件数量是评价道路安全的合适指标。因此，我们可以用这些指标来评价道路安全状况。

·相关性效度

指标的相关性效度指的是替代指标与另外一些已被证明了有效的指标在统计上的相关度。比如，当评估城市公交项目时，用票价收入来估计公交线路的受益人次是个合适的指标，因为票价收入与搭乘人次高度相关。但是，如果存在大量的逃票行为，那么用这一指标就会低估搭乘人次。

·预见性效度

指标的预见性效度是指目前评价的指标值可以用来准确地预见未来的一些结果。例如，我们最常见的就是高考前的诊断考试，学生诊断考试所得分数与最后高考分数直接相关。虽然高考还没有实际发生，但是，根据过去的经验，两者的相关度很高，那么这些诊断考试的分数指标就具有了预见性效度。

以上四个效度，经常用于分析指标的有效性。评价实践中会遇到更为具体的问题，比如，一个社会服务项目将来访顾客的人数作为一个绩效评价指标。假设在起始阶段，项目负责人都认为只要这一个指标就足够了，因为项目的效果与所完成的工作量有关，而来访顾客的人数能够较为准确地反映这一关系。为了计算这一指标的效度和信度，需要了解数据是如何记录的（如由社会工作者记录还是由接待者记录）；顾客资料是如何被转录进机构数据库的（人工还是电子化方式记录来访数据）；在数据记录过程中是否存在高估或低估；电话咨询是否也被算作顾客来访；如果同一顾客多次来访，以至于降低了其他客户的来访机会，将如何处理；是否要增加一个绩效指标来追踪接受服务的顾客人数；如果顾客更名，在记录被服务人数时是否考虑到这一点。每个绩效指标或指标的组合都会遇到这些实践层面的问题，解决这些问题才能确保指标的信度和效度。

2.3　威胁指标的信度和效度的问题

在开发有效的可操作的指标过程中，可能危及其信度、效度或者两者的常见问题包括数据不一致、替代指标相关度低、低估或高估实际绩效、指标失真、工具设计拙劣、评价者偏好、受评者受到项目本身的影响、系统偏差和数据虚假。为了克服其中存在的困难，评价人员应该对可能遇到的问题有一个全面的认识。

· **数据不一致**

数据不一致指的是当数据通过分散的程序进入系统中时，收集来的数据可能是不一致的。如果从不同的地方收集数据，就应该考虑数据的一致性问题。即使严格规定必须使用统一的数据收集程序，有时也无法保证各地的数据收集是以同样的方式完成的。这在部门工作中都是一个实际存在的问题。由于基层人员的工作任务非常繁重，数据的录入经常是额外的任务，这最终会造成他们互相之间数据格式不统一的问题。因此，在一个有着众多数据录入点的部门机构，只有细心才能保证以统一的格式录入数据，比如不同组分赴不同地方进行问卷调查收集数据，或者通过各地上报数据等。对指标的理解和收集数据的操作方式不同，会影响数据的一致性，这可能会危及地方之间的比较结果及指标的信度和效度。

· **替代指标相关度低**

我们在无法直接测量项目绩效评价指标，或者收集这些指标数据比较困难时，经常会采用近似指标来代替。近似指标是那些假定与绩效存在一定程度的相关性或预见性效度，但是不那么直接的绩效评价指标。例如，客户投诉的记录经常用来作为客户满意度的一个指标。事实上客户投诉是不满意的指标，而客户满意度是一个更广泛的概念。尽管如此，为了方便和省时等，有关投诉的数据就经常被作为客户满意度的近似指标。

有时，当难以获得关于项目长期结果的实际指标的时候，评价就经常用产出指标的数据，或者把短期结果作为长期结果的近似指标。比如，不同大学的毕业生质量难以进行直接测定和比较，评价人员一般用毕业生在一定时期的就业率、首次就业的平均工资水平等来间接测定。尽管近似指标经常是有用的，但当它们与我们所关注的绩效指标相关度低时，效度问题就会出现。

· **低估或高估实际绩效**

一些指标有时高估了一些绩效，有时又低估了另外一些绩效，因此影响了绩效指标的信度；而另一些绩效指标由于存在低估或高估实际绩效的趋势，还会产生绩效指标的效度问题。例如，因为存在各种原因，因此许多犯罪案件没有报告给公安部门。报告的犯罪统计数据趋向于低估实际发生的犯罪情况。因此，尽管官方报告的犯罪统计数低估了实际的犯罪数量，但是它们还是经常被用作犯罪预防管理项目的效果指标。

· **指标失真**

指标失真是指一些指标随着时间的推移已经失效了，但我们仍然将它们当作有效和可靠的绩效指标来使用。指标失真有两种情况，一种是数据的测量口径发生了变化而导致指标的失真。对绩效评价系统来说，一段时期内指标的一贯运用是很重要的，这是因为绩效监测需要跨时期地跟踪关键绩效指标。如果记录的口径在这个时期内出现了改变，那么就很难通过评价数据趋势来反映绩效变化的趋势。例如，如果一个地方交警部门把原先不计为交通事故的情况归类为交通事故，那么在其他不变的情况下，报道的交通事故率就会上升，而事实上这种上升趋势仅仅反映了记录口径的改变。

另一种是因指标测量的方法发生了变化而失去了真实性。例如，社区清洁度的检查指标，开始时检查员严格按随机挑选的社区进行检查，并按照规定的指示很尽责地对清洁程度进行评分。但久了之后就可能出现懈怠，或不再随机性地进行卫生检查，或不按指示进行评估等。这时指标就失真了，并失去了它的大部分信度，也因此没有太大意义了。

指标失真在绩效评价中是一个时间持续性的问题，可以用两种方式来解决。第一，当由于改善工作效率或者效果而导致记录的口径被有意地改变时，我们应该及时记录这种变化，并指出不同时期的数据代表的情况。第二，不论绩效指标定义是否改变，重要的是必须确保所规定的评价要求在一定时期内的一致性，以此来维持指标的一致性与完整性。

·调查工具设计问题

设计完好的测量工具是形成高质量绩效评价的基础。在问卷调查中，测量工具是问卷，如果问卷的设计包含模糊的、有疑问的或含糊的调查问题，可能会使受访者对问题的理解产生偏差，从而导致收集的数据并不是我们想要测量的，会直接影响到指标的效度。

当调查工具中有意或无意地包括了一些个人偏好的问题时，如果这些问题会促使回答者按访员的期望来回答问题，那么严重的评价误差问题就产生了。例如，一个机构正实施的客户满意度调查可能包括问题和选项，而选项可能会最大限度地促使回答者自然而然地把他们的工作评为好的等级。这很明显高估了这项工作的客户满意度，从而使调查数据无效。因此，要特别小心地设计评价工具，并且评价的问题设计要清晰且无偏好。

·受到项目本身的影响

受到项目本身的影响是指当参与者进入项目时，人们的行为在一定程度上会受到项目本身的影响，从而导致对指标的有效性产生影响。比如我们来看一个社区监控项目，这个项目是为了配合地方警察部门以增加个人安全和保障，威慑潜在罪犯。随着这个项目工作的逐步建立，居民对警察的信任增加了，因此可能向警察报告犯罪情况的倾向增强。与以前相比，这实际上提供了关于犯罪数量的更有效的指标，但数据可能显示出报告犯罪数量增加，因此，如果仅从指标上看，该项目不仅没有降低犯罪率，犯罪率反而上升。

受项目影响的评价也可能不会产生有害的影响，但一定会减弱绩效指标的效度，并且可能会在跨时期的比较方面误导绩效数据使用者。因此，预见评价过程本身可能受到项目刺激因素的影响并对结果的绩效数据也带来影响，这些都是非常有意义的。

·评价者的偏好

影响效度的另一个重要因素是评价者的偏好。即便是用一个好的调查工具，评价者如果带有偏好，不管是支持还是反对某个项目，都可能会通过引入调查、设定总体导向并以特定方式提问的方式，引导受访者给出令其“满意”的答案。在有些极端的情况下，通过调查得到的绩效数据可能实际上更多地代表了评价者的偏好，而不是对受访者看法的实际反映。

显然，评价者偏好的问题不仅仅限于调查数据。许多绩效评价要通过的评价者评分来实施，包括生理状况的检查、行为模式的观察或者质量保障的审查。为了降低评价者偏好发生的可能性，受访者和评价者认真参加培训，以及强调公正、无偏好的观察和评价都是很必要的。

·系统偏差

绩效指标的质量经常受到数据遗失的影响。如果数据遗失是随机的，那么这会减弱指标的信度。然而，如果存在一些系统性的数据遗失，如某一特定人群的数据遗失，将会导致系统性的偏差，并减弱指标的效度。尽管系统偏差的问题在技术上可能是一个抽样的问题，但实际的影响是会导致偏差或扭曲绩效的情况发生。数据遗失导致的系统性偏差有以下四种情况：

第一是现存数据遗失导致的系统偏差。比如，如果我们把高考成绩用于评价教学质量的近似指标，这可能会由于个案的遗失而出现问题。事实上有些学校的老师和行政人员可能会劝说成绩不好的学生不要参加，以提高该校的高考平均分数。因此，以高考平均分数作为教学质量的指标，就会系统性高估教学质量。

第二是调查数据导致系统偏差。绩效指标从调查中产生时，也可能出现系统型偏差。因为大部分调查的回复率都不到100%，如果那些回复调查结果的人大多数是那些对项目最感兴趣的人，或者是从项目中受益多的人，或者是更支持项目工作的人，那么对项目的绩效会产生系统性高估。

第三是客户反馈导致系统偏差。在这个系统中，有些客户经常反馈而另一些从不反馈。如果那些反馈的客户是一些积极的支持者，结果自然就是满意的；如果只有那些对项目工作严重抱怨的客户反馈，结果将倾向于不满意。这些现象在网络评价中表现得十分明显。大部分客户不会填写反馈意见，除非特别满意或特别不满意的客户才会填写，甚至有时被“要求”填写好评，这会导致系统性偏差。

第四是跟踪接触系统偏差。一旦客户离开项目后，要想与所有的客户保持联系是很困难的。如果存在特定类型的客户不愿保持联系也可能导致系统性偏差，例如，在再就业培训项目中，最难追踪后续情况的客户往往就是那些没有找到工作的。跟踪接触获得的数据很容易排除一些最“不成功”的客户，这样的系统偏差容易导致高估了项目绩效。当然，这并不意味着这一指标不应该被包含于绩效评价中，但如果回复率低的话，必须小心地解释指标的结果。

因此，在考虑可供选择的绩效指标时，有一个好办法是查明指标产生的基础，以此来估计遗失的数据是否可能系统地高估或低估绩效。

·数据虚假

一个常见的破坏效度和信度的问题是数据虚假。各级管理者都想通过绩效数据使业绩“看起来更好”。绩效评价能够激励组织和个人高水平地完成工作，这也是评价作为绩效管理的逻辑基础的核心。然而，人的掩饰性的驱动，会使在公共和非营利组织中的人有时会虚报数据、有选择地报告数据、故意伪造数据或者利用其他“欺骗方式”等，让绩效看起来更加令人满意。我们将这类行为称为“欺骗”行为，它的产生并不奇怪，但是这种欺骗是影响绩效评价的一个实际问题。为了消除这种现象，制定保证数据质量的战略，我们可以采取这几种方式来减少数据虚假问题。一是在整体设计中建立抽样检查；二是使用罚款或其他制裁方式，尽可能阻止这种“欺骗”行为的出现；三是用补充指标对绩效数据虚假情况进行审查，如果发现数字之间相互不匹配，这将促使数据审查者找出其中的原因。这些措施都是有效遏止虚报数据“欺骗”行为的办法。

第三节　指标的选择标准

3.1　绩效指标的选择标准

从管理角度看，除了指标的信度和效度外，好的指标还应该符合一些其他的标准，包括以下几个方面：

· 有意义的指标

绩效指标应该是有意义的，应该与政府部门的使命、目标和预期结果直接相关，应该来自逻辑模型并代表项目逻辑部分的绩效维度。绩效指标对于项目主管、政策制定者、员工、客户和其他利益相关人来说，应该都是有用的。项目主管可能更关注成本、效率，政策制定者可能更关注效果，而客户则更关注服务质量。绩效指标有意义意味着至少让一部分利益相关者对它们感兴趣。如果没有利益相关者对这一指标感兴趣，那么它就不能作为绩效评价的一部分。一个指标很有价值是因为它所产生的信息对于某些人来说是必要的，也是有用的。因此，良好的指标将为一系列利益相关者提供有价值的信息。绩效指标对于利益相关人来说也必须是可以理解的。指标应该可以清楚地解释它们包含什么，以及它们如何代表绩效的某些方面，而不能是含糊不清的。

· 有明确行为导向的指标

“测量什么就会促进去做什么”。为了发挥绩效指标的导向作用，我们必须对项目的期望发展方向达成一致意见。但期望的发展方向并不总是清晰明确的。例如，在培训项目中，生师比（班级规模的指标）有时被用作培训质量的近似指标。理论上，如果从提升教学质量的角度上看，应该倡导小班教学，但从效率的角度来看，应该倡导更大的班级规模以降低成本。因此如果对绩效指标的发展方向不能达成一致，那么提出的指标就可能不会被重视。

· 指标应该是有时限和可操作的

指标应该及时地反映最新的情况。用于支持政府部门的项目决策的绩效指标经常需要是最新的绩效数据，以便为决策提供参考，合理地做出有关资源分配方面的决策。因此，指标及时地反映最新的绩效情况是很重要的。

为了保证指标的可操作性，指标必须联系项目影响领域中的某些东西，只要绩效指标与合适的目标和目的相联系，它们通常就是可操作的。例如，运输管理机构负有维持顾客搭乘次数的责任，少年拘留中心希望减少再犯的比率。因此，搭乘数和再犯比率对于这些组织来说就是可操作的指标。

·防止博弈的指标

在有关绩效指标开发的问题中，最严重的问题是指标的博弈问题。如果主管和其他人员直接按照考评指标执行工作可能会对项目或组织真正的目标造成损害。历史上有很多例子表明，一旦建立了绩效指标并用来测量项目绩效，就会产生非预期的组织行为，有的绩效指标背后的故事甚至很荒谬。比如苏联一个树枝型装饰灯行业，绩效指标指向灯的重量，结果导致厂家生产出世界上最重的灯。在波兰，家具生产行业设定的绩效目标是家具的重量，结果导致世界最重的家具诞生。在英国，早在20世纪90年代，撒切尔政府下令定期对英国所有大学按照学术质量进行排名，而下一阶段的拨款要根据学校在多项指标上的排名情况来决定，主要的排名依据是学术成果和发表数量。大学很快就适应了这一制度，一时间新刊物纷纷涌现，发表论文不断增多，有的学校院系甚至在下一次评估前招收“高产学者”来提高在这一绩效指标上的得分。同样，如果一个地方学校管理部门过于关注某些测验中学生表现的标准，那么熟悉这种特定测验的策略和形式的老师就会倾向于把他们课堂上真正的教学时间用于“应试教育”（teach to the test）。以上案例都是指标博弈产生的问题，一般来说，项目的利害关系越大，博弈行为出现的概率就会越大。

那么，如何改善这一问题呢？通常来说，依赖单一测量指标是最不可靠的，最容易出现博弈现象，同时使用几个指标可以减少对单一指标进行博弈的行为。因此，我们通常可以通过定义一系列平衡的、能把绩效引向正面目标的指标来避免这种情况的发生。例如，培训项目工作的期望结果是帮助客户找到满意的工作。如果唯一绩效指标是找到工作的百分比，就会促使项目人员致力于那些扩大受雇百分比，但从长远来看会起反作用的工作，可能会把客户推向那些收入最低或者非全职容易获得的工作，而失去了可以帮助客户找到更满意的工作的机会。同时，也可能会不惜以忽视那些弱势客户为代价，把最优先的机会给那些更有市场竞争力的客户，而那些弱势客户相对来说更难找到工作。

为了防止这一现象的发生，我们可以设置更加平衡的指标。在考虑数量指标的同时考虑就业质量指标，比如每周工作35小时或以上的百分比，弱势群体被雇用的百分数，收入超过最低工资的百分比等。这些指标在一定程度上可以解决指标博弈问题。但是指标博弈是一个动态过程，随时间变化而变化，因此采取一定的方式可以减少博弈行为出现的概率，但不能杜绝这个问题的产生。

·全面的和综合的评价指标体系

在给定的项目评价中，一个全面的和综合的评价指标体系应该囊括所有的指标类型，包括产出和结果。如果可能的话还应包括服务质量和客户满意度，以及效率和生产力。特别是应该包括一套全面的效果指标，而不是只强调某些预期的结果却忽视其他重要的结果。

·低成本的指标

测量指标可能会花费大量时间、精力和成本，这些花费可能会对某些资源分配等的决定产生影响。一些指标提供的信息对于特定情况是必不可少的，即没有这些信息就不可能有效地实施评价；而另一些指标虽然提供了有用的信息，但是也可以在没有这些指标信息的情况下一样能实施评价，这时我们需要做出权衡取舍。尽管开发一套全面的指标来检测项目的绩效显然是很有益的，但质量和成本之间有时必须相互妥协。如果当那些最有意义或者有最强的效度和信度的指标也是最耗费成本的指标时，我们应该在质量和成本之间做个权衡。当然，首先是要排除很不相关的指标，因为这些指标不但要耗费成本，而且不能增加有关工作绩效的信息。最后要对绩效指标的有用性及收集它们所需要花费的成本、时间和努力做一个判断。

绩效指标应该有对成本效益的考虑，但成本效益问题也不应该被过度强调。实施评价可能需要相当的成本，特别是在数据收集和处理过程中。但相对于评价结果而言，很多时候这种成本花费应该是物有所值的。因此，收集和处理绩效数据应该被看作一项有目的的投资，可以向主管和政策制定者提供有用的信息。

总之，开发绩效指标是一项具有挑战性的工作。除了有完好的逻辑以外，对好的绩放指标的描述也可能需要相当成熟的经验判断。下面是定义有用的绩效指标的几个建议：

第一，指标应该是有意义的，它们应该直接来自项目的逻辑模型，符合政府部门的使命和目标；不应采用那些对主管、政策制定者和其他利益相关人而言没有意义的指标。

第二，在任何可能的情况下，定义那些对预期使用者和外部听众有较高表面效度的指标。

第三，清晰定义数据来源和数据收集过程以保证能够从分散的机构中获得一致的报告，从而得到有效的质量保证机制。

第四，预测博弈可能带来的问题，努力开发平衡的绩效指标以降低博弈发生的可能性。但要避免过多指标，因为过多的指标浪费资源，又不容易抓住重点。

第五，在需要的情况下使用近似指标，但避免使用那些不相关的指标。

第六，对收集数据的成本与绩效指标的质量之间的平衡进行明智的判断。

第七，检查指标的效度和信度，在其他情况一样的条件下，选择那些对其预期使用者而言问题最少的指标。

第八，定义能够清楚地查明其数据采集过程的指标，从而得到有效的质量保证机制。

3.2　实践中指标的选择

在实践中，指标的选择是个复杂、耗时的工作。为了便于项目绩效监测和评价，指标需要一个合理的操作化定义及严谨的数据采集。下面的标准可以帮助负责监测和评价的人员在实践中识别好的指标，即既能体现出我们想要测量的变量，又能在收集上耗费较少成本。需要指出的是，以下标准并不是按重要性排列的，而且每个标准的相关性和实用性将因环境和用户而异。同时，这些也没有完全包括选择指标时可以考虑的所有标准。

·惯例使用标准

这一标准指的是在选用指标时应该考虑在多大程度上与当前/以前的指标保持一致。在某些情况下，我们选择一个指标，是因为它之前已被使用过。然而，一些以前在实践中使用过、效果不错的指标，在当前环境中使用时可能会出现严重的问题。基于此，选择指标时要求根据以前的使用情况来分析该指标的优点和局限性，包括结合不同环境或使用场合进行分析。所有这些都应该被考虑进指标的选择过程，同时应该避免指标的选择完全是因为它过去曾被使用过这一情况的发生。

对指标进行定期评估也是很重要的，这有助于发现指标问题，例如，收集的数据不能用。此外，当情况发生变化时，这意味着指标需要修正、丢弃或添加新的指标。讨论惯例的做法和指标的使用历史也可能导致数据收集在不同的或新颖的方向上进行，从而使数据的收集更加严谨，填补有关该项目的某些认知方面的空白，提高精度或指标的敏感性。

·适用性标准

这一标准指的是在选用指标时应该考虑指标在不同环境中的适用程度。一个指标在一个地方适用并不意味着在其他地方也适用。而在许多情况下，收集数据的可比性和一致性是决定指标实用性的关键因素。所以当通过多个站点收集数据时，此标准显得尤为重要。

·数据的可用性

数据的可用性是指数据在多大程度上可用作绩效评价的一部分。选择指标时，考虑单个时间点的数据可用性和长期的可用性，需要视情况而定，不应仅仅因为数据是可获得的就使用这个指标。

·数据收集负担

数据收集负担指的是数据收集对参与者造成负担的程度。在同意使用指标或一组指标之前，评价人员应完成对数据收集（人力和财政）负担的评估。在规划监测或评价时，在同一地点或环境中，或相关项目的背景下，讨论应该包括利益相关者之间的合作，形成共享数据收集的机会。在决定收集数据时，既要考虑参与者的数据收集负担的限制，也要最大限度地研究资源的可获得性。

·评价重点的清晰度

评价重点的清晰度指的是单个指标在多大程度上明确地反映了评价重点。如果在该项目的条件或背景下指标会歪曲评价结果或评价的重点，则不应使用该指标来评价。

·文化适宜性和相关性

文化适宜性和相关性指的是在相关的数据收集活动中，指标在内容或文化上相适合的程度。为了满足这一标准，应该由利益相关者来确定指标数据收集的结构、方法和项目所处的环境是否是适当且相关的。通常，这些决定需要与利益相关者进行深入的、有意义的对话。

·数据质量

数据质量是指收集的信息完整、可靠和有效的程度。数据的收集越完整，数据的质量越高。可靠程度和有效程度代表数据的信度和效度，信度和效度越高，数据的质量也越高。完美质量的数据是不存在的，因此，数据的完整性、信度和效度也是一个程度的问题。实践中，经常会设置一个数据质量的阈值（临界值），阈值的大小根据利益相关者的期望和价值而定，也会受不同样本大小或质量的相对重要性的影响。因此，在开发指标时，应该让利益相关者参与制定明确的数据标准质量。

·资源投入

资源投入是指数据收集、分析和使用等所需的资源投入，例如资金、人员、时间等。选择指标需要准确了解收集并分析数据所需的资源，考虑在现有条件下是否有能力收集并分析这些数据，是否有必要的知识或技能来分析数据和解读数据。在许多情况下，资源投入需要在数据的可行性、质量和及时性方面做出权衡。

·无方向语言

无方向语言指的是指标应定义为中性的，而不能提前定义为正面或负面的数据收集。指标不应以偏好的方向或价值来定义，但在许多情况下，项目成果经常用成就或进展来陈述（例如，增加或减少）。指标应是中性和非定向的，解释或数据收集完成后，应对指标数据进行估值，例如，指标应写成“知识水平”而不是“知识增长”，应是“年轻人中烟草使用率”而不是“年轻人中烟草流行率”。

·有机会发现意外的结果

有机会发现意外的结果指的是指标能够记录项目的意外或非预期问题发生的概率。在许多情况下，我们构建指标以确定我们的想法是否会在项目实施和结果方面实际发生。然而，一些指标的设计应该足够灵活，以创造出乎意料的结果。

·数据使用路径

数据使用路径指的是数据的使用和用户达成一致的程度。该标准涉及两个问题：谁将使用收集的数据和数据使用的方式。该标准旨在确保该指标与预期用途产生联系。因此，适合预期用途的数据收集至关重要，比如考虑有助于达到理想用途而所需信息的类型和质量。

·与评价问题的相关性

这一标准指的是指标在多大程度上有助于解决预先设定的评价问题。该标准应用于检验评价指标与评价问题的相关性，即该指标能否很好地回答评价问题，如果指标不能明确地回答这些问题，利益相关者应仔细考虑是否使用该指标。此外，利益相关者应考虑是否有足够多样化的指标来充分回答评价问题。有时指标可能过于集中于评价某单一方面或维度（例如，财政资源投入、完成活动、提供产出或服务），但是，如果利益相关者想要记录随着时间的推移预期结果的进展，那么指标不应只局限于项目的实施或产出的维度。

·优质指标的证据

这一标准指的是支持该指标作为评价的恰当描述或度量的证据，指标被认为在特定领域或技术上合理的程度。优质指标的证据可能包括已发表或未发表的文献，利益相关者的经验或价值观，以及最熟悉该项目的人的咨询意见，监测、评估类似项目的经验教训。利益相关者应该确定证据是否足以支持使用该指标。

·单一指标价值

单一指标价值指的是增加单一指标进入一组指标意义的程度。在许多情况下，利益相关者将一个指标视为部分信息，作为一组指标的一部分，旨在共同解决意义监测和评价问题。在开发指标时，除了评价该指标的优点外，利益相关者还应评估该指标在这组指标中的价值，以便充分确定它的实用性。该标准有助于识别数据收集中重复或冗余的数据，促进开发使用更易于管理、数量更少的高绩效指标。

总结

通过逻辑模型，绩效指标的类型包括针对投入的资源投入指标；针对产出的产出数量指标和服务质量指标（代表着产出的数量和质量）；针对投入和产出的生产力指标和效率指标；针对结果的效果指标和客户满意度（代表效果的数量和质量）；以及针对投入和效果的成本—效果指标等。

高质量的指标应该具有高的信度和效度。在信度方面，应该检查一下指标的稳定性和一致性；在效度方面，应该检查表面效度、一致性效度、相关效度和预见性效度。但也应该知道，完美的指标是不存在的，因此信度和效度也是一个程度问题。

在考虑可供选择的绩效指标时，一个基本的方法是查明指标产生的基础，以此来检查是否存在影响指标的效度或信度的因素。

从管理角度看，除了指标的信度和效度外，好的指标还应该符合一些其他的标准，其应该是有意义的、全面和综合的、有明确行为导向的、有时限的、可操作的、防止博弈的、低成本的。

主要概念

信度　内部一致性　效度　表面效度　一致性效度　相关性效度　预测性效度

思考题

1. 对比工作量指标和生产力指标。
2. 简述指标的信度和效度的概念，数据的遗失如何影响信度和效度。
3. 案例分析：构建逻辑模型，设计评价问题和评价指标。

儿童铅中毒预防（CLPP）案例

铅中毒是儿童面临的最普遍的环境危害，特别是在老城区内。即使在铅含量较低水平的地区，血铅水平升高（EBLL）也与智力下降、医疗问题和发育问题有关。儿童铅中毒的主要来源是含有铅基涂料的老房子的油漆和灰尘。儿童铅中毒预防项目通过对高风险儿童进行外展服务和筛查，确定患有 EBLL 的儿童，评估他们的铅来源的环境，以及管理他们的医疗状况和进行环境矫正。最终结果是患病儿童的减少。

附录 指标分析方法

第二篇　绩效评价方法

第五章
经济评价

过去的几十年中，不断增长的公共服务需求和日益加剧的财政压力都要求通过评价来优化公共资源的经济效益。经济评价则将项目成本与结果清晰地联系起来，旨在帮助政府部门的决策者进行项目选择和资源配置。经济评价以福利经济学的基本原理为依据，目的是对不同项目选择（包括现状）进行比较，选择一个或几个能使净社会福利最大化的项目。然而，在现实的项目决策中，效益不是项目选择决策中考虑的唯一因素，还要考虑社会公平因素，以及政治对公共部门决策的影响。因此经济性分析只是复杂决策过程的一个组成部分。在第一章的项目评价内容图中，连接投入和结果的成本—效益分析和成本—效果分析都是经济评价。本章主要讨论如何进行成本—效益和成本—效果分析，以及如何对投入与结果进行有效的测量。

第一节　经济评价概述

1.1　公共需求和公共项目

在社会经济生活中，人类社会的需求可以分为两类：一类是个人的个别需求，如在一定时期和在每一种给定的价格水平上，消费者个人愿意且能够购买的某种商品的数量，或者是个人精神或心灵上的某种需求欲望等；一类是社会的公共需求或者共同需求，这种需求不是个别需求的总和，而是全社会（全地区）的共同利益，比如社会公共秩序的维护、水旱灾害的防治、环境卫生、国防建设等。私人需求一般通过私人产品来满足，相应地，公共需求则通过政府部门提供公共产品来满足。

作为公共需求，其成立必须满足三个条件：①符合公众共同利益；②私人不能满足（或私人不愿提供）；③根据社会利益由国家提供或垄断。比如，国防事业符合公众对于国家安全的共同需要，并且民间没有能力满足，只能由国家来提供和实施。又比如，虽然一般农业事务是由民间实施的，但若是大片沙漠的改造、垦荒种植，民间办不起也不愿意办，则需要国家（政府）实施。

公共需求由国家来满足，因此财政就是为了满足社会公共需求而产生的。有了财政，国家（政府）就可以推行实施公共项目去满足公共需求。

公共项目，又称为公共工程或是公用事业项目，是政府为社会、国家和公共利益而投资兴办的非营利性项目，包括交通运输、邮电、水利等基础性设施建设项目，教育、科学、医疗卫生、气象等社会性基础设施建设项目，城市交通、能源动力和城市绿化等公用事业项目。公共项目的实施需要政府部门做决策，比如，政府是否应该修建高速公路？如果要修高速公路的话，规模应该多大？政府是否应该修建地铁？如果要建的话，规模应该多大？政府是否应该对动物疫情进行防控？如果要进行防控的话，哪种方式更有效果？

1.2　公共项目的经济评价

现在许多国家来都面临着这样一个矛盾：不断增长的公共服务需求和日益加剧的财政压力。对于政府或者决策者来说，为了达到一个目标，有很多公共项目可供选择。他们需要决定投资、引进、继续实施具体哪个或哪些公共项目。这些公共项目提出、实施的年份/年代不同、持续的时间不同、产生的结果不同，评价的方法也不同。其中一种评价方法被称为项目评价，它聚焦于实际产出或结果在多大程度上达到了项目目标。比如，学者们会提出或给出一些事实证据证明某个公共项目的利弊，但这些学术成果大多发表在专业领域的学术期刊上，政府或者决策者通常难以阅读并整合这些期刊上相关的学术成果，继而作出相应的决策，他们可能还是凭借自己的经验和想法做决定。因此我们需要用直观易懂的方式，向政策决策者提供信息，帮助他们理解不同公共项目之间的差别并做出决定。经济评价能够简单有效地对比各种公共项目可能实现的结果和所需要花费的成本。

经济评价是以福利经济学的基本原理为依据，对不同备选项目的成本和结果进行分析比较，选择一个或者几个能使净社会福利最大化的项目，旨在帮助公共和非营利组织的决策者进行项目选择和优化公共资源配置。使净社会福利最大化的项目被称为有效率的项目，也就是说，追求效率是公共项目的目标之一。但有时即使项目的收益小于成本，该项目也可能会实施。这就涉及另外一个重要因素，即“公平”。因此，实际决策过程还需考虑效率与社会公平之间的关系。例如，政府是否应该资助一种新的肿瘤药物？是否应该将某些原仅针对高风险人群的检测扩大到也能覆盖低风险人群？是否应该推广或改良戒烟方案？这些医疗项目的实施是针对某一部分人的，受益者是一部分目标人群，而不是所有人，但是这些公共项目实施的成本是来自所有纳税人，或者是整个社会的。这可能导致在社会选择问题上的分歧和争议，因而项目的成本—收益分析并不是政府做出决策的唯一依据。政府项目通常会导致资源的重新配置和收入的再分配，但成本—效益分析确实为政策制定过程提供了一个规范的依据，也是世界各国制定政策普遍使用的工具。

1.3　公共项目的经济评价类型

经济评价的关键是将项目、潜在项目或备选项目的成本与结果（收益）清晰地联系起来。根据结果（收益）的性质和不同的度量方法，我们可以将经济评价分为三种类型：成本—效益分析(Cost-benefit analysis，CBA)，还有由之引申出的成本—

效果分析(Cost-effectiveness analysis，CEA）和成本—效用分析(Cost-utility analysis，CUA)。

这三种分析法中涉及项目的成本均可用货币来衡量。并且，成本不仅仅包括实际支出的成本，还包括了机会成本。机会成本是指因该项目的实施而放弃实施的另一个经济活动的成本，比如说，政府考虑新建一所医院，不仅要考虑人工、材料等实际支付的建造成本，还需要考虑机会成本，也就是如果用新建医院的这笔钱去投资现有的医院（如购买新的医疗设备）将会带来的潜在收益。对于结果（收益），这三种方法对收益的量化存在差异。所以，我们有三种经济评价的类型。

·成本—效益分析

成本—效益分析有着悠久的历史，源于19世纪80年代一份美国联邦财政报告中对水资源工程的成本和效益进行的分析。在20世纪30年代到50年代罗斯福“新政”时期，成本—效益分析被用于决定如何最优化公共经费的使用。当时经济萧条，政府实施了各种大规模创造就业岗位的项目，如防洪、航空、灌溉、电力、流域治理及相关的娱乐、渔牧业。在此基础上，20世纪60到70年代，成本—效益分析开始被用于其他公共项目中。20世纪80年代和90年代，联邦对大型公共项目进行成本—效益分析的要求日益提高，美国尤甚。其首先进行对环境或医疗、安全领域的规制的成本—效益进行分析；接下来，除了对规制的效果进行经济评价，还对所有领域中的公共支出，包括交通、教育、污染防治和濒危物种保护等进行了经济评价。成本—效益分析成为决策过程的一个环节，它们的作用是强调可能未被正确理解的成本和效益的概念，或更清晰地界定政策的成败之处。

当结果（收益）可以用货币去衡量时，我们称之为“效益”，适宜用成本—效益分析法。通俗地讲，这种情况我们可以清楚地知道这个项目的实施可以得到多少钱的收益。但有时一个项目的收益可以是多方面的，或者是由多种形式组成的：其中一部分能够直接用货币衡量的收益，称为有形收益；另一部分没有市场价格的或者不能用货币衡量的收益则是无形收益。举个例子，高铁、地铁等公共交通项目其部分收益是减少了通行的时间，并且降低了驾驶汽车所带来的发生事故甚至死亡的风险，这些收益是没有市场价格的。那么节省时间和降低死亡风险如何衡量呢？也就是说，在运用成本—效益分析时，我们也需要衡量非货币化的收益，具体方法会在本章第三节中讲到。

成本—效益分析，简单来说就是计算一定的成本支出能达到多少效益（用货币来衡量)，或者是想要达到一定的效益需要投入多少成本。比如，我们想要达到一个目标收益，有很多备选项目可供选择，我们就可以计算出每个备选项目的效益和投入成本的净现值，选出净现值最高的即最好的项目。

·成本—效果分析

上述效益中很多项目产生的部分收益或者结果是不能直接用货币去衡量的，比如修路减少的通行时间、死亡风险等，这种情况下，如果项目的目标就是注重这些效果本身，就可以用成本—效果分析法。成本—效果分析法直接将不同的成本与某个既定的结果（如死亡率、住院率、幸存人数等）进行比较。如普卡卢斯等人就用成本—效果分析法研究了通过实施一项基于电话教育的项目来预防儿童早期龋齿的成本和效果，该项目的目标就是减少龋齿数量。

成本—效果分析也有局限性。第一，成本—效果分析法对效果的评价没有一个统一的标准，可能因人而异，政策制定者们的看法也不一样，所以我们可以总结出效果，让决策者自己决定选哪种备选项目。第二，与成本—效益分析相比，它忽略了难以货币化的重要收益，只考虑了某项结果，这可能会引起误导。比如，如果考虑一个医疗项目能改善目标患者的健康状态，但是成本—效果分析可能会忽略其他间接受益人的收益。比如，临床医生会关心这系列医疗项目（干预措施）是否可以改善他们负责的其他病人的健康；药品和设备制造商会关心他们的产品是否能以预期价格售出和未来研发期望的回报。第三，成本—效果分析也忽略了机会成本，也就是放弃这个项目可能得到的收益。为了做出明智的决策，决策者需要同时分析哪些是由于引入新的项目而得到的效果，哪些是由于现有方案被替代而产生的损失。这时可能就需要使用一种综合的收益衡量方法，也就是下面将要提到的成本—效用分析法。

·成本—效用分析

有一种情况，虽然能够获得效果的量化信息，但是很多项目的结果、成果的衡量不是着眼在一个方面，而是多元化的，此时我们则可以将几项（通常是两项）结果合并为一个测量单元，用成本—效用分析来进行评价。

成本—效用分析被广泛用于医疗卫生领域。寿命和死亡率是我们衡量人们健康水平的重要指标。2016 年 10 月我国出台了《健康中国行动（2019—2030 年）》等相关文件，围绕疾病预防和健康促进两大核心，提出将开展 15 个重大专项行动，促进以治病为中心向以人民健康为中心转变，努力使群众不生病、少生病。根据《“健康中国 2030”规划纲要》，到 2022 年，我国人均寿命的全国目标值为 77. 7 岁（2017 年基期水平为 76. 7 岁），婴儿死亡率小于等于 7. 5‰（2017 年基期数据为 6. 8‰），重大慢性病过早死亡率小于等于 15. 9%（2015 年基期水平为 18. 5%）。

如果仅仅着重于寿命和死亡率，我们可以用成本—效果分析法。但是评估一个旨在提高人们健康水平的项目，这两个指标可能还不够全面。比方说，一个人健康地活到 80 岁，另一个人 60 岁开始患有慢性病或者残疾了也活到 80 岁，他们的健康水平和生活质量是不一样的。单从寿命和死亡率来看，这两种人并没有什么不同，但是我们却忽略了疾病、伤害和残疾对人们健康的影响。所以在医疗卫生领域，某种治疗手段或项目不仅旨在延长人们生存的年限，还需要考虑到人们的生活品质。国际上，研究者们和政策制定者们通常用各种各样的方法来监测人们的健康和合理配置卫生资源。有一种方法同时考虑了死亡和发病对人们健康的综合影响，我们称之为健康调整生命年数（health-adjusted life years，HALYs）。HALYs 是一个综合指数，能对一系列疾病、干预措施和不同人群进行比较。同时，HALYs 是一个比较大的概念，它可以包括质量调整生命年数（quality-adjusted life years，QALYs）和伤残调整生命年数（disability-adjusted life years，DALYs）。

QALYs 中的质量，指的是与健康相关的生活质量（health-related quality of life，

HRQL)，用0到1之间的一个数字表示。如果一个人健康地生活了一年则记为1；如果死亡则记为0；如果是有疾病则根据适当的标准记为0到1之间的数字。疾病越重，生活质量越差，那么这个比例则越接近于0。比方说，经过诊断，医生认为一位患者可以以现在有疾病的状态生存10年，也就是说他的预期寿命还有10年，他虽然可以再生存10年，但是因为疾病缠身，所以生活的质量不是很好，HRQL假设为0.6，那么他的质量调整生命年数则是6年，也就是说他今后这10年病重的时间相当于是他只健康地活了6年。DALYs表示的是健康状态的差距，也是用0到1之间的一个数字表示，但是死亡记为1，完全健康记为0，残疾情况越严重，数字越大。

我们在评价一个旨在提高人们健康水平的项目时，可以用健康生命调整年数、质量调整生命年数、伤残调整生命年数表示项目产生的多元化的结果，将延长的生存年限及生活质量、疾病状态、伤残情况等整合在一起作为项目结果，这时适宜用成本—效用分析来评价项目。类似于效果的评价没有统一标准，效用的评价标准也不统一。虽然在这里我们讨论可以用QALYs和DALYs来表示项目的结果，但对于健康人们来说，他们的HRQL记为1还是0.95①（非常接近于1）？或者，对于不同年龄段的人来说，他们都健康，但因为年龄不一样，HRQL是不是应该有区别呢？是否应将20岁健康的人记为0.98，而将60岁健康的人记为0.95呢？对于这些问题，不同的学者看法不同。所以说，即使我们能用某种方法计算出调整后的寿命年数，但调整时的权重或者处理方法的不同，或者人们对不同医疗结果的价值判断和对于某种健康状态的偏好不同，都会产生不一样的结果。分析报告可以给出不同的调整方法和结果的组合，让决策者自己判断决定。

表5.1是对三种经济评价类型的总结和比较。总的来说，当关键收益难以货币化或货币化有争议时，分析者可以选用成本—效果分析或成本—效用分析。成本—效果分析聚焦于一项结果中的主要收益，也就是如何最好地达到这一特定目标结果，如接种疫苗的儿童人数。成本—效用分析则将几项（通常是两项）结果合并为一个测量单元，广泛用于医疗领域。另外，经济评价可以在项目开始设计时就对其进行分析。分析通常发生在项目实施之前，我们称为事前分析。事前分析利用现有理论模型或实验来预测如果项目的实施过程符合既定的逻辑参数，将产生怎样的成本和收益。分析还可以是事后（项目实施后或完成后）进行的。事后分析基于既成的事实，而不是假设的成本和收益。本章第三节中的成本—效果分析案例中，增设的跑道对于人们锻炼习惯的改变就属于事后分析。

① 很多调查者认为在实际生活中，“完全健康”是不存在或者不准确的，即使很年轻很健康，可能也不能达到一个“完全”健康的状态，这个系数设置为1可能太绝对，可以设置成一个非常接近1的数字，比如0.95。

表 5.1　经济评价中成本与结果的计量

类型	备选项成本的衡量	结果	备选项结果的衡量
成本—效益	货币化	聚焦于单一或多个结果；对所有备选项目来说可以不一样。	货币化
成本—效果	货币化	聚焦于单一结果；对所有备选项目来说是一样的，只是程度不同。	自然单位（如延长的寿命数、死亡率，血压值减少等）
成本—效用	货币化	聚焦于单一或多个结果；对所有备选项目来说可以不一样。	健康年数（质量调整后生命年数等）

第二节　公共项目成本—效益分析

在了解公共部门如何做决策之前，我们先看看私人企业怎样进行项目决策，这对公共项目的评价是很有启发的。

2.1　私人部门成本—效益分析

私人企业在进行投资决策时，通常遵循的程序可以概括为以下四个步骤：

（1）列出备选项目。比如，一家企业要扩大市场份额，要实现这一目的，假设有两个途径可以达到，一是增加对研发的投入，二是加大对广告的投入。因此，企业在开始阶段，应该列出各种主要的备选项目。

（2）确定各种备选方案的全部结果。企业最关心投入和结果，因此，它必须决定每一种备选方案所需投入，包括资金、人员和其他资源，然后评估在每一种备选方案下的各种结果。

（3）给每一种投入与结果分配价值。企业必须估计存续期内的（各种技术条件下的）各种劳动成本、其他投入的成本及效果。比如，广告投入后，产品的销量可能会增长；研发投入后，产品质量提升可能会导致产品销量的增长等。

（4）将收益减去成本，估计项目的总盈利能力。企业会采用利润最高的项目，如果所有备选项目的利润都是负的，那么企业不会采用任何一个项目，或者将资金投资在其他地方。

以上描述的程序相对简单，但是有一项内容需要做较多说明，即收益与成本不是当年就产生的，而是在一段很长的时间内发生的。我们知道，同样 1 块钱，是今天获得，还是 10 年后得到，这对企业的选择显然有很大的影响。那么，如何估算和比较不同时期产生的收益与成本？

一般情况下，我们会使用一个假设，这就是今天的 1 块钱比明天的 1 块钱更值钱。假设利率为 10%，如果企业今天得到 1 块钱，那么它可以把钱存入银行，一年后可以获得 1.10 元。这样，今天的 1 块钱等于下一年的 1.10 元，也就是说，今天得到1元钱，与下一年得到1.10元，对企业来说是一样的。如果企业投资1.1元，那么它希望在下一年结束时得到1.21元，相应地，对企业今天得到1元和两年后得到1.21元也是一样的。

所以，我们在评估项目未来年份的收入与成本时，企业可以将收入与成本乘以一个贴现因子（discount factor），将未来的收入和成本折算成现在的收入和成本，即折算成现值（present value，PV）。

比如，利率是 r，今天的1元钱一年以后的价值是 $1\times(1+r)$，也就是说一年以后的1元钱，在今天的价值是 $\frac{1}{1+r}$。由此可得，一年后的支付的贴现因子则为 $\frac{1}{1+r}$。

同理，今天的1元，两年后的价值是 $1\times(1+r)^2$，那么对于两年后的支付，贴现因子为 $\frac{1}{(1+r)^2}$，以此类推。假设不存在通货膨胀，对于未来第 T 年的一笔现金流 R_T，其现值为 $PV=\frac{R_T}{(1+r)^T}$。比如假设利率是10%，那么，两年后得到的100元，折算成今天的价值是 $100\times\frac{1}{(1+10\%)^2}=82.64$ 元。

我们可以看出，发生时间越远，贴现因子越小。

例如，考虑一个实施项目的成本，这个项目会持续进行 T 年，r 是利率。初始（现在）的支出为 C_0，一年后支出 C_1，两年后支出 C_2，以此类推，直到 T 年支出 C_T。如果我们把现在和未来的成本加总，这就是项目成本的现值（present discounted value），即 $PV=C_0+\frac{C_1}{1+r}+\frac{C_2}{(1+r)^2}+\cdots+\frac{C_T}{(1+r)^T}$。同理，我们也可以对现在和未来的收入加总，得到项目收入的现值。这样决策者就可以比较项目的成本现值与收益现值。或者，我们可以算出每年的净收益（收入-成本，用 R 表示），加总现在和未来的净收益的现值，也就是项目收益的净现值 $NPV=R_0+\frac{R_1}{1+r}+\frac{R_2}{(1+r)^2}+\cdots+\frac{R_T}{(1+r)^T}$。

我们从净现值的公式中可以看出，贴现率 r，是决定项目效益的关键因素。如果贴现率相对较高，未来净收益的价值将大幅缩水；如果贴现率较低，未来净收益折现后的价值将会较大。贴现率越低，项目看起来相对更可行。

我们选用项目的标准时，净现值是个很好的标准。如果存在几个备选项目时，选择标准是：

（1）只有当一个项目收益的净现值是正数时，该项目才是可行的。这意味着只有当项目的未来净收益的折现值为正的时候，项目才可以实施，否则，应该考虑将资金投入其他的项目中。

（2）如果两个项目只能选其一，优先选择的项目应该是净现值较高者。

这两个标准都很好理解，在如何选择项目时，贴现率在分析中起关键作用。在对项目进行比较分析时，不同的贴现率可能会得到不同的结论。

下面我们举个例子来具体说明：假定一家企业正在考虑两个备选项目，一个是研发项目，另一个是广告项目，需要的初始投入都是 10 000 元，研发项目在第一年年底净收益为 2 000 元，在第二年净收益有 3 000 元，第三年是 5 000 元，第四年是 8 000 元，代表研发项目的收益在后期逐渐增加。而广告项目第一年年底净收益有 6 000元，在第二年有 5 000 元，第三年是 3 000 元，第四年是 3 000 元，代表广告的效应在逐渐衰减。

根据公式我们用不同的贴现率，$r=0$，$r=0.02$，$r=0.05$，$r=0.07$，$r=0.1$，计算出两个项目的净现值（表 5.2），具体过程如下：

①当 $r=0$ 时：

研发项目的净现值 $=-10\,000+2\,000+3\,000+5\,000+8\,000=8\,000$（元）

广告项目的净现值 $=-10\,000+6\,000+5\,000+3\,000+3\,000=5\,000$（元）

研发项目的净现值更大，因此研发项目优于广告项目。

②当 $r=0.02$ 时：

研发项目的净现值

$$=-10\,000+\frac{2\,000}{1+0.02}+\frac{3\,000}{(1+0.02)^2}+\frac{5\,000}{(1+0.02)^3}+\frac{8\,000}{(1+0.02)^4}$$

$=6\,947$（元）

广告项目的净现值

$$=-10\,000+\frac{6\,000}{1+0.02}+\frac{5\,000}{(1+0.02)^2}+\frac{3\,000}{(1+0.02)^3}+\frac{3\,000}{(1+0.02)^4}$$

$=6\,287$（元）

研发项目的净现值更大，因此研发项目优于广告项目。

③当 $r=0.05$ 时：

研发项目的净现值

$$=-10\,000+\frac{2\,000}{1+0.05}+\frac{3\,000}{(1+0.05)^2}+\frac{5\,000}{(1+0.05)^3}+\frac{8\,000}{(1+0.05)^4}$$

$=5\,527$（元）

广告项目的净现值

$$=-10\,000+\frac{6\,000}{1+0.05}+\frac{5\,000}{(1+0.05)^2}+\frac{3\,000}{(1+0.05)^3}+\frac{3\,000}{(1+0.05)^4}$$

$=5\,309$（元）

研发项目的净现值更大，因此研发项目优于广告项目。

④当 $r=0.07$ 时：

研发项目的净现值

$$=-10\,000+\frac{2\,000}{1+0.07}+\frac{3\,000}{(1+0.07)^2}+\frac{5\,000}{(1+0.07)^3}+\frac{8\,000}{(1+0.07)^4}$$

$=4\ 674$（元）

广告项目的净现值

$$=-10\ 000+\frac{6\ 000}{1+0.07}+\frac{5\ 000}{(1+0.07)^2}+\frac{3\ 000}{(1+0.07)^3}+\frac{3\ 000}{(1+0.07)^4}$$

$=4\ 712$（元）

广告项目的净现值更大，因此广告项目优于研发项目。

⑤当 $r=0.1$ 时：

研发项目的净现值

$$=-10\ 000+\frac{2\ 000}{1+0.1}+\frac{3\ 000}{(1+0.1)^2}+\frac{5\ 000}{(1+0.1)^3}+\frac{8\ 000}{(1+0.1)^4}$$

$=3\ 518$（元）

广告项目的净现值

$$=-10\ 000+\frac{6\ 000}{1+0.1}+\frac{5\ 000}{(1+0.1)^2}+\frac{3\ 000}{(1+0.1)^3}+\frac{3\ 000}{(1+0.1)^4}$$

$=3\ 890$（元）

广告项目的净现值更大，因此广告项目优于研发项目。

表 5.2　不同贴现率下项目的净现值

年度净收益/元		不同的贴现率假设	净现值/元	
研发	广告		研发	广告
-10 000	-10 000	r=0	8 000	5 000
2 000	6 000	r=0.02	6 947	6 287
3 000	5 000	r=0.05	5 527	5 309
5 000	3 000	r=0.07	4 674	4 712
8 000	3 000	r=0.1	3 518	3 890

从表 5-2 我们可以看出，使用不同的贴现率会导致不同的项目选择结果。在这种情况下我们可以进一步计算，找出这个临界点，也就是从研发优于广告，到广告优于研发的贴现率的临界点。通过计算，这个临界点大概是为 0.068，即如果贴现率小于 0.068，那么研发项目优于广告项目；贴现率大于 0.068 时，广告项目优于研发项目。这就是我们所说的敏感性分析。

对于私人项目的成本—效益分析，我们常用净现值法把未来的净收益折算成今天的价值。当净现值大于 0 时，项目是可行的。如果两个项目只能选其一，应优先选择净现值较高的项目。在进行不同项目的比较时，不同的贴现率可能会得到不同的结论，因此进行敏感度分析，找出临界点是很必要的。

2.2　公共项目成本—效益分析基本步骤

在了解了私人项目的成本—效益分析之后，我们也可以用成本—效益分析对任何公共项目进行比较，它将每种备选项目的成本和结果转化为货币，再折算成净现值，它最常用于判断某一项目的可行性，或对多个项目进行比较判断。公共项目的成本—效益分析也要通过类似的基本步骤。

·步骤 1 细化备选项目

细化备选项目看似简单，实际是比较复杂的。首先，我们需要两个或两个以上的备选项目，并且这些项目的目标或结果一致。细化备选项目时要注意几个问题：①这些备选项目之间需要具有可比性；②这些备选项目的成本和收益都能够被衡量；③这些备选项目是互斥的，我们只能选择其中一个来执行，如果想将两个选择综合起来，那么分析时应该将综合起来的项目作为一个备选项目。比如，目标是建设一条高速公路，我们可以有很多实施方式，如从公路的长度、车道数、与其他公路的高速接口数等方面进行考虑，以及考虑这些方面的不同组合情况，进行成本效益分析，从备选项目中选出最好的一个。在细化备选项目时要注意的是：随着备选项目的增多，所得结论的风险将增大，所需资源将增多，因此要慎重选择，避免使分析陷入泥潭。如果我们想比较结果不同的项目，而结果却不能转换为货币，例如，医疗机构实施的艾滋病防治项目和肝炎防治项目，我们可以将这些项目的结果转换为某种单位（如质量调整寿命年）进行比较，那我们用到的分析方法就是成本—效用分析法，从而选出能得到最高质量调整寿命年数的项目。

·步骤 2 明确成本和效益的主体（身份）

公共项目的成本和收益与整个社会密切相关，所以政府决策者要先明确成本和收益的主体，然后再进行计算分析。例如，预防老年人摔倒的项目，其受益的主体是老人，目的是减少老年人摔倒的次数。与此同时，老人的摔倒次数和医疗保健资源的变化情况息息相关。这些医疗保健成本涉及不同的利益相关者，如纳税人、老年人、照顾老年人的家庭成员或朋友，但类似的研究仅将纳税人和老年人视为利益相关者。

成本和收益主体的界定通常具有政治性或区域性。例如，麦克戴维在书中提到美国州政府修建高速公路的项目的成本—效益分析，具体情况是，如果州政府继续进行高速公路建设项目，就可以获得联邦政府的资金支持，此时成本的主体是谁就很关键。如果成本来自该州纳税人，对于州政府来说，获得的联邦资金就可以被视为该项目的一种收益。如果成本来自州政府，那么对于州政府来说，在考虑将获得的联邦资金作为收益的时候，还需要考虑机会成本，即如果州政府把修路的钱用于投资别的项目将会产生的潜在收益。这种机会成本会抵消一部分或者全部来自联邦政府的资金收益，并且这其中的被抵消的收益（成本）可以称作货币收益（成本）。另外在此例中，当我们计算项目效益的时候，即新高速公路挽救的生命个数，并将其货币化时，还需要决定受益的主体是谁，仅是该州出行人，还是全美国所有出行人，是否包括国外人。

·步骤 3 将成本和效益分类并进行测量

理论上，每个项目都应列出全部投入的成本和收益。

成本包括有形成本（因拥有信息而能够量化的）和无形的社会成本（难以或无

法量化成货币的）。这里要提出的是，我们虽然可以通过财务系统收集项目的部分或大部分运营成本，但经常忽略支持性成本。运行成本是维持项目运行的费用，如工资、办公用品及通信（传真、电话、快递）等支出，支持性成本包括设备的折旧、供暖、照明、房屋租金、保险、行政（如人力资源、预算、会计、信息系统等）及未表现为项目支出的其他成本，如休闲时间丧失、空气质量下降、娱乐机会减少等。这些成本应纳入计算，却常常没有被纳入计算。从福利经济学角度来看，成本包括了机会成本，即对该项目资源的最优使用能带来的社会收益。

同样的，我们还要列出有形的和无形的社会收益。有形收益可以用货币来衡量，如收入的增加。无形的社会收益（如节省的时间）和无法用货币来衡量的收益（如生活质量的改善、公路安全性的提高）可以基于“支付意愿”来衡量。

到底什么是所谓的“成本”和“结果或影响”本身就具有相当大的争议，这取决于进行分析的角度：是从利益相关者来考虑，还是只从项目实施者的角度来考虑。

·步骤3 在项目运行过程中对各种影响进行量化的预测

一旦明确了分析指标的范围，就要计算（或在事后分析中计算）这些指标的数量。例如，一旦决定过去两年间“有报警记录的抢劫”是一个指标，就要计算这段时间内有报警记录的抢劫的数量，即通过可操作的手段收集分析所需的数据。如果决定某一成本的指标是某个项目的志愿服务时间，就要计算项目存续期间志愿者的劳动时间。其中较为困难的是我们要将项目实施后的数量与未实施项目的基础数量进行比较。例如，当计算抢劫的数量时，我们要确定实际观测到的抢劫数量与如果不实施该项目会发生的抢劫数量之间的差值。我们要找出因项目的实施而产生的增量变化，要确定这些变化，则需要一个能够估算出增量结果的研究设计。

·步骤4 将所有成本和收益货币化

在成本—效益分析中，我们要将投入（成本）和产出（结果）都货币化。这一步骤要求将量化后的投入和结果折算成货币单位，这是经济评价中最有争议之处，尤其是在计算社会收益时。例如，对环境的影响、人类寿命的延长、教育水平的提高等非市场化的价值都是难以货币化的。经济学家通常用公众对这些福利的“支付意愿”来衡量社会收益。“社会价值”和“价格”是不同的，有些福利的价格是会低于利益相关群体愿意支付的价格的，还有些服务是“免费”向公众提供的，如某些免疫项目，公共福利显然是远大于零的。这些价值可以通过很多手段来确定，如一手调查数据，可能的话，也可以通过市场价值进行估算。

衡量成本时，经济学家还考虑了不同于市场成本的机会成本。机会成本是指因该项目的实施而放弃实施的次一等的经济活动所需要的成本。例如，每小时的劳动力价值会随着失业率的变化而变化，同样也会受到如果未实施该项目，劳动者就能找到其他工作的可能性的影响。计算机会成本时，税收也是需要考虑的重要方面，项目涉及大量税收信息。对于跨年项目，我们通常会逐年列出成本和收益的货币价值。

·步骤5 将成本和效益折算成现值

将成本和收益进行折现是成本—效益分析的关键一环。项目成本的现值是将各年成本折现后的总和。同样，项目收益的现值是各年收益折现后的总和。对于很多公共项目来说，其时间跨度较大，初期的成本投入要在未来经过一段时间以后才能得到收益，也就是说成本和收益不是当年就产生的，而是在一段很长的时间内发生的。通常，成本发生在项目初期，收益发生在后期。理解折现这一概念要记住以下两个原则：①未来的成本将比现在的成本便宜；②未来的收益将不如现在的收益值钱。

对于折现成本，上述原则表明：如果个人和机构是理性的（从经济学的角度看），可以预留一部分当前资金进行投资，用投资所得来支付现实成本，从而部分抵消未来的成本。投资的回报受折现率（利率）的影响，通常是逐年累积的，直到收益全部收回。

同样，未来某个时间获得的收益是无法将其用于当前的投资的，也就是说在这笔收益到手之前，投资者是无法获得由该收益产生的回报的。另一种理解折现收益的方法是：计算目前这些钱如果用于投资，按目前的折现率（利率）计算，未来这笔钱将值多少钱。

折现的收益或成本可以通过公式来计算，该公式关注的是何时发生收益或成本，以及当前利率是多少，从而计算出收益或成本的现值。

很显然，成本和收益的折现率是决定项目底线的关键因素。例如，如果在建设天然气输送管道前进行了成本—效益分析，由于成本的投入发生在项目前期，因此项目的净现值在很大程度上取决于收益流的折现方式。如果折现率相对较高达到15%，那么与5%的折现率相比，未来收益的价值将大幅缩水。利用折现率我们可以画出一条底线，即收益高于成本的分界线。

·步骤6 计算每种备选项目的净现值（Net present value，NPV）

将成本和收益进行折现是——效益分析的关键一环。项目成本的现值是将各年成本折现后的总和。同样，项目收益的现值是各年收益折现后的总和。我们也可以计算每年的净收益，然后折算成净现值。

对于公共项目，我们通常认为，公共项目的贴现率应该低于私人部门，主要原因首先是很少有政府资助的项目以“失败”告终（政府破产的可能很小），风险小，利率应该更低；其次，政府能够获得比私人企业更低的贷款利率；最后，政府项目产生的部分社会收益是无法以市场价格收回的，但却经常增加了社会福利，应该赋予更低的贴现率。

·步骤7 进行敏感性分析

如果我们无法准确预测利率、项目的使用率等变量及其他结果，就需要通过敏感性分析来确定某些关键变量的变化区间。最常见的是使用一组贴现率进行敏感性分析，因为贴现率的变化对项目的可行性有着重要影响。灵敏度分析的结果通常以表格形式呈现（表5.2），决策者据此比较各种可能出现的情况。在对项目进行比较分析时，不同的贴现率可能会得到不同的结论。灵敏度分析的另一个作用是解释项目实施后成本和收益的分布。尤其在成本—效益分析中，净现值被简化为单一的社会价值，因此判断项目是否对某些群体产生了特殊影响是非常重要的。

·步骤 8 基于净现值和敏感性分析给出建议

理论上，政府应该倾向于选择净现值最高的项目。但是，经济分析只是决策过程的一个环节，在实际做决定时，还要考虑公平、政治、法律和道德等因素，同时，也要考虑灵敏度分析的各种结果。

2.3 成本收益的计算和常见问题

就分析步骤来说，尽管上面描述的步骤更详细，公共项目和私人项目实际上是大致相同的。但是，公共项目和私人项目有两个不同点。

第一，私人项目的设计一般只考虑那些会影响其盈利能力的因素，而政府往往关心更广泛的结果。例如，政府可能关心生态环境的影响、公众福利的提高等。

第二，企业是用市场价格评估项目的投入和结果，政府也一样。如果不存在市场失灵，市场价格真实地反映了边际社会成本和收益，那么政府应该用市场价格来评估项目。但在有些情况下，政府可能无法用市场价格评估项目。比如，当市场价格不存在时，例如，洁净的空气、挽救回的生命、时间的节省等就不存在市场价格；又或者，市场失灵时，市场价格不代表真实的边际成本和收益。如果价格不能反映真实边际成本和收益，我们则需要用另一套方法来计算成本和收益。

·公共项目的收益和成本的计算

（1）市场失灵时的收益估算。

一般来说，一个私人企业与整个经济相比，它的产量的增长不会影响到产品的市场价格，而公共项目不一样，它经常可以大到足以改变市场价格的地步，从而影响到应有收益的计算方法。也就是说，无论是私人项目还是公共项目，如果项目对价格的影响可以忽略不计的话，市场价格才可以用于评估项目。但是，当项目很大（一般是指公共项目），并且对产品价格产生了影响，我们需要用另一种方法估算项目收益。

比如，一个农田水利建设工程项目，实施后，它能够降低农产品生产的边际成本，因为项目足够大，从而导致整个农产品市场价格下降。这时候市场价格发生了变化。我们应该怎样对新增的农产品产生的收益进行估计？这时，我们需要用消费者剩余的方法来衡量收益。消费者剩余是指一个人愿意支付的最高价格与实际支付价格的差额。

如图 5.1 所示，假设我们在一个猕猴桃种植区建设一个水利设施，建设前，猕猴桃的市场供给曲线是 S_0，需求曲线是 D，这时的市场价格为 P_0，消费数量是 Q_0；完工之后，这一农田水利设施的运行，使更多的土地变成可耕种土地，猕猴桃的供给曲线下移到 S_1，消费增加到 Q_1，同时由于供给的增加，价格下降到 P_1。

这是一张经济学常见的图，其中的消费者剩余是多少呢？

消费者剩余是个人愿意支付的最高价格与实际支付价格的差额，在图中，个人的支付意愿是需求曲线以下的部分，实际支付部分则是成本曲线以下的部分，因此消费者剩余就是需求曲线以下、成本曲线以上的图形面积。从图中我们不难看出，在工程实施前，需求曲线 D 以下、成本曲线 S_0 以上的图形面积是 a 部分，消费者剩

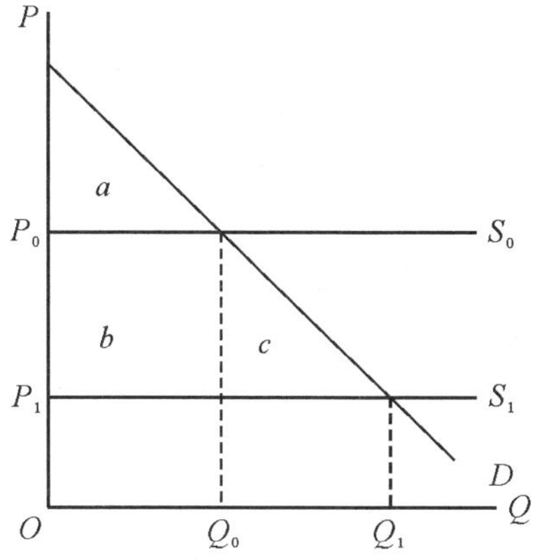

图 5.1　消费者剩余

余为 a 的面积。同样，工程实施后，消费者剩余变为 $a+b+c$ 部分，则该工程增长的消费者剩余就是 $b+c$ 的面积。这部分面积就是我们项目的收益。如果我们可以估计出猕猴桃的供给和需求曲线，那么就可以估算消费者剩余了。如果消费者剩余大于建水利设施的成本，就应该建造。

（2）商品不存在市场价格的收益估算。

有许多公共项目的部分收益是没有市场价格的，比如修建高铁、地铁等，这些项目不仅减少了通行的时间，而且减少了驾驶汽车所带来的发生事故甚至死亡的风险，那么节省时间和降低死亡风险如何计价呢？

我们先来看在经济学上如何对时间进行估价。常言道，“一寸光阴一寸金，寸金难买寸光阴”，时间有价值，但是没有市场价格。那么如何估算时间的价值？我们可以通过对人力资本价值的估算来得到。在衡量这个项目的回报时，节约的时间可以量化为人在市场上新获得或新增加的生产力。因此，人力资本法将时间用市场工资率货币化，那么项目价值可以通过时间未来收益现值来评估。比如一个人的工资率是每小时 30 元，如果修建高铁节约了 1 个小时通勤时间，那么对这个乘客来说，就产生了 30 元的收益。如果这个乘客每天节约 1 小时，将他未来一年的工资加总折现，就得到未来一年的收益。加总所有乘客的收益，就是未来一年节约时间的总价值。但是这种对于人力资本价值的估算也有缺点：第一，同样都在工作，人力资本的价值（工资）会发生变化，难以衡量；第二，节约的时间不仅仅可以用工资来衡量，因为人们有了多余的时间，他们可能感觉更开心或者更满意，这种增加的满意度或者开心程度无法通过工资来体现。

想要估算“降低死亡风险”的货币价值，也就是想要对生命进行估价，我们可以用工资风险法来估算，通过观察劳动力市场，看市场的工资如何反映一些危险工作的价格。换句话说，也就是个人需要多少额外收入来补偿因工作的危险性所带来的死亡概率的增加。比如，工地施工的工人的死亡率比办公室的文员高得多，从事这些危险职业的人通常要求工地为这些假定的风险进行补偿。如果他们选择更危险的工作，则表明为了得到更高的收入，他们愿意面对更高的死亡概率。这种工资风险方法是基于个人对增加（减少）健康风险价值的偏好与增加（减少）的收入之间的权衡。工资风险法的优势在于它基于消费者涉及健康与金钱的实际选择，而不是基于假设的情景和偏好。然而，这种估计方法基于非常具体或特殊的情况和工作，导致估计值的变数太大，并且使用观测数据会导致一个问题：不能区分除了工资与健康风险的关系之外的其他因素。此外，因为对劳动力市场的干预存在许多不完善之处，个人对职业风险的感知具有局限性，有可能观察到的风险—收入的关系不能体现出一种偏好或者一种理性的选择。

另外也可以采用调查法、焦点小组法或模拟法等定性分析方法来估计人们愿意为项目收益付出多少。也就是说，可以以支付意愿来定价并进行估算转化为货币单位。研究者向受访者提供有关被估价方案或问题的假设情景，以此来获取受访者所述偏好。受访者必须思考一个项目发生的可能性和带来的好处（例如，修建高铁节约了时间），并透露他们愿意为这样一个项目支付的最高金额。又比如，交通事故中驾驶轻型轿车的人比驾驶重型轿车的人的死亡率要高，但是人们为了省钱，还是愿意购买轻型轿车。如果人们选择买重型轿车，可以通过观察人们为了减少死亡概率而愿意额外支付的钱数来估算生命的价值。

（3）市场失灵时公共项目的成本估算。

在衡量成本时，我们还应该考虑不同于市场成本的机会成本。一般情况下，如果项目对价格的影响可以忽略不计的话，市场价格可以用来计算成本。比如，我们想要衡量每小时的劳动力价值。劳动工作一小时，除了得到的这份工作的工资（时薪）以外，我们还要考虑无形成本或机会成本。对于有工作且有能力的人来说，如果他放弃现有的工作，他能在劳动力市场上轻松找到另一份工作且获得工资。劳动力机会成本也就是他为了继续做现在的工作，而放弃了的另一份工作机会所可能带来的工资。这时候成本就可以用工资来衡量。

机会成本可能会因失业率的变化而不同。如果此时失业率很高，对于已有工作的人来说，如果放弃现有的工作，他可能会因为能力有限很而难找到另一份工作，这说明维持现有的工作劳动的机会成本较低，而且是低于市场成本的。再者，如果此时有一个公共项目的实施影响很大，能产生大量的就业机会，可能会影响到劳动力市场成本。对于一个非自愿失业的人来说，因为公共项目的实施他找到了工作，同时其他生产部门又没有产出的损失，因此雇用的工人边际社会成本低于工资。同样的，在资本市场上，如果项目过大，那么占用的资金也会很多，这种情况下，企业不能以市场利率来筹集资本，而要考虑因使用资本的一个用途所放弃的另一个用途的成本，它可能大大超过市场利率。这反映了项目对资金的挤占，这会导致另一些企业愿意按照市场利率借款，但又借不到。市场失灵时，可以用社会边际成本来计算劳动力成本和资金成本。

总的来说，在一般情况下，我们是用市场价格来计算成本和收益的。但如果公共项目的实施影响到产品的市场价格，在劳动力市场和资本市场，或者市场失灵的时候，就需要以消费者剩余来计算项目的收益，以社会边际成本来计算劳动力成本和资金成本。

·成本收益分析常见问题

（1）间接收益问题。

我们有时会把间接收益也计入项目收益，这样可能会导致所有项目都是可行的。比如政府修建一条高铁，其直接收益是减少了个人和企业的交通成本，与此同时，由于旅游人数增长，当地餐馆、旅馆、商店的利润也可能增加，这又会使当地食品行业的利润上升。如果把这些间接收益全部加在收益一方，项目的现值实际上都会是正数。然而，这种方法忽略了下列事实，即一个项目既有间接利润，也有间接损失。例如，一条高铁建成以后，当地的旅游人数增长，而其他地方的旅游人数会下降，其他地方的餐馆、旅馆等的收益会下降。

总之，类似这种连锁反应会产生一个间接收益问题，即它把那些仅仅是收益转移的内容也当作了收益进行加总。按照一致性要求，如果要计算间接收益的话，间接损失也要计算在内。

（2）劳动力就业问题。

一个典型例子，某些项目因其能“创造”就业机会，就应当实施。实际上，把工人的工资当作项目的收益，这是不对的，因为工资属于成本，不该算在收益一方。当然，像前面所说，如果工人处于非自愿失业状态，其社会成本确实低于工资。但是，即使在高失业地区，该项目所雇用的工人不可能都是失业者，或者说失业者不可能总是处于失业状态。

（3）收益的重复计算问题。

假定政府正在对一片目前不能耕种的土地进行灌溉，这会导致土地价值的增加和耕种这片土地所获得收入流的现值的增加。如果我们在计算收益时把两者都加进去，就会出现重复计算问题，因为我们要么出售土地获得土地价值，要么耕种这片土地取得收入流，两者只能选择一个。在竞争条件下，该土地的售价恰好等于耕作这片土地所获收入流的现值。由于不可能同时做这两件事，因此，两者不能都加。

总结一下，我们在做公共项目的成本—收益分析时，一般遵循以上几个步骤，同时，在计算的时候我们也要注意间接收益、就业和重复计算问题等。

第三节 成本—效果分析

3.1 成本—效果分析

由于成本—效益分析要求将全部收益转化为货币，然而，在很多情况下，项目收益的货币化存在很大困难或者会产生争议，特别是对于社会项目，比如对经济困难高龄失能老人、重疾残疾人的长期护理补贴政策等，其效果就难以货币化，在这种情况下，可以选用成本—效果分析。成本—效果分析经常应用于社会服务和医疗、教育和公共安全等领域。

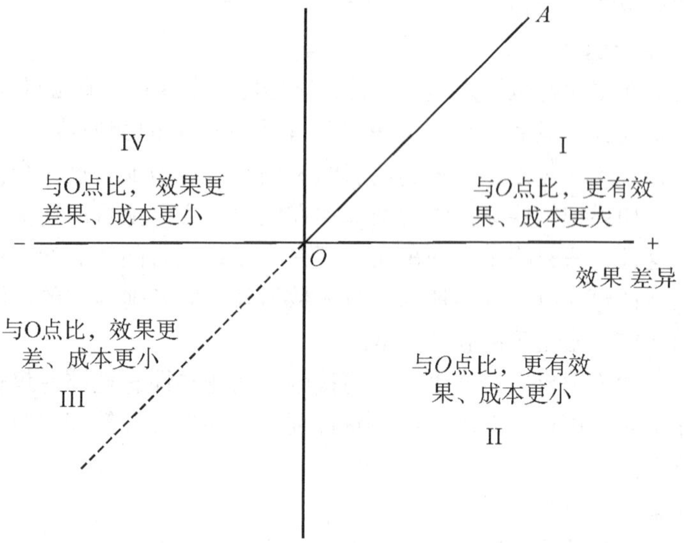

图 5.2　成本—效果平面图

来源：BLACK W. C.. The CE plane：a graphic representation of cost-effective-ness［J］. Medical decision making，1990，10（3）：212-214.

如果我们只是分析为了达到同一个目标或效果，两个项目哪个花的成本更低，这个分析就相对简单。但是如果我们有多种备选方案，不同的备选项目花费的成本可能不一样，达到的效果也不一样。如何判断哪个项目是最优的？

在图 5.2 中，点 *A* 代表我们想要实施的一个项目（或是一种政策干预），原点 *O* 代表备选方案。备选方案 *O* 也可以是现状（也就是"什么都不做"）。横轴表示项目 *A* 和备选方案 *O* 之间的效果的差异。纵轴表示两个项目成本的差异。如果 *A* 点位于第二象限或第四象限中，则在两个程序之间的选择是明确的：如果项目 *A* 在第二象限，代表项目 *A* 比备选方案 *O* 更加有效且成本更低，所以 *A* 是绝对优于 *O* 的；在第四象限，情况正好相反，*A* 比 *O* 成本更多且效果更差，所以 *A* 是绝对劣于 *O* 的。但是在第一象限中，相对于 *O* 来说，*A* 花费成本更多，但是也更有效果；在第三象限中，*A* 花费成本更少，同时效果也更差。这时，选择 *A* 还是 *O* 项目不是一目了然的，这取决于一个人愿意接受的成本和效果最大比值，也就是 *OA* 这条线的斜率。所以成本—效果分析法就是将货币化的项目的成本与某种特定的结果相结合。也就是说，我们一要计算出项目的全部成本，二要确定项目的效果数量，但效果不用转化为货币，然后效果数量除以总成本，就计算出效果的单位成本（*OA* 的斜率）。

有时由于项目的规模不同，比如项目初期投入很大，这时不仅要计算效果的平均单位成本，有时还要计算边际的成本—效果比率。这一比率代表了每新增一个单位结果需要花费的成本，可以用边际成本来比较和选择不同的备选项目，以判断哪个项目是最有效的。因此，成本—效果分析能够促进对目标相同的不同备选项目之间的比较，从而选择成本最低的项目。同时，它也能判断出在既定的预算约束下，哪种选择能够最大化目标结果。

但是在进行成本—效果分析时要注意：最有效的方式不一定是最省钱的方式，在考虑项目价值时，结果的质量与数量、成本都非常重要。出于上述原因，成本—效果（成本—效益）分析应该与既定产出和结果质量的评价配合使用。

除了不用将收益货币化之外，成本—效果分析的主要步骤与成本—效益分析是相同的，这里就不过多讲述。现在，我们来看一下成本—效果和成本—收益分析法有什么区别，具体来说，主要有下面几点：

（1）评价的目的不一样。

成本—效益分析将备选项目的成本和收益货币化之后进行比较，可以用于不同项目类型之间的比较，通过比较净现值来选择更好的项目。比如，成本—效益分析可以帮助国家或基金会主席决定是把钱投入到教育与还是医疗卫生领域。而成本—效果分析却并不能提供足够的、关于这种特定社会偏好的信息，因此评价目的不是要对比不同项目并得出哪个项目更好的结论。

成本—效果分析确定了期望实现的特定结果，目的是分析为了达成同一个结果，哪种方式更有效，它关注的是如何最有效地利用资源以达到既定的结果（或如何在目前的支出水平下提高项目的效果）。通常政府、基金会、国际发展机构和非政府组织等的决策者心中有一个目标（比如教育部想提高入学率），要实现这一政策目标存在各种选择或者备选项目。决策者不仅关心自己实施项目的预算成本，还关心可能涉及的项目受益人可能付出的代价，因为决策者们希望项目受益人的福利最大化。

（2）评价的对象不一样。

从评价的对象来看，成本—效益分析最适用于高概率技术的物理项目，如建设高速公路、桥梁、大型娱乐区或发电厂，因为这些项目产生的收益是容易测量和货币化的。

成本—效果分析适用于低概率技术的社会项目，比如长期护理补贴政策导致受益人群生活状况的改善、生活自理能力的提升，这些收益就很难测量和货币化。

（3）关注的效率不一样。

成本—效益分析关注的是资源配置效率，因为它被用来决定哪个项目是值得去实施的，公共资源应该配置在哪个项目上，关注的是机会成本。

成本—效果分析关注的是技术效率的问题，即项目的目标是给定的，决定“达到该目标的最优方式是什么”，关注的是经济成本。

3.2 案例分析

我们用一个真实的研究作为成本—效果分析的案例。许多研究表明运动对健康有好处，但大多数美国人没有达到足够的运动水平。此外，如果国民不运动，经济负担将会很大。1994 年有一项研究表明，如果 10%的成年人在平时进行常规步行，全国冠状动脉疾病的治疗费用会减少 56 亿美元。1987 年的另一个研究发现，因不运动引起的相关的医疗费用可能高达 766 亿美元（以 2000 年的美元为基数）。

尽管运动能减少慢性病的发病率和死亡率，并且减少医疗成本，但在过去的十年里，18 岁及以上的成年人不运动的比例仍然有 30%左右，只有 25%的人运动强度和水平达到了标准。

研究者们讨论是否可以通过增设环境设施来促进人们积极地运动，或者是对人们的生活方式进行干预，例如，跑道、自行车道、人行道的增设可能会改变人们的生活方式，鼓励人们进行步行、跑步和骑自行车等活动。但现阶段，对于增设设施的成本—效果分析还不多。这里我们将用本案例进行成本—效果分析。

·步骤 1 细化备选项目

是否应该增设跑道？因为是基于已经建成的四条跑道来分析，所以这个问题应该是一个事后分析项目。我们可以比较增设跑道和维持原状两种选择的成本和效果。事实上，这里的一个备选项目是维持原状，也就是“什么都不做”，因此也是一个零成本项目。因为如果与“什么都不做”相比，这项干预措施在成本—效果上不具优势，那么与其他没有绝对成本—效果优势的方案相比，这项干预措施也不会更有优势。换句话说，这项干预措施与“什么都不做”进行的比较，为达到成本效果分析提供了必要但不充分的条件。

·步骤 2 明确成本和收益的主体（身份）

该研究不仅包括原来就有运动习惯的人，也包括了原本没有运动习惯的人。对于前者，效果为：在增设跑道以后他们的运动量是否增大。对于后者，效果为：新增的跑道能否促使他们去运动。之前对人们运动的成本—效果研究主要针对特定人群，只聚焦于原本没有运动习惯的人，研究鼓励人们运动的项目推广会使多少人的健康状态变化，或者寿命延长多久。例如，有一项英国的研究，针对 45~74 岁没有运动习惯的人群进行 10 周的项目干预，研究结果表明让一个人改变久坐的习惯大约需要花费 650 英镑。此案例无法从这个方面和前人的研究作对比，因为此案例的收益主体包括了原来就有运动习惯的人。

同时，决策者和社区组织者也需要知道增设跑道的成本和效果，以便于他们做决策来提高人们的健康水平。此研究没有考虑到居民们使用跑道的成本，例如，对于原来就有运动习惯的人来说，新增设的跑道离他家很远，原来他在离家近的地方跑步，现在需要花时间和路费（成本）到新地方来跑步。

·步骤 3 将成本和效果分类并选择测量指标（单元）

每年的总成本包括建设和维护费用。我们将四条跑道的年总成本加总，记为开发成本。土地价值未单独列出，如果有的话，应包含在建造成本里。

效果即跑道使用情况的变化。普查报告提供了四条跑道上一天（1998 年 7 月 12 日）的用户使用情况：上午 7 点到晚上 9 点，志愿者们统计在这些跑道上骑自行车的、跑步的、步行的和进行其他运动（如滑板、轮椅等）的人数。记录显示共有 3 986 名用户使用了跑道，这些用户就成为研究对象和样本。因为这个样本仅限于 1998 年 7 月 12 日（周日）当天，为了使得研究更可信，我们用密苏里州跑道项目的用户量作为参考。

·步骤 4 在项目实行过中对各种影响进行量化

成本数据来自 1998 年林肯休闲道路普查报告和内布拉斯加市国家公园部门，据其我们可以得知内布拉斯加市建造和维护四条自行车道/步行车道的成本。

我们确定了三种与运动相关的结果。1998 年 7 月 7 日到 12 日，378 名跑道使用者参与了问卷调查。问卷问题包括年龄、性别、在跑道上进行运动的类别、运动的理由/目的，以及“一周内是否运动超过三次”、每周使用跑道的次数和时长、“有了跑道，是否比以前加大了活动次数”“自从使用了这些跑道，你是否更加积极运动”。研究者选取了其中三个用来衡量“跑道使用人数”的结果。

（1）结果一。问题 1：有了这些跑道以后，你是否因为有了这些跑道而比以前活动量更大？用回答“是”的人数除以调查总人数 378，得到活动量加大的人数的百分比。这个百分比乘以普查报告中的使用者总数，可以得到活动量加大的总人数，也就是增设跑道的结果。

（2）结果二。问题 2：你进行运动的目的是什么？用回答“为了保持健康”的人数除以调查总人数 378 得到百分比，再乘以普查报告中的跑道使用者总数，得到为了保持健康而运动的总人数。

（3）结果三。问题 2：你进行运动的目的是什么？回答“为了减肥”的人数除以调查总人数 378 得到百分比，再乘以普查报告中的跑道使用者总数，得到为了减肥而运动的总人数。选择减肥这个切入点，是因为在美国超重和肥胖的问题比较普遍，而肥胖和运动量有关系。

·步骤 5 货币化

将建造成本和维护成本用货币记录，如下表 5.3 所示。

表 5.3　建造成本和维护成本

跑道	建造年份	跑道长度/英里	使用者人数	建造成本/美元		每年维护成本/美元
				总成本	每年均摊成本	
双桥混凝土	1995	4.6	1 638	2 850 017	95 001	29 477
石灰岩碎屑	1997	4.5	232	104 020	3 467	16 864
三桥混凝土	1996	4.1	1 878	1 896 922	63 231	13 316
混凝土	1989	3.1	238	1 449 612	48 320	19 359
总计			3 986	6 300 571	210 019	79 016

·步骤 6 将成本折现后计算出净现值（NPV）

我们假设这些跑道可以平均使用 30 年并将建造成本（一次性投入）平均分配到这 30 年中。因为这些跑道是在不同的年份建造的，所以这些跑道的建造成本要统一换算折现成 2003 年的成本。表中的成本都是折算成 2003 年美元为基数。

·步骤 7 计算每种各选项目的成本—效果比值

本研究是一项成本—效果分析，无需计算项目的净社会福利，但是我们可以得到“为了达到一单位效果而需要的成本”。本案例中特指“想要促使一人在使用了跑道以后运动量增大所需要的成本”“想要促使一人为了健康而去使用跑道运动所需的成本”和“想要促使一人为了减肥而去使用跑道运动所需的成本”。我们用总成本除以人数得到比值，即效果的单位成本或是成本—效果比值。比值越小，说明项目越有效，因为为了达到一定的目标（促使一个人运动量加大）所需的成本较小（表 5.4）。

表 5.4　成本效果统计

跑道开发成本/美元·每年	效果
建造成本	210 019
维护成本	79 016
总成本	289 035
和运动相关的结果/人数	
运动量增大人数	2 950
为了健康而运动的人数	2 037
为了减肥而运动的人数	327
成本效果比值/美元·每人	
运动量增大人均成本	98
为了健康而运动的人均成本	142
为了减肥而运动的人均成本	884

·步骤 8 进行灵敏度分析

我们选择两个对成本—效果分析结果影响比较大的因素进行灵敏度分析：跑道用户的数量和跑道的使用年限。因为普查报告里用户数仅限于来自某一天的用户数，实际的跑道用户数量可能受季节性或其他影响而变化。如果用户数增加，增设跑道会更有效果，也就是成本—效果比值更小；反之，增设跑道的效果不佳。我们通过减少（最坏情况）或增加（最佳情况）50%的用户数（人口普查报告中列出的用户数）来做灵敏度分析。

跑道的使用年限也不确定。因为建筑成本是一项巨大的投资，占跑道总成本的 73%，所以，把建筑成本分摊到跑道的使用年限的方式不同会得出不同的项目评估结论。我们相信一般跑道可以使用至少 10 年，但小于 50 年。所以我们把跑道使用年限从 30 年改为 10 年（最坏情况）至 50 年（最佳情况）的任何年限来进行灵敏度分析（表 5.5）。

表 5.5　灵敏度分析

人均成本	最佳情况		最坏情况	
	用户数+50%/美元	使用 50 年/美元	用户数-50%/美元	使用 10 年/美元
运动量加大	65	73	196	253

表5.5(续)

人均成本	最佳情况		最坏情况	
	用户数+50% /美元	使用 50 年 /美元	用户数-50% /美元	使用 10 年 /美元
为了保持健康	95	106	284	366
为了减肥	590	661	1 773	2 287

·步骤 9 基于净现值（NPV）和敏感性分析给出建议

在这项研究中，建筑成本是实施跑道项目成本的重要部分（占 73%）。在这四条跑道中，建筑成本相差较大是由地表类型和桥梁数量引起的，而每年的维修费用变化不大。建筑成本的差异表明，不管是高收入还是低收入社区，修建跑道在财务上是可行的。低收入社区可以根据预算选择合适的地表类型和桥梁数量。每条跑道上的用户数差别也很大，这是因为跑道的位置和质量会影响用户数。建造跑道总成本和带来的用户是确定成本—效果分析的关键，用于决定是否应该建造跑道。

从跑道使用情况来看，用户调查显示，在所有的跑道使用者中，97%是步行者、骑自行车者和慢跑者。所以如果政府（决策者）的目的是希望促进人们能进行这些类型的活动，特别是美国人民最常见的花时间最多的休闲方式——步行，那么增设跑道项目的效果会很好。此外，如果增设跑道，大多数用户每周至少会进行 3 次体育锻炼。并且，平均用户使用跑道次数（4.3 次/周）和在跑道上花费的平均时间（69 分钟/次）意味着如果增设跑道，能使更多的人达到美国建议的体力活动水平标准（例如，每周步行 5 次或者骑自行车每次至少 30 分钟）。如果政府的目的是希望用跑道的人能达到标准运动量，那么增设跑道也是可行的。考虑到增设跑道的成本，如果希望人们通过跑道增加运动量而减肥，那么成本—效果比值较大，意味着增设跑道的效率不高。如果仅仅希望人们通过使用跑道而增加运动量，那么增设跑道的效率会相对较高。

但是，此案例研究也有几个局限性。首先，这里的跑道成本的计算仅仅基于当地的四条跑道，可能不具有代表性，因为建造和维护跑道的成本在各社区之间的差异很大。尽管如此，本研究至少可以对当地社区制定政策有帮助。类似的，跑道用户的数量也是基于这四条跑道，可能也不具有普遍性，并且用户数量和跑道的密度可能会因在不同的地区和处于不同的季节而有很大差异。成本—效果比率可能具有样本局限性，但是对用户数量进行敏感性分析，在一定程度上解决了这个问题。其次，在访问中，列出的运动目的是相互排斥的，这种设计可能导致对成本的低估，因为用户的目的可能不止一个。最后，一些成本没有被计算进去，如跑道用户的时间成本，这可能会高估增设跑道的成本—效果比率。

本研究用基本的成本—效果分析法研究了增设跑道的成本，估算了用户的数量和类型，并确定了一些与运动相关的结果/类型，通过敏感度分析帮助决策者做出决定。尽管有局限性，本案例的成本—效果分析所提供的信息，对建立有利于运动的环境氛围、旨在提高大众健康的项目实施和政策干预有着重要的政策建议意义。经济评价研究中，构建综合数据系统是获取可信政策信息的关键。在这方面，将经济研究结果转化为政策制定和方案实施建议有助于提高公共卫生的成本收益率。

3.3 经济评价的优势和局限

经济评价基于的是对不同项目的成本和收益进行精确比较。通过成本—效益、成本—效果和成本—效用三种经济评价方法分析得出的结论能够帮助决策者做出合理的项目选择或者是政策选择。诸如医疗等领域中的许多证据证明经济评价是项目、政策和技术评价中的重要组成部分。不断增长的成本和需求及日益稀缺的资源都要求进行经济分析，从而更好地使用新增的和现有的资金。

任何一种分析都有它的局限性，经济评价也不例外。

第一，经济评价的内在精确性取决于数据的质量及假设的准确性。经济分析家更善于分析高概率项目，即投入资源就能够获得物质回报的项目，如防洪、高速公路建设、天然气输送等。如果能预测投入一定资源的情况下的项目收益，就能进行事前分析，向决策者提供关于项目能否带来正的净现值的信息。事前分析应该在项目绩效管理周期的初期进行，有助于将战略目标落实为精心设计的、可实施的项目。如果是关键成本和结果都难以量化或货币化的项目，其成本收益率的效度将减弱。对于项目技术是低概率的社会项目，其更难在项目实施前被预测出结果，也就降低了事前经济分析的价值。因此，经济分析方法正确与否，取决于能否预测出各种备选项目的实际结果。

第二，经济分析中的一些假设也经常遭到质疑。

经济分析的方法要求分析者和利益相关者认同经济评价的假定。成本—效果分析聚焦于投入与结果的比较，因此分析者必须解决以下问题：成本和收益包括哪些方面？如何测量？如何选择贴现率？如何对备选项目进行排序？在某些情况下，对关键变量的处理会影响到整个经济评价，一旦出现偏差，结果就不可靠了。在成本—收益分析中，对贴现率的处理就是其中的一个问题。而且很多文献也表明，尽管经济分析方法被广泛使用，但许多分析都存在缺陷，研究使用的方法存在一些问题。这些质疑了经济评价结果的效度，同时也要求进行更为严格的分析质量控制。

以上表明：进行经济分析是一项颇具挑战性的工作。恰当地使用经济分析将有助于政策制定和项目决策。与其他分析方法一样，即使它们能够被用得很好，也会因为做出不切实际的假设而发生扭曲，因而，是否选用经济分析需要合理的专业化判断。

总之，经济评价对希望获得准确信息的决策者具有巨大的吸引力。一直以来，项目评价肩负的“使命”之一是向决策者提供信息，以支持其做资源分配的决策。经济评价，尤其是对不同项目进行精确比较的经济评价，能帮助决策者做出合理的政策选择。

总结

经济评价的关键是将项目、潜在项目或备选项目的成本与结果（或收益）清晰地联系起来。根据结果的性质和不同的度量方法，我们可以将经济评价分为三种类型：成本—效益分析，成本—效果分析和成本—效用分析。

成本效益分析：将成本支出和效益用货币来衡量，当有很多备选项目可供选择时，可以计算出每个备选项目的效益和投入成本的净现值，选出净现值最高的即最好的项目。

当关键收益的货币化存在困难或争议时，分析者可以选用成本—效果分析或成本—效用分析。成本效果分析聚焦于一项结果中的主要收益，也就是如何最好地达这一特定目标结果。当项目的结果是多元化的，则可以将几项结果合并为一个测量单元，用成本—效用分析来进行评价。成本—效用分析被广泛用于医疗卫生领域。寿命和死亡率是我们衡量人们健康水平的重要指标。

成本—效益分析将备选项目的成本和收益货币化之后进行比较，可以用于不同项目类型进行比较，而成本—效果分析是确定了期望实现的特定结果后，再来分析哪种方式更有效。成本—效益分析关注的是资源配置效率，而成本—效果分析关注的是技术效率的问题。

经济评价也有它的局限性，比如，内在精确性取决于数据的质量及假设的准确性，另外，经济分析中的一些假设也经常遭到质疑。

基本概念

成本效果分析　成本效用分析　成本效益分析　贴现率　净现值　敏感性分析

课后习题

1. 成本—效果分析（CEA）、成本—效用分析（CUA）和成本—效益分析（CBA）有何本质不同？请各举一例。

2. 什么是机会成本？与会计成本有何不同？

3. 同样的收益（如 100 元），为什么在未来产生就不如在现在产生的值钱？

4. 同样的成本，为什么发生在未来就比发生在现在的便宜？

5. 如果想研究一项戒烟运动对人们身体健康的影响，如何衡量身体健康？请设计一个研究实例，说明如何衡量身体健康，并指出是适合用哪种分析方法，是用成本—效益法，还是成本—效果法，还是成本—效用法？

第六章
归因分析

以往，很多政府评价公共项目是对其过程进行评价，即过程评价，它关注项目运行的过程情况如何，没有对项目结果的“影响”进行数量分析。对公共项目所产生的结果、成果或影响进行评价称为影响评价，属于传统的绩效评价，而且是一种最为严谨的绩效评价。影响评价尝试找出已经发生的变化及其原因，就是说，该评价将分析记录中的哪些变化是由于项目（干预活动）本身产生的，以及哪些变化是由其他因素导致的，目的是为了对记录中的变化进行归因分析。显然，这是一种难度较高的评价。

在西方国家，随着结果导向管理方式的推进，越来越多的人寻求论证项目产生的因果影响，从而对影响评价产生了更大的需求。目前，国际上已有许多机构正致力于开展影响评价工作及相关研究，如世界银行影响评价信托基金（The World Bank Strategic Impact Evaluation Fund，SIEF）、国际粮食政策研究所（International Food Policy Research Institute，IFPRI）、影响评估国际动议组织（International Initiative for Impact Evaluation，3IE）等。同时，不断有新的机构加入这一行列中来。例如，隶属美国麻省理工学院（MIT）经济系的 Abdul Latif Jameel 贫困行动实验室已成为国际减贫影响评价领域的领头羊之一。美国政府大力支持相关研究，奥巴马政府自 2011 年始每年拨款 1 亿美元支持政府机构开展影响评价，而我国当前未大规模开展影响评价工作及相关研究。目前唯一形成规模的项目是由中科院中国农村政策中心与斯坦福大学 Freeman Spogli 国际研究所合办的农村教育行动工程（REAPChina）。

这一章介绍有效性评价中的归因分析。有效性评价的本质是评价新投入一个公共项目或者维持现有公共项目的运行是否达到预期结果。进行有效性评价需要通过归因分析，也就是说要分析观察到的结果是否由项目导致。归因分析涉及的是因果相关性的问题，所以应该关注如何检验项目中预期的因果关系。本章主要讨论如何验证因果关系及一些常用方法。

第一节　因果关系检验

项目运行会有一系列的因果关系，如果要检验这些关系，就要将这些关系逐一分离，同时要控制逻辑模型中其他因果关系的影响，然后才能判定一个特定的因果关系是否能够得到证据的支撑。在逐一检验每个关系时，要控制其他因素不变是非常困难的。几乎在所有的项目评价中，我们都没有时间和资源来做这些事情。这样的话，在考虑实验设计的时候，我们趋向于关注主要的因果关系，也就是整个项目和结果之间的因果关系。

那么，如何推断项目和结果之间的因果关系呢？要推断政府项目 w 引起了社会结果 Y，三个条件必须成立：

条件 1：项目 w 必须先于结果 Y 发生，也可以称为时间不对等条件。这个条件是合情合理的，因为只有原因先于结果，才可能有因果关系。

条件 2：项目和结果必须是相关的（correlation），也可以称作共变条件。如果两个事件一起变化，它们就是相关的。当 w 和 Y 同向变化，我们说相关性是正的；当 w 和 Y 反向变化时，相关性则是负的；如果 w 变化而 Y 不变，那么，w 不可能是 Y 的起因。

条件 3：不是假相关①（spurious relationship），或者说该相关性不能被其他变量所解释。也就是说对于观察到的相关性，任何其他可能的解释，必须予以排除（elimination of spuriousness）。该条件要求，必须把可能影响结果的其他因素全部剔除，才能得到净的影响。

时间不对等条件是必要条件。如果不能确定时间顺序，则不能确定因果关系。比如教育程度和贫困的关系，有时很难断定是收入低而影响了接受教育的机会，还是因为教育程度低而导致收入低。即使能够确定时间顺序，先后发生的两件事情，可能并不存在因果关系，比如某人经过某种治疗病情好转，看似合理，但可能病情好转并不是因为这种治疗引起的。因此，时间不对等条件不是因果关系的充分条件。共变条件也是一个必要非充分条件，例如，某地区的婴儿腹泻发病率与该地区的柏油马路路面粘滞度具有高度相关性，这是否就能得出因果关系的结论呢？其实事实很可能是这种相关性是因为其他因素引起的，比如气温，因为腹泻率和路面粘滞度都可能和气温有关。这也就涉及第三个条件，我们需要排除假相关，通常难度较大。

以这个问题为例：如果观察到一些工人在参加了某职业培训（项目 w）后工资（结果 Y）增加了，能否从这个观察推断出就业培训提高了工资这一结论？只有当项目 w（职业培训）之外的其他因素对结果 Y（工资）的影响被考虑并去除后，工资还是增加的，我们才能说工人们因为受到了职业培训，才使得他们的工资增加。所以，在进行分析的时候，需要排除其他因素的影响。例如，这些工人在参加职业培训时，是否同时在参加其他的培训？另外，该地区未参与培训的工人工资是否也（由于地区经济发展）增加了？该工人工资提高可能是由于这些因素，而非受评项目带来的，同时还存在自我选择偏误的问题，我们后面会讲到。

1.1　潜在结果、反事实和因果推断

上述问题中，如果需研究职业培训项目是否会使参与者的工资增加，应该怎么办？

---

①　假相关，或者称为虚假关系，指两变量之间巧合性的统计相关，其实是由第三个变量引起的。

为方便讨论，定义 w_i 为一个虚拟变量，以表征某潜在受益个体 i 对受评项目 w（如职业培训）的参与情况：

$w_i = 0$ 表示个体 i 未参加培训。$w_i = 1$ 表示个体 i 参加了培训。

同时，用变量 Y 来指代某种可被项目 w 潜在影响的结果或状态（如工资）。对于任何个体 i 而言，Y_i 在理论上存在两种潜在的取值，分别对应两种不同的项目参与状态：

$Y_i(0) = [Y_i \mid w_i = 0]$：某个体 i 未参加培训 Y_i 的取值。

$Y_i(1) = [Y_i \mid w_i = 1]$：上述同一个体 i 参加培训后 Y_i 的取值。

值得强调的是，$Y_i(0)$ 和 $Y_i(1)$ 指的是同一个体 i 在同一时点上不同状态下的潜在结果（potential outcome）。回到开始的问题，其实我们想比较的也就是 $Y_i(0)$ 和 $Y_i(1)$ 的区别，即 $\Delta_i = Y_i(1) - Y_i(0)$，这个工资差就是由这个个体 i 参加了培训造成的，Δ_i 也就代表了对个体 i 来说，职业培训项目对工资产生的影响。

为了剔除其他因素，最好的“办法”是来一次“时间旅行”。首先，让工人 i 参加培训三个月并测算他随后的工资。然后，“时光倒流”回到培训开始前，让上述工人 i 不去参加培训，三个月以后再测算他的工资。这种情况下，参加培训和未参加培训的都是同一个人 i；不同的只是前者参加了职业培训项目，后者在另一时间轴上没有参加培训。因此，相对于未参加培训的工人工资而言，参加培训的工人工资的增加就是参加培训引起的。

当然，时光倒流是不可能的，同样一个人不可能在同一时点处于两种不同的状态：对于项目参与者而言，只有其 $Y_i(1)$ 而非 $Y_i(0)$ 可以被观测；而对于未参与项目者而言，只有其 $Y_i(0)$ 而非 $Y_i(1)$ 可以被观测。由于项目影响是 $\Delta_i = Y_i(1) - Y_i(0)$，只能观察到 $Y_i(0)$ 和 $Y_i(1)$ 其中之一，这个评价难题引出了反事实结果（counterfactual）这一重要概念。对项目参与者 i 而言，Y 可被观测，是其事实结果 $Y_i(1)$；$Y_i(0)$ 则为其反事实结果，不能被直接观测到，也即“同一时点上，项目参与者在没有参与项目的状态下，被观察到的结果”。那么可以寻找或构造另一组与项目参与者各方面统计特征都类似的人不参加培训，并且观察他们的工资，以此来估计和代替 $Y_i(0)$。所以，对项目影响的估算实际上是通过估算反事实来实现的。

1.2 选择偏误（selection bias）

上述职业培训与工资的因果关系分析，有一个很重要的前提，即随机分派工人参加培训。如果人们不是被随机分派去参加培训的，可能会产生“自我选择”偏差。比如，从现实环境中自然观察到一部分人参加了培训，另一部分人没有参加。因为是自然观察到的，可能不存在被分派去参加的过程，所以很难保证参加培训与否是随机的。同时我们观察到参加培训比未参加培训的人工资要高。那么，工资高是否是由培训引起的呢？一种可能的解释是，参加培训的工人比未参加者的工人的“士气”更高。士气较高（因素 Z）促使工人自主地选择去参加培训，而且一旦得到工作会更加努力。换句话说，这些参与者即使没有参加培训，由于“士气”高，他们也有可能获得较高的工资，这就叫“自我选择”偏差。这意味着不能断言说培训是获得较高工资的唯一原因。工资较高可能是因为培训，也可能是因为工人内在的“士气”，或者两者兼而有之。如果参加培训与否是随机的，不受个人主观能动性的影响，也就消除了“自我选择”偏差。如何保证参加培训与否是随机的呢？我们可以进行随机控制实验研究，也就是招募一群工人来进行实验，随机将其中一部分人分派去参加培训，而剩下的人则不参加培训，而后观察比较他们的工资。

由于实验（随机）研究能消除选择偏误，实验研究被认为是检验项目因果关系的黄金标准。实验研究起源于对分离假设因果关系重点关注的学科，常用于医学等自然科学。比如，为了检验某种药品的效力，研究人员把人们随机分成两组，对一组人实施药物治疗，而对另一组人实施一种安慰剂，而非此药物治疗。观察到的医疗结果的差异就是这种药的作用，而不是其他特征差异所致。

本章我们主要分析介绍国际上常用的评价公共项目的四种方法：实验分析法即随机控制实验，准实验分析法中的回归断点设计，双重差分法，倾向性分值匹配法。这里的实验和准实验分析法都要基于一个假设：项目影响足够小且不会明显改变外生变量。假如在一项研究中，其项目会影响整个部门，而此部门会潜在影响整个国民经济，那这个项目的影响太大，以至于影响整个经济的一般均衡，这就不符合使用实验研究的假设。再比如，设立全民健康保险会对整个健康服务部门产生影响。这些情况下，实验和准实验的方法都不适用。

第二节　实验分析

实验设计起源于农业研究，重点关注分离假设的因果关系。在一战后，美国和加拿大的农业生产正在不断扩大并实现机械化。人们非常关注如何提高庄稼产量，其中一个重要的因素就是种子类型。因此人们希望通过研究得出种子类型与庄稼产量的关系。研究者们通过设计实验排除其他因素，用以保证不同类型的种子是解释每英亩产量的唯一因素。简单的实验设计可以只包含两类实验田实验：种植用作实验的种子和种植普通种子。实验中需要有足够的实验田，以使研究者能够计算观察到的产量之间的差别，并且运用统计方法验证是否新的种子能够提高产量。

如何排除其他因素？一般来说，研究中要使用相同大小的实验田；同时，每一个实验田的土壤的类型必须是一样的，并且这些土壤能够被推广应用到实际的农场；每一块实验田中种子的数量、深度，以及覆盖种子和播种的过程完全一样。另外，每块实验田所使用的化肥也必须一样；如果需要了解不同种类的化肥和种子类型的交互作用对产量的影响，也可以通过改变化肥的种类来进行实验。再者，还需考虑到雨量，在生长期，因为所有实验田都是在一个地区，我们可以认为所有实验田都享有相同的雨量。

其后，这个农业实验设计及其他类似的实验被推广到更加广泛的领域中，这种研究常用于自然科学，比如医学。到了 20 世纪 60 年代，许多评价者认为，好的项目评价应该效仿实验分析模式，也就是，应该尽量采用随机分组实验。理想的归因分析应该是将群体随机分配到两组，对一组人实施项目，而对另一组人什么都不做，在经过一段设定的项目实施以后，对两个组进行量化比较，通过对比两组间的关键变量的差异，以及这个差异是否达到统计显著水平，来判定项目的有效性。如果实验“有效”，那么受测者们结果的区别就可以被归结为是项目实验的作用，我们可以说项目导致了结果的不同。

2.1 处理效应

实验分析法中，对项目影响的估算实际上是通过建立反事实条件来实现的。上述职业培训的例子中，值得注意的是，我们提到了某个项目参与者 i ，并且需要通过事实结果和反事实结果来估算项目的影响 $\Delta_i = Y_i(1) - Y_i(0)$ 。事实上，决策者们需要根据项目影响做决定是否要推广职业培训这个公共项目，所以我们只研究一个个体是不够的。我们想要得到的是培训对工人这个群体的工资的影响，并不是仅仅对某个人的影响。

所以一般来说对项目影响的评价都集中于估算项目对某个群体的某种平均影响上。那么对一个群体来说，这里涉及两个概念，即“工人们”和“样本”。“工人们”代表的是群体里的所有人（population），也就是我们实际上是想研究培训对于全部工人的影响，但是我们不可能把所有的人都找过来做实验研究或者观察他们的工资变化，所以就选取一些人作为样本（sample）来研究。

对一个研究样本，研究者通过随机分派让其中的一部分人参加培训，另一部分人不参加。参加该培训项目的工人称为实验组或处理组(treatment group)，因为他们参加了培训的这个实验，或者说接受了处理[①]或者干预。没有参加培训（没有接受处理）的工人称为对照组或控制组(control group)。也就是说，研究对象被随机地分成实验组或对照组。我们可以假设两个组在项目实施之前，在所有条件上都是相同的。随机分派后，对照组与实验组不是同一批人，但因为分派参加培训的过程随机，我们可以说对照组和实验组的人类似，两组人之间唯一的不同就是“是否参加培训”。那么我们就可以用观察到的对照组的工资去代替实验组的反事实结果，从而得到项目影响，或者称为处理效应。这样的方法也称为实验（随机）研究法(experimental or randomized study)，即通过寻找或构造一个与项目参与者在统计特征上很相似的对照组来估算反事实。

随机分配样本时，要保证样本数量足够大。如果研究的样本较小，对照组和实验组人员的一般特征可能有很大差异。而在样本量足够大的情况下，大数定律保证了样本的平均特征可以很好地反映总体的平均特征。直观地理解，两个组个体之间的随机差异在求平均的过程可以相互抵消。这也从另一个角度说明了为何影响评价往往只能针对一组群体（而非单个个体）进行。另外，可以通过一些方法来检验两

① 这里“接受处理（treatment）”可以理解为进入了实验组。比如职业培训的例子，随机分派一部分人参加培训，我们就说这部分人接受了培训这个实验，或者受到了实验处理或干预。我们可以将“职业培训”看作是一个实验过程；如果是由政府提供的职业培训，其可以被看成是一个公共项目的实施，或者是一个公共政策的推行。总结一下，实验在某些人之中进行，或者一个项目、一个政策在某些人群中推行，就可以说这部分人是实验组（或者称为处理组），也就是受到了处理或者干预。

组人的特征，比如收集工人未分组前的特征数据，如性别比例、教育年限、年龄等等，然后比较分组后的平均值，以确认两组间没有太大差异。随机分派后，不仅预期两组观测到的特征大体相同，而且还预期未观测到的特征（如士气）也大体相同。在两组样本具有相同特征的前提下，两组间的任何工资差异都可能是因参加培训所致。

前面我们还提到，项目影响或者处理效应是聚焦于估算项目对某个群体的某种平均影响。所谓“平均影响”，就是把每个人受到的项目的影响加总再求平均。假设，样本量为 N，也就是说我们选取了 N 个工人来进行实验，假设有一半的人接受了培训，而另一半人则没有受到培训。把 N 个人中，每个人的处理效应 $\Delta_i = Y_i(1) - Y_i(0)$ 加总再平均，就可以得到样本平均处理效应(sample average treatment effect，SATE)

$$\tau_s = \frac{1}{N}\sum_{i=1}^{N}[Y_i(1) - Y_i(0)]$$

那如果是针对所有人，同样的逻辑，我们可以将受到干预与否的差别期望值称为总体平均处理效应(population average treatment effect，PATE）也就是：

$$\tau_p = E[Y_i(1) - Y_i(0)]$$

其中，符号 $E[\ ]$ 代表“取期望值”或“求平均值”的数学操作。

但是，这里有一个问题，对于那没有参与培训的人而言，项目的影响不应该是0吗？估算项目影响时为何要包括没参加培训的人呢？

平均处理效应（ATE）所度量的是，如果全部人都参与了项目，那么平均而言，项目 w 会对他们的结果 Y 带来多大的影响。因此，ATE 在考虑把同类项目推广到其他类似地区时具有重要的参考价值。这里的 ATE 是直接从潜在结果 $Y_i(1)$ 和 $Y_i(0)$ 推导而来的待估参数，而非实际观测值。即便对未参与项目的人而言，每个人 i 也都存在 $Y_i(1)$ 和 $Y_i(0)$ 这两个潜在结果，因而只要 $Y_i(1)$ 和 $Y_i(0)$ 的取值存在差别，$\Delta_i = Y_i(1) - Y_i(0)$ 的均值就不一定为零。

另外，我们现在基于的是随机实验的假设，如果实验不是随机选人参加项目，而是允许工人自主选择是否参与项目，项目参与者的 Δ 均值与未参与项目者的 Δ 均值很可能不相等，因此，包含未参与项目者与不包含未参与项目者对 Δ 均值的估算可能是有差别的。处理组的平均处理效应就只考虑项目对参加者的结果 Y 所产生的影响。也就是说，只关注样本中处理组的人，把他们可观测到的事实结果和反事实结果之差，加总再平均，得到处理组样本平均处理效应(sample average treatment effect for the treated，SATT)，可以表达为：

$$\tau_{S.T} = \frac{1}{N_{T}}\sum_{i:\ w_i=1}[Y_i(1) - Y_i(0)]$$

其中 $N_T = \sum_{i=1}^{N} w_i$ 表示的是受到处理的总人数。

相应的，处理组总体平均处理效应(population average treatment effect for the treated，PATT)，也就是人群中所有处理组的人，他们的可观测到的事实结果和反事实结果之差的期望值，可以表达为：

$$\tau_{p,T} = E[Y_i(1) - Y_i(0) \mid w_i = 1]$$

2.2　实验研究的效度问题

一般来说，实验设计的效度问题包括：统计结论效度、内部效度和外部效度。统计结论效度关注的是项目与结果之间的相关性（因果关系条件 2）；内部效度关注的是排除对立假设（因果关系条件 3）；外部效度关心的是结果的推广性。统计结论效度“支撑”内部效度，两者共同支持外部效度。

（1）统计结论效度（statistical conclusions validity）。

项目和结果变量之间是否具有共变关系及共变强度是我们关注的重点，可以通过统计方法去计算和判断。统计结论效度用来表示自变量和因变量相互影响关系的存在和强度所需的统计要求被满足的程度。或者说，统计结论效度是指由统计方法适切性所引起的统计结论有效性的程度，它主要反映统计量与总体参数之间的关系。用不同的统计方法计算统计量，不同的统计量对于总体参数的代表程度是不同的，统计结论效度用来表示这种程度。共变是确定因果关系的一个必要条件。提高统计结论效度，应关注以下三个方面：

①保证抽样过程要足够严谨，保证样本对总体具有代表性，尽可能减少抽样误差。

②保证使用正确的统计方法及对结果进行正确地解释。这一过程要考虑统计方法是否正确，统计分析的结论是否正确，统计检力是否足够等问题。

③保证测量的信度很好，也就是用来收集数据的测量过程可信，这也是使用统计方法时的一个前提。低信度的测量会夸大估计值的标准误差。提高测量信度的方法是运用具有高相关项目的长期测验，或者采用较大分析单位。

（2）内部效度问题。

内部效度主要就是为了排除对立假设。如果实验结论并没有正确地反映实验本身，则称为内在无效度（internal invalidity）。在任何时候，只要实验以外的因素影响了因变量，就会影响实验的内部效度。很多学者概括了可能影响实验设计的内部效度的因素。

①历史事件（history）。在实验过程中发生了历史性事件，将实验结果弄得混淆不清。也就是说，外部事件和项目实施同时发生，无法推断到底是外部事件导致项目效果还是项目本身导致的，或各占多大作用。比如，美国一个州在 5 月份实施了一项反交通事故的项目，其目的是减少州内高速公路上由于酒后驾车导致的事故和伤亡。而同年 10 月份州政府通过了一项必须使用安全带的法案。因为使用安全带的法案也是为了降低事故和伤亡，所以我们几乎没办法确认究竟是项目导致事故发生率降低，还是新的法案导致事故发生率降低。

②成熟（maturation）：人无论是否参与实验，都在不断地成长和改变，此类变化将影响实验结果，从而无法推断该结果是个人自身成长导致的还是项目导致的。特别是在耗时很长的实验中，成熟因素将影响实验的效度。比如儿童行为矫正项目，其目的是矫正儿童不当的破坏行为，但是随着时间的推移，儿童逐渐长大，慢慢懂

事了，即便是没有这个项目，这些破坏行为也会自然消失。

③测试（testing）：是指前测和后测使用相同的内容，或者在实验中一测再测，会导致后测分数的提高，进而混淆了实验的结果。比如，我们用问卷来测量满意度，在做后测时，受试者由于熟悉了我们的关于满意度的测试内容，或猜测出我们的意图，在回答的时候更加深思熟虑，所以回答出了我们想要的答案。

④测试工具问题（instrumentation）：随着项目的实施，测量变量的定义或测试工具改变了，从而干扰了项目效果的测量。比如在犯罪控制项目中，警察局的记录系统实施了自动化：报告表格改变了，对不同犯罪的定义也有了更加清楚的界定，对数据库中被报告的犯罪案件有了更加详细的记录。这一系列对测量变量的定义和测试工具的改变，混淆了项目的结果。

⑤统计回归（statistical regression）：有时项目的实施是为了解决一些极端的情况，比如治安极度糟糕等，这些测量出的极端状况，可能是偶然的因素导致的，也可能是因为我们在测量极端状况时，测量误差较大。实施项目后，极端情况得到改善，回归平均值，这一效果可能部分是由项目引起，部分是自然回归（本来已经很糟糕了，已经不可能更糟了），或是由前测时的测量误差导致的。

⑥选择偏倚（selection biases）：实验组和对照组之间存在差异。不是随机分配，导致具有某种特征的人群更容易进入实验的情况。比如培训项目中，更有“雄心和能力”的群体，更容易进入项目，导致实验组和对照组存在差异，从而高估了项目的效果。

⑦退出率（experimental mortality）：参与者在项目进行的过程中“退出”。如果退出是随机的，那么会影响信度；如果是具有某些特征的群体退出，将会产生效度问题。

⑧因果时序（causal time-order）：是原因导致结果，还是结果推出原因是不清晰的。比如产量和士气可能是互为因果关系：产量的提高，士气会增长，而士气的增长，又会提高产量。

⑨实验处理扩散（diffusion of treatments）：实验组的人有时会与对照组的人交流自己的实验经验。由于这些受试者会彼此交流，一些技能会被非正式地转介，从而影响到实验的效度。

⑩补偿性均等待遇（compensatory equalization treatments）：为了避免受到享受不到利益的对照组的指责或者出于对他们的“同情”，研究者让对照组也得到项目干预，从而无法确定和测量项目效果，而影响到实验效度。比如在医疗项目中，医院员工会认为“对不起”对照组的病人，因而对他们在护理上格外照顾等。

⑪补偿性竞争（ compensatory rivalry）：控制组的成员可能通过更加努力的工作来进行补偿。比如在教育项目中，实验组使用可互动的新媒体进行教学，而对照组使用传统的课堂教学，结果使用传统课堂教学的老师可能会加倍努力，力图不被新的教学方式所超越。

⑫自暴自弃（demoralization）：对照组觉得受到不公正的待遇，所以表现出消极行为。比如，在教育的实验中，对照组的成员可能会觉得受到差别的待遇，停止学

习，甚至寻衅滋事等。

虽然在评价实践中，我们很难有足够的资源来全部排除这些会干扰内部效度的因素，从而设计出一个完美的实验，但是，了解这些影响因素，尽可能排除部分因素，对项目的有效性评价是很重要的。

比如我们可以设计实验组和对照组都受到外部事件的影响，这样就可以成功地排除历史因素；如果实验严格按照随机分配，两个组的相互比较也可以消除成熟问题；严格控制实验设计，把实验组和对照组各自隔开，可以解决实验处理扩散的问题；通过行政控制能够避免给对照组补偿；而补偿竞争和自暴自弃的问题，可以在实验过程中观察到，并且纳入实验结果的评估。

（3）外部效度问题。

外部效度，或称为外在无效度（external invalidity），是基于统计结论效度、内部效度基础之上的，关于如何将这个评价中的因果关系，推广到其他的情况、其他的人、其他的具体情景及其他时间中。

如果评价得出的因果关系结论受到某些因素交互作用的影响，这些因素使得结果具有特殊性，从而干扰外部效度，导致了将一个项目结果推广到其他分析单元（通常是人）、其他项目类型、其他产出类型及其他环境设置中时，会出现问题。有以下几种情形：

①项目因果关系和最终参与者之间的交互作用。

这指的是参与者的改变将可能改变项目的结果，从而影响到项目结论的推广。比如，一个学前教育项目的参与者包括男孩和女孩，但是项目好像对女孩更有作用。这是不是意味着如果项目在其他地方实施，也会有相同的趋势呢？为什么项目不能在男孩身上起到相同的作用呢？

②项目因果关系和干预措施改变的交互作用。

这指的是项目干预措施的变化可能会改变项目的结果，从而影响到项目结论的推广。例如，假设学前教育项目有两个主要的组成部分：孩子在两年之内每周参加5天培训；每周都会有家访，以强化学校的作用及家庭对学前班的认同度。这个项目需要大量的资金。因为它被称为“学前教育”项目，所以项目实施者可能会省略家访环节，这样是否会影响项目结果？

③项目因果关系和最终结果变化的交互作用。

这指的是最终结果变化可能会改变项目的结果，从而影响到项目结论的推广。例如，美国某州实施了一个项目，旨在培训没有工作的工人，帮助他们成功地找到第一份工作（工作至少6个月以上），并希望60%从这个项目出来的毕业生可以达到这个目标。对照组是那些虽然应该参加培训，但是由于没有足够的时间而不能参加培训的人。通过对比我们发现，培训项目使就业率从30%提高到了60%。另一个州也对这个项目感兴趣，但是他们强调要长期雇佣（2年以上）。如果我们对于主要项目结果的定义改变了，那么这个培训项目的结果是否仍然成立？

④项目因果关系和项目环境设置的交互作用。

这指的是项目环境设置的变化可能会改变项目的结果，从而影响到项目结论的推广。比如改善贫困家庭孩子教育项目，旨在提高社区贫困家庭孩子的认知及学业水平。项目在高收入家庭生活社区开展，项目实施的对象（贫困家庭的孩子）是这个社区中一个很小的群体。项目成功地提高了学生认知、学业及语言技能。虽然这样的结果比较具有说服力，但是我们能把这个结果推广到其他的如社区大部分都是贫穷人家的环境中吗？

再来看下面这个再就业补贴项目：

在 20 世纪 80 年代中期，美国伊利诺伊州进行了一项可控实验，在这项实验中，随机抽取实验者，并告知他们如果失业者在 11 周内找到工作，他们会获得 500 美元额外津贴。调查结果表明，额外津贴缩短了人们持续失业的时间。倘若这项研究是精心设计的，那么该调查结果很可能是准确的。但是该实验结果在多大程度能推广？我们需要考虑前面提到的四种干扰外部效度的情形。

①项目因果关系和最终参与者之间的交互作用。

假设实验结果显示，500 美元的额外津贴对男性的激励作用更强，这是不是意味着如果该项目在其他地方实施，也会有相同的性别趋势呢？

②项目因果关系和干预措施改变的交互作用。

如果项目的干预措施变了，比如额外津贴只有 250 美元而非 500 美元。该政策对失业的持续时间会产生怎样的影响？

③项目因果关系和最终结果变化的交互作用。

如果我们希望项目的最终结果是提高长期雇佣水平，比如 2 年以上的雇佣，项目是否会有相同的结果？

④项目因果关系和项目环境设置的交互作用。

如果换成另一个地方实施该项目，是否会有项目的结果？如果在另一个时间实施该项目，比如 2019 年，是否会也有项目的结果？

如果不能推广的话，实验结果本身的推广意义并不大。

在对实验设计的评价中，统计结论效度确定的是项目和结果变量之间是否有共变，而共变是确定因果关系的一个必要条件。内部效度是建立在统计结论效度之上的，用来检验是否有其他因素可以解释这一共变关系。排除对立假设也是确定因果关系存在的必要条件。外部效度是指将这个项目的结果推广到其他的时间和地点的项目中是否仍然成立。我们应该认真检验这三种不同的效度，确保实验研究结论能真实地反映项目的有效性，并且结论能够在一定程度上进行推广应用。

虽然实验设计是用来检测因果关系的“黄金标准”，但是项目评价领域一直对实验设计的价值有所争论。一方面，实施费用很高，要对项目进行严格控制。例如，在职业培训的例子中，分派参加培训的过程是随机的，但是如何保证分派参加培训的工人真的去参加了培训？如果不是，则结果会出现偏差。同时，没有得到培训机会的工人可能会想办法挤进实验组，得到培训的机会，这可能会使得随机化作用无效。另一方面，这些实验设计实施起来很容易遇到困难，通常还会遇到伦理、道德、法律问题。比如，假设想知道减少污染会使多少人少得病，实验研究会随机地把人们分成两组，一部分人受污染的程度低，另一部分人受污染的程度高，虽然这种办法得出来的减少污染对健康的影响的结果是无偏的，但是这种用人做实验的方式具有道德争议。实验中与整个社会都实施该政策时，他们的行为可能不同，尤其是进入实验的持续时间有限。比如进行一项评估人们拥有优质[1]健康保险看病次数的实验，实验组得到一年的优质健康保险，对照组得到一年的一般健康保险。最终得到的数据可能会存在偏差，因为实验组成员拥有优质健康保险的期限是一年，在此一年中，实验组可能会因为有了优质保险而去主动看更多次病，因为他们知道该实验仅存在一年，一年之后他们都会回归一般保险或者支付更高的医疗费用。这会导致对政府提供优质保险政策产生的影响的估计是有偏的。

第三节　准实验分析

3.1　准实验介绍

实验研究的局限性催生了其他研究设计。在 20 世纪 70 年代到 80 年代，随着评价领域的变化发展，准实验开始被引入作为归因分析的方法。这种方法既保留了实验设计的好处，又比较容易实施。

从根本上来说，研究设计就是制造对比。一个设计良好的实验，将分析单元随机地分派到实验组和对照组，由此可以有效地排除其他影响因素来对两组进行比较。然而，有时候分组的过程不是随机的，这时可以通过构建和运用实验环境来进行比较，这就是准实验设计。

准实验设计常常可以改进影响内部效度的几个方面，但不是全部。在没有足够的资源来控制和实施实验设计的情况下，要保证内部效度，就需要明智地选择环境中对内部效度最具有威胁性的因素进行实验设计。有时，项目环境会告诉我们，虽然存在一些潜在的问题，但可能并不会威胁到内部效度。比如，职业培训的例子中，如果培训项目只进行了一周，如此短的时间内参与者的自身成长改变有限，那么可以说培训效果不会受到成熟因素的干扰。在其他情况下，共同实施多个准实验设计要比单独实施任意一个要好，可以弥补相互间的不足，但是也不会消除所有干扰内部效度的问题。

我们以对美国康涅狄格州限速法令的评估为例来介绍三种准实验的方法，它们是前测—后测法、单独时间序列法和对比时间序列法。

为了行驶安全，减少交通事故，美国康涅狄格州于 1955 年颁布了车辆限速法令，在全州范围内实施机动车限速。为了评价这一法令政策，专家们提出三种准实验设计来评价政策的干预是否成功。政策的效果或影响是由“是否能够减少交通死亡事件”来表示的。

图 6.1 列出的前测—后测实验设计证实了康涅狄格州交通死亡事件从 1955 年的 325 起降低到了 1956 年的 285 起。从前测—后测实验设计上看，交通死亡事故减少

① 优质即报销比例高，报销种类多等，是很好的保险，优于一般的健康保险。

了 140 起，法令有效地减少了交通事故死亡人数。

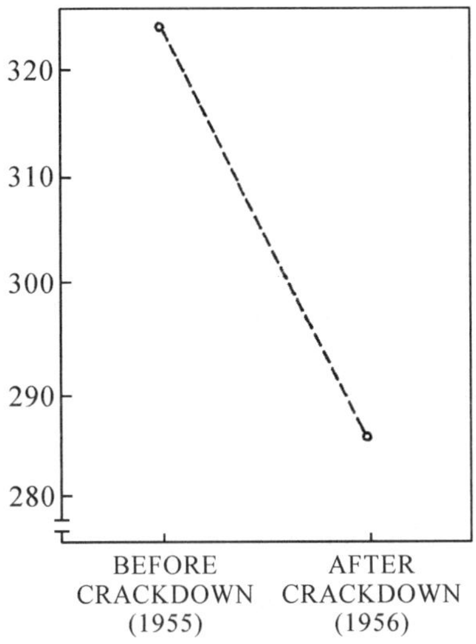

图 6. 1　发生在康涅狄格州的交通死亡事件数量（1955—1956 年）

但是，死亡人数的减少有可能是其他因素导致的。回顾一下，干扰内部效度的因素可能包括：历史事件，比如同时实施了其他的政策或者项目；成熟，驾驶员年纪增长、安全意识增加；测试工具问题，收集和记录事故数据的方法改变；统计回归问题，政策实施前的交通死亡事件与历史水平相比过高等。

为了排除这些干扰因素，研究者们引进了第二个设计，单独时间序列设计，比较政策实施前的 5 年和实施后的 4 年的交通死亡事件数目。图 6. 2 显示了这 9 年的数据。这些数据可以排除成熟这个内部效度干扰因素，因为政策实施之前没有显示出逐年下降的趋势，因此不能说明康涅狄格州的司机在法令实施期间因为成长了而更少超速。另外，虽然政策实施前后对比可能涉及测量工具变化的问题，但是研究者通过收集数据发现记录这些交通死亡事件的方法并没有改变。然而，图 6. 2 的数据也有可能涉及统计回归的问题，因为 1954 年的时候死亡事件明显上升且到达历史最高点，这时候就不能排除一种假设：即便没有政策的实施，第二年的事件数量也应该会下降到趋于平均水平。

为了排除历史这一干扰内部效度的因素（其他的事件和这个法令同时发生），以及解决统计回归的问题，专家们运用第三个设计，即对比时间序列设计，合并考察了周围四个州（新泽西、纽约、马萨诸塞和罗德岛州）的交通死亡事件。这个对比时间序列设计显示了康涅狄格州的限速法令的确降低了死亡事件的数量。

图 6. 3 展示了两个时间序列：第一个是康涅狄格州的，第二个是其余四个州的平均值。数据表明别的州并没有像康涅狄格州那样出现明显的死亡事件的下降。所以虽然统计回归还是一个可能的对立假设，但还可以使用对照组的数据来权衡这个问题。进而用图 6. 4 分别展示了五个州的情况，研究者发现罗德岛州在 1955 年的时候也曾经出现过类似康涅狄格州那样的数量急剧上升，这就说明年与年之间的死亡事件数目的变化并不是只发生在康涅狄格州。

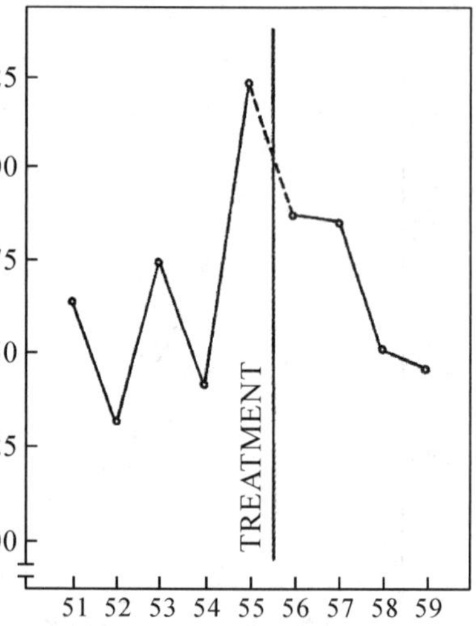

图 6.2　发生在康涅狄格州的交通死亡事件数量（1951—1959 年）

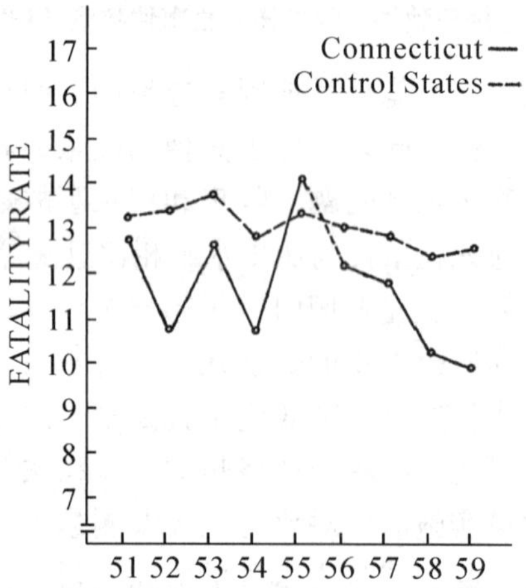

图 6.3　康涅狄格州和其他四个对照组州的交通死亡事件数量（1951—1959 年）（每 10 万人）

研究者也检验了这 9 年当中康涅狄格州的一些其他变量，他们发现由超速导致的驾照被吊销的事件急剧上升，同时超速事件急剧下降，这些结果都和预期的政策效果是一致的。另外，没有预想到的结果也有发生，就是驾照被吊销但是还继续驾驶而被逮捕的事件数量有所上升。

从这个限速法令的例子中，我们发现作为一个项目评价者，找一个不接受项目干预的对照组进行比较，是很有必要的。这样的话，我们就可以直接测量结果，但是考虑到资源的限制，有可能办不到这一点。相反的，你可能只能够通过关注项目本身来评价项目的有效性。

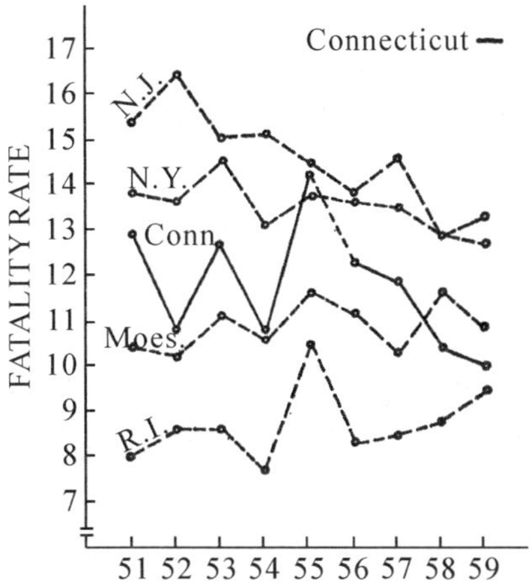

图 6.4　康涅狄格州、纽约州、新泽西州、罗德岛和马萨诸塞州的交通死亡事件数量（1951—1959 年）（每 10 万人）

一种有效降低结论不确定性的方法是三角创分法（triangulation），它是一种来源于测量学的观点，通过使用从不同渠道收集的数据和用不同的测量方法来研究一个评价问题。好比我们经常用的“一题多解”，假设用不同的方法计算一道题，如果所得结论都是一样的，那么我们对答案的准确性就变得很有把握了。因此，如果一个因果关系的假说被多种研究设计所证实，尽管这些研究设计可能并不完美，但是只要保证结论差不多一致，那么就可以相信它的正确性。

在我们这个限速法令的例子里，对于回答政策是否有效，三角创分方法至少可以验证关于该问题与其他相关问题是否有一致性的观点。它虽不能够为归因问题提供彻底的解决方案，但是它可以提高我们对评价的确信度。

准实验也可以用来确定一个项目的有效性。实践中最常见的一种准实验设计就是时间序列设计，即项目的实施是通过时间序列来进行的。单独或多重的时间序列设计可以帮助解决内部效度的问题。确定一个因素是否可能干扰到项目的内部效度，不仅靠评价证据本身，也要依靠专业化判断。找到一个不受项目干扰的对照组是准实验的关键，类似的方法还有双重差分法（DD）、断点回归法和倾向匹配得分法等，这些在学术的评价项目和政策中被广泛应用，但经常由于资源的限制，这些方法在评价实践中很少被使用。下面我们逐一介绍这几种比较学术的方法。

3.2　更多的准实验方法

因果效应就是同一个体上各潜在结果的差值。准实验方法的框架可以搭建如下：可观察对象 N 个，用 i 表示某个对象，i 取值为 1，…，N，这 N 个对象是从极大的人群中随机抽取的；变量 Y 指代可被某个公共项目 w 所影响潜在的结果或状态，所以 Y 在理论上存在两种潜在的取值 $Y_i(1)$ 和 $Y_i(0)$，分别表示受到实验处理和没有受到处理的结果。另外，每个个体 i 还有一些特征，如性别、年龄、种族、婚姻状况等，我们称之为协变量，或者称之为外生变量，或者叫作实验前变量，用 X_i 来表示。这些变量的取值通常在实验处理发生之前就已经确定好了，但这不绝对，有些也会变化，但这些变量不会因为处理变量而变化。而且 X_i 也可以包括一些滞后变量。

上述模型里包括的三种变量，即外生变量 X_i 、结果变量 Y_i 和处理变量 w_i ，它们必须满足以下三个假设：

（1）条件独立假设（conditional independence assumption）。

在给定的 X_i 条件下，潜在结果 $Y_i(1)$，$Y_i(0)$ 和处理变量 w_i 是独立的：

$$Y_i(1),\ Y_i(0) \perp w_i \mid X_i$$

也就是说，外生变量 X_i 的差异可能会引起结果变化。当控制了 X_i 变量以后，受到实验处理与否不依赖于结果。合理地应用随机分配这一过程，将满足这一假设。

条件独立假设意味着：

$$F[Y_i(1) \mid X_i] = F[Y_i(0) \mid X_i] = F(Y_i \mid X_i)$$

$$F[u_i(1) \mid X_i] = F[u_i(0) \mid X_i] = F(u_i \mid X_i)$$

其中 u_i 表示回归模型中的误差。条件独立假设意味着受到实验处理与否不会影响潜在结果的分布。

实际上，在完全随机分配的情况下，这个假设甚至可以更强一些，为：

$$Y_i(1),\ Y_i(0) \perp w_i$$

如果只是想分析处理组的总体平均处理效应，研究者也可以假设是否受到实验处理与 $Y_i(0)$ 无关，则形成稍弱一些的条件独立假设：

$$Y_i(0) \perp w_i \mid X_i$$

文献中，Imbens 将条件独立假设称为非混淆性假设（unconfoundedness assumption）；Rubin 和 Woodridge 将其称为可忽略性假设（ignorability assumption），通常用于分析被处理组的平均处理效应。如果满足假设，只要 X 被包含在回归中，就没有被忽略变量偏差（omitted variable bias），因此也就不存在混淆因素。相当于处理组分派的过程是忽略了结果因素的，因此，将其称为可忽略性假设是适当的。

（2）匹配假设（overlap or matching assumption）。

$$0 < Pr(w_i = 1 \mid X_i) < 1$$

这个假设保证了对任意 X_i 的取值 x ，都有实验组和对照组的人存在。所以实验组和对照组的样本是可以重复的。所以对实验组中的每个人来说，对照组中一定存在一个有着相似 X 的人与之匹配。如果此假设不成立，那么就会存在一种情况，即所有具有 X 特征的人都接受了实验处理，而不具有 X 特征的人都没有接受实验处理。当然，如果目标是分析被随机选择进入处理组的总体平均处理效应，那么这个假设可以稍弱一些，满足 $Pr(w_i = 1 \mid X_i) < 1$ 即可。

（3）条件均值假设（conditional mean independence assumption）。

$$E[Y_i(0) \mid w_i = 1,\ x] = E[Y_i(0) \mid w_i = 0,\ x] = E[Y_i(0) \mid x]$$

表示样本受到实验处理与否不取决于 $Y_i(0)$ 。

采用实验分析法必须保证实验处理的过程是随机的，而且需要保证实验样本量足够大，以确保样本在实验开始之前具有相似的统计特征，同时实验分析有很多操作上的局限性，一个可行的解决方法就是采用直接观察到的数据去做准实验研究。

但将实验分析法应用到直接观测数据（准实验研究）时必须注意作为实验组样本的数据是否属于随机产生。还用职业培训对工资影响的例子来说明：当不进行实验，即并不是实验操作者去分派是否参加培训，而是直接观察人们参加培训与否时，人们参加培训的行为看似随机且满足样本随机分派产生的条件，但事实上人们很可能是出于“自我选择”参加培训而进入了实验组。“士气高”的人们因为士气高而偏向于进一步提升自己而选择参加培训，或者因为其他的原因进入了实验组，相当于非随机分派。在这种情况下，实验组样本的初始特征不相似，不满足随机性原则。

处理非随机产生或者初始特征不相似数据，首先，应查看实验组和对照组之间协变量分布重叠程度。如果初始样本中实验组和对照组的协变量特征分布显示是不平衡的，就需要进行微调，否则平均处理效果的估计值将会对模型方法的选择和实施非常敏感。在这部分分析中倾向得分（具体见匹配法）起着重要的作用。然后，再判断无混杂因素假设是否适用。尽管这个假设不可直接测试，其适用性通常可以使用结果的滞后值作为近似值进行评估。

接下来我们来介绍常用的三种准实验设计。

·匹配法

我们希望通过反事实结果来估算平均处理效应，也就是用对照组的结果来模拟处理组的人未受到处理的结果。但是在观察性研究中，因为不存在实验控制，所以可能产生非随机性，两组人的初始特征就不一样，这样就不能用对照组的人去替代未受处理的处理组。比如，观察到参加培训的人多为“士气高”的，而未参加培训的多为“士气低”的。

那么我们可以通过匹配的方法，从对照组中找出和处理组初始特征相似的人来进行反事实结果估算。匹配处理的方法有很多种：

（1）精确匹配（exact matching）。

精确匹配法是最直观、最简单的一种匹配法。进行精确匹配时，实验组中的个体与对照组中的个体直接依据其可观测特征**X**[①]进行精确匹配。必须要注意的是，当协变量向量**X**离散时，对于**X**的每个取值，样本中都对应有很多可观测的人。

假设某大学对贫困学生实施助学金项目，项目分两个步骤决定助学金获得者：第一步，绩点（GPA）大于3.2且家庭年收入低于3万元者才有申请资格；第二步，评审委员会对申请者进行评审，并按照资助名额选出资助名单。能否获得助学金不仅取决于学生的可观测特征为**X**（如成绩、年级和家庭收入等），还取决于不可观测变量，比如评审委员会对申请者的主观评价，助学金基金会最终所能提供的资助名额等。为了估算助学金对学生未来学业成就的影响，精确匹配法假设给定学生的可观测特征**X**，谁获得了助学金是随机决定的（这一假设不一定成立）。在此假设下，如果能够找到与助学金获得者在可观测特征**X**完全一致但没有获得助学金的同学，则这两者之间结果变量Y（未来学业成就）的区别可以被认为是由助学金带来的。

---

① 这里将**X**用粗体表示，是因为**X**可以看作是许多变量组成的一个向量。当然也可以仅仅包含一个变量。

（2）倾向得分匹配（Propensity Scores Matching，PSM）。

如果协变量向量**X**具有高维数，或者某些协变量出现了连续变化，那么在实验组和对照组之间精确匹配就会变得不切实际。这时可以用非精确匹配方法。非精确匹配利用常纯量 $e(x)$ 将**X**映射到较低维度，$e(x)$ 是构成非精确匹配的基础。

倾向得分匹配法是非精确匹配的一种。

首先，我们将要引入倾向值评分（Propensity Score）的概念，有的也会称作倾向值得分。倾向值评分是指在一定条件下个体 i 受到实验处理的概率 $e(x_i)$，公式可以表达为：

$$e(x_i)=Pr(w_i=1\mid X_i=x)=E(w_i\mid X_i=x)$$

如果实验是随机的，那么每个人得到处理的概率应该是一样的。但如果是观察性的数据，每个人得到处理的概率可能是不一样的，也就是非随机的，这可能归结于每个人的特征 X_i 是不一样的。

所以除了直接匹配调整协变量，还可以着重调整倾向性得分的差异，也就是匹配接受实验处理的条件概率。倾向性分值匹配不是严格按照个体的可观测特征逐一进行配对的，而是通过估算每个个体（给定其可观测特征时）参与项目的概率值，进而选择倾向分值相同或相近的个体进行匹配。那么如何来估算参与项目的概率值（倾向得分）呢？关键一步是要决定用哪些协变量去估算接受处理的可能性。协变量应当尽可能包括所有会影响到是否受到处理的因素，而暂时不要考虑受到处理所产生的影响。也就是说，在决定协变量时，我们不考虑结果。协变量可以包括混杂变量和交互变量。决定了协变量以后，可以通过 Logit 或者 Probit 模型去估计每个对象的倾向得分，有时也可以通过非参方法去估计。

我们想根据处理组和对照组对象接受处理的概率（倾向得分）进行匹配。基于 $e(x_i)$ 的匹配有几个相关问题：

①已经匹配完的人是否应该放回对照组进行下一次匹配？

②对于处理组中的每个人，需要在对照组中找到几个人来进行匹配？也就是所谓是 1∶1 还是 1∶2 还是 1∶ N 匹配？还是 N ∶1 匹配，也就是 N 个处理组的人去匹配一个对照组的人？

③匹配的精确度如何？

放回匹配（matching with replacement），也是一种多重匹配，适用于两组人在倾向得分上存在大量交叠，同时对照组的样本量较大，因为匹配起来很容易。如果对照组样本量较小，并且完全不同于处理组的人，那么就应该用不放回匹配（matching without replace）。如何选择匹配对数是一种对偏倚和方差的权衡。1∶1 匹配，即方差更大而偏倚更小；匹配对数增加，匹配结果的方差更小而偏倚更大①。对于匹配的精确度，我们可能无法找到一个十分确切的匹配。所以说，我们将接受

① 举个例子，假设实验组 200 人，对照组 2 000 人。进行 1∶1 匹配，假设有 180 人匹配成功，匹配后样本就是实验组 180 人和对照组 180 人；如果进行 1∶2 匹配，则可能只有 140 人匹配成功，匹配后样本是实验组 140 人和对照组 280 人；如果进行 1∶3 匹配，可能只有 80 人匹配成功，匹配后样本是实验组 80 人和对照组 240 人。

在特定卡尺范围内（卡钳值）的倾向得分数。我们将卡钳值设定在+/-0.01 到+/-0.05 的范围，也就是说，如果我们将这个值设定为 0.02，可以接受配对的两个人倾向得分的误差范围为+/-0.02。如果处理组的某个体，找不到与之匹配的对照组个体，此个体将会被从样本中剔除。如果设定误差低于+/-0.01，那将很难找到匹配项，导致被剔除的样本对象过多；如果设定误差超过+/-0.05，匹配的精确度又太低。因此，通常选择 0.01 作为卡钳值。

刚刚我们提到，有可能对照组不存在与实验组相匹配的人，这是倾向得分匹配方法存在的一个问题（即使卡钳值是合适的）。例如，如果处理组和对照组样本量相当，很可能处理组中倾向性得分高的人多于对照组得分高的人；同样，和处理组相比，对照组中可能会有更多的倾向性得分较低的人。这将使匹配更加困难，也就是说有很多人找不到匹配对象，这样会导致匹配后样本的减少和信息缺失。此时，匹配的样本是否具有代表性也值得怀疑，也可能引起另一种选择偏误。因此，当对照组样本量较大时，匹配法才适用，这是因为大概率能够从对照组中找到与实验组匹配的人。

根据倾向得分匹配后，我们还需检查实验组和控制组的协变量平衡情况。处理组和对照组的协变量分布必须存在大量重叠，这样我们才能从数据中作出因果推断。

（3）基于倾向得分的分区（blocking on the propensity score）。

当对照组的样本量比处理组大得多时，此时若根据协变量或者倾向值得分去匹配，虽然匹配失败对象较少，或者说可能每一个处理组对象都得到了很好的匹配，但是匹配得再好再多，相对于对照组本身的样本量来讲，对照组中被选出来去匹配的通常只是一小部分。在这种情况下，倾向得分匹配方法可能不太有效。如果我们想要尽可能地将所有对照组对象用于分析，可以采用另一种方法：将样本中倾向值评分一样的人放在一起，这样出现了很多子样本，这种方法称为分区（blocking，有些文献也会称作 stratification 或者是 subclassification）。具体来说，根据每个人的倾向得分分成 m 组，也就是 $0 < e_1 < e_2 < \cdots < e_m < 1$。那么第 k 组的人的倾向得分是在区间 $(e_{k-1}, e_k]$ 里的。一般假设下，处理效应在倾向得分上是连续的，也就是说 $E[Y_i(1) - Y_i(0) \mid e_i = e]$ 在 e 上是连续的。那么有着相似倾向得分的个体的处理效应应该也是相似的。所以分组求处理效应，然后将每组的处理效应求加权平均得到所有人的平均处理效应。用这种方法，分组的临界取值就很重要。一般来说，根据倾向得分的分位数划分 5~10 组就足够了。如果相对于对照组来说，处理组样本量太少，基于所有人的倾向值得分划分组别可能导致某一组匹配失败，那么这时也可以只基于处理组人的倾向得分来划分区间。

（4）加权（propensity score weighting）。

根据倾向性得分（或者间接地根据协变量）给样本赋予权重以平衡对照组和处理组也是可行的。如果处理组人数很少（如 200 人），而对照组的人很多（如 2 000 人），那么如果按照倾向得分去一对一匹配，样本量只有 400，这时就可以用加权的方法。并且，如果是个人层级的面板数据，每个个体在不同的时期一些协变量会变化，用加权的方法能很好处理随时间变化的协变量。

倾向值评分加权法，也就是说，如果一个人在处理组，并且受到处理的概率为 $e(x_i)=0.1$，那么这个人可以代表有着相同特征的 $\frac{1}{e(x_i)}=\frac{1}{0.1}=10$ 个人，所以给这个人的权重是 $\frac{w_i}{e(x_i)}$；如果一个人在控制组，并且倾向性得分（也就是受到处理的概率）为 0.1，那么此人在控制组的概率为 1-0.1=0.9，那么这个人代表着有相同特征的 $\frac{1}{1-e(x_i)}=\frac{1}{0.9}=1.1$ 个人，所以这个人的权重是 $\frac{1-w_i}{1-e(x_i)}$。那么，样本平均处理效应为：

$$\tau=\frac{1}{N}\sum_{i=1}^{N}\left[\frac{w_i}{e(x_i)}Y_i-\frac{1-w_i}{1-e(x_i)}Y_i\right]$$

因为使用了倾向得分的倒数，我们又可以将这种方法称作加权逆概率法（Inverse Probability of Weighting method，IPW）。总的来说，我们将全部样本都包含在研究分析中，只是给不同的人以不同的权重来调节他们本身的差异。

（5）倾向得分的回归（Regression on the Propensity Score）。

第五种方法是将倾向得分直接作为回归估计中的一个变量。因为处理效应是倾向得分的一个函数，那么我们可以用非参数估计的方法，此时不需要新增任何别的假设。

$$E[Y_i(0)\mid e]=E(Y_i\mid w_i=0,\ e)=f_0(e)$$
$$E[Y_i(1)\mid e]=E(Y_i\mid w_i=1,\ e)=f_1(e)$$

我们假设处理效应在倾向得分上是具有同一性的，那么处理效应 $\alpha=f_1(e)-f_0(e)$ 就是个常数。那么估计式可以写作：

$$E[Y_i\mid e]=\alpha w_i+f(e)$$

如果 $f(e)$ 是关于 e 的线性函数，那么估计式可以写成：

$$E[Y_i\mid e]=\alpha w_i+\beta e$$

运用这种方法的重要假设是处理效应在倾向得分的同一性。如果处理效应出现了方差，则这种估计方法会有偏差。另外，我们上述分析是基于结果 Y 是连续的线性的，如果 Y 是虚拟变量，我们可能需要用 logistic 模型来估计，这种方法就不适用了。当然，即使结果 Y 是连续的、线性的，结果也可能出现偏差，我们需要和其他的倾向得分方法做比较。

（6）综合法。

实践证明，选取上述的五种方法中的两到三种综合使用会更有效。比如，加权+倾向得分回归法，分区+倾向得分回归法，匹配+倾向得分回归法等。下面简要说明：

①加权+倾向得分回归法

基于加权最小二乘法（weighted least squares），可以写出如下回归方程：

$$Y_i=\delta+\beta' X_i+\alpha w_i+\varepsilon_i$$

回归时的权重设为：$\lambda=\sqrt{\frac{w_i}{e(x_i)}+\frac{1-w}{1-e(x_i)}}$

回归得出的 $\hat{\alpha}$ 就是处理效应。

②分区+倾向得分回归法

同样的，我们可以基于每个分区 m 来进行回归：

$$Y_i = \delta_m + \beta'_m X_i + \alpha_m w_i + \varepsilon_i$$

③匹配+倾向得分回归法

对于处理组个体 i，假设对照组有一个个体 $l(i)$ 与之匹配。那么 $\hat{Y}_i(1)$ 和 $\hat{Y}_i(0)$ 代表个体 i 的两种潜在结果；这些潜在结果估计值等于与之匹配的 $l(i)$ 的观测值。它们的误差为 $E[\hat{Y}_i(1) - \hat{Y}_i(0)] - [Y_i(1) - Y_i(0)]$，也就是说，对于实验组 i 来说，$\hat{Y}_i(1) = Y_i(1)$，而 $\hat{Y}_i(0) = \hat{Y}_{l(i)}(0)$，所以说 $\hat{Y}_i(0)$ 和 $\hat{Y}i(0)$ 是有误差的。这里有误差是因为对于处理组和对照组的协变量 X_i 和 $X_{l(i)}$ 是相似，而不是完全一样的。如何进行调整？

如果可以基于匹配出的实验组的样本，进行如下回归，得到 $\hat{Y}_i(0)$：

$$Y_i = \delta_0 + \beta'_0 X_i + \varepsilon_i$$

（7）应用和讨论。

倾向值得分分析方法广泛应用于各类实证研究之中。鲁宾使用观测到的数据研究吸烟的影响。结果变量是各类吸烟相关疾病的发生情况和产生的医疗费用。协变量包括年龄、性别、种族、婚姻状况、教育等。研究将观测到的样本归为三类：“从不吸烟的人”，“戒烟者（以前吸过烟，但现在不吸了）”和“当下在吸烟者”。对于戒烟者，将其进一步根据戒烟年数分类；对于吸烟者，将其根据烟龄和吸烟的频繁程度进一步分类。想要推断出吸烟对疾病发生率和医疗费用的影响，必须将两种吸烟者（实验组）与从未吸烟（控制组）的人作比较，前提是这两种实验组的人与控制组的人具有相似的协变量，但事实可能并非如此，这需要用倾向得分匹配法来进行调整。同时，男性和女性的吸烟行为也存在很大差别，研究将所有人按性别分类，再按吸烟行为具体划分为三类。宾根海默等人运用倾向得分分区的分析方法研究了遭受过枪械暴力和随后发生严重暴力行为之间的因果关系。因为个体的性别、种族、是否为单亲家庭、是否有政府补助、家庭背景和环境、健康和身体发育状况、同伴的影响等都会影响个体是否遭受过枪械暴力。学者通过对居住在美国芝加哥的青少年的纵向历史数据的研究，结果表明遭受过枪支暴力的青少年在随后的两年内实施严重暴力的概率大约增加了一倍。库马尔（Kumar）和沃尔默（Vollmer）运用倾向性评分匹配法和印度的数据，研究 5 岁以下儿童获得卫生条件的改善对腹泻发病率的影响。但是，是否能够获得卫生条件的改善并不是随机的，这和以下因素有关：家庭是否有自来水供应，父母亲的年龄和受教育年限，家庭中的幼儿数量（5 岁以下的幼儿），幼儿中男孩的比例，幼儿的平均年龄，村长是否居住在被申请人的村庄等。

·双重差分法

（1）DD 基本模型（两期两组）。

双重差分法（Difference-in-Difference method，简称 DiD 或者 DD）被提出之后就得到广泛应用。

DD 基本模型基于两期两组数据：两组对象（A 组和 B 组）及两个时期（用 t 表示，$t=1$，2 分别表示一期和二期）。A 组（对照组）在两个时期都没有受到处理，B 组（处理组）第一期时没有受到处理（$treatment=0$），而在第二期受到处理（$treatment=1$，见表 6.1）。

表 6.1　DD 基本模型（两期两组）

时间	Group A	Group B
$t=1$	$Treatment=0$	$Treatment=0$
$t=2$	$Treatment=0$	$Treatment=1$

使用 y 表示结果，则 A 组某人 i 的一期和二期结果表示为 $y_{i,A,1}$ 和 $y_{i,A,2}$，A 组所有人一期、二期结果的平均值则为 $\bar{y}_{A,1}$、$\bar{y}_{A,2}$。两数之差 $\bar{y}_{A,2}-\bar{y}_{A,1}$ 表示 A 组结果从一期到二期变化的平均值。同理可得 B 组两期结果变化的平均值 $\bar{y}_{B,2}-\bar{y}_{B,1}$。两组的结果变化平均值相减，即为处理效应。

DD 基本模型可以表达为如下方程：

$$y=\beta_0+\beta_1*B+\beta_2*S+\beta_3*B*S+u \tag{6.1}$$

对于重复的截面数据，S 是时间虚拟变量（dummy variable），表示"是否是二期?"：$S=1$ 表示二期，$S=0$ 表示一期。B 是组别虚拟变量，表示"是否受到处理?" $B=1$ 表示进入处理组 B 组，$B=0$ 表示进入对照组 A 组。

那么，当 $t=1$，$B=0$ 时，也就是 $S=0$，$B=0$ 时，可得 $\bar{y}_{A,1}=\hat{\beta}_0$

同理可得 $t=1$，$B=1$ 时，也就是 $S=0$，$B=1$ 时，$\bar{y}_{B,1}=\hat{\beta}_0+\hat{\beta}_1$

$t=2$，$B=0$ 时，也就是 $S=1$，$B=0$ 时，$\bar{y}_{A,2}=\hat{\beta}_0+\hat{\beta}_2$

$t=2$，$B=1$ 时，也就是 $S=1$，$B=1$ 时，$\bar{y}_{B,2}=\hat{\beta}_0+\hat{\beta}_1+\hat{\beta}_2+\hat{\beta}_3$

A 组两期都未受到处理，所以 $\bar{y}_{A,2}-\bar{y}_{A,1}=\hat{\beta}_2$ 表示时间对于 A 组结果产生的影响。B 组从一期到二期，同时受到时间和实验处理的影响，所以 $\bar{y}_{B,2}-\bar{y}_{B,1}=\hat{\beta}_2+\hat{\beta}_3$ 表示时间、处理共同作用的影响。两式相减可得 $\hat{\beta}_3=(\bar{y}_{B,2}-\bar{y}_{B,1})-(\bar{y}_{A,2}-\bar{y}_{A,1})$，即处理效应。这里，A 组和 B 组人一二期的结果分别做第一次相减，得到两组人两期各自的变化；用 A 组人受到时间的影响来估算 B 组人受时间的影响，再把两组人的差再做一次相减，得到处理效应。因为这个过程求差两次，所以称之为双重差分法。

（2）DD 一般模型（多期多组）。

DD 一般模型（多期多组）由 DD 基本模型（两期两组）拓展而来。例如，一个政策可能在不同省份推行，并且可能持续多年，我们想要分析这个政策的影响。多期多组 DD 模型如下：

$$y_{igt}=\lambda_t+\alpha_g+X_{gt}\boldsymbol{\beta}+Z_{igt}\boldsymbol{\gamma}_{gt}+v_{gt}+u_{igt}\quad i=1,\ 2,\ 3,\ \cdots,\ M_{gt} \tag{6.2}$$

i 代表样本个体，g 代表组别，t 代表时间，λ_t 为时间虚拟变量①，α_g 为组别虚拟变

① $t=1$，2，3，…，T，当 $t=j$ 时，$\lambda_j=1$，否则 $\lambda_j=0$。时间虚拟变量表示的是时间固定效应。

量[①]。X_{gt} 为政策变量（处理变量），代表政策在某个时期是否会对某组推行（类似公式（6.1）中组别与时间的乘积 B * S），其系数 $\boldsymbol{\beta}$ 代表处理效应。$\boldsymbol{Z}_{igt}$ 是其他协变量，v_{gt} 是未观察到的组别时间误差，u_{igt} 是未观察到的个体误差。

最简单的 DD 两期两组人模型延伸到 DD 一般模型（多期多组），一组代表不同时间（期）的虚拟变量 $\boldsymbol{\lambda}_t$ 会进入估计式，而不仅仅是 S 这个变量了；B 这个代表组别之间本身不同的变量也会延伸为一组组别虚拟变量 α_g；我们所关注的 $\hat{\beta}_3$，也就是 $S * B$ 这一项的系数，将会由一个变量代替，这个变量代表了某个时间受到处理或实施政策与否，而不再用时间和处理变量的乘积来表示。Bertrand et al.（2004）提出了以下的多期多组模型：

若把时间和组别看作一个整体，设为维度（g，t），个体层级设为另一个维度，则公式（6.2）可表达为以下形式：

$$y_{igt} = \delta_{gt} + \boldsymbol{Z}_{igt}\boldsymbol{\gamma}_{gt} + u_{igt} \tag{6.3}$$

式中 δ_{gt} 表达如下：

$$\delta_{gt} = \boldsymbol{\lambda}_t + \alpha_g + \boldsymbol{X}_{gt}\boldsymbol{\beta} + v_{gt} \tag{6.4}$$

公式（6.4）其实是一个组别和时间的二维回归问题。

样本个体相互独立时，v_{gt} 通常可以被忽略而不影响估计结果。样本个体相互关联时，v_{gt} 事实存在而不可忽略，否则估计结果就会出现偏差。伯特兰德和汉森的模型里允许样本个体在 $\{v_{gt}: t = 1, 2, \cdots, T\}$ 之间序列相关，但是假定个体在组别 g 上相互独立，这样 v_{gt} 仍可以被忽略。

使用 DD 一般模型估计处理效应 $\boldsymbol{\beta}$ 的流程如下：

①使用个体层级数据通过公式（6.3）估计 δ_{gt}。估计 δ_{gt} 时需保证时间和组别维度上样本量 M_{gt} 足够大，然后在时间组别（g，t）维度上随机抽样。假设 $E(\boldsymbol{Z}_{igt}'u_{igt}) = 0$，则可以从式（6.3）中得到对 δ_{gt} 的自然估计。$E(\boldsymbol{Z}_{igt}'u_{igt}) = 0$ 这个假设通常是成立的，因为个人特有的控制变量会包含在回归式中去更好的估计 δ_{gt}。如果实际数据模型具有异质性，但又采用 $E(\boldsymbol{Z}_{igt}'u_{igt}) = 0$ 的假设，那么可以用加权最小二乘法（weighted least squares）处理。

②将上步所估 δ_{gt} 带入公式（6.4），得到处理效应 $\boldsymbol{\beta}$。公式（6.4）中，$\boldsymbol{X}_{gt}$ 可从数据中得到，λ_t 为时间虚拟变量，α_g 为组别虚拟变量，结合上步所估 δ_{gt}，即可得到处理效应 $\boldsymbol{\beta}$。

需要强调的是，样本量 M_{gt} 需要足够大，这样才能忽略估计 δ_{gt} 的误差，即 $v_{gt} = \delta_{gt} - \hat{\delta}_{gt}$；否则，不确定性就会来自估计公式（6.4）中的 v_{gt}。2007 年，汉森提出了一种复杂的方法可以对 $\hat{\delta}_{gt}$ 抽样误差的推断进行调整，本书不做赘述。

（3）DD 模型（个人层级面板数据）。

当掌握个体层级面板数据时，前述 DD 基本模型公式（6.1）可以写成如下形式：

$$y_{it} = \beta_0 + \beta_1 S_t + \beta_2 w_{it} + c_i + u_{it} \quad t = 1, 2 \tag{6.5}$$

S_t 表示是否在二期，那么 $S_2 = 1$，$S_1 = 0$。

① $g = 1, 2, 3, \cdots$, G，当 $g = j$ 时，$\alpha_j = 1$，否则 $\alpha_j = 0$。组别虚拟变量表示的是组别固定效应。

当个体 i 在 t 期受到了实验处理，则记为 $w_{it}=1$；否则 $w_{it}=0$。由表 6.1 可知，实验组 $w_{i1}=0, w_{i2}=1$；对照组 $w_{i1}=0, w_{i2}=0$。c_i 是个体固定效应。想要估算处理效应，也就是对处理变量 w_{it} 的系数 β_2 进行估算。为了便于大家理解，分时期写出公式（6.5）可得：

$$y_{i2}=\beta_0+\beta_1 S_2+\beta_2 w_{i2}+c_i+u_{i2} \quad t=2 \tag{6.6}$$

$$y_{i1}=\beta_0+\beta_1 S_1+\beta_2 w_{i1}+c_i+u_{i1} \quad t=1 \tag{6.7}$$

两式相减可得：

$y_{i2}-y_{i1}=\beta_1(S_2-S_1)+\beta_2(w_{i2}-w_{i1})+(u_{i2}-u_{i1})$

$y_{i2}-y_{i1}=\beta_1+\beta_2(w_{i2}-w_{i1})+(u_{i2}-u_{i1})$

$\Delta y_i=\beta_1+\beta_2\Delta w_i+\Delta u_i$

因为 $\Delta w_i=w_{i2}-w_{i1}=w_{i2}$

所以也可以写成

$$\Delta y_i=\beta_1+\beta_2 w_{i2}+\Delta u_i$$

那么

$\Delta y_{i,treatment}=\beta_1+\beta_2+\Delta u_i$

$\Delta y_{i,control}=\beta_1+\Delta u_i$

$\hat{\beta}_2=\Delta\bar{y}_{i,treatment}-\Delta\bar{y}_{i,control}$

按实验组和对照组分别展开公式（6.6）和（6.7）可得出同样结论：

$y_{i2,treatment}=\beta_0+\beta_1+\beta_2+c_i+u_{i2} \quad t=2$

$y_{i2,control}=\beta_0+\beta_1+c_i+u_{i2} \quad t=2$

$y_{i2,treatment}=y_{i1,control}=\beta_0+c_i+u_{i1} \quad t=1$

$\Delta y_{i,treatment}=y_{i2,treatment}-y_{i1,control}=\beta_1+(u_{i2}-u_{i1})$

$\hat{\beta}_2=\Delta\bar{y}_{i,treatment}-\Delta\bar{y}_{i,control}$

分析个体层级面板数据时，DD 多期模型公式可以写成如下形式：

$$y_{it}=\boldsymbol{\lambda}_t+\beta w_{it}+\boldsymbol{X}_{it}\boldsymbol{\gamma}+c_i+u_{it} \quad t=1,2,\cdots,T \tag{6.8}$$

$\boldsymbol{\lambda}_t$ 为时间虚拟变量，$X_{i,t}$ 是个体控制变量。c_i 为个体固定效应，可以用固定效应法（fixed effect，FE）估计或者一阶差分法（first difference，FD）去掉①。w_{it} 为实验处理变量或者政策变量，属于严格的外生变量。尽管当我们假设相关的外生性时 $[Con(w_{it}, u_{it})=0]$，FE 系数的估计通常偏差较小，对于任何 r 和 t 来说，w_{it} 和 u_{ir} 的相关性会导致估计的不一致。当政策的实施变化依赖于过去的结果 y_{it} 时，就不满足政策实施的外生性条件了。

因为模型（6.8）可以表示在不同时期是否受到实验处理，通常可以用来进行政策评估。

比如，美国从 2014 年开始实施医疗补助扩大方案（Medicaid Expansion）。是否实施医疗补助扩大方案是由每个州而不是由联邦政府决定的。2014 年 1 月 1 日，新泽西州、纽约州等 25 个州率先正式实施医疗补助扩大计划。随后 14 个州陆续开始

① 这里需注意，如果只有两期，FD 和 FE 是等效的 。如果多于两期，应该用 FE 来估计，FD 会有偏差。

实施：密歇根州（2014.4.1）、新罕布什尔州（2014.8.15）、宾夕法尼亚州（2015.1.1）、印第安纳州（2015.2.1）、阿拉斯加州（2015.9.1）、蒙大拿州（2016.1.1）、路易斯安那州（2016.7.1）、弗吉尼亚州（2019.1.1）、缅因州（2019.1.10）、爱达荷州和犹他州（2020.1.1）、内布拉斯加州（2020.10.1）、俄克拉荷马州（2021.7.1）、密苏里州（2021.8.10）。迄今为止，仍有 12 个州（佛罗里达州、佐治亚州、堪萨斯州、密西西比州、北卡罗来纳州、南卡罗来纳州、南达科他州、威斯康星州、怀俄明州、德克萨斯州、田纳西州和阿拉巴州）未实施。所以实施医疗补助扩大方案可以看作是一个政策实施，想要评价这个政策的影响（如对医疗费用的影响，对住院率的影响等），可以对比实施政策的州和未实施政策的州。另外，实施政策的各个州的时间点也不一样，是一个多期模型。

（4）平行趋势假设（parallel trend）。

要用 DD 模型来进行分析，有一个重要的假设，就是平行趋势假设。它要求在没有受到处理或干预的情况下，实验组和对照组之间的差异随着时间的推移是恒定的，也就是两组人的结果 y 有着相同的趋势。在受到处理以前，如果我们将两组人的结果 y 随时间的变化做成线性图，两条线应该是平行的（代表差距是恒定的）。受到处理之后，y 随时间的变化就不平行了，那么和平行趋势相差的部分就是处理效应，如图 6.5 所示。

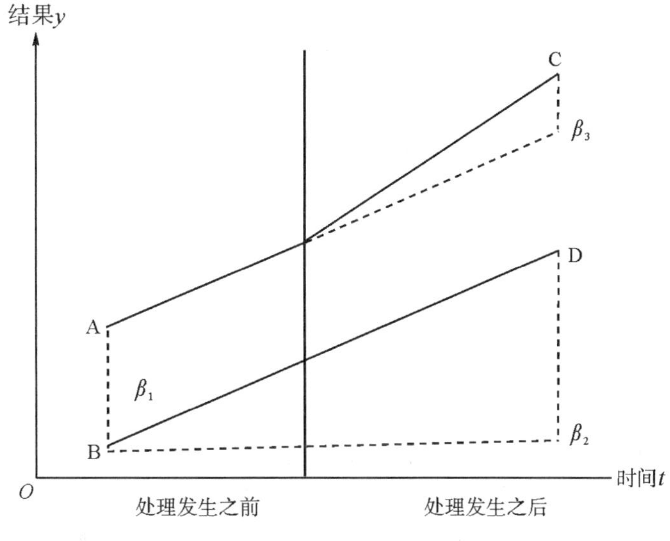

图 6.5 平行趋势假设

双重差分回归方程为式（6.1），图 6.5 中的垂直实线代表政策发生的时点，垂直实线的左边代表政策发生之前的结果，右边代表政策发生之后的结果。B 点的调试代表式（6.1）中的截距 β_0；点 A 和 B 的高度差代表 β_1，也就是受到处理之前两组的差别。直观地看，图 6.5 中处理发生之前，代表两组人的两根直线是平行的，也就是说时间不会影响组别间的差异。点 D 和 B 的高度差，代表时间的差别，为 β_2；C 和 A 的高度差减去 D 和 B 的高度差就是处理效应，为 β_3。

平行假设可以用回归方程去检验，方法如下：

如果政策（处理）发生在同一年份，假设发生在2013年，现有的数据从2010年开始，一直到2015年结束。也就是说政策发生之前有3年数据，政策发生之后有2年数据，一共是6年的数据。那么进行如下回归：

$$y_{it} = \beta_0 + c_i + \beta_{-3}T_{i,-3} + \beta_{-2}T_{i,-2} + \beta_{-1}T_{i,-1} + \beta_2 T_{i,2} + \gamma_0 w_i$$
$$+ \gamma_{-3}w_i \times T_{i,-3} + Y_{-2}w_i \times T_{i,-2} + \gamma_{-1}w_i \times T_{i,-1} + \gamma_1 w_i \times T_{i,1} + \gamma_2 w_i \times T_{i,2} + u_{it}$$

i代表个体，t代表时间（年份），y代表结果变量，c_i代表个体固定效应。$w_i = 1$代表此人是在实验组，$w_i = 0$代表此人在对照组。$T_{i,-3}$代表个体i在政策发生的3年前的虚拟变量，以此类推，那么只有当2010年时，$T_{i,-3} = 1$，其余年份$T_{i,-3} = 0$；$T_{i,2}$代表个体i在政策发生的2年后的虚拟变量，以此类推，那么只有当2015年时，$T_{i,2} = 1$，其余年份$T_{i,2} = 0$。如表6.2所示，此表仅展示了样本中2个人的数据情况，假设第一个人是在2013年受到处理，而第二个人是在对照组。表中的空格全部赋值为0（后续每个人，如果是对照组、数据显示则和第二个人一样；如果是在实验组，则和第一个人一样）。

表6.2 政策（处理）发生在同一年份的平行趋势假设数据处理

	w_i	$T_{i,-3}$	$T_{i,-2}$	$T_{i,-1}$	$T_{i,1}$	$T_{i,2}$	$w_i \times T_{i,-3}$	$w_i \times T_{i,-2}$	$w_i \times T_{i,-1}$	$w_i \times T_{i,1}$	$w_i \times T_{i,2}$
$y_{1,2010}$	1	1					1				
$y_{1,2011}$	1		1					1			
$y_{1,2012}$	1			1					1		
$y_{1,2013}$	1										
$y_{1,2014}$	1				1					1	
$y_{1,2015}$	1					1					1
$y_{2,2010}$	0	1									
$y_{2,2011}$	0		1								
$y_{2,2012}$	0			1							
$y_{2,2013}$	0										
$y_{2,2014}$	0				1						
$y_{2,2015}$	0					1					
…	…	…	…	…	…	…	…	…	…	…	…

若平行趋势假设成立，应该得到回归结果：γ_{-3}、γ_{-2}、γ_{-1}必须都不显著。为什么？如表6.3所示，对于对照组和实验组来说，2010年到2013年的时间效应分别为β_{-3}和$\beta_{-3} + \gamma_{-3}$。如果政策发生之前的时间趋势是一样的，那么两组人的时间效应应该是相等的，也就是γ_{-3}应该是0，也就是说γ_{-3}不应该显著。

表6.3 政策（处理）发生在同一年份的平行趋势假设检验

	2010年	2013年	时间效应（2013—2010年）
对照组	$\beta_0 + c_i + \beta_{-3}$	$\beta_0 + c_i$	β_{-3}
实验组	$\beta_0 + c_i + \beta_{-3} + \gamma_0 + \gamma_{-3}$	$\beta_0 + c_i + \gamma_0$	$\beta_{-3} + \gamma_{-3}$

如果γ_0、γ_1和γ_2都显著，则代表政策发生当年显著影响就出现了；如果γ_0不显

著，而 γ_1 和 γ_2 都显著，证明政策发生当年影响不明显，从政策发生后一年开始影响显著；同理，如果 γ_0 和 γ_1 不显著，而 γ_2 显著，证明政策在实施之后第二年才开始有显著影响。

如果政策（处理）发生在不同年份，表 6.4 仅展示了样本中 2 个人的数据情况，假设第一个人政策实施是在 2012 年，而第二个人政策实施是在 2014 年。表中的空格全部赋值为 0。第一栏 $w_{i,t}$ 代表政策实施变量，只有某个体 i 在政策实施的当年以及往后的年份，$w_{i,t}=1$，否则为 0。第二栏“年份差”表示政策实施之前几年或者之后几年，例如，第一个人是 2012 年开始实施政策，那么 2010 年相对来说就是政策实施 2 年前，那么 $y_{1,2010}$ 的年份差相对应为-2；2014 年相对来说就是政策实施后 2 年，那么 $y_{1,2014}$ 的年份差相对应为 2，以此类推。纵观表格，年份差的取值为-4 ~3（同时，假设样本的中的其他人的年份差取值也不超过此范围），那么我们可以定义：当年份差 $=j$ 时，$w_{i,j}=1$，否则 $w_{i,j}=0$。然后写出回归方程：

$$y_{it} = \beta_0 + c_i + B_t + \gamma_{-4}w_{i,-4} + \gamma_{-3}w_{i,-3} + \gamma_{-2}w_{i,-2}\gamma_{-1}w_{i,-1}\gamma_1 w_{i,1}\gamma_2 w_{i,2} + \gamma_3 w_{i,3} + u_{it}$$

i 代表个体，t 代表时间（年份），y 代表结果变量，c_i 代表个体固定效应，B_t 是时间固定效应。此回归方程中不包含政策发生当年的变量，而是将其作为基线来比较。若平行趋势假设成立，应该得到回归结果：γ_{-4}、γ_{-3}、γ_{-2}、γ_{-1} 必须都不显著。γ_1、γ_2、γ_3 则可以显著，道理同上。此外，如果样本时间跨度大，从而导致年份差取值跨度较大，例如取值会是-15~10，这时可以适当做出调整，例如，将≤-8 的年份差都归类到-8。贝克等人在 2010 年的研究就是一个在不同年份实施银行消除管制政策的实证研究。

表 6.4　政策（处理）发生在不同年份的平行趋势假设数据处理

	$w_{i,t}$	年份差	$w_{i,-4}$	$w_{i,-3}$	$w_{i,-2}$	$w_{i,-1}$	$w_{i,1}$	$w_{i,2}$	$w_{i,3}$
$y_{1,2010}$	0	-2			1				
$y_{1,2011}$	0	-1				1			
$y_{1,2012}$	1	0							
$y_{1,2013}$	1	1					1		
$y_{1,2014}$	1	2						1	
$y_{1,2015}$	1	3							1
$y_{2,2010}$	0	-4	1						
$y_{2,2011}$	0	-3		1					
$y_{2,2012}$	0	-2			1				
$y_{2,2013}$	0	-1				1			
$y_{2,2014}$	1	0							
$y_{2,2015}$	1	1					1		
…	…	…	…	…	…	…	…	…	…

（5）应用和讨论。

双重差分法的优势在于：能够提供一个直观的分析解释；如果假设满足，则可以使用观测数据得到因果效应；可以使用个人和组级别的数据；对照组和实验组的初始结果变量水平可以不一样，因为我们关注的是结果变量的变化而不是绝对水平；考虑到了除了干预因素以外的变量引起的变化。

双重差分法也有一些局限性：需要基线数据和对照组；如果是否接受干预是由基线结果决定的，则不能使用；如果实验组和控制组有不平行趋势，则无法使用（Abadie 于 2005 年已提出解决方案）；如果在干预前后，实验组和对照组的样本构成变化太大或者变化不稳定，则不能使用。

双重差分法被广泛应用。例如，Di Tella 和 Schargrodsky 在 2004 年研究了警察对于犯罪率的影响。犯罪率用汽车失窃率来衡量。1994 年 7 月，阿根廷布宜诺斯艾利斯的犹太中心遭到恐怖袭击，之后所有犹太机构都受到警察保护。因此，这一恐怖袭击事件影响了警力在地域上的分配。恐怖袭击如同自然灾害一样，可以看作是一个外生因素，也就说是是否受到恐怖袭击随机的。通过对袭击前后汽车失窃率的数据分析，研究者可以分析出警察对犯罪具有很大的威慑作用。2011 年，Branas 等人研究了美国费城的空地绿化项目对人们健康和安全（减少犯罪率）的影响，研究数据长达十年，他们将绿化项目实施前后结果差异与未实施绿化项目的对照组空地进行比较。Harman 在 2011 年研究了佛罗里达州医疗补助项目改革实施后每人每月医疗费用的变化，将实施了改革的城区和未实施改革的城区作为相应的实验组和控制组进行了对比分析。实证分析还可以将倾向得分匹配法和双重差分法综合起来运用。例如，2005 年 Galiani 等人研究了是否应将供水服务私有化的政策建议。首先，某个地区的供水是否私有化不是随机的，受这个地区的 GDP、失业率等因素的影响。研究首先运用倾向值得分去调整供水私有化和公有化地区的协变量，然后再用双重差分法去比较公有化和私有化供水结果（儿童死亡率）的区别。

·断点回归法

断点回归由 Thistlewaite 和 Campbell 于 1960 年首次使用，1990 年年底出现大量相关学术研究。断点回归法包括精确断点回归、模糊断点回归等方法。

断点回归模型涉及因果效应（casual effect）、处理效应（treatment effect）和潜在结果（potential outcomes）。

以评估大学学历对收入的影响为例，样本个体是否拥有大学学历取决于其高考分数是否到达录取分数线 500 分。用 x_i 表示 i 这个人的高考成绩，处理变量 w_i 表示 i 这个人是否上了大学（1 表示上了大学，0 表示没上大学），可以写作：

$$w_i = \begin{cases} 1 & if \quad x_i \geqslant 500 \\ 0 & if \quad x_i < 500 \end{cases}$$

将上大学与否的潜在结果（收入）记作 Y，那么 Y_{i0} 和 Y_{i1} 效应表示个体 i 没上大学和上了大学的收入。这个例子里，是否上大学代表了是否受到实验处理，但和前几节讨论的不同之处在于，是否受到处理是由一个关于因素 x_i 的函数决定的。x_i 称作驱动变量（forcing variable）。x_i 本身可能和 Y_i 也是相关的，但是可以假设这种相关性是平稳连续的。所以 Y_i 出现的任何不连续的断点（跳跃），就可以归结为是受到实验处理而产生的。图 6.6 直观反映了断点回归的原理。断点回归模型通常应用于制定行政管理上的决策，因为参与项目的积极性可能会受资源限制，并且在推广政策或者鼓励人们参与的时候，还要保证有清晰透明的规则，而不能由管理者自由裁量。

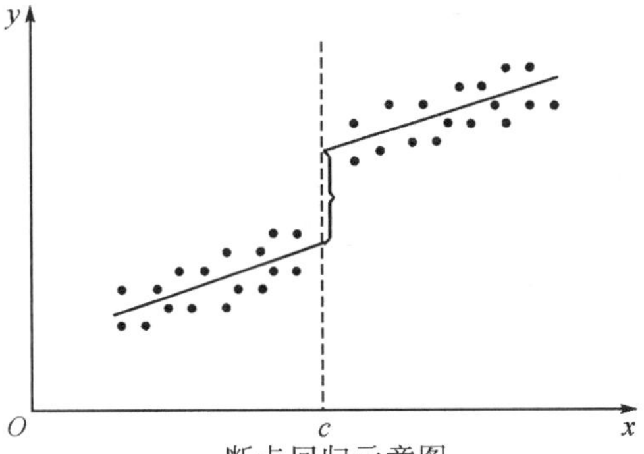

图 6.6　断点回归示意图

（1）精确断点回归。

精确断点回归（sharp regression discontinuity，SRD），其特征是断点 $x=c$ 处，个体得到处理的概率从 0 跳跃到 1。c 被称作阈值或者临界值，是一个常数，例如，上述例子中的录取分数线 500。处理变量的通式可以写作 $w_i = 1\{x_i \geqslant c\}$ 。x_i 的值至少为 c 的个体都强制性的进入实验组，并且 x_i 值小于 c 的所有个体进入对照组（该组成员不符合进入实验的条件，一定不会受到实验处理）。SRD 关注的是条件期望结果的不连续性，即实验处理的平均因果效应：

$$\lim_{x\downarrow c}\mathrm{E}[Y_i \mid X_i = x] - \lim_{x\uparrow c}\mathrm{E}[Y_i \mid X_i = x] = \lim_{x\downarrow c}\mathrm{E}[Y_i(1) \mid X_i = x] - \lim_{x\uparrow c}\mathrm{E}[Y_i(0) \mid X_i = x]$$

其中 $\lim\limits_{x\downarrow c}$ 与 $\lim\limits_{x\uparrow c}$ 表示从 c 的右侧与左侧取极限（右极限和左极限）。

我们想要分析的是两个回归方程在 c 点取值的差：$\tau_{SRD} = \mathrm{E}[Y_i(1) - Y_i(0) \mid X_i = c]$ 。这里要注意的是，当 $X_i = c$ 时，个体进入了实验组，只能观察到 $Y_i(1)$ ，而观察不到 $Y_i(0)$ 。我们只能观察到当 X_i 无限接近 c 时的情况。

基于条件回归的连续性的假设，即 $\mathrm{E}[Y_i(1) \mid X_i = x]$ 和 $\mathrm{E}[Y_i(0) \mid X_i = x]$ 在 x 上是连续的。所以其极限值等于函数取值。我们可以得出：

$$\tau_{SRD} = \lim_{x\downarrow c}\mathrm{E}[Y_i \mid X_i = x] - \lim_{x\uparrow c}\mathrm{E}[Y_i \mid X_i = x]$$

回到上大学的例子，高考分数 500 分及以上，可以上大学。但其实考了 498 分、499 分、500 分和 501 分的学生，可以认为他们在各方面（包括可观测变量和不可观察变量）是没有系统差异的。我们可以把他们高考成绩的细微差别看作是“上帝之手”随机抽样的结果，导致了 500 和 501 分的考生上了大学，而 498 分和 499 分的考生没上大学。因此，由于制度原因，对高考成绩在小领域 $[500-\varepsilon,\ 500+\varepsilon]$ 的考生进行了随机分组，故其可视为准实验（quasi experiment）。由于存在随机分组，故可一致地估计在 $X_i =$ 500 附近的局部平均处理效应（local average treatment effect，LATE），即

$$\text{LATE} = \text{E}[Y_i(1) - Y_i(0) \mid X_i = 500]$$
$$= \text{E}[Y_i(1) \mid X_i = 500] - \text{E}[Y_i(0) \mid X_i = 500]$$
$$= \lim_{x \downarrow 500} \text{E}[Y_i(1) \mid X_i = x] - \lim_{x \uparrow 500} \text{E}[Y_i(0) \mid X_i = x]$$

假设高考分数 X_i 与收入 Y_i 本身存在如下线性关系：

$$Y_i = \alpha + \beta X_i + \varepsilon_i \quad i = 1, \cdots, n$$

假设处理效应为正，则 Y_i 与 X_i 之间的线性关系在 $X_i = c$ 处就存在一个向上跳跃（jump）的断点。

由于在 $X_i = c$ 附近，个体在各方面均无系统差别，故造成条件期望函数 $\text{E}[Y_i \mid X_i]$ 在此跳跃的唯一原因只可能是 w_i 的处理效应。

为了估计此跳跃，将方程改写为：$Y_i = \alpha + \beta(X_i - c) + \delta w_i + \gamma(X_i - c) w_i + \varepsilon_i$

其中（$X_i - c$）为 X_i 的标准化，使得（$X_i - c$）的断点为 0。引入互动项 $\gamma(X_i - c) w_i$ 允许断点两侧的斜率不同。对此方程进行 OLS 回归，所得 $\hat{\delta}$ 就是 $X_i = c$ 处的局部平均效应（LATE）估计量。

此回归由于存在一个断点，故称为“断点回归”（regression discontinuity）或称“断点回归设计”（regression discontinuity design）。由于在断点附近仿佛存在随机分组，故我们一般认为断点回归是内部有效性比较强的一种准实验。断点回归可以视为“局部随机验”（local randomized experiment）；可通过考察协变量在断点两侧的分布是否有差异来检验随机性。但断点回归仅推断在断点处的因果关系，并不能推广到其他样本值，故外部有效性受局限。

（2）模糊断点回归。

模糊断点回归（fuzzy regression discontinuity，FRD），其特征是断点 $X_i = c$ 处，个体得到处理的概率从 a 跳跃到 b，其中 $0 < a < b < 1$。即使 $X_i > c$，也不一定得到处理，但得到处理的概率在 $X_i = c$ 处有不连续的跳跃。

$$\lim_{x \downarrow c} Pr[w_i = 1 \mid X_i = x] \neq \lim_{x \uparrow c} Pr[w_i = 1 \mid X_i = x]$$

例如，高考成绩达到 500 分并不能完全保证上大学，能否上大学还取决于填报志愿，甚至有达线考生放弃上大学的机会；而即使成绩未达线，但也可能因某种特长而得到加分，从而得到上大学的机会。上大学的概率确实在分数线的位置上有一个不连续的跳跃。

在模糊断点的情况下，处理变量 w 不完全由分组变量 X 所决定。

一般来说，影响处理变量 w 的其他因素也会影响结果变量 y，导致在回归方程中处理变量 w 与扰动项 ε 相关，存在内生性问题，故 OLS 不一致。

为了在模糊断点情况下识别平均处理效应，需要引入以下条件独立假定。

假定给定 x，则 $Y_i(0)$，$Y_i(1) \perp w_i \mid X_i$。

由于 $Y_i = Y_i(0) + w_i[Y_i(1) - Y_i(0)]$

故，$E(Y_i \mid X_i = x) = \text{E}[Y_i(0) \mid X_i = x] + \text{E}\{w_i[Y_i(1) - Y_i(0)]\} X_i = x$

$$= \text{E}[Y_i(0) \mid X_i = x] + \text{E}(w_i \mid X_i = x) * E\{[Y_i(1) - Y_i(0)] \mid X_i = x\}$$

取右极限：

$$\lim_{x\downarrow c}\mathrm{E}(Y_i \mid X_i = x) = \lim_{x\downarrow c}\mathrm{E}[Y_i(0) \mid X_i = x] + \lim_{x\downarrow c}\mathrm{E}(w_i \mid X_i = x) \times \lim_{x\downarrow c}\mathrm{E}\{[Y_i(1) - Y_i(0)] \mid X_i = x\}$$

取左极限：

$$\lim_{x\uparrow c}\mathrm{E}(Y_i \mid X_i = x) = \lim_{x\uparrow c}\mathrm{E}[Y_i(0) \mid X_i = x] + \lim_{x\uparrow c}\mathrm{E}(w_i \mid X_i = x) \times \lim_{x\uparrow c}\mathrm{E}\{[Y_i(1) - Y_i(0)] \mid X_i = x\}$$

相减：

$$\lim_{x\downarrow c}\mathrm{E}(Y_i \mid X_i = x) - \lim_{x\uparrow c}\mathrm{E}(Y_i \mid X_i = x)$$

$$= [\lim_{x\downarrow c}\mathrm{E}(w_i \mid X_i = x) - \lim_{x\uparrow c}\mathrm{E}(w_i \mid X_i = x)] \times \mathrm{E}\{[Y_i(1) - Y_i(0)] \mid X_i = c\}$$

移项相除得到：

$$LATE = E\{[Y_i(1) - Y_i(0)] \mid X_i = c\} = \tau_{FRD} = \frac{\lim_{x\downarrow c}E[Y_i \mid X_i = x] - \lim_{x\uparrow c}E[Y_i \mid X_i = x]}{\lim_{x\downarrow c}E[w_i \mid X_i = x] - \lim_{x\uparrow c}E[w_i \mid X_i = x]}$$

也就是，基于协变量 X_i 的条件，回归结果的跳跃与政策变量的跳跃的比值就是平均处理效应（LATE）。

举个模糊断点回归的例子，2002 年，Vanderklaw 研究了助学金对大学入学率的影响。研究关注的是在大学提供助学金的情况下，学生接受该大学录取的情况①。各大学为了简化分配助学金的过程，通常基于申请人的客观信息，如美国高考（SAT）分数、成绩等，将其记为 X_i 。在录取的初始阶段，大学根据不同分数段（离散值）将申请人分为 L 组。用 G_i 来代表 i 这个个体的助学金组别，表达式为：

$$G_i = \begin{cases} 1 & if \quad 0 \leqslant X_i \leqslant c_1 \\ 2 & if \quad c_1 \leqslant X_i \leqslant c_2 \\ & \quad \cdots \\ L & if \quad c_{L-1} \leqslant X_i \end{cases}$$

为了简单起见，我们可以先讨论助学金只分两组的情况，即只有一个临界值 c ，$L = 2$。

分数超过 c 将使申请人进入更高的助学金组别，并且与得分略低于 c 的人相比，得到助学金的机会跳跃性增加。此研究关注的结果是大学入学率。在这种情况下，入学率和助学金之间的统计关联不明确，一方面，一所大学提供助学金使那所大学对潜在的学生更有吸引力；另一方面，一个学生如果能获得此大学丰厚的经济援助，代表着他很可能有更好的别的外部机会，也就是说可能会获得其他大学提供的经济援助。在这个例子里，大学是否给这个学生提供助学金并不能说是分数成绩的确定函数，因为推荐信和申请自述论文也是判断标准，所以才用了模糊断点回归设计。

① 美国的大学是申请—录取制，每个学生可以申请一所或多所大学，并且可能被多所大学同时录取。申请材料包括成绩、申请自述论文、推荐信等。他们将会收到这些大学的录取通知书，同时有的学校会提供附加的福利，如学费全免、部分免学费、助学金、奖学金等，每个学校提供的福利可能各不相同。学生们将从这些录取通知书中选择一所他们最终想去的学校，回复接受该学校录取且入学。

（3）应用和讨论。

断点回归可以在随机实验无法进行的情况下提供分析。断点回归的因果推论来自这样一个假设：除了使用不同的干预方法外，任何干预方法在其他方面都是相似的。换言之，某个人是大于还是小于临界值的过程是随机的，从而导致接近阈值的人的准随机处理分派。这一随机化假设的有效性可以运用到临床试验中进行项目评估，临界值两侧的人具有可比较的特征。此外，回归不连续性研究可能更好地反映项目和政策干预的“现实世界”效应，因为它们考虑到了一些可能性，如追访失败。

精确断点回归和模糊断点回归设计的一个重要方面是，它们提供的是针对一个子样本的分析，即对具有协变量的 $X_i = c$ 子样本的平均处理效应的估计。如果没有强假设（例如，处理效果的同一性），研究很难外推应用到其他子样本，从而研究结果很难代表总体样本的平均处理效应。从这个意义上说，断点回归设计基本上只具有有限的外部有效性。但与其他可能具有更多外部性的非实验性分析相比，当断点回归设计适用时，通常更具有较高的内部有效性。此外，如果临界值的选择是非随机操作的，也会影响断点回归的有效性。然而，在许多情况下，临界值的选择是随机的，即使是非随机的，也很容易检测辨别。断点回归研究可能需要大量数据集来生成精确的估计。然而，我们现在拥有越来越多的大数据，如电子医疗信息系统、行政数据库、保险索赔、人口健康数据库、社交媒体、互联网搜索等，因此数据集将不是一个特别大的问题。

断点回归分析法在最近的学术研究中运用很多，比如可以用来评估医疗保险对人们健康的影响，这属于公共卫生政策中的一个关键问题。例如，要得到美国的医疗补助计划（Medicaid），收入必须低于一定标准，2012 年，De La Mata 研究了在这个收入标准上下的家庭中孩子们的健康服务利用情况和身体健康情况；为了研究儿童时期的健康保险覆盖情况对青少年健康结果（住院率）的影响，Wherry 等人于 2018 年研究了获得美国医疗补助资格的变化，具体来说就是 1983 年 10 月 1 日以后出生的人能够获得更多年的医疗补助计划，这里出生时间就是一个临界值。Callaghanet 等人在 2013 年研究了酒精对年轻人死亡率的影响，将法定饮酒年龄作为临界值，研究高于和低于法定饮酒年龄的死亡率。2012 年，陈教授利用中国的数据研究了空气污染对健康的影响，文中提到有一项国家政策，在冬季为居住在淮河北方的人们提供免费的烧煤的暖气，而淮河南边的则没有。研究发现在统计学上，相对淮河以南，淮河北部的环境污染更高，污染使人们的预期寿命降低了 5.5 年。

总结

要推断政府项目 w 引起社会结果 Y，三个条件必须成立，它们是时间不对等条件、共变条件、排除假相关。

实验设计的效度问题包括：统计结论效度、内部效度和外部效度。统计结论效度关注的是项目与结果之间的相关性，而内部效度关注的是排除备择假设，外部效度关心的是结果的推广。它们之间是统计结论效度“支撑”内部效度，两者共同支持外部效度。

尽管实验设计是用来检测因果关系的“黄金标准”，项目评价领域一直对实验设计的价值有所争论。一方面，实施费用很高，经常要求对项目进行控制；另一方面，这些实验设计实施起来很容易遇到困难，通常还会遇到伦理、道德、法律问题。

准实验也可以用来确定一个项目以有效性。找到一个不受项目干扰的对照组是准实验的关键，类似的方法还有双重差分法、断点回归法和倾向匹配得分法等，这些在学术的评价项目和政策中广泛应用。但经常由于资源的限制，其在评价实践中很少被使用。

基本概念

反事实结果　选择偏误　处理效应　统计结论效度　内部效度　外部效度　前侧后侧法　单独时间序列设计　对比时间序列设计

课后习题

1. 什么是反事实结果？如何估计反事实结果？

2. 请举出一个“自我选择偏误”的实例。

3. 新型冠状病毒肺炎的爆发是否会引起失业率的上升？应当用什么方法来分析？请提供一个两三段的研究大纲。

附录　SPSS 实际操作案例

第七章
定性分析

第一节　定性分析概述

在第一章的项目评价内容（图 1.3）中，要分析连接公众需求和项目目标的相关性、项目实施情况，以及项目存在问题、改进建议等，我们经常用的是定性分析。前面讲的逻辑模型的构建，就是一个定性研究的过程，它依靠的是参阅文件档案，采访利益相关者，以及将所有的资料汇总，并用图形表示项目。本章主要讨论常见的定性分析方法及其在实践中如何应用定性分析。

1.1　定性分析介绍

定性研究是以研究者本人作为研究工具，在自然情境下，采用多种资料收集方法，对研究现象进行深入的整体性探究，从原始资料中形成结论和理论，通过与研究对象互动，对其行为和意义建构获得解释性理解的一种活动。自然情境下指的是研究者应该自然地进行观察并报告实际情况。整体性研究是指将不同参与者的观点结合起来，通过归纳的方法，寻找能够整体理解评价数据的模式。定性分析方法收集数据的方式包括访谈、焦点小组、叙事型数据、观察得来的田野笔记及记录下的各种文件。

·访谈

所有的采访或是访谈都是为了更好地了解被采访者，其目的因研究问题和研究者的学科视角不同而不同。访谈可以分为结构性的、半结构性的和非结构性的。

结构化的访谈通常是以相同的方式、完全一样的措辞对受访者提出预定问题。半结构性访谈是指问 5~15 个预先确定的问题，剩下的问题是具有弹性的；而非结构性的访谈则更具有弹性，它是由访问者确立对话的方向，再针对受访者提出的若干特殊议题。

一些研究开展之前会有一个先验假设，会想通过访谈来检验先验假设，这种研究过程通常使用结构化的问题和标准化的分析。所以，结构性的访谈可以用于定量分析。结构性访谈是问卷调查的一种方式，我们将会在第九章的调查问卷访谈中具体介绍。但当研究一个以前没有探索过的话题，或者不清楚不明确的话题时，先验假设还不存在。这时，需要通过某种形式的定性访谈（qualitative interview）试图用探索意义的过程更好地理解现象和现实，从而做出某种假设，进行定性分析。

定性访谈是具有弹性的，通常是半结构性和非结构性的。它是根据大致的研究计划在访问者和受访者之间进行互动的一种形式，而不是必须使用一定的词语和特定的顺序来提问的一组标准化的问题。虽然访谈可能是从某个事先构思好的、关于研究关注点的问题开始的，但是受访者给出的答案可能会提供新的思路和关注点，这时如果继续用原先构思好的后续问题提问，作用并不大。访问者必须发问、聆听答案、思考答案对于研究的意义。如果能够从答案中深入挖掘到信息，则构建新的问题继续访谈；如果答案偏离主题，则需将受访者引向关注的重点。总的来说，定性访谈鼓励受访者分享对现象的丰富描述，然后研究者对受访者的描述性内容进行深度解释或分析。理想的情况是由受访者负责大部分的谈话，访谈者说话的时间不应该超过总访谈时间的5%。

除了有弹性以外，定性访谈的设计还是反复式的，这意味着如果能够重复收集信息，并且进行多次分析、筛选、验证，就离所研究的现象的真相更进一步。此外，定性访谈也具有持续性，即在研究的过程中不断地对问题的形式进行修正。因为有些问题可能会被误解，有些问题可能无关紧要，或者超出了研究的需要，这些都需要不断修正。例如，问题“你觉得这里的环境如何?”提问者想问的是氛围如何，但受访者有可能误理解为是在讨论物理环境和空气质量。所以访员在采访过程中要注意听受访者的回答，看他是否回答了所关注的重点。

在定性研究中，研究者是数据收集的主要工具。因此，提问者并不是访谈中的被动参与者，他们需要利用自己的能力和经验引导受访者进行深入的讨论。Kvale将提问者比喻成“矿工”和“游人”。矿工式访问也就是当发现受访者有某些特殊的信息和想法时，提问者应该进行深入的挖掘。“游人式”访问是指研究者在公共项目实施或将要实施的各个地区进行考察和探索、接触居民等目标群体的过程中，可能会发现许多信息，同时和受访者保持良好的相处关系，并且提出问题引导研究对象说出自己生活中的故事。所以说，定性研究访谈是基于受访者的经历为概念性和理论性的知识体系做出贡献。

当然，不管是定性访谈访员还是调查访谈访员，都必须仔细准备和熟悉要提的问题。访谈之前，需要熟悉主题领域和背景，并进行相关的文献阅读。访谈的地点也应该选择在让受访者感到方便、舒适，并且没有任何潜在干扰和噪音的环境下进行。在一些情况下，如果还需要受访者签署道德认可之类的同意书，那么访员需要提前准备好这些相关文件。另外，访谈之前对文化背景和权力的评估是必要的。例如，一些提问可能会在特定文化背景里具有侵犯性，或者可能因为语言问题需要提供翻译人员；研究者或访员是老师如果对学生进行访谈，需要注意显性和隐性的权力关系，因为有可能学生会试图遵循老师的期望去回答问题，从而给出老师希望得到的正确答案。另外，在面试开始时，最好先问几个“简单”的问题，比如：“请告诉我，你在这里工作了多长时间?”或者“你为什么想成为护士?”让受访者熟悉采访，进入状态。在访谈时，避免使用深奥的专业术语，尽可能采用通俗易懂的，外行也能理解的语言。

定性访谈是一种数据收集工具，特别适用于研究者希望获得单个受访者对某一现象的主观看法，而不是大群体的普遍理解的这种情况。例如，定性访谈很适合探索患者的患病经历或临床医生在实际工作中的学习情况。因此，运用定性访谈可以更好关注到社会上的少数群体和不易发声的群体。因为定性访谈是有目的的采样，所以就要求受访者是具有同质性的特定群体，并且与研究问题的相关想法上要具有相似性。

·焦点小组

焦点小组（focus group）也称为专题小组访谈法，主要针对某一特定评价问题，选择一组熟悉主题的相关人员（大约 12 人）坐在一起同时进行访谈，组中经常有一个或几个人引导讨论并记录过程。这种方式允许研究者/访员同时对几个人提问，小组受访者成员可以就一系列问题给出自己的看法和建议。另外，进行焦点小组访谈时，需要注意时间地点是否合适，当然这没有一个统一的标准。例如，如果是针对一群学生的访谈，那么利用课余时间在教室进行焦点小组访谈就比较有效率。

焦点小组方法通常适用于市场调研。例如，对一种新产品的推广，可以让受访者坐在一起讨论新产品的可接受性和销售前景，谈一谈最喜欢这种新产品的什么特征，愿意花多少钱买等。和定性访谈一样，焦点小组也可以运用在医学教育研究中，例如，在一些医学干预或项目的初步阶段，需要生成一些假设，这些假设可以用来检验一下初步阶段的工作，或者开发问卷调查的问题项，再或者是设计一些医学干预的方案。同样的，在公共项目评价研究设计中，焦点小组方法可以帮助政府/研究者了解人们对于公共项目的需求和期待，有助于公共项目的初始方案设计或是用于评价公共项目实施。当然焦点小组也可以运用在其他方面。

焦点小组的抽样是一个重要问题。例如，在公共项目方案设计中，访谈者（政府/决策者）肯定更希望是随机抽样，这样参加焦点小组的人可以代表各种利益相关群体，同时访谈者还不希望他们之间彼此熟识，因为熟识的人的想法可能比较单一。但是焦点小组参与讨论的人并不是通过严格的概率抽样选出来的，也就意味着这些人不具有统计上的代表性。但这并不影响焦点小组的运用，因为焦点小组这种定性研究的目的是探索一些未知的领域和想法，并不是企图描述或者进行解释。如果能进行多次焦点小组访谈，结果会更具有代表性，能够给出更具有普适性和一般性的结论。但是多次焦点小组访谈也会出现小组之间的差异太大的问题，使得信息难以归纳分析的问题。如果是运用在医学研究方面，有时也可以不运用随机抽样或代表性抽样，这样更能聚焦感兴趣的点。抽样方法的具体介绍将在第二节中展开。

焦点小组访谈法具有成本低、出结果快、有弹性的特点。此外，焦点小组访谈还经常可以引出研究者所没有想到的一些内容，例如，某个受访者可能从其他受访者的发言中得到启发，进而延伸发表自己的观点，这比个人访谈能获取更多的信息。

当然，焦点小组也有一些缺点，比如与其他类型的访谈相比，在焦点小组访谈中，研究者需要有更多的技巧。访问者可以同时向几个人进行系统提问，所以说要协调那么多人进行讨论本身就是一个很大的挑战。访谈者需要努力使得每个受访者都有充分表达自己想法的机会，而不能仅仅听某些受访者滔滔不绝；另外还需在“群体思维”现象出现时及时作出反应，也就是说需要意识到人们是否会倾向于和小组中多数人的意见和决定保持一致从而隐藏自己的真实想法。另外，访谈者虽然需要引导访谈和受访者，但基本的原则还是“多听少说”，即使在谈话中出现沉默的情况也不要紧，因为有时候沉默代表受访者们感有兴趣并在积极思考，或者是他们听到别人的想法在进行反思。如果访谈者在谈话中过于活跃，可能会在无意识的情况下将话题引偏到某个方向。因此，访谈者需要保持开放和诚实的态度，积极倾听，引起受访者的兴趣。

焦点小组不仅仅能够获得受访者的想法，还能够了解到他们为什么这么想，但是焦点小组不能完全替代调查问卷或是一对一访谈。虽然焦点小组有很多好处，但是在实际操作中访谈者必须仔细考虑是否应该使用焦点小组及怎样才能发挥出它的优势。

·观察

观察是一种实地研究方式，就是评价者能够在项目现场实地观察并思考，对项目运行情况进行实地工作描述。比如，要想了解医院急诊部门的运营情况，研究者除了可以在医护人员的用餐时间或咖啡休息时间和他们进行访谈，也可以默默地观察医生护士的工作情况、观察病人和其他等待的人。但研究者本身可能并不会参与救治或者是被救治。这时评价者就是单纯的观察者，对项目活动进行第一手观察。但是评估者也可以作为“参与性观察者”或者“观察性参与者”亲自参与这些活动。如果是研究一些专业领域的项目，作为一个非专业人员，访谈者不可能完全作为一个参与者。访谈者的角色也不是固定不变的，开始可能作为一个纯观察者，但是随着时间的推移，和团队中人员的交流变多，加上不断地进行学习，可能会更接近一个参与者的角色。

观察这种方法是对项目进行实地考察研究。项目的进行可能需要一个长期的过程，所以观察法持续的时间，取决于研究人员需要花多少时间才能从项目中充分了解地方社会结构、机构和文化习俗等。最佳的实地调查时长没有统一的标准，原则上，实地调查应该一直持续到研究员不能够获得新的信息为止。

观察可以捕捉项目实施过程的所有相关方面，这是摄像机和照相机所不能比的。在直接观察和访谈中，应该把一切过程完整而真实地记录下来。记录应该包含经验观察和对他们的理解，要记下“知道”已经发生的和“认为”已经发生的事，并将这些不同的记录加以区别。当然，我们的观察是基于一个实际样本，同样的，记录所有观察到的东西也是对于所观察的样本进行记录。同时，我们应该记录观察中最重要的部分而不是随机抽样记录。

我们说，理论上所有能发现的细节在时间允许的情况下都可以记录下来，尽管有很多信息最终没有用上，但是有时在观察的当下，研究者很难立即判断什么有用什么没有用，所以只能先尽可能地记下来，后续再进行分析和筛选；而且当下可能觉得无用的信息，会在后续和另一些信息联系起来，因此我们还是不能漏掉任何细节。那么如何在时间允许的情况下记录下更多的信息呢？在研究开始之前，有些最重要的观察是可以预料的，有些则会随着观察的进展逐渐明显。例如，对于可以预料的部分，可以准备一些基础的标准化的表格，如性别、年龄、工作时长等，可以简单便捷地将观察到的特征信息填入表格，或者还可以自行定义一些速记符号，或者是画图来帮助划分观察对象的一些区域信息。另一种方法是分阶段记录，也就是在观察的当下为了跟上访谈节奏，先只用关键字和词组简略地记录，在后续阶段详细地重写记录。从观察获得的材料被系统地转化为数据，一小时的观察可能会需要几小时的写作时间，从而产生几千字的文字记录。

总而言之，俗话说“好记性不如烂笔头”，观察时一定要及时做记录，不能只凭自己的记忆力。观察和记录也是一项技能，多实践多使用才能更加熟练地掌握它们。

·内容分析

用内容分析或者文件分析法（content analysis）来对公共项目进行评价主要就是对被记载下来的项目记录的研究。项目记录可以包括官方项目报告、书籍、杂志、报纸、网页、备忘录、法律条文等书面材料，也包括如照片、演讲等其他文件。内容分析法要求仔细处理须关注的问题。

Seppälä 等人在 2018 年用内容分析法对芬兰政策文件进行分析，研究了在工作场所推行促进体力活动和健康营养的国家政策是否会对人们的行为改变产生导向作用。研究者们系统地搜索了国家部委和部属科研院所的网站，获取了 2016 年 8 月在芬兰生效的所有有关促进健康营养和体力活动的国家级的卫生政策文件。根据以下标准选出政策文件：①国家级文件（即不是地方或国际）；②与健康有关（例如，不是环境政策）；③是政策文件的最新版本，或与搜索时正在进行的政策方案有关；④包括营养和/或体力活动；⑤包括但不一定限于工作场所环境。利用这些标准，研究者们找到了六份重点关注对工作场所促进体力活动或健康营养情况的政策文件以及它们引用的另外两份文件。针对员工营养和体力活动（包括久坐行为）的政策建议采用不同分类方法进行编码。六份政策文件共载有 125 项政策建议：超过一半（55%）的建议被归类为机会（31%的物质机会和 24%的社交机会）；心理承受能力也很常见（22%）；侧重于身体能力的建议几乎没有（1%）。就社会生态而言，建议的主要目标见表 7.1。针对员工健康行为改变的大多数建议措施针对的是个人行为（46%）和环境变化建议（44%），只有少数建议改变社区（如文化）（10%）。与营养相关的环境相对频率（47%）略高于体力活动（30%）。以社区为目标的推荐在营养相关（$n=2$）中很少，但在体力活动（14%）的推荐中略为频繁。

表 7.1　政策建议目标

目标	政策建议	总计/%	营养/%	体力活动/%
个人	尽可能使用楼梯 监督和评估员工的生活方式选择	57（46）	39（50）	46（55）
社区	重新考虑会议举行方式，减少你工作场所的久坐行为	13（10）	2（3）	12（14）
环境	会议饮食的健康是很重要的考虑因素。	55（44）	37（47）	25（30）
总计		125（100）	78（100）	83（100）

内容分析法最大的优点就是省时省钱，不需要大量的研究人员或是特殊的设备，只需要对所接触资料加以编码就可以进行内容分析了，具有很强的经济性，相对于调查和实验，如果做得不好就需要花大量时间重复这个研究计划，或者有些实地研究根本无法重复等弊端而言，内容分析法就比较容易重做其中的任何一个部分。同时，内容分析法还能够对一段时间内发生的事情进行研究。此外，内容分析是非介入式的方法，不会对项目的正常运行产生干预。当然，它的主要缺点就是文件资料有限，导致分析仅限于考察相关文件，而对文件外的信息无从考察。

定性评估的数据通常来自实地调查。评估者需要花时间研究项目的环境，如一些项目、组织或社区会有一些改革或变化，可以对被访问的人员和现有的文件进行分析。评估者对活动和互动过程进行第一手观察，有时还可以作为项目成员参与项目的全部或一部分。定性评价者会和受访者交谈，获得他们的经验和看法，也可以进行更正式的个人或团体面试访谈，并且记录相关内容和文件。通过内容分析，研究者可以将这些现场笔记中的大量原始数据整理成具有主题性、类别性和说明性的叙述性案例描述，以供参阅。实地评估中产生的主题、模式、理解、见解和随后的分析就可以作为定性研究的成果。

以上是收集、分析定性数据的方法。现在我们应该清楚了，定性数据的质量在很大程度上取决于评估者的方法技能、敏感性和完整性。访谈不仅仅是提问，还需要根据回答进一步深度挖掘；观察不仅仅是亲临现场和走走看看，还需要参与其中并思考；文件内容分析不仅仅是阅读理解文件内容，还需要对内容归纳和分析。总之，如果我们希望通过观察、访谈和内容分析得出有用和可信的定性结果，这需要遵从一定的范式、有一定的专业知识、进行过一定的培训和实践，还需要一些创造力和不断地去努力。

1.2　定性分析法与定量分析法的关系

与定量研究不同，定性分析方法是以叙述性、非数值型数据为基础的分析方法。一般来说，定性方法比定量方法更加开放，并且对于收集和分析那些不容易被转化为数字的数据更为重要。对于探索性研究、参与性研究或者官能评价，定性研究方法显得尤为重要。

一般来说，定量与定性的实质性区别在于是否数据化。比如称赞某人“很聪明”使用的是定性的判断，当心理学家等专家用 IQ 得分来测量智力时，他们就在试图将这个定性评价“很聪明”定量化，例如，可以说某人 IQ 得分为 120。有时观察到的事实或现象是定性的，例如某人的聪明程度、在问卷调查中对项目的满意度，这些东西都不是天生数据化的或定量的，只是有时候，将其转化成数字形式更为有用。定量化常常使我们的观察更加明确，也易于将资料整合、对比或得出结论，而且为统计分析提供了可能性。

在测量某些性质的时候，用数字来表示的定量数据就比用词语来表示的数据更好。但我们也要意识到定量数据也附带了数字本身的不足，其中就包括概念丰富的潜在损失。比如，我们常常会对公共项目评价“满意度”，如果仅以居民参与的次数来描述就是不完整的，因为参加次数多并不代表一定对项目很满意，也可能是因为没有其他可替代项目。另一方面，定性数据也附带了描述上的不足。例如，我们所提到的项目满意度，在某种程度上也是模糊性的函数，就像提到的“是否有其他可替代的项目”，不同的人可能对于“可替代性”的角度和方面理解不一样。

在项目评价中，我们经常需要将关于目标结果的一些概念定量化，要将这些概念定量化，我们必须清楚它们的定义和内涵，要将焦点放在测量的概念上，这就意味着我们必须面临某种权衡，排除任何其他的意义。因此不可避免地，任何明确的定量测量，都比相关的定性描述要肤浅。

为了更好地理解定性分析，我们看看定性和定量评价方法的一些差别。

(1) 研究方法不同。

定性研究很强调人类经验的独特性，定性项目评价趋向于在这些经验的基础上进行构建，寻找规律，并对新的、超出预想的情况保持开放包容的态度。它所使用的归纳法，是以“数据”为起点，即叙事材料、直接的和间接的观察、利益相关者和评价者之间的交互作用、文件档案证据及其他的信息等。接着构建对于模型的理解，将数据里的主题放在一起对它们进行权衡，并与利益相关者一起来证实它们。最后准备相关的材料来报告发现和结果，整个这个过程被称为项目评价的整体方法。定性研究的评价就不单单是从项目经理的角度进行的，同时要从项目受益者和利益相关者的角度去考虑。在实施定性评测及评价研究中的关键问题有以下几点：

· 谁是评价的用户？

· 什么问题或疑问促成了这个评价？

· 可以得到什么样的资源实施这个评价？

· 先前做过了些什么？

· 项目具体是关于什么的？

· 项目在什么样的环境下实施？情境如何影响评价者所关注的比较？

· 哪一个备选的研究设计是理想而且恰当的？

· 考虑到评价要完成的工作、项目的结构和实施的情境，什么样的信息资源是可获得的或合适的？

· 考虑到以上所提到的问题，什么样的评价策略是问题最少的？

· 项目评价究竟该不该实施？

定量分析常常用演绎方法，从假设的命题出发，收集定量资料，加以统计分析。相比之下，定量研究更趋向于注重假设（例如，项目逻辑中所蕴含的假设）或者评价问题，一般来说，这些问题在一定限度内反映了利益相关者可能的视角。一般来说，对项目进行评价，关键问题是：项目是否产生或者导致了观察到的结果，即项目是否是有效的。

(2) 研究情境不同。

定性评价比较趋向于自然主义。自然主义方法也就是不依据任何既定的理论构架，而是对事物发展的实际状况作如实的、自然的描述，这一描述可以用自然科学的观点和语言进行解释。也就是说，他们并不试图控制或者操纵任何项目情境的因素。项目评价者会关注到利益相关者与项目的互动情况，或需要履行与项目有关的义务，通常，他们会用最自然的方式和项目利益相关者打交道。自然主义也意味着评价者要使用最真实自然的语言，即用与利益相关者相同的语言来对项目进行描述。

而定量分析则更关注效度问题，尤其关注内部效度的干扰因素，因为这些因素会破坏我们对项目结果的增量影响的评测。之所以对内部效度及统计结论效度特别关注，通常是因为定量评价者希望能够对项目设计、项目实施及评价过程有所控制。

（3）抽样方法不同。

定性分析通常是根据研究目的进行有目的地抽样，包括极端个案抽样、滚雪球抽样、机会抽样等非概率抽样方法，样本的数量一般很小，但内容挖掘深入。定性分析经常使用个案研究的方法。

相比之下，定量评价通常试图精确地、统计性地描述大型总体情况，采用的是随机性的概率抽样，通过对相对较大的样本的测试来获得数据，使用能产生足够统计意义的样本数量，来检验项目的预期结果。

（4）测量工具不同。

在定性评价中，评价者自己就是主要的测量工具。评价中没有特殊的视角，也不能要求评价者做出客观性声明。评价者的观察、互动及提供的叙事材料和其他形式的信息，是生成评价报告的重要部分。收集数据的一个主要方法就是面对面访谈或专题小组。掌握访谈和观察的能力，并对过程的细节进行记录，都是定性评价者的基本技能。

定量研究的测量工具要求是具有信度和效度的测量工具。

以上列出的这些区别并不是完全绝对的，也不是二者所有的区别，因为我们对定性评价和定量评价的认识仍在不断改变。值得反复强调的一点是，评价方法的选择依赖于项目实施的情境和我们究竟要回答什么样的问题，而定性评价方法可以被用在评价的任何一个阶段。

在项目评价中，定量和定性方法往往都发挥着重要作用：有时可以使用一组方法来扩展或解释使用另一套方法获得的结果，有时使用一套方法编制的问卷或概念模型便于另一种方法的实施。所以两种方法我们都应该了解和掌握。有一些研究情境和议题适用定性分析，而另一些则适用定量分析。项目评价是否可以完全使用定性的研究方法取决于评价的环境背景和需要。但事实上，很多评价常常采用定性研究的方法，是因为受时间和资金的限制，进而导致常常无法测量或量化一些指标或效果等关键变量。

定性评价可以使用自然主义方法或定性分析方法，或者综合使用两种方法，通常还可以与定量数据相结合，并且，将定性评价方法作为定量方法的补充具有非常充分的实践方面的理由。有学者提出，使用两个方法要比使用一个方法好。如果只选用定性分析，选择的样本可能太小，缺乏完成后续定量分析的所必需的随机化假设。但如果一开始选择定量分析，样本选择就会缺乏目的性，参与者是被随机招募和挑选的，并不一定具有研究所需要的丰富信息，这个时候就可以减少样本量再进行定性研究。有时在最初先用定性方法进行探索性工作，之后就会采用定量的研究方法。例如，当评价者在制作调查问卷时，可以通过参阅文件档案，采访利益相关者和汇总所有资料的方式，将项目用图形表示出来生成逻辑模型。这就是一个典型的定性分析的过程。有时，定性的发现是通过使用定量的数据而得到的，如可以从一项含有开放式和闭合式问题的调查中获得数据，然后通过定量数据报告出来。但也有一种情况，定性的研究是在定量方法完成之后进行的，例如，一个组织机构可以基于对问卷调查结果的定量分析，进行定性研究来分析该项目是否需要改进，并筹划如何进行下一步的工作。

还有一些定性研究能够同时综合使用定性和定量方法。例如，研究者可以先对项目的用户进行访谈，让用户用自己的语言来说出他们对于项目的感受，得到叙事型数据；同样的，去采访那些实施项目的人，深入询问他们对于项目环境的体验，包括他们对于所服务的对象的感受，也会得到叙事型数据。对项目进行评价，需要对这些数据进行挑选、整理和解释，并且用主题分析的方法，把相关的文字或陈述归类。主题分析的过程会为我们总结出不同类别的主题，让我们明确观察到用户回答的情况和符合主题的次数。主题分析过程要能涵盖用户答案中所提到的各种问题，而且也要总结出这样的问题提出过几次。对主题进行归类和分析的过程需要构造分类变量，即彼此之间具有排他性，并且合起来能穷极所有类别。这样，我们可以得出每个主题的频数和占比，甚至还可以结合其他的分类变量，交叉分析不同主题的频数（如用户的性别）。如果结合其他变量对主题进行交叉分类，我们甚至可以进一步做出统计上的相关显著性检验，例如，不同主题在男性群体的分布是否和其在女性群体的分布有显著的差异。

第二节　构建定性评价

2.1　定性评价的抽样

定量评价方法一般采用随机抽样方法，而定性分析方法一般采用非概率抽样方法，这是因为有一些社会问题，或是项目评价无法选择样本的概率。例如，我们想评价一个帮助流浪者的公共项目，通常不会有一个完整的流浪者的名单，这时候则需要精心选择个案进行非随机抽样。非随机抽样即有目的的抽样，确定选择“信息丰富”和具有启发性的研究案例（例如，项目参与者、员工、组织、社区、文化、事件、关键事件），抽样的目的是为关键评估问题和项目有效性提供解释性理解，而不是从样本到总体的经验概括。

一般来说个案的选择总是有限的，所以选择什么样的个案就变得很关键了。接下来，我们介绍一下定性分析使用的 13 种抽样方案。

①极端或异常案例抽样：该抽样的目的是对感兴趣的异常个案进行研究，从不同寻常的表现中获取信息。例如，抽取极度成功的个案或极度失败的个案，或者班级的辍学者，或者是临床表现最差和最好的医生等样本进行研究，因为他们在总体中属于极少数的异常现象。需要和强度抽样做区别的是，强度抽样的样本显著不同

但是并不极端。

②强度抽样：抽取具有丰富信息但不极端的个案进行研究，如优秀学生或是贫困学生，高于或低于平均值，进行常规护理和诊疗的医生或是实施医疗干预的医生。研究人员需要提前做些功课，根据研究的重点来决定如何选择差异的要点。

③最大变异抽样：如果研究现象内部的异质性很强，在不同环境中出现独特的或多样的变化，被抽取的样本所产生的研究结果将最大限度地代表研究现象中各种不同的情况。例如，想研究心理健康服务项目在地域上的不同，可以从不同的地点进行抽样，比如在城市还是农村，在南部还是北部。

④同质性抽样：选择一组内部成分比较相似（同质性较高）的个案进行深入研究，这种抽样方法可以使分析简单化，适用于访谈。例如，对精神疾病医疗服务机构的拉丁裔负责人进行访问，来研究对拉丁裔精神病人进行治疗和实施干预措施所面临的困难和挑战。因为研究的重点是对拉丁裔病人的治疗，所以拉丁裔医生的观点可能更具有代表性。

⑤典型案例抽样：选取具有一定“代表性”的个案，目的是了解研究现象的一般情况。常用于针对不太为人所知的现象或问题，对具有平均性质特征的“典型”样本进行调查。典型个案的目的是展示与说明，而不是为了证实什么，也不是为了产生普适性的推论，例如，研究正在接受创伤治疗的孩子。

⑥关键案例抽样：选择那些对研究主题具有关键影响的个案进行研究，目的是将从这些个案中获得的结果以同样的逻辑推广到其他个案，因为如果这种情况属实，则可能适用于所有其他案例。例如，循证实践是一个很普遍很成熟的研究方法，但有些机构却想停止采用这种方法，那么可以基于这些机构进行个案分析找出原因，这些原因可能会对其他机构的决策有所帮助。关键案例抽样法的关键点在于如何确定这个个案是关键的，特别是当只能选取一个研究样本时，就更需要研究人员对于研究问题的主要因素有一定的认知和判断。

⑦滚雪球抽样：即选择知情人的操作方式，是一种通过局内人寻找消息灵通人士的有效办法，经常用于实地研究的非概率抽样，每个被访者都可能被要求介绍其他的人来参与访谈等。滚雪球抽样依靠的是信息者链，即那些被联系的或者被采访的人，根据所探讨的问题，受访者被问及还可以推荐什么人来参与。虽然这样的抽样过程不是随机的，并且可能不具有代表性，但是常常能找出很多知道信息的人。一个大致衡量滚雪球抽样是否提供了足够“大”的样本的标准就是我们是否注意到所提供的信息的主题和相关事宜开始出现重复。这种方法通常用于探索性研究。比如，想研究职业培训项目的推广方式，可以先访问最新加入培训的成员，询问他们是从什么途径知道有这个项目，如果是朋友介绍参加的，可以进一步访问他的朋友，继续询问他是从什么途径加入这个项目的，不断询问直到开始出现重复信息。

⑧标准抽样：事先为抽样设定一个标准或一些基本条件，然后选择所有符合这个标准的个案进行研究，从而能保证样本的质量；或者是将不符合特定标准的个案剔除进行研究。在大多数情况下，使用的标准与个人在研究项目中的角色（如培训师、组长），或在机构中的角色（如项目主管、临床主管、临床医生）有关。抽样

对象的选择基于他们拥有知识和对于研究现象的经验，从而将能够提供详细（深度）和具有概括性（广度）的信息。例如，在一系列基于公共项目的实施研究中，参与者包括每个研究地点的培训师顾问和项目负责人，他们在组织或实施过程中扮演特定角色，在一定程度上，他们被认为是该角色的“代表”。

⑨方便抽样：由于受实际情况限制，抽样只能随研究者自己的方便进行，抽取最接近、最方便、最有可能进行研究的对象。这种抽样方法很方便，应用也很普遍，但是它的目的性和战略性较差。研究者基于这种抽样方法做出推论时必须非常谨慎，因为他们可能不具有代表性。例如，研究一个公共项目的实施，可以直接去项目研讨工作会上，选择项目的主持者和工作人员作为样本；或是高等教育相关研究者，通常会直接去学校，抽一个人数众多的大班课程的学生进行调查，这种抽样方式很方便、简单、便宜，但是这些学生是否能代表所有的大学生是值得质疑的。通常这种方法可以用于研究的前测。

⑩分层目的抽样：根据样本的特征进行分层，每一层至少有一组同质样本，然后在不同的层面上进行目的性抽样，重点是了解研究现象中不同层次的具体情况，进而对研究现象的整体异质进行探究。虽然样本被分层，但是目的是捕捉层面上的主要变化，尽管分析中也可能会提到不同层面上的相同点，但这不是主要目的。例如，研究医疗费用支出问题，根据医疗费用支出的平均值，样本可分为三层，分别是高于平均水平、低于平均水平和平均水平。分层目的抽样是介于典型案例抽样和最大变异抽样之间的一种抽样方法。

⑪机会或紧急抽样：指研究者在研究工作期间，只要觉得有必要，就可即时利用一切可能机会、环境、事件进行即时取样，有利于跟踪新线索且较为灵活。总体对象通常不是确定的或者不是有具体范围的。评价常常以一个最初的抽样思路为开始（找到那些比较能代表我们关注的群体的个案），但随着采访的进行，一个新的、需要进一步挖掘的事件就会出现，紧接着就需要采访与这些新的事宜有关系的个体。这种抽样方法主要用于实地调查研究。

⑫随机目的抽样：按照一定的研究目的对研究对象进行随机抽样，抽取的样本量仍然很小。“随机抽样”是为了提高研究结果的“可信度”，而不是像定量研究那样保证研究结果的“代表性”，比如，可以有目的地选取项目负责人作为研究样本，但是选择项目负责人的过程是随机的。

即使抽样策略都包括对不同点和相似点的关注，但更加强调广度和变化的抽样方法更适合检验差异，比如最大变异抽样、极端或异常案例抽样等；而更加强调深度和相似性的抽样方法则更适合检验共同点或相似点，如同质、滚雪球和典型案例采样等。

⑬混合抽样：混合抽样的策略非常普遍。有时对于项目来说，最初抽样的主体就是重要的项目负责人，紧接着就使用滚雪球抽样。在实施混合策略的时候，有必要将如何决定抽样的方法记录下来。有时定性研究受到质疑的一点就是其取样时没有任何逻辑性。如果这些样本被认为是无规律的选择，其结果将是不可靠的。因此，记录可以消除那些认为定性评价的抽样是没有根据的批评意见。

以上这些抽样方式，首要的目标是收集尽可能丰富的资料。理想地看，丰富的资料是经过相当一段时间所收集的广泛而多样的信息，所收集到的资料都是通过直接的、面对面的接触及长时间的投入某个社区或环境中得来的。总之，以上这些抽样方式都是非概率的抽样，它们都是非常有用的，尤其是在定性研究中。但同时我们也需要明白非概率抽样的局限性，尤其是它们在代表总体的准确性和精确度方面具有局限。

2.2　数据收集

收集定性数据的一个最基本的方式就是访谈。虽然其他的收集方式也被用在项目评价中，比如文献资料、直接调查、直接观察等，但面对面的访谈是定性数据的收集方法中最重要的一个。下面总结了在实施面对面访谈时须注意的一些要点。尽管没有囊括所有要注意的内容，但这些要点均来自那些经验丰富的研究者的亲身体验。现在，我们看看在访谈中应该注意的事项：

①表现得自信和轻松。因为你就是测量的工具，所以你的表现会影响整个访谈过程。如果你表现严肃，对方也会紧张。

②与受访者沟通。确保他们理解你为什么要采访他们，你将如何处理他们提供的信息。同时你应当告知受访者，如果需要的话，他们可以拒绝回答某些问题并且结束访谈。

③弹性十分重要。在访谈中，难免会发生一些意料之外的事情或不按既定顺序的突发事件，这时需要随机应变。

④听和观察是关键技巧。注意那些和你的理解有所不同的语言的内涵意义。注意那些非语言线索，比如肢体语言，因为它们很有可能意味着我们可以追问或做更深入的挖掘。

⑤理清回答内容。如果对他们的回答有疑问或混淆，不要装作你懂或者自认为你之后可以慢慢搞清楚。

⑥使用聊天的方式提问或提出相关事宜。

⑦显示出你对受访者的谈话有兴趣，而不是判断对方谈话是否正确，否则可能会误导受访者。

⑧提问或理清问题时，请注视被访谈者，同时也要考虑目光接触的合适性，因为在不同文化背景目光接触的含义可能不同。

⑨把握好访谈进度，确保访谈流畅。

⑩记录非常重要，主要的挑战就是在记录和听的同时还要保持交谈的进行。

⑪因为对于一段访谈的记忆很快就会模糊，所以要及时复习你的记录，将缺失的信息补上，并且在进行下一个访谈之前要大致掌握你所写的内容。

⑫注意访谈的情境，有没有需要记下的、能够为解释定性数据提供背景信息的情境因素，比如，访谈的地点、被别人打断的次数等。

2.3　建立编码

我们不管是参与观察、深度访谈、收集传记材料、进行内容分析，还是运用其他形式进行定性分析，都要面对大量的文本资料，这时该怎么办？在分析定性研究资料的过程中，对个体的信息进行分类非常关键，这个过程被称为编码。另外有一些检索系统也能够很快找到记录的信息。例如，在记录研究信息的时候，按照主题分类，在相应的文件夹上标明主题的名称、设计编码，以后就能运用编码和检索功能很快找到资料。建立编码的时候可以使用手工建立的方式，也可以借助电脑程序。电脑普及之前，编码都是手工操作的，也就是说要将纸质的资料文件分类，分别贴上或者夹上手写或剪裁的标签。随着科学技术的发展，现在我们一般都将资料保存在电子计算机上，然后运用文件夹的复制、剪切、重命名等功能，将编码的功能简化，更有一些专门开发的电脑程序能更加专业地对资料进行编码分类。运用设计精巧的电脑程序，我们可以从资料分析中发现对社会生活进行理论性理解的模式。

编码通常由理论决定，结合研究假设和目标，以变量的形式出现。在编码中，较为常用的编码方式包括开放式编码、轴心式编码和选择式编码。

①开放式编码是指在定性资料分析中对概念的初始分类和标注。是否采用开放式编码是由研究者对资料的检验和质问决定的，它将其中包含的思想、见解展示出来，没有这个基础性的第一步，后面的分析交流就不可能实现。在开放编码中，资料被分解成不连续的各个部分，并且研究者要对各个部分进行严密的分析、比较异同。在本质上或在意义上有关联的事件、事物和行为都会归在相同的但更加抽象的类目下。开放式编码只是资料分析的逻辑出发点，资料分析很快就会受到三种编码的反复相互作用。在使用开放式编码时，我们需要研究文档的某一主体部分，比如采访的一部分，通过反复阅读找到其中的主要概念。比如，下面是一个受访者所说的话（他是个学生，请注意其中的概念）：“我认为，教授至少应该给我部分学分，因为我还交过作业。”显而易见的编码是：教授、作业和打分。开放式编码的结果是找出与研究对象相关的众多概念，需要进行开放编码的文档越多，编码的数量也就越多。

②轴心式编码。开放式编码的目的是寻找主要概念，而轴心式编码的主要目的则是找到研究中的核心概念。轴心式编码使用的是开放编码的结果。轴心式编码包括对资料进行重新归类，其中，可以使用开放编码的类目来寻找更具分析性的概念。

上文提到的例子中也包括“对公平的理解”这一概念。它可能会在对学生的采访中频繁出现，因此，它可以作为理解学生关注点的重要因素。出现在这一句话中的另外一个轴心式编码是“权力关系”，因为可以看到，教授在对学生施加影响。

③选择式编码，其目的是找出研究中的核心编码，即与其他编码相关的编码。前面提到的两个轴心式编码可以构建成更为宽泛的概念即教授和学生关系。当然，在实际的资料分析中，我们的编码是基于众多文本资料的，而不是单独的引述。相互关系的模式是能够通过广泛深入的调查、观察结果总结出来的。

我们通过一个案例（节选）来讲解进行编码的具体过程。

应届护士毕业生就职过渡培训（节选）

应届护士毕业生从一个学生学习到开始护理工作的过渡过程中肯定会遇到很多困难和挑战，压力也很大。如何把理论学习运用到实际工作中去，如何更快更好适应工作的专业环境，这些对他们来说是很重要的。研究是为了提高护士毕业生对日常工作策略的理解，从而把自己融入现有的社会框架中去。研究采用了定性分析建构基础理论方法，采用有目的抽样方法，招募七名成年注册护士。这七名护士曾经在澳大利亚南部两所成人公立医院之一参加过一项护士毕业生过渡培训项目。

我们来看以下几个人的描述：

“生活中有很多事情发生在我身上…… 但是，当我在工作时，我尽量不抱怨，特别是在工作中，不会让人们看到我发牢骚…… 我喜欢就事论事，对事不对人。我是说，有时会觉得有人盯着你的一举一动，但事实并非如此。即使我今天过得不好，比如当有一个同事冲我大喊大叫，做一些我不喜欢的事情时，我就把它甩掉（无视掉）。当我走的时候我（生气得）不想睡觉，但第二天我来了之后看到他们，我想忘掉发生的一切，对待他们就像对待一个全新的人，所以昨天发生的事没什么问题，只是新的关系，一切都是新的。”（受访者：Nikki）

“我是个快乐的人，我通常试着去感受工作的快乐，不管家里发生了什么，当我去工作的时候我就会忘记家里的事情，快乐地工作，表现得非常想和他们（病人）待在一起，并且和他们一起互动、融洽地相处。”

一段话可以有多个编码，多个编码可以是并列关系，也可以是从属关系。例如，上述这段话的编码可以分为两个并列编码：工作和生活分开，在工作中就事论事。也可以有一个总结概括性的编码：专业性自我意识。

从以下这段话我们可以看出，专业性自我意识不止上述的行为表现，还可以表现为：

“我需要表现出和病人之间的融洽关系，有了他们，我才会被注意到。”（受访者：Ben，在受到 9 个月的职业过渡培训后，被病人接受，并被视为“好护士”）

“嗯……是这样的……我不知道为什么，我只是，我经常会害怕忘记人们的名字，我的第一个病房不大，只有 16 张床位，护士很少，所以感觉还好，但后来我的第二个病房是第一个病房的两倍大，同事的数量也变为第一个病房的两倍，同事多了以后就容易记错名字，但叫错别人的名字是很不尊重人的行为，因此我就变得紧张起来……”

所以“专业性自我意识”还可以表现为与病人沟通融洽，记住每个病人和护士同事的名字。这些话里面还涉及额外的一些重要概念，比如“沟通”。上述例子只描述到自我积极面对工作，和病人、同事沟通，但沟通是互相的，听取同事们的意见、建议和反馈，也是一种沟通。再延伸一下，同事们的意见、建议和反馈是基于他们的个人工作风格和偏好，很可能并不是最佳的，但你也可以尝试照着他们的方式去做。受访者 Emily 说：“他们做得不对，但他们平时就是这样操作的，这种做法仍然是可以被接受的。为了适应，我就按着他们的方式去做了……”这就延伸到另一个重要的概念：适应 。

受访者 Amy 提到在培训时，有一个资历深的同事非常不喜欢这种培训，总是找出一些小的事故和在培训时找麻烦。于是 Amy 把这当作一个挑战，她决定必须要“适应”这个人来保护自己的名声：“我在向她展示我不只是一个刚刚毕业的学生，比如我表现出我知道我在说什么，并且确保我在书写 i 字母时把上面的点也写上，书写 t 字母的时候没有忘了写那一横。所以她找不到我的错处，有时她很努力地去找，也只能证明是她真的错了而已。”

此研究旨在研究应届护士毕业生在适应复杂临床护理工作、工作环境和病房文化时所采取的主要策略，并且建立概念与理论去解释应届护士毕业生如何找到社会和专业的平衡点。了解毕业生的适应策略可以改进护士毕业生过渡培训课程。促进护士毕业生适应工作环境是为了培养更具适应性的护士，以面对当今工作环境中存在的挑战。

2.4 设计编码类别

编码有两种基本方法。第一种，我们可根据研究需要设计出一种相对容易的编码方案。比如，如果你的职业是教师，那么就可能归入专业技术类，或者按经济部门分类，归入教育类等。第二种编码方式来自收集的定性资料。假定我们在校园访谈调查中，询问学生们认为其学校面临的最大问题是什么。下面是他们可能给出的答案：学费太高，停车位不够，教员无所作为，找不到辅导员，课程不够，宿舍里有蟑螂，规制太多，食堂食物不干净，书本费开销太高，财政帮助不够等。

这些回答可以归到哪些类别呢？这个问题其实是不存在什么正确答案的，针对这 10 个回答就有好几个编码方案。

我们先从第一个回答——学费太高开始。这个回答反映了一般性关注领域，一个显而易见的可能就是“财政关注”。那么是否还有其他回答也适合在这个类别中？比如书本开销太高、财政帮助不够等。更抽象地说，第一个回答也可以看作是反映了非学术关注。如果你的研究兴趣还包括了对学术关注和非学术关注进行区分的话，那么这种分类也是可行的。我们可以把学费太高、教员无所作为、找不到辅导员、课程不够、书本开销太高归为学术类，其余归为非学术类。

对将书本开销太高这一回答归入学术类可能会有争议，因为书本是学术计划中的一部分，但其开销则不是。如果我们对学术问题尤其感兴趣，我们就可以将其编码为“学术的”。如果对非学术的问题更感兴趣，我们也可以将其编码为“非学术的”。怎么归类，主要是根据你的研究目的决定。

还有一种选择是，我们可能想要将非学术的关注分为管理事物和校园设施两类，比如将学费太高、规制太多、财政帮助不够归入管理类，将停车位不够、宿舍里有蟑螂、食堂食物不干净归入设施类。

正如这些例子所展示的那样，对一套资料的编码有多种可行的方案可供选择。应该注意的是，我们的选择要和研究目的相匹配，并反映资料本身所呈现的逻辑。通常，在编码过程中，我们还会修改编码类别。不过要记住：一旦改变了编码类别，那么就必须要回头观察前面的资料，以判断这种新的类别是否合适。

编码类别需要详尽，也需要独一无二。每段编码的信息应该归入一个且仅一个类别。如果有一些无法归类的文字，那么你可以调整一下你的类别，再尽量将它们归类。

一个特定的回答如果无法归入任何一个类别，那么，我们可以编入“其他”类别，但要记住，这个类别中的信息应该不超过总信息的10%。

不同的编码可能会产生不同的结论，我们可以应用类似“三角刨分”的方法来分析编码的合理性，即找另外一个人来帮我们进行编码，然后再进行核对，看看他的分类方法是否和我们的一样，然后再计算一下所有类别中相同的比例。这是对编码员之间效度的一种测量。

第三节　定性评价在实践中的应用

定性分析可以运用到公共项目的评价之中。很多公共项目或者组织的目标是可以用数字表述出来的，或者说是可以被定量测量的。这时进行影响评价，即评价公共项目实施后的影响和结果，可以通过收集数字化的数据，用图和表来展示和解释，评价起来相对容易和直观。但是对于某些政府机构及非营利组织，有一些主要结果的测量指标无法用数字表示。例如，非营利组织通过跟踪用户的生活是如何改变的来获得他们工作的进展情况，这时需要用定性分析法进行评价，因为用户生活的改变很难被测量，或者说即使能够转化为数字化的绩效指标，可能也不足以说明问题。

2002年，西斯高（Sigsgaard）总结了一个绩效测量的方法，名字叫作测量最显著变化的方法（most significant change），就是在绩效测量中使用定性的方法帮助项目实施者/决策者寻求非数字化绩效指标。测量最显著变化的方法涉及一个或者几个访谈者（他或他们被告知了该方法的步骤和目的），他或他们让参与项目的人（被调查者或项目的利益相关者）辨认出在一定时间内他们在各自感兴趣的一个或多个领域中观察到的积极或者消极的变化。所谓感兴趣的一个领域，比如可以是援助计划中的农村医疗社，或是实施了某个项目的一个农村地区的种植业，引导他们讲述消极和积极的变化，来确保对于项目成功的看法是没有偏见的。然后，还让这些人指出在所有这些变化中，哪些变化是最显著的，并加以解释。不同的利益相关者的采访和与改变相关的一系列故事都要被记录下来。尽管可能不是所有的信息都与项目或项目目标有关，但是它们提供了项目参与者真实的世界观及对于项目的想法。但测量最显著变化的系统只是评价过程中的一个部分。感兴趣的领域是由高层们决定的，根据重要性对故事进行的排序也是等级化的。

3.1　实践中的应注意的问题

2003年，巴顿列出了定性评价在实践中常见的问题，其目的是指导评价人员确定定性方法是否适用于评价性调查，需要考虑的因素包括：根据评价的预期用途，选择适合定性方法并回答评价的问题；收集高质量和可靠的定性评价数据，以及分析和报告定性评价结果。

（1）根据评价的目的和预期用途，确定定性方法适用的程度。

在进行定性分析之前，研究者需要判断定性方法是否适用于此次评价和研究，并确定研究的目的和预期用途。在确定定性评价的合适程度时，应考虑以下四个方面：

一是分析在此次研究中，定性分析的优势和劣势，并且比较不同的定性研究方法。

二是确定项目评价质量的标准。

三是根据评价的目的、用户和受众，确定定性分析会受争议的程度和可以被接受程度。

四是确定应该建立什么基础以保证定性评估结果的可信度。

（2）根据评价的目的确定定性设计策略及数据收集选项和分析方法。

基于评估的目的，确定定性设计的策略及数据收集选项和分析方法时应考虑：

①自然主义探究：判断在自然开放的情况下，或者说是在没有预先确定的重点或提前分类的情况下，研究该项目的可能性和可取性。

②研究设计的灵活性：有一些评价人员和/或投资者希望事先知道数据是从谁那里获得的，是在什么时间范围内收集到的，但也有一些人会希望设计更具有灵活性和开放性。随着对项目理解的深入和评价的展开，研究人员需要考虑到评价研究设计的可变动性，或者是收集更多数据的可能性。

③有目的的抽样：确定评价过程将使用哪些有目的的抽样策略，样本/研究案例须具有丰富信息和启发性，如项目参与者、员工、组织机构、社区、文化、事件、关键因素等。注意，定性抽样的目的是为关键评价问题和项目有效性提供见解，而不是从样本到人口的经验概括。

④关注优先事项：确定项目实施过程和结果的哪些方面需要运用定性分析，具体分为：

一是确定哪些评价议题适用于定性调查，例如，问题的重点是项目结果对参与者意味着什么，就适用于定性调查；如果研究的重点是项目达到结果的程度，则不适用。

二是确定项目中哪些观察对象能够提供详细且丰富的描述，有助于评价议题。

三是确定需要用哪种访谈来捕捉参与者的观点和体验。

四是确定需要查阅和分析的文件。

⑤整体观点：确定最终评价报告将在多大程度上描述和评价整个项目，有以下几方面：

一是定性评价的目的是将项目看作是一个复杂的体系，而不是单纯加总其各部分的影响。

二是确定考察复杂的相互依赖性和动态体系的重要性，这些相互依赖性和动态体系无法通过一些离散变量和线性因果关系来进行有意义的描述。

三是确定将评价得到的结论置于社会、历史和时间背景中的重要性。任何发现，如果离开了当时所处的背景来讨论，将没有意义。

四是确定要对哪些项目进行比较，或者说是将某一项目作为研究个案来进行评价。

⑥立场和观点：确定定性评价者将为评价带来什么样的观点。

一是确定评价者的立场是否可信。需要思考如何保证评价员采用的实地考察和访谈并分析数据的方式具有真实性和可信赖性。

二是根据评价的定性性质及定性评价通常会出现的问题，确定如何在项目结果和评价者观点上达到平衡。

（3）根据评价的目的和优先级，确定哪些定性评价设计特别合适。

以下是项目评价中所涉及的一些事项，尤其是针对定性方法来说是很重要的事项。尽管这些注意事项没有包括所有，但也对研究设计提供了帮助。问题的关键是要保证定性方法在项目评价中的适用性。

①标准定性评价。定性评价在以下几个方面具有很强的优势，包括：

一是当评价“个性化结果”时，定性评价特别重要。当预料到不同的参与者会因为其个人需求和环境而表现出不同结果时，定性数据特别有用。

二是记录项目的实施过程，也就是对实施过程进行评价，考察项目是如何展开的，以及参与者是如何参与项目的。

三是进行执行情况评价，即考察实际执行情况与原始项目设计的匹配程度，并观察到执行的变化或者多样性。

四是评价项目质量，例如，基于案例研究，看项目的质量是否得到了保证。

五是随着时间推移，看看文件是否有更新，调查系统和环境是否有改变。

六是看看是否存在和主要项目实施过程、结果和影响相关的意外结果或后果，或是否带来了没有预料到的副作用。

②具有特殊评价目的的定性评价。对有特殊评价目的的项目评价，定性评价也特别实用，包括：

第一，个性化和人性化评价，即运用详细的事实描述，使研究发现更容易与某些受众产生联系，容易与受众产生共鸣。

第二，将项目和评价的意义融合到一起，例如，强调个性化的项目有助于案例研究。

第三，关注故事且分享故事，在某些项目环境中，与案例研究相比，关注“故事”具有更小的威胁性，更友好。

③评价模式。以下评价模型特别适用于定性方法，我们需要确定在什么情况下使用何种评价模式。这些评价模式包括：

第一，参与式和协作性评价，指的是积极让项目参与者和/或工作人员参与评价，因为定性方法对于非学术研究员来说是易于理解的。

第二，无目标评价，指的是找出项目参与者的实际需求在多大程度上得到满足，而不是关注官方规定的项目目标是否实现。

第三，响应性评价，建构主义评价或“第四代评价”（参见建构主义评价，即第四代评价清单）。

第四，发展应用：对行动研究、行动学习、反思实践和建立学习型组织，这些都是关于组织或者项目发展研究的定性方法。

④以实用性为重点的评价：定性评价是众多评价中的一种选择（参见以利用为重点的评价清单）。

（4）做出主要设计决策，以便为预期用户回答重要的评价问题。考虑设计选项，并选择最适合评价目的的选项。

①决定分析方法：确定评价是纯粹定性还是混合方法，即评价是用定性分析，还是定性和定量分析相结合？

②决定分析的单位：一般来说尽可能选择更小的分析单位，或者更低层级的分析数据。如果想得到总体的影响，后期可以将小单位加总以获得更大的分析单位。以下是案例研究和比较分析单位的一些例子：

第一，以人为本：个人、家庭、社区等。

第二，以结构为中心：某个计划、整个项目、整个机构等。

第三，基于时间：一天、一个月、一年等。

第四，基于地理空间：社区、城市、省、地区、国家等。

第五，基于观点/世界观：共享文化的人，具有共同经验或观点的人（如辍学者、毕业生、领导者、父母、互联网列表服务参与者、幸存者等）。

第六，基于活动的重点：关键事件、时间段、庆祝活动、危机事件等。

③决定如何抽样：定性分析一般采用非随机抽样或称为是有目的地抽样，即选择信息丰富的案例进行深入研究，策略性地、有目的地选择适合评价目的和资源的特定类型和数量的案例。具体抽样方法我们已经在第二节中详细介绍。

④决定样本的大小：定性分析没有特定的样本大小的标准。由于时间和金钱的限制，研究者通常需要在深度与广度之间进行权衡。样本较小，可能有助于更深入地研究；或者可以选择更多样本来弥补研究深度的不足。无论采取何种策略，都需要一个基本原理。

⑤决定如何收集和分析数据：确定评价是通过实地研究中的访谈、观察或是文件分析来进行，或者将这些方法相结合。具体选用何种收集数据的方法没有统一的标准，需对时间、金钱、精力分配及期望得到可用于回答关键问题的数据进行权衡。

⑥确定可用资源：确定可用于支持查询收集信息的资源，包括财务资源、时间、人力资源等。

（5）如果需要实地考察，则需要考虑如何进行实地考察。

实地观察的目的是使读者进入观察到的环境中去，比如一个项目。这意味着观测到的数据必须具有深度和细节。数据必须具有描述性，要有足够的描述以便读者能够理解发生了什么，以及是怎么发生的，为什么会发生。观察者的记录相当于是读者的眼睛、耳朵和感官。描述必须是基于事实的、准确和详尽的，但不必有无关紧要的细枝末节。判断实地观察和记录是否适宜的基本标准是通过观察记录，主要目标用户能够身临其境。

同样，访谈技巧对于观察者来说也是必不可少的，因为在实地考察期间，需要与人交谈且要试图与人交流，无论访谈交流的方式是正式的还是非正式的。参与式的观察员通过非正式的、自然发生的对话能够获取很多信息。要知道作为定性研究方法，访谈和观察是相辅相成的，有助于探究以人为本的议题。

①设计实地考察时要清楚观察者的角色（参与程度），内部人（知情人）和外部人（局外人）观点之间的对立关系，与核心研究人员合作的程度和性质，向他人披露和解释观察者的角色、观察时间（长期与短期短）和观察的重点（狭窄与广泛）。

②在实地记录时，力求深刻和丰富的描述。

③保持开放的态度。从不同的角度收集各种信息，把握机会进行有针对性的追踪和抽样，以加深理解。随着新认识的产生开辟新的探究途径，保持设计的灵活性。

④通过收集不同种类的数据进行交叉验证和三角剖分：观察、采访、文档、记录和照片，并可以综合多种方法来进行。

⑤使用引述：用受访者自己的语言和用词来表示他们的想法。

⑥精心选择关键线人并谨慎使用。可以借鉴他们的观点，因为他们可能知道更多的情况，但请记住，他们的观点也可能是带有偏见或者是具有选择性的。

⑦了解实地调查在不同阶段的策略。

第一，在入门阶段建立信任和融洽关系。请记住，作为研究者或观察者，我们也在被观察和评价。

第二，参与整个实地考察时会涉及的关系，包括与主人、赞助商及参与式研究中的核心研究人员的关系，以及在实地考察过程中，这些关系是否会发生变化及怎样变化。

第三，在实地考察的日常阶段，需要保持警惕和遵守纪律规范。

第四，实地调查即将结束时，请集中精力整理有用的资料并将它们综合到一起，从生成可能性的研究思路转向到验证新的模式是否产生或是确认主题。

第五，在实地调查的各个阶段都要有遵守规范，认真详细的记录笔记。

第六，实地调查作为实地考察验证过程的一部分，认真观察其影响，及时提供形成性反馈。

第七，在保持以评价为目的的分析视角的同时，在合适的和可控的情况下，尽可能充分地参与和体验项目。

第八，注意区别描述、解释和评判。

第九，反复思考。研究者需要在现场笔记中记录自己的体验、想法和感受，在报告中指出观察结果可能影响及如何影响到被观察对象，或者如何影响到研究者本身参与和观察的过程。研究者需要记录下自己的观点来源和带来的启示。

（6）如果评价需要采取访谈的方式进行，请确定如何进行访谈。

深入的、开放式的访谈旨在捕捉受访者对待评项目的经验和观点，以便受访者以他们自己的方式表达他们对项目中发生的事情或关键点的体验、想法和评价。由于受访者是访谈的核心，访问者必须从受访者的自我表达中找出和研究主旨相关的部分，而不是强加给他们一个先入为主的或是设定好的表达方式。访问者的任务是找出被采访者的基本或核心想法，捕捉他们的故事和他们的世界观。

①确定访谈类型。区分和理解结构化和非结构化访谈之间的差异，对于结构化的部分，需要将问题标准化，也需要培训和协调不同访谈员以保证提问的过程标准统一化；对于非结构化的部分，需要确定访谈主题，但不是实际的问题措辞，从而保证访谈的灵活性。就像第一节中提到的，访谈可以是一对一的定性访谈，也可以采用焦点小组的方式进行，需要根据实际情况做出选择。

②确定问题的类型。区分和理解不同类型的访谈问题，并对问题进行排序，便于确定对评价重点和预期用户最重要的问题。

③认真倾听答复：访谈过程中，提问和专心聆听答复都很重要。如果是问一个体验性问题，可以使用表 7.2 的矩阵，倾听以确保获得体验性答复

表 7.2　问题矩阵

问题的重点	过去	现在	将来
行为/体验			
看法/价值观			
感觉/情绪			
学识			
感觉			
背景			

④录音时，请时刻关注设备以确保其正常工作，并且不会干扰受访者回答。

⑤访谈技巧需要多加练习，并从实践中获得反馈。

⑥根据受访者的情况及时调整访谈策略，如儿童、关键线人、可能有听力障碍的老人、受过教育的人、有权和无权的人、在评估结果中有不同利益的人。

⑦观察受访者。每次访谈同时也是一次观察的过程。

⑧使用追问的方式来帮助受访者了解所需的深度和细节程度，进而获得更深刻、更丰富的回答。

⑨尊重受访者的经验和观点、善解人意、中立、不做判断，不表达好恶。

（7）评价研究设计要特别注意道德问题。

实地调查可能存在突发状况，访谈或者观察的过程也具有开放性，并且评价者与受访者存在个人直接接触，因此定性研究会面临道德问题的挑战，所以评价者必须注意或考虑以下几点：

①解释目的：如何以准确和可理解的方式向受访者解释评价目的和方法。

第一，对于研究中的参与者，哪种表达方式更好？

第二，哪些细节是至关重要的？哪些是可以不用多说的？

第三，这项研究工作对社会（或是人们的生活等）产生什么好处？

②承诺和互惠：受访者能从访谈中获得什么。

第一，受访者为什么会想要或应该参与到这次访谈中?

第二，不要轻易做出承诺，例如，承诺会给访谈录音带或报告的副本。如果做出了承诺，那就要信守承诺。

③风险评估：需要评估访谈是否会给受访者带来潜在的风险。如果有，需要考虑会是何种风险，如何向受访者描述这些潜在的风险，再有如果这些风险出现，你将如何处理它们。潜在风险包括：心理压力；法律责任；在评价研究中，受访者是否会继续参与项目（如果某些事实披露）；同伴、项目人员或其他人言语排挤；政治影响。

④保密性：需要考虑合理的且可以兑现的保密承诺是什么，并且了解保密性和匿名性之间的区别。保密性是指研究者会知道这些信息，但保证不披露这些信息。匿名性意味着研究者本身不会知道这些信息，就像在匿名调查，研究者收回调查问卷的时候并不知道问卷填写者的姓名和其他个人信息。那么考虑到保密性的时候，需要注意以下几点：

一是什么事情是可能不会被保密的，如受访者进行的一些非法活动，虐待或忽视儿童的行为证据。

二是名称、位置和其他细节是否会变动，参与者是否可以选择要不要披露确切的个人地址或个人信息。

三是数据存储的地方。

四是数据可以被保存和维护的期限。

⑤知情同意：一般来说，会有一个研究审查机构（local Institutional review board，IRB），以人/人体作为研究对象的研究设计必须要符合 IRB 的规定并通过 IRB 的审查和批准才能进行，目的是防止受试者/受访者因为参与研究设计而受到一些潜在伤害。如果需要通过 IRB 的审查，需要熟知 IRB 的规定，提前准备以供审查的资料并且留足待审查的时间。

⑥数据访问和所有权：谁可以访问数据？出于什么目的?

一是谁拥有数据?（在合同中明确这一点）

二是谁有权在结果公布前对其进行审查？例如，案例研究中，被提及的个人或组织，又或者是出资者。

三是访员心理健康：访员们可能会从访谈中受到影响。

四是可能会听到、看到或学到的可能需要自我消化的内容。

五是在没有保密的情况下，可以与谁谈论自身体验。

六是访员将如何照顾自己的情绪。

⑦建议：在研究期间，谁将成为研究人员的道德问题顾问？并非所有问题都可以提前预测，在遇到困难时，如果能及时寻求到帮助，那么可以节省时间，并感到心理上的安慰。

⑧数据收集界限：应该如何努力推动数据的收集?

一是在尝试访问所需数据时，需要考虑所花的时长和一些不能做的事情。

二是在发现受访者对某些问题产生排斥情绪或者不愿意回答问题，是否应该继续追问或是强迫他们回答。

⑨道德与法律：在法律要求之外，研究分析中还需要考虑道德问题和哲学理念等，例如，行为准则或专业的道德规范，需要尊重受访者、考虑到受访者的敏感度。

（8）对分析有预期—设计评价数据集以便于分析。

①研究设计必须满足时间期限。定性分析用劳动力较多并且是耗时的，要留出足够的时间进行严谨地分析。在要使用协作或参与式方法的研究中，需要提前留足时间。

②专注于主要评价议题和问题。因为定性调查是开放性的，可能会使研究者因为存在太多可能性而陷入困境。虽然有利于探索意外的发现，但也有会对项目实施过程、结果或是影响产生一些不好的作用或是无法预料的后果。

③了解主要目标用户将使用哪些标准来判断调查结果的质量。

一是传统的研究标准，如严格性、有效性、可靠性、普遍性、数据三角测量类型和来源

二是评价标准：实用性、可行性、适当性、准确性。

三是非传统的标准：可信赖，观点的多样性，声音的清晰度，可信度。

④做好准备接受分析具有的创新性、矛盾性或是一些争议。定性调查会产生大量冗长的数据、对观察的描述和访谈的详细记录。

⑤保护数据。在实际中，项目正在进行时，一不小心就很可能会错放或丢失数据。这可能会影响到签署的保密协议，或是破坏评价的可信度。有序地标记所获得的大量数据（以便知道是何时、何地和从谁那里收集来的），并整理好、存储和管理好这些数据。

（9）分析数据，使定性结果清晰、可信、并解决相关问题和优先评价问题和主题。

①目的导向分析，即将分析重点放在主要评价议题上。

②注意分析的阶段和顺序。

一是初始阶段：分析始于如何将实地考察的现场数据合理化。实地考察的过程中，一些潜在的议题会浮现在脑海，将会产生有关分析方向的想法和有助于形成分析模式，或是一些假设的产生为后续的实地工作提供了信息。这些信息想法都需要记录下来，所以说这个合理化数据的过程也是现场记录的一部分。

二是确认阶段：在实地调查的后期阶段，最终会发展到需要一些确定性的数据，以便于深入了解、确认或否认可能已经出现的模式。

三是实地调查后的系统分析：基于对实地考察的记录、访谈笔录和文件分析，严谨查阅资料、撰写案例研究并进行跨案例分析。

③目的导向报告。

第一，如何评估总结性评价？这些总结性的评价报告对项目或干预在多大程度上有决策力，通常是关于总体有效性、持续性、延伸性和在其他地方的推广性的决策。通常需要提供一份完整的报告，其中包含数据、解释和建议。

第二，如果是进行了为改进项目而进行的形成性评价，评价过程不一定需要非常详细的书面报告以供传阅。调查结果可能主要是以口头汇报的形式呈现。因为口头汇报的方式可以得到及时的反馈，时间成本较少，另外撰写正式报告成本也较高。总结性的观察内容可以用大纲形式列出，也可以写一份执行摘要。项目的工作人员和出资者常常希望能有第三方人员对项目提出专业的意见，因为第三方人员（研究者/评价员）可以与项目参与者进行访谈以了解情况，观察项目的发展情况，进而提供有效的反馈意见。运用的方法是定性的，但项目的实践性很强，并且分析是在整个实地考察中完成的。只需撰写一份关于观察内容和主要发现的大纲，不需要一份正式书面报告。

④整理实地工作的大量数据。

一是需要检查现场笔记是否完整。

二是在开始分析之前，确认有没有在实地考察当时没有写完，需要后续重写/补写的部分。

三是在开始分析之前，检查数据中是否仍有明显的漏洞，如果有，是否可以通过收集其他数据来填补。

四是是否已正确标记所有数据，便于后续数据的存储管理和检索。可以根据日期、地点、受访者的身份信息等来进行标记。

五是确认访谈记录是否完整。

六是查看所收集信息的质量。

七是备份数据。

⑤如果需要用计算机辅助定性数据管理和分析，需要确定使用哪种软件程序。定性软件程序有助于数据存储、编码、检索、比较和相关联，但分析还是由人来进行。选择计算机软件或程序时需要考虑如下几方面：

一是如何输入数据？比如直接输入、从文字处理导入或者通过扫描方式录入。需要考虑输入数据的形式是否灵活。

二是存储差异（内部与外部数据库）。

三是编码变化（屏幕显示编码与初始赋予代码）。

四是组织、重组和重新标记代码的难度不同。

五是备注和注释是否可附加到代码（对团队分析尤其重要）。

六是数据链接机制和使用的简便性，例如是否可以链接到不同的数据源或数据段。

七是是否易于查阅和浏览。

八是搜索和检索的简便性、速度和过程如何。

九是重要的显示界面是否具有多样性。

十是跟踪详细信息，记录所做的一切以便于后续查阅。

⑥注意区分描述、解释和判断。

一是尽量使描述过程变得丰富，也就是说需要在描述时保留足够的细节，让读者很快进入情境。描述是构成所有定性报告的基石。

二是使用直接引用，确保受访者以自己的语言和表达方式呈现他们的想法。

三是在上下文中保留引述和现场事件描述。

四是确保解释或解读是来自定性数据的。定性解释从阐明含义开始。研究者在对一个故事、一个案例研究、一组访谈或一系列现场笔记进行考察时，需要解释：这是什么意思？对中心评价议题提供了哪些见解和答案？

五是明确判断依据。

⑦区分个案研究与跨案例分析。

第一，保证案例的完整性。个案研究需要包括每个案例的所有信息：访谈数据、观察、文献数据（例如，项目记录或文件、报纸剪报）、其他人对案例的印象和陈述，以及有效的背景信息，所有关于每个特定案例的信息都包含在案例中研究。

第二，使案例研究具有整体性和背景敏感性。案例分析按特定案例（个人、团体、网站、社区等）组织数据，以进行深入研究和比较。研究者首要责任在于公平对待每个案例。报告中的每个案例研究都是独立的，允许读者对案例持有自己独特的整体性的理解。在后续分析中，可以对案例进行比较和对比，但在最初阶段研究者必须对每个案例都表示兴趣和理解，认为它们对评价议题都具有特殊的意义。

第三，将跨案例分析分解成个案研究。

第四，通过引用和例释个案研究，有助于识别跨案例的模式和主题。

⑧区分归纳定性分析与演绎定性分析。

一是归纳分析也就是从数据中发现模式、主题和类别。通过研究者与数据的互动，从数据中产生调查结果。

二是演绎分析则是根据现有框架（例如项目的逻辑模型）分析数据。

三是结合两种分析方法的优势。例如，一旦通过归纳分析建立了模式、主题和/或类别，定性分析的最终确认阶段可以通过测试、对真实性和归纳内容分析的适当性的确认过程中得到演绎，包括仔细检查不符合所建分类的异常案例或数据。

⑨区分编码和分类中的一致之处和差异。

一是在编码和建立类别时，需要有一致性，找出什么样的事项是适合归类到一起的。可以从数据中寻找反复出现的规律性，并根据这些规律进行分类。

首先根据两个标准判断类别：内部同质性和外部异质性。第一个标准涉及属于某一类别的数据在多大程度上以有意义的方式凝聚一起。第二个标准涉及类别之间明显差异的程度。

其次根据效用、显著性、可信度、独特性、启发性和可行性来确定类别的优先排序。

然后测试分类系统或分类集的完整性和一致性。各个类别应保持一致；所有的类别应该能组成一个整体概念。该类别集合应合理地包含所收集和分析的定性数据和信息。

最后与未参与分析的人一起测试类别的可信度和可理解性。这些类别是否合理或有意义？

二是在分析了一致性之后，镜像分析策略涉及考察差异性。这是通过扩展（在已知信息的基础上建立），桥接（在不同项之间建立连接）和覆盖（提出应该适合的新信息，然后验证其存在）的过程完成的。当信息源已用尽，类别集已饱和以至于新的信息源导致冗余，以及明显感觉到需要整合分类时，分析人员就会停止这个过程。也就是说，要仔细全面地考虑似乎不合适的数据，包括不符合主导的已确定模式的异常案例。

三是整合分析。先要保证分类的一致性还是差异性或是发散性，没有一个严格的顺序。定性分析的过程涉及技术和创造性两个方面。

⑩构建项目的流程—结果矩阵。

一是区分过程描述和结果文件。

二是显示项目流程和结果之间的联系。

⑪酌情整合、调和定性和定量结果。

一是注意定性和定量结果相互加强的地方。

二是注意并解释差异。

⑫使用策略来提高分析的严谨性和可信度。

一是考虑并讨论对结果的其他可能的解释。

二是仔细考虑和讨论不符合整体模式和主题的案例和数据。

三是三角测量分析。例如，检查不同数据收集方法产生的结果的一致性，即三角测量方法。在同一方法中检查不同数据源的一致性，即数据源的三角测量。使用多个分析者或研究者来审查结果，即分析者三角测量。使用多种观点或理论来解释数据，即理论/观点三角测量。

⑬确定实质意义。定性研究结果必须符合实质意义，而不能仅仅用统计学意义来判断。研究者在提出研究结果和结论时需要提供具有实质意义的论据，但评估报告的阅读者和使用者需要对其重要性做出自己的价值判断。在确定实质意义时，研究者需要考虑以下这些问题：

第一，支持研究结果的证据有多稳固、连贯和一致。例如，三角测量可用于确定支持发现的证据强度。

第二，研究结果在何种程度上，以何种方式增加并加深对受评项目的理解。

第三，调查结果在多大程度上与其他信息一致。如果调查结果能够支持其他的研究并且也能被其他研究所支持或验证，这样的结论或是研究发现才具有确定性意义；如果得出一项全新的发现，那将具有巨大的创新和发明意义。

第四，研究结果在多大程度上有助于评价的目的。

⑭确定专家的审计过程或对评价的评估是否是合适的，因为评价影响到的利害关系很大（例如，主要的总结性评价），外部审查能够加强定性结果的可信度。

一是质量审核：专家进行的外部审核可以判断数据收集和分析的质量。

首先对定性数据收集过程的审核能提高判断的可靠性。

其次对分析的审核能提高判断的可验证性。

最后基于评价的目的和预期用途，任何审核都需要根据适当的标准进行。

二是对评价结果进行评估或审查将采用一般评价标准，如效用标准、可行性标准、优先事项标准、精确度标准和评价问责标准。

（10）重点关注定性评价报告。

①确定哪些是核心内容，并使其成为评价报告和其他沟通策略（如口头报告）的重点。

一是专注于最有用和最有意义的事情。即使撰写一份综合性的报告也必须省略研究过程中收集到的大量繁琐信息。将一些细枝末节放在报告里会使得报告太冗长，读者会失去阅读的兴趣并且抓不住重点。为了提高报告的影响力，评价应清楚地指明每个主要评价议题，对描述性发现、分析和解释做简明扼要地阐述。

二是评价报告应该是便于阅读的、可理解的，并且尽可能少使用学术术语。

②审查评估结果以区分并发挥以下三个功能：

一是确认并突出显示由定性数据支持的主要评价结果。

二是消除人们对该项目的误解。

三是阐明以前应该是已知或理解的，但却不为人所知道或了解的重要事项。

③根据预期用户和评估目的确定评估报告的标准，并满足这些标准，以提高报告的可信度和实用性。可选择的标准包括：传统的科学研究标准、建构主义标准、艺术标准、重大变更标准、务实标准和评价标准（参见标准定性评价过程清单）。

3.2 定性分析的信度和推广

在项目评价中，个案研究常常占有很重要的位置，原因很简单，比起理解整合出来的或总结出来的经验，我们更容易与个体的经验发生关系。个案研究是评估中常用的方法，这种方法的目的是收集信息，比如什么时候发生了什么事，对象是谁，以及会带来什么后果等。了解项目和参与者的故事对于了解项目的实施过程、带来的影响和结果是很重要的。最终我们要保证这种研究方法得出的分析结论是可信且对决策者有用的。决策者们不仅仅关心有多少人参加了项目、完成了项目、受益于项目或者后续的一些影响，他们还对项目参与者的体验、经历和看法感兴趣。定性结果评价可以看到数字背后的深层理解，而不仅仅是局限于统计学上的分析。因此，定性评价最得人心之处在于它能够收集他人的经验，并且细节生动、令人信服。即便是只有一个个案的叙事材料传达的也是项目参与者自己的想法和感觉。这种方法强而有力，能够吸引人们去关注某一个问题或某一个观点。

定性研究者强调深入地以个案方法来了解项目的重要价值。但考虑到每一个评价者都有他们自己的观点和看法，因此能够避开自己观点的影响，全面认识并且真实记述参与者的经历、观点及他们对于项目的评价就显得极为重要。评价者们应该尽量地去“真实地记录项目参与者的真实体验和感受，然后在这种情境下去‘解读’项目价值”。

定性分析对于研究人们行为和态度的细微差异，以及考察项目长期效果的形成特别有效。定性的方法常常用在项目评价中，通过交流，介绍参与者的经历、体验和故事来讲述项目的影响。因此它的主要优点就在于它所能达到的深度。

和定性分析法相比，定量评价是通过测试相对较大的样本获得数据，并且使用统计程序来描述及推广变量之间的关系。通常定性分析样本的数量很小，因此很少能针对大型群体做出精确的统计推断。定性分析的研究对象是个体，因此其推广有限，仅能谨慎地推广到类似的个体上，而定量研究的结论可以从样本推广到总体。虽然我们依赖于个案的分析可以产生丰富而详细的信息，但是如果我们不能保证结果的代表性的话，我们就不能说自己所做的工作很有效。另外，关于抽样及个案数据推广度的争论也很重要，它们是定性研究方法经常被批判的核心问题。

虽然个案有的时候并不那么具有代表性，但我们通常会认为个案包含了更多的数据，而不仅仅是一个案例的数据。对于项目评价者而言，这就既包含机遇，也蕴涵着警示。机遇是指我们可以利用个案和定性的证据，来传递更加具有说服力的、更有感染力的评价结果。而警示则是指我们要努力使实施的定性评价在方法学上成为令人信服的方法。

大多数人对于这种以故事或叙事材料来记述个人体验的做法持有积极态度。在项目评价的情境中，通过个案可以相对简单地报告和交流主要结果。对于很多评价用户来说，相对于表格来说，图形能够表达更多直观的信息，有时描述性的语言在某些情况下则是最好的。2003 年，巴顿（patton）在他的定性评价任务核对表中提到，定性方法最适合于讲述故事。

弹性是定性分析的另一项优势，在定性分析中，我们可以随时修正研究设计，甚至可以随时准备进行定性分析，但问卷调查或实验则不能轻易地开展。与它们相比，定性研究花费也相对较少。

从效度和信度的角度来看，效度和信度可以代表测量的品质。

效度是指是否真正测量了该被测量的。定性研究似乎能提供更好的测量效果。因为定性分析能够挖掘出概念的深刻含义，如幸福感和获得感等，而定量分析就很难做到这一点。不仅如此，定性分析还可以举出详尽的实例来取代对概念的定义。

信度就是可重复性。当我们使用定性分析法一再重复相同的测量时，我们会不会得到相同的结果呢?

假设我们在对项目充分了解的基础上，描述项目的效果，定性的测量方法可以显示一定的效度，然而即使经过相同数量的观察，我们不能确定其他研究者是否也能用同样的方式来描述这个项目。即使是定性研究的深度测量，通常也是非常个人化的。归根结底还是基于个人判断。使用定性技术的研究者都意识到了这个问题，并且在努力解决。他们提供了许多补充办法来增加对定性分析结果的信度，通过这些方法可以增强定性数据的稳定性。

1994 年，迈尔斯（Miles）和休伯曼（Huberman）发现了 13 种不同的方法可以帮助增强定性数据的稳定性。尽管这 13 条方法中的任意一种都有助于增加我们对定性研究结果的信心，但其中的一些方法的确比另外一些方法更具有实践意义。

在项目评价中，以下两种是非常有用的：

第一是三角刨分数据资源。三角刨分数据资源就是把定性分析的数据和评价中的其他数据资源进行比较，如果较为一致，那么就会增加我们对定性分析准确性的把握。在三角刨分中，明确定性分析得来的结果与其他通过数据资源得来的结果是否一致是非常重要的。一般来说，如果一致，我们得出的结果的信度就会提高。如果结果不一致，就要探究是不是哪个方面出现了问题，比如个案的代表性、研究者的偏差，以及权衡证据是否是最合适的切入点等。

第二是从被调查者那里获得反馈。通过询问，找出他们与你的结论一致的地方。使用从被调查者那里获得的反馈意见，来建立定性数据的效度，当然这会经历一个非常漫长的过程。虽然这些信息不能告诉你个案是否具有代表性，但它们能够告诉你，你所获得的信息是否和提供信息的人的想法一致，这对于最真实地记录受访者的世界观非常重要。

定性分析有其优点也有其缺点，一般来说，定性研究更有效度，但缺乏信度和推广度，并且定性的个案研究也经常能够达到意想不到的社会结果。

定性分析既是门科学，也是一门艺术，不存在什么一定可以保证成功的固定步骤，这跟学习画画、谱曲很相似，但是教育对于更好地掌握定性分析这一方法无疑是有用的，相关的课程会讲授关于这一方法的惯例、技巧甚至秘诀。但是教师能做到的只有这些，最后的结果还是得靠你自己。当然，对于定性分析来说也是一样的道理。

数据的主要来源就是叙事材料，分析这类数据也是非常耗时的。总之，在深度（增加数据的效度）和广度（提高数据的代表性）之间有一个利益权衡的过程，两者是此消彼长的关系。定性研究方法注重的是少量个案，但是那些定性研究的推崇者常常认为信息质量和信息完整的重要性足以超越由缺乏代表性所导致的一切弊端。

总结

定性研究是以研究者本人作为研究工具，在自然情境下，采用多种资料收集方法，对研究现象进行深入的整体性探究，从原始资料中形成结论和理论，通过与研究对象互动，对其行为和意义建构获得解释性理解的一种活动。定性分析方法收集数据的方式包括访谈、焦点小组、叙事型数据、通过观察得来的田野笔记及记录下的各种文件。

与定量研究不同，定性分析方法是以叙述性、非数值型数据为基础的分析方法。一般来说，定性方法比定量方法更加开放，并且对于收集和分析那些不容易被转化为数字的数据更为重要。对于探索性研究、参与性研究或者官能评价，定性研究方法显得尤为重要。将定性方法和定量方法结合起来使用，这两种方法是相互补充的，一个方法的缺点可以通过使用另一种方法来弥补。

定性评价常常要依赖于个案研究，即对于个体（作为分析单元），也就是项目中的利益相关者进行深入的分析。个案研究以故事的形式提交，往往是一种传递和项目有关的个体经验的好方法。我们人类一向是善于讲故事的，事实上故事和歌曲是我们在有文字之前交流文化的方法。个案传递思想和感情，能够提供我们每个人都能理解的关于项目的经验。

虽然绩效测量还是依赖于定量指标来呈现结果，但也有其他的做法，就是依赖定性的方法引导利益相关者讲述有关绩效的故事。在收集数据能力有限的情境中，定性研究会为描述和沟通绩效的结果提供行之有效的方法。

主要概念

定性分析　定量分析　访谈　专题小组　观察　文件分析　开放式编码轴心式编码　选择式编码

课后习题

1. 定性分析法和定量分析法有何不同？分别有什么优缺点？

2. 新型冠状病毒肺炎期间，广大医护工作者冲在最前线。记者们对他们进行了访问，下面是他们的一些话，这些话如何编码更合适？

(1)“我可以上！但请别告诉我妈妈……”这是一位年轻医生赴一线之前的唯一请求。

(2)“我不想哭，哭花了护目镜没法做事。”这是广东医疗队护士，22 岁的朱海秀不想对着镜头向爸妈报平安的理由。

(3)“几十万份标本，每个都是护士冒着被感染的风险去采集得到的。”新冠肺炎的确诊必须通过咽拭子标本，采集时，护士直接对着病人张开的嘴，有极大的感染风险。谈及细节时，4 000 多名护士的领头人汪晖，心疼地掉下了眼泪。

(4)“不为当英雄，但决不做逃兵!”武汉大学中南医院急救中心的护士郭琴不幸被感染，痊愈出院第二天，她的选择是——重返一线。

(5)“哪有什么白衣天使，不过是一群孩子换了一身衣服学着前辈的样子治病救人，和死神抢人罢了……”这是武汉市中心医院的护士长唐莎在朋友圈发的一段话。

第八章
需求分析

在第一章的项目评价内容图中，连接公众需求项目和项目结果的是充分性分析，分析的是产生的结果是否解决了公众的需求问题。因此，对项目的充分性评价与项目的被需求度有关。需求分析也是项目管理周期中的一个重要部分。

需求分析旨在测量项目需求的性质及程度，它是在公众及政府部门中进行的，是一系列与评价相关活动的重要组成部分。政府部门可以运用需求分析提供的信息来确定需要解决的社会问题，并通过设计和实施恰当的政策和项目来改善这些社会问题。同时，评价者也可以将需求分析纳入项目评价中来检验它们是否仍旧彼此相关。

项目的需求分析是许多政府评价项目中的重要组成部分，被各国政府广泛采用。许多政府要求在项目评价中明确回答：项目是不是为了解决某个特定的兴趣点、问题或者需求？（它）是否确定了项目关注于特定的、能够被清楚地界定并且目前仍然存在的兴趣点、问题或者需求？项目实施区域或者项目活动是不是能继续产生一些反映政府的优先政策以及公民的需求的结果？项目设定了什么样的目标？这些目标是否达到等问题。

另外，项目评价也可以包括那些关注用户和利益相关者需求的部分。例如，一个项目评价对已有项目用户进行问卷调查，该问卷工具可以引导被试者回答他们参加项目的经历，并且评价他们和已有项目之间的互动关系，以及他们对关于项目如何改进以更好地满足他们需求的建议。用户接受的服务和他们真正的需求之间的差距实际上就是一个重要的信息来源，我们利用这个信息可以改进项目的设计或者项目的实施。本章主要讨论如何界定需求及如何一步一步进行需求分析。

第一节　需求分析概述

1.1　需求、需求评估和需求分析

关于需求，其最经典的解释是马斯洛需求层次理论。该理论把人们的需求等级划分为五类：生理需求、安全感需求、归属感需求、自尊需求和自我实现需求。马斯洛需求理论既涉及基本需求也涵盖了高等需求。人类首先趋向于满足他们的基本需求，然后才去满足他们的高层次需求。除非基本的需求被满足，否则人们不知道

有高等需求的存在。马斯洛需求理论主要帮助我们理解人类需求的存在，以及需求之间是相互关联的。我们可以通过使用恰当的工具来测量这些需求。

现在，我们从另一个角度看待需求。在社会里，我们通过一系列过程，将需求转化为政策及项目，表达需求可以被看作是一个表达我们的价值观，表明我们支持什么样的政策和项目的方式。例如，对高龄失能老人的护理补贴政策，就体现了我们对失能人员的关心，并且表达我们应该改善这个问题的决心。

那么基于需求和政策项目的相关性，“需求”是指当前状态（是什么）和期望状态（应该是什么）之间的差异或差距。任何项目或计划的开始，都是因为当前状态和期望状态之间存在差距。差距的存在表明项目仅仅是一个概念上的存在，还没有计划和实施，这时需要定义分析需求，考虑可能的选择，发展一些人际关系，合作者们也会权衡彼此的优点和缺点。需求既不是现在的状态也不是将来的状态，而是它们之间的差距。表 8.1 以举例的方式说明了这一点。

表 8.1　期望结果与当前结果的差异

期望结果 （应该是什么）	–	当前结果 （现在是什么）	=	需求
所有三年级的移民应达到州熟练阅读水平标准	–	30%三年级的移民达到了州熟练阅读水平标准	=	让 70%三年级的移民达到州熟练阅读水平标准
2000 年，孟加拉国，50%的人口生活在贫困中	–	在 2015 年把贫困人口降低到 30%	=	在这 5 年内使 20%的贫困人口实现脱贫

我们生活在一个不完美的世界里，差距的存在引导着我们的决定，决定着我们的目标。差距可以看作是问题的存在，也可以看作是一次发展的机会。这些差距说明对需求进行评估是必要的，分析差距，或者是分析需求可以帮助我们做出合理的决定。忽略差距可能会带来问题。当进行项目决策时（比如建大坝、启动新的艾滋病教育计划、提供职业培训），如果不分析现状和预期效果，不分析差距或是需求，那么很难达到预期效果，也会造成资源流失，或是可能错过和其他选择做比较的机会。也有一种可能，即使没有进行需求分析，也能够做出有效的决定，但如果进行需求分析，可能会发现如果将现有的决定或方案与另一个方案相结合，效果会更好。

但值得注意的是，很多时候，生活中我们所表达出的“需求”其实只是我们自己轻易下的结论。例如，一个项目经理说：“我认为我们项目需要招聘更多的人”，“我需要更多的资源”，“员工们需要参加培训”，这些其实都是一些结论或者是解决方案，也就是说其实项目经理在做出需求分析之前，就已经提出了解决方案。又比如，教育部想要改进公共教育，考虑是否要新建学校和招聘更多的老师。其实“新建学校”和“招聘更多老师”都是潜在的解决方案，并不是“需求”。对于“改进公共教育”这个问题，必须要先分析教育现状是什么，预期达到的结果是什么，如果对这两种状态没有明确的衡量，就先行考虑是新建设施还是招聘更多的老师就没有意义。

在现实世界中，资源具有稀缺性，也就是说，不可能有足够的钱或是资源来满足所有的需要。因此我们必须对需求进行分析和评估。“需求分析”或是“需求评估”有一套系统的步骤，用于确定“需要”、考察“需要”的性质和“需要”产生的原因，以及确定未来行动（制定政策、实施项目等）的优先次序。

需求分析不仅连接着项目结果和公众需求，同时也是政策制定者制定目标政策和项目规划者做决策的重要参考。如果我们想将需求转化为政策和项目，就一定要做出政治性的选择。如果说政治是关于价值观和资源分配的话，那么需求分析就应该被看作是一种政治投入。并且，需求分析的可靠性就显得格外重要。同时，我们也应该知道需求是相对的，是随时间变化而变化的。

需求评估侧重于一个系统中特定的目标群体。教育环境中的共同目标群体包括学生、家长、教师、管理者和整个社区。理想情况下，需求评估最初是为了确定人们的需求（服务组织或系统存在的接收者，如学生）。然而，"全面"的需求评估通常需要考虑到系统其他部分确定的需求。例如，在考虑"服务提供者"的需求时（如教师、辅导员或学校校长等与服务接受者有直接关系的人），也要考虑"系统问题"的需求（如程序、服务和人员的可用性，项目协调水平，以及到适当设施的访问权限）。

需求评估侧重于要达到的目的（即结果），而不是手段（过程）。例如，阅读的成绩是一种结果，而阅读教学则是达到这一目的的一种手段。需求评估会对特定目的设计既定程序和方法，然后通过这些程序收集数据，选择适合需求评估目的和背景的方法、种类和范围。需求评估为确定如何最好地分配可用的资金、人员、设施和其他资源设定了标准，为解决方案设定优先级并确定标准，以便规划者和管理者能够做出正确的决策。进行需求评估的主要目的是改进项目或服务的组织结构和运作过程。

需求评估应该展示和记录已知的社会或公共需求，保证需求易于理解和被人们意识到，使得为了满足需求的项目易于执行。需求评估旨在帮助决策者选择策略或设计满足需求的项目，并且能够让公众参与解决问题和实现目标额外的益处。

1.2 需求和绩效循环的关系

如果我们简化绩效管理循环，可以发现策略规划、项目发展、项目实施、绩效报告到真实结果是一个连续的过程，而真实结果又会对后期策略规划起到参考作用，从而形成绩效管理循环。

这些过程中，很多主要活动是与需求分析相关的。例如，需求分析通常是在项目设计时实施的，一般来说，战略规划的制定部分是为了产生战略目标，是对目标的陈述，而目标为项目和政策发展提供具体指南。项目的设计不仅仅以战略目标为导向，同时也受到组织结构、操作过程及预期结果的信息资源的影响。项目设计的一个重要部分就是界定项目受益或受影响的客户群体，然后设计出有效的项目以解决问题，或者达到用户的预期目标。从绩效报告中得出真实结果时，我们也需要针对需求、利益相关者对项目的结果分析来评估需求是否被满足。又例如，战略规划部分作为绩效循环的开始，包括了环境考察，而环境考察可以用来衡量组织与外部利益相关者之间的关系。

举个例子，对一个大学的战略规划过程进行环境考察，需要考察人口的发展趋势，这一点会影响将来的招生；经济趋势，包括各专业毕业生过去、现在的就业率；劳动力市场男女就业的现状，对各专业的需求可能产生影响；对将来需要什么类型的技术的预测。目前很多大学都在对毕业生进行调查，以了解他们是否就业，在什么地方工作，对于自己的大学经历是否满意，以及他们认为学校应该做出哪些努力来提高教育水平和对学生的服务水平。他们其中的一些反馈意见和项目的需求分析息息相关，同时也利于构建战略规划。

环境考察之后，在战略规划阶段，决策者必须要熟知当地的法律/政策要求和项目要求。比如，地方政府是否对移民学生有特殊的教育需求，是否会针对需求评估来决定资金使用的优先权，或者政府将如何根据综合项目需求评估的结果发放补助金。如果涉及移民教育，要根据移民教育办公室发布的项目需求政策指南来进行需求评估。

在战略规划阶段，利益相关者的参与和投入也是必要的。只有他们参与进来，他们的不同要求、需求、希望及偏好才会被考虑到。服务于用户的组织一样要考虑用户的反馈意见，并在此基础上制定正确的策略目标，不然的话，组织的方向与用户的期盼之间可能会存在分歧。

那么，需求分析和项目绩效评价有什么区别？两者对提高项目结果都很重要，但它们有不同的作用。尽管有一些方法在收集信息、指导决策时类似，但两者所适用的视角不同。需求分析视角，重点是收集当前结果和所期望结果的信息，然后分析出差距，评估确定优先级和比较备选方案，有助于改进项目。因此，这种收集和分析信息的过程是在做出任何决定之前进行的，包括决定该做什么、使用哪些供应商、甚至什么产品预期。需求评估是一种规划（如战略规划或项目规划），来定义一个组织或机构的目标及如何达到目标。相反，当关于该做什么（例如，建设学校、改革政策、扩大艾滋病毒/艾滋病服务）的初步决定已经做出，使用的是项目评价的方法。项目评价适用于分析现有项目的相关性、有效性、效率、影响和可持续性，是一种总结性的分析。项目评价也可能会涉及后续发展的可能性或者如何改善当前的绩效。因此，有时项目评价是与其他成本分析相关的，如前面提到的成本—效益、投资回报或成本—效率分析等。

1.3　如何确立需求的存在和需求强度

所有的需求分析都会涉及比较，我们可以和同类项目比较，也可以和一套基准或参照点进行比较。这类基准主要来源于：

（1）行业标准或理论模型。

基准的来源可以是一些专业领域或服务单位所采用的专家意见或标准。比如，在一些社区护理中心，等候检查或治疗的时间标准可以用来评价对于特定用户群体服务保障的缺乏程度。

理论模型同时也被用来估计对项目和服务的需求。例如，在很多高速公路维护项目中，我们可以根据交通流量、天气的状况、路面、路基的类型等及理论模型，估算出进行路面维护或者重修的频率。

（2）伦理道德。

社会道德或者伦理问题也可以成为一个确定需求的重要来源。服务弱势群体就是一项很重要的道德命令，它可以促使我们通过调节富人和穷人之间不平衡的资源分配来实现更充分的社会公平正义。道德和伦理价值观经常被包含在政党等机构做出的使命声明和政策目标中。

（3）群体之间的比较的基准。

将提供给某一群体的服务与另一个群体的服务作比较，是一种常用的设定需求基准的方法。比如，一个社区护理中心可能会对比本社区与其他类似社区每百人中的社工数目，以明确在资源提供方面，他们在同类群体中的位置比平均水平高还是低。

（4）服务提供者的基准。

服务提供者本身可以为需求分析提供有用的基准。在服务领域，用户的差别对于判断需求水平是非常重要的，这种情况下，服务提供者可以运用他们的经验和对用户的熟悉程度来帮助完成需求分析。

（5）当前及潜在客户的基准。

一些需求分析会对当前或者潜在的用户进行问卷调查，让他们对目前接受的或者将来会接受的服务进行评定或排序。事实上，我们希望用户能够根据自己的感受评价他们的需求，并且对现已接受的服务和应该达到的服务之间做出比较。这种方法反映了在需求分析中给用户更多的权力越来越成为一种趋势。

从根本上说，需求是那些被社会重视的东西。如果我们同意将某项服务认作是一个需求，我们通常要通过政治程序来配置资源，以满足这个需求。但需求反映的是我们的价值观，所以在是否要投资一个项目的问题上可能会产生激烈的分歧。需求分析可以在绩效管理循环中的任何一个点来实施，在策略计划阶段、项目或者政策设计阶段等。

第二节　需求分析步骤

与任何组织活动一样，在开始需求评估前需要有计划。制订需求评估计划不仅有助于指导需求评估，还可以帮助研究者管理评价中的各个步骤和整个评估过程中的合作伙伴。需求评估的规模和范围要与需求评估将指导的决策相对应，首先确定需求、然后分析需求，最后给出建议或者是决定下一步行动/计划是什么。使用这三个步骤，可以确保：①需求评估首先注重的是结果，然后才关注解决方案；②在实施决定之前，需求将会被分析和研究；③解决方案会被公布且被评判。

对于范围较小的评估，主要步骤可以概括为三步：识别（identify）、分析（analyze）、决定（decide）（见图 8.1）。需求评估的第一步是确定需求（期望和当前结果之间的差距）。需要注意的是一定要先分析现状是什么，期望的结果是什么，之后才有足够的时间去讨论潜在的解决方案。毕竟，正如亨利·基辛格所说：“如果你不知道你要去的地方，每一条路都会让你一事无成。”第二步是分析。此过程将需求与决定应该采取什么行动所需的信息联系起来。毕竟，不是每一个需求都要立即采取行动，必须审查因果关系，权衡投资和回报，并确定优先次序。在这一点上，会产生许多能够改进项目或缩小差距的解决方案或想法。最后一步是根据分析做出复杂的决定。因为可能需要权衡不同解决方案的着重点，或用于选择解决方案的标准很难达成共识，或存在一些需要协商和让步的一些现实情况。

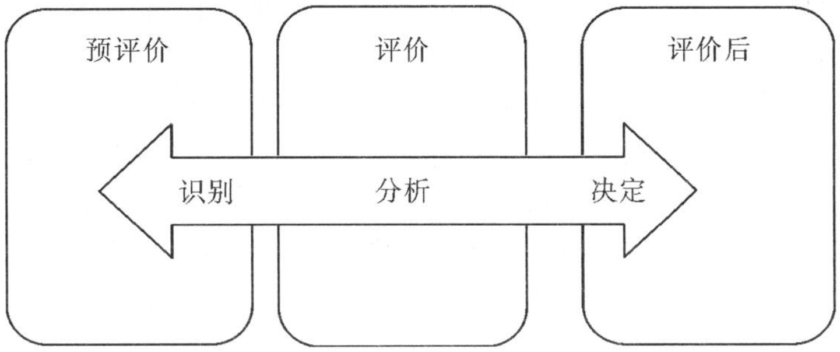

图 8.1 需求分析步骤

对于小规模的需要评估，识别、分析和决定三个步骤就足够了。但是更大规模/范围的评估，通常涉及更多的问题需要回答，更多不同类型的利益相关者，则其需要更多的子步骤和详细信息，例如，如果计划进行六个月的需求评估，其中需要多个政府部门和捐助伙伴的参与，这时候仅靠识别、分析、决定三个步骤是不够的。在这些情况下，Altschuld 建议需求评估分三个阶段进行：预评价活动（pre-assessment）、评价活动（assessment）和评价后活动（post-assessment）（见图 8.1）。前面讨论的三个步骤（识别、分析、决定）可以被整合到这三个步骤中。

在预评估阶段，目的是确定评估的范围和规模，以确保评估顺利进行，并产生做出决定的合理信息。预评估阶段的重点在于尽可能多地利用现有信息，而不是收集新信息，为决策提供信息。具体过程包括：与出资者/赞助商一起，确定总体需求评估的范围；根据评估范围，确定形成需求评估的主要绩效问题，在可能的范围内，审查现有信息（如报告或调查）有助于评估的进行；确定需要哪些数据和信息来进行需求评估，此步骤可能需要从关键利益相关者和合作伙伴那里收集一些初步信息，以确定目标和选择方法；与其他人一起，为需求评估制订管理计划；向同事、同行、客户、合作伙伴、评估发起人及其他与评估有利害关系的人确认评估计划是否合适。

在评估阶段，其目的是以一种方法合理的方式实施评估，从而产生合理的信息，以便做出决定。在这个阶段需要做的事情有：安排收集必要的各种信息来源，如采取访谈、问卷调查、焦点小组等方式收集，收集需要审查的文件，对参与小组讨论的人员进行培训，安排观察人员等；再一次查看协议、问卷和其他信息收集工具，以保证了解了有关当前现状和期望的结果的必要信息；通过使用各种工具和技术收集信息，从对主要绩效问题有不同观点的信息来源收集信息；根据当前和预期结果之间的绩效差距确定需求；根据评估规模确定需求的初始优先级、范围、区别特征和相对重要性；对于最高优先级的需求，制订计划收集可能导致绩效差距的因素的相关信息；收集和优先需求有关的原因（或根源）信息；分析和综合所掌握的有用信息；对于每个优先需求及其相关的因果因素，确定多个绩效改进活动；评估每项潜在的绩效改进活动对改进评估工作的价值；使用这些信息来确定需求的优先级，并提出最有利于改进工作的建议，进而取得预期的结果。

评估后的阶段，其目的是强调评估不会结束，一旦确定了优先事项，来自评估的信息必须共享并用于指导决策。另外，情况会变，而你应定期收集和评估信息，作为持续监测和评估的一部分。此阶段为项目实施提供支持，并且在必要时能提供信息及时采取纠正措施。

总结一下需求评估的步骤。首先，在需求评估报告或陈述中总结建议。其次，向利益相关者传达初步评估结果，对大型需求评估来说，这一步可能包括制定宣传策略、传播策略和评估书面报告和口头演示，以及提供信息的人员和评估参与人员分享初步结果，有利于后续的改进。然后，将评估后监测和评估活动整合到建议的解决方案中去。最后，评估需求评估的过程，以确定是否应该在完成下一个评估之前做出变更，在评估计划中提高灵活性。

2.1 需求分析步骤

Mckillip 将需求分析分为八个详细的步骤：①熟悉环境；②确定需求分析的使用者和用途；③确定需求的目标人群；④罗列为目标群体提供的服务项目，确定与需求的差距；⑤使用互补的策略来收集和记录数据；⑥分析数据和信息；⑦提出建议；⑧交流需求分析的结果。其中步骤①~⑤也就是“识别”或者“预评估”的过程，步骤⑥是“分析”和“评估”的过程，而步骤⑦和步骤⑧是“决定”和“评估后”的过程。

（1）熟悉环境。

需求分析的目的通常是为资源分配提供信息，因此可能会引起争议，如果通过需求分析来主张扩展服务项目，还可能会受到一些质疑。同时，我们应该关注到不同利益相关者在提供信息时的动机。比如，服务提供者就会对通过保留现有的服务或者扩展新的服务来获得更多的资源比较感兴趣；而对已有的或者潜在的用户来说，一般会对提高服务质量比较感兴趣。用户享受到的服务通常不需要支付大量的费用，如地铁交通服务，因此大多数人有一种普遍的偏见，即服务越多越好。但是如果他们知道额外增加的服务会导致费用增加，比如票价上涨，那么他们就不会盲目要求增加服务了。

（2）确定需求分析的使用者和用途。

需求分析包括形成性需求分析和总结性需求分析。形成性需求分析关注的是：项目是否已经覆盖到了所有潜在客户、服务的提供还有哪些缺陷等问题；需求分析的目的是如何改善项目。总结性需求分析关注的是判断项目是否仍能满足需要。需求分析的结果包括项目是否应该被缩减或者扩大，为资源的分配提供参考。

一个需求分析结果的潜在用户包括内部和外部合作伙伴：服务提供者、资助者、政府官员、现在的和潜在的客户及社会公众。虽然大多数需求分析关注的是所提供的服务和需求之间的差距，但一些问题也应该包括进去，比如，询问对现有服务的满意度或者是否愿意为现有的服务付费等问题。

（3）确定需求的目标人群。

确定目标群体有两个重要的维度：确定进行需求分析的地理区域和该地理区域内人们的社会性特征。如果我们描述这两个维度越准确，就越容易确定数据的样本及收集方法，这些特征指标包括年龄、性别、种族、第一语言、文化程度、教育背景、职业、住址等。所有这些都可以用来检测各群体的需求程度。

除了确定目标群体，我们还需要确定对比群体。例如，如果对一个社区的职业培训进行需求分析，我们可以将已有类似项目的社区作为参照，观测他们的客户占总体的比例是多少，以这一比例为基准，为培训项目的规模提供合适的建议。

（4）罗列为目标群体提供的服务项目，确定与需求的差距。

一是制订需求评估项目的管理计划。首先，确定实施评估项目的领导权。项目经理是计划和管理需求评估的关键人员。接下来，成立需求评估委员会。需求评估委员会的成员应代表那些对确保承诺和采取后续行动至关重要的组织和个人。最后确定报告时间表，及时向最高管理层和其他重要利益相关者报告，并提供就重大问题进行互动的机会。

二是确定主要关注点。首先要对目标群体最重要的目标（预期结果）达成共识。如果需求分析的目标群体确定了，那么下一步就是详细罗列该地区已经实施的类似服务项目，同时加强对这些项目服务的了解。一旦一个区域的目标群体确定下来了，就有必要联系那些现有服务的提供者以弄清楚：谁在给这个群体提供服务项目，都提供了什么样的服务等问题。我们可以从现有服务提供者那里获得潜在客户的相关信息，或者通过问卷调查和访谈的形式对于需求没有得到满足的用户进行估测，把目标列表细化到前 3~5 个目标，集思广益，列出每个目标的关注点或因素，并决定每个目标的主要关注点。

三是确定需求指标。列出可以反映关注问题的指标，也就是从一些数据中发现需求或是问题是真实存在的。

四是考虑数据源，确定哪些信息将有助于更清楚地定义需求和将在何处获得数据。

五是决定优先事项，将每个关注事项的优先事项作为收集数据的重点。

总体而言，以上是探索“是什么”的过程，其目的是调查已知的目标群体的需求；确定需求评估的重点和范围；保证需求评估在项目实施的所有阶段发挥作用，包括将评估结果用于项目规划和实施。探索阶段的两个主要目标在于获得：将需求评估融入项目组织各级各阶段；确保决策者将以适当和及时的行动跟进（使用）调查结果。

（5）使用互补的策略来收集和记录数据。

这一阶段的任务是记录现状，关注问题的“现状”，将现状与“应该是什么”的愿景进行比较，并确定需求的规模及其原因。根据需求的关键性及其原因，按照暂定的优先级顺序排列。

收集数据的过程可以从差异视角来着手，重在识别和衡量“是什么”和“应该是什么”之间的差异和不一致的点，从差异角度看的信息并不取决于拥有的数据类型，而是取决于用来将这些数据与其他信息进行比较的观点。收集数据的过程也可以注重改进已经在进行的项目，通过识别和强调现有项目的成就和积极因素，在分析中添加有价值的信息，确定如何改进它们以实现未来的目标，但这会忽略一种可能性，即想要达到预期结果可能需要引入新的项目。因此我们可以将这两种观点结合。

数据有两种形式：原始数据和二手数据。原始数据是指那些专门为需求分析收集的数据，或者叫一手数据，如通过问卷调查、焦点小组、访谈、直接观察等获得的数据。如果是收集一手数据，需要考虑如何设置问卷问题、发放问卷的形式或者如何进行面试等。二手数据指的是已经有的数据，可以用定量和或者定性的方法对其进行分析，如调查数据、文献综述、类似的研究、背景资料、政府的报告、问卷调查、焦点小组、访谈、直接观察等方法。收集来的数据必须要能够转换为有意义的信息，而不仅仅是数字。需求分析可以通过结合使用原始数据和二手数据进行，因为环境可能会不断变化，不能仅仅依靠一种工具（如调查）来收集信息，依靠另一种工具（如民意测验）来做出决定。通常，拥有（并使用）许多可选工具以满足预期效果。例如，有一项需求分析想要确定什么样的社会救助计划将最大限度地改善住在农村社区的贫困人口的生活质量。然而，社区的环境总是在变化（例如，自然灾害一旦发生，政府领导层的变动可能会减少资金，并导致移民模式的改变），项目的实施通常是跟预期完全不同的（例如，项目负责人与社区负责人的合作不如想象的那样好，项目成员可能离职，或者新技术可能会对项目带来无法预料的改进）。因此，开发项目是复杂的，而且常常是不可预测的。尽管存在这种不可预测性，但需求评估必须定义需求并确定其优先级，然后必须支持有关决策。同样，调查等方法能够以量化的方式提供有用的事实和数字，而访谈、案例研究和场景提供了定性信息，在决策中也很有用。因此，选择合适的工具和技术来收集信息和作出决定，需要根据实际情况而定，没有一个特定的标准。

（6）分析数据和信息。

首先将原始数据（如生产力报告或访谈笔记）转换为可用信息。通常，对于一些数字化的数据，将原始数据转化为描述性数据（如频率、平均值、标准差、变量之间的相关程度等），对决策者来说更有价值。另外还可以使用图形、图表或表格来描述原始数据，以便理解和展示需求评估结果。同样，定性分析法中，收集原始数据和信息的方法是记录焦点小组讨论过程或访谈内容，我们在第七章也说过，越详细越好。所以长篇幅记录必须按主题、要点分类来总结。此时，可以用归纳、演绎或两者相结合的分析方法进行分析。归纳法从零开始，识别新趋势或模式，而演绎的方法从框架或模型开始，然后将数据分类到规定的结构。两种方法都可以是有效的技术，并且它们在同一需求评估中可以相互补充。

根据数据，按照重要性（如学校关系、英语语言、课程完成）的顺序，优先考虑需求。在每个关注领域内，分别对确定的需求进行排序（例如，校内关系、辅导员—学生联系、同伴网络、课外活动）。

识别并分析原因，确定高优先级需求的一般和具体原因。总的来说，试着回答这样一个问题："为什么这种需求会持续下去?"另外还需要确定可以通过控制项目进行干预的因素。

识别和分析因素的方法可以基于一个表格（见表 8.2）：首先，列出需求评估中已经确定的需求。然后，列出每个需求（关注点）的所有可能的"可改进"原因。一个特定的需求可能有不止一个因素，要列出这种因素未消除且不满足需求的后果。每个需求可能有多个结果，要及时解决。满足需求的难度等级（低级、中级、高级），可以用 1 到 5 来表示不满足需求的严重程度，其中 5 是最严重的。

表 8.2　识别和分析因素框架

需求	产生的原因	不能被满足的后果	实施难易程度（低级、中级、高级）	后果严重程度（1、2、3、4、5）

（7）提出建议。

决定（或选择）实施哪些项目或是进行哪些改进活动去实现预期目标具有挑战性。

确定需求优先权，可以根据以下几个因素：

①当前状态和目标状态之间的差异程度。

②需求的原因和影响因素，也就是将潜在改进措施和导致现状（绩效低于预期）的因素联系起来，例如，冲突的优先级、新的技能要求、缺乏明确性、激励措施不当。

③解决需求的困难程度。

④风险评估忽视需求的后果。

⑤如果某一特定需求得到满足或没有得到满足，对系统其他部分或其他需求的影响。

⑥实施解决方案的成本。在大多数情况下，经济可行性将指导决策（如当资源非常有限时）。但也有时，为了达到必要的结果，有些决策是必须要做的，无论经济可行性如何（如应对自然灾害）。

⑦可能影响解决需求努力的其他因素。

确定需求优先权可以分两个阶段：一是广泛的领域，如目标、关切（需要）或目标群体；二是每个领域内的关键需要。

确定可能的解决方案，为判断是否存在其他更好的替代方案策略设定标准。建议的解决方案至少应满足对原因、可接受性和可行性（包括资源）的影响标准，产生并检查潜在的解决方案。在审查可能的解决方案时，审查并记录支持每个备选方案优点的研究和评估数据。潜在解决方案的数量不宜太多。提供太多备选方案可能会导致决策困难，或者是对能够实现的目标产生不切实际的期望。例如，不符合可行解决方案最低标准的（如超出项目预算）应当在一开始就排除，并且应该知会其他组员排除的原因，随后小组的重点就会放在分析剩余的选项上，以确定哪些选项最能达到所需的效果或者结果。

选择解决方案，方法有很多。

①根据评估标准对每个解决方案分别进行评估和评分，选择分数最好的方案。

②用两两比较法快速对比多种原因之间的关系，删掉两种备择改进方案之间不好的那个，依次进行下去，直到选出最后的方案。

③用鱼骨图分析法，简单明了地展示几个需求之间的关系、产生原因之间的关系。如图 8.2 和 8.3 所示，画一条水平线。这个鱼线就是鱼的脊骨。把“需求”写在鱼脊上左侧（如年轻人的烟草消费量），确定需求的主要原因类别（如文化、烟草的可及性）；接着为每一类原因，画一根骨头，即一条 45 度角的线（鱼的脊椎），找出这个类别中所包含的可能有影响的因素（例如，烟草消费的文化背景就包括成年人的吸烟比例和电视剧里是否会包含吸烟行为）。对于每一类原因，小组需要反复问“为什么会发生这种情况”？将每个“为什么”添加到图表中，围绕其影响的主要原因类别进行聚集。重复这个过程，直到这个问题没有更多有意义的答案。

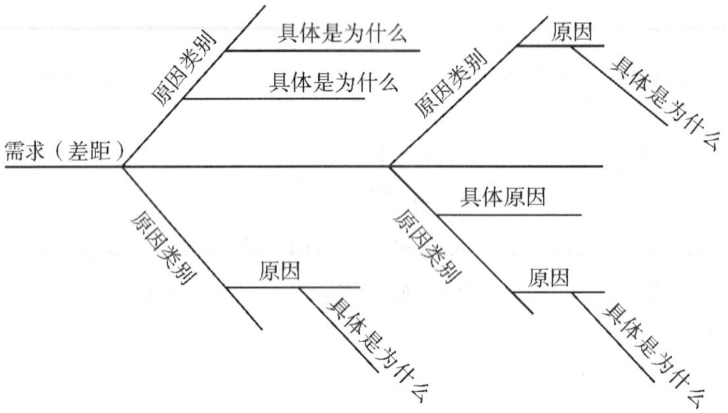

图 8.2　鱼骨图分析法（a）

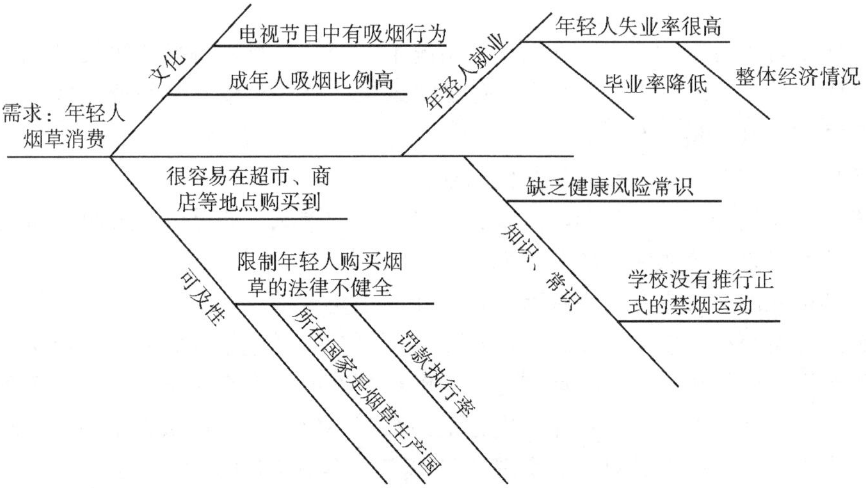

图 8.3　鱼骨图分析法（b）

④用问题树分析法，层层分析需求（问题）产生的原因。如图 8.4 所示，第一个问题是“一条街上 40%的灯都不亮”，将这个问题的原因进行分解直到第二层面：可能是因为灯泡没有进行日常检修和维护，也可能是因为电路维护不稳定，也可能是因为没有足够的维护技术人员。如果重点是“没有足够的技术人员”，需要进一步剖析原因：可能是因为对新员工的技术培训不及时，也可能是因为公共预算不够而导致招聘新员工不及时。接着进一层剖析“对新员工的技术培训不及时”原因是因为预算不够，还是因为天气原因，还是因为培训师太少。

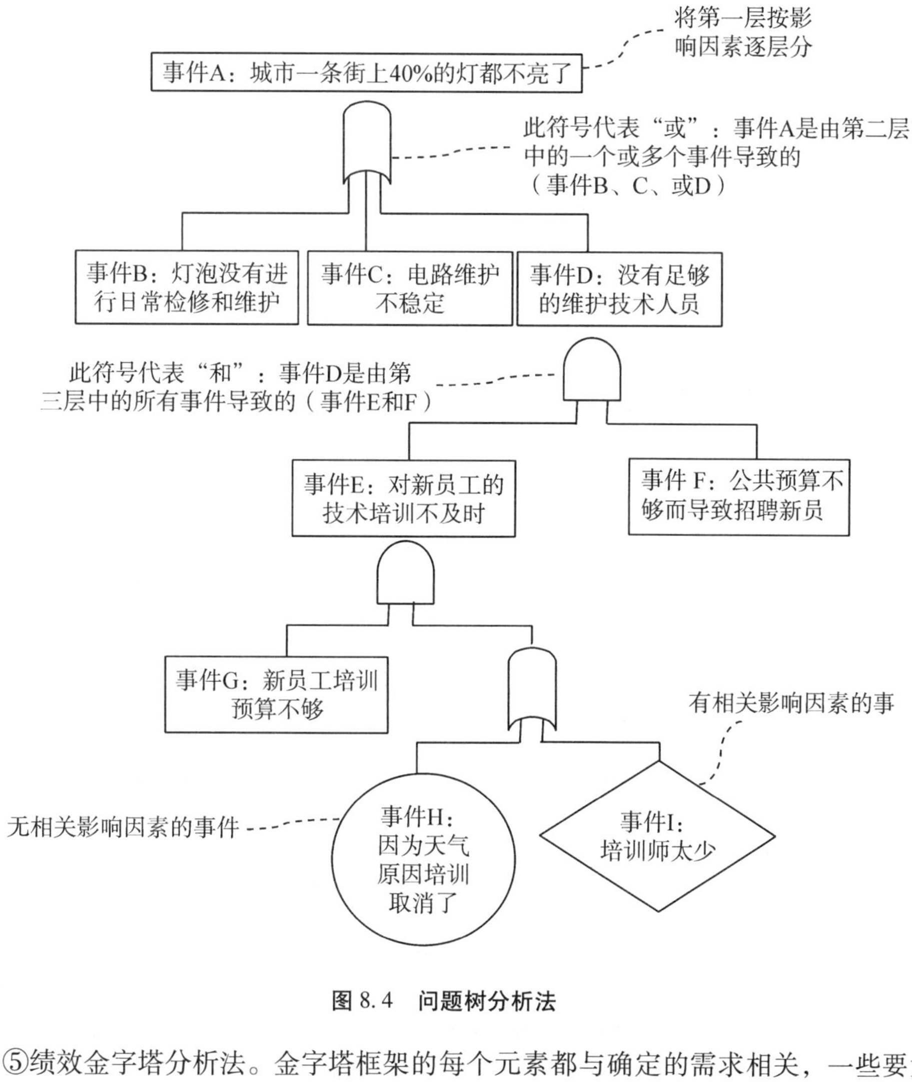

图 8.4 问题树分析法

⑤绩效金字塔分析法。金字塔框架的每个元素都与确定的需求相关，一些要素（如奖励、认可和激励）可能会阻碍当前绩效，而其他绩效（如知识和技能）可能是有利于实现期望的结果。对于绩效金字塔框架的每个元素，收集与已确定的需求有潜在关系的信息。从哪一个元素开始（文化、能力、反馈等）不重要，重要的是在分析结束时，应该了解每个元素在需求方面的潜在作用。如图 8.5 所示，绩效金字塔元素包括动机和自我理念、表现能力、期望和反馈等。向评估的内部人员和外

部人员寻求意见，分析他们的答案，找出最重要的一个因素，也就是找出与需求最密切相关的一个因素。然后，移动金字塔的元素来说明你在需求分析中发现了这种关系。例如，基于需求，你可能决定金字塔的期望和反馈元素应该真正放在最上面，以说明它在组织环境中与需求相关的关键作用。然后是支持性的因素，如动机和自我概念或激励、奖励等要素，可以用来说明它们的存在为整个绩效体系的成功奠定了基础。毕竟，金字塔中的单个元素不比其他元素更重要，要想项目效果良好，必须让所有元素协同工作。

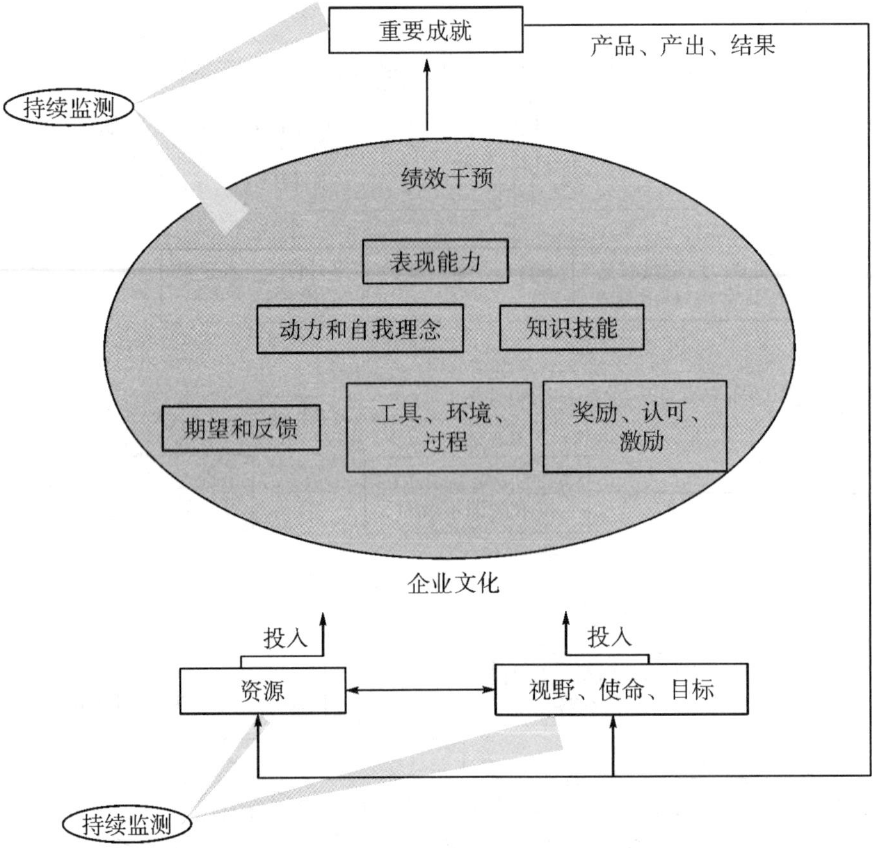

图 8.5 绩效金字塔分析法

⑥未来车轮图示方法（见图 8.6）。未来的事件在中心有一个圆（如年轻人的失业率），从中心分析一阶效应画出第一个圆（如和父母同住时间很长、对社会不满意等因素），从一阶效应分析产生的二阶效应并画出第二个圆圈（如与父母同住时间长是因为结婚时间普遍推迟等）。以此类推，这种分析方法一般用于帮助参与者分析和探索某一趋势、事件的影响、情况或问题。

总的来说，我们需要考虑每一个解决方案是否会推动预期的变革，或者是否会朝相反的方向推动；同时还应该评估不同方案的组合，以确定合适的“组合”；根据所有信息，为每个需求领域选择一个或多个解决方案。提出的行动计划应包括解决方案、理由、拟议时间表和资源需求的说明。

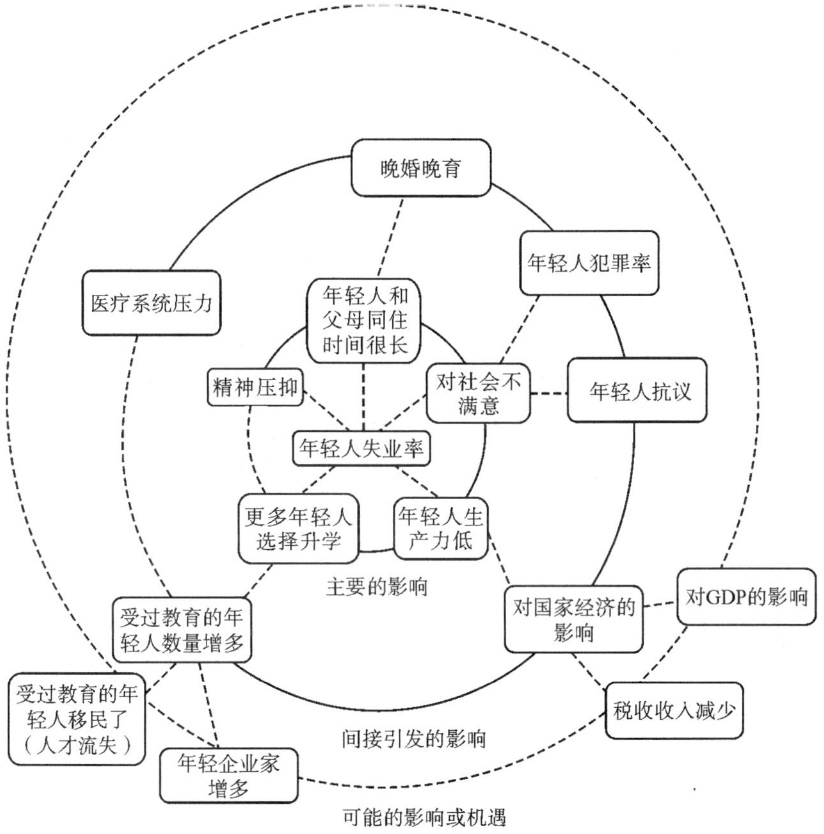

图 8.6　未来车轮图示方法

为了做出更加合理的决定，从而产生预期的结果，我们还可以尝试与需求评估合作伙伴合作，制定关于该做什么的决定（如成本、时间、影响）；还可以确定多种活动（解决方案）组合起来可以达到预期效果；评估已完成的需求评估过程，以确定是否应该在完成下一个评估之前做一些变更。

（8）交流需求分析的结果。

总结调查结果：根据需要，总结、记录调查结果，并解释主要原因。向需求评估委员会、经理和其他主要利益相关者分享结果。编写一份书面报告，将需求评估的方法和结果传达给决策者和主要利益相关者。需求分析是实施理念，有助于促进结果的实用性。有效的研究是必要的，但单靠研究去制定或修改政策还不够。有效的交流结果和建议同样重要。

一般来说，需求分析要求出具书面报告，但给利益相关者做口头的报告，甚至通过媒体将关键发现和建议传递给公众，通常也是必要的。因为需求分析总是与政治活动有关联，与当地利益相关者交流分析结果，对于增强报告的实用性是非常重要的。

报告的内容、篇幅、格式和演示文稿通常由组织内部规范定义。报告和陈述的目的可以是传达调查结果，以及对内部合作伙伴、外部合作伙伴或两者的建议。书面报告主要用于外部沟通，而在项目内部向项目负责人做一个简短的口头介绍和汇报可能更常见。具体采用何种形式取决于评估组织的要求和评估背景。撰写需求评估报告时，要考虑到读者是谁，格式应该如何（电子发布还是实体发布）、应说明评估范围（是关于战略、战术、还是实操性）、需求类型（稳定的、变化的、新兴的或全部三种）、数据的样本量和类型等收集情况、其他备选项目的情况及结论。

总的来说，报告应该包括：对需求评估过程的描述（方法和数据来源）；主要成果（已确定的需求）；优先需求（以及用于确定此类优先事项的标准）；行动计划（以及用于制定解决方案战略的数据和标准）；对未来需求评估的建议。摘要通常是报告中最容易阅读的部分，有时读者并不会读完整篇报告，所以摘要尤其重要。一份好的摘要通常不到整篇报告内容的10%，需阐明需求分析的目的和范围、使用的方法、主要发现、结论和建议、局限性和其他一些要点，这样能给读者提供一个研究的整体框架。整个报告要适当地使用表格和图形说明数据，因为对于读者（或观众，在演示的情况下）来说，图像是易于阅读、易于理解的。报告中还可以用图像演示两个或多个变量之间有意义的关系（例如，接受完整初等教育的儿童人数和已完成的捐助项目数的关系趋势）。读者（或观众）通常对需求评估有很高的期待，通常期望评估以提供明确的答案，保证未来项目实施成功。虽然这不现实，但报告或陈述必须提供足够的细节、数据、信息来说明和支撑提出的决定（或建议）。当然，展示细节的多少取决于整个报告的长度、受众或格式。因为需求评估涉及人、组织和预测未来的结果，所以需求评估都必然有不完善的地方。几乎所有的需求评估报告所提出的建议或决定都会引起争议：会得到一些人的支持，也会有一些人不支持。在这一点上，需求评估者所能做的就是如实地陈述事实，以及应用适当的分析方法尽量做得完善。

撰写报告的过程是常常需要反复的。一般来说，当第一稿完成之后，就会立马让主要使用者阅读。研究者需要不断审阅草稿，反复修改错误并对所提出的建议进行讨论，让使用者参与到写作过程，甚至是分析过程中，这样可以增加他们对于研究的了解，有助于使提出的报告“不令人感到意外”。让利益相关者融入分析是提高报告的实用性的基石。

利益相关者参与需求分析的程度越深，该分析就越能影响他们考虑需求分析的建议。因为需求分析是针对资源分配提出建议，而资源分配通常是通过政治决策来完成的，因此，让政策制定者一开始就参加到项目中来会提高建议被采纳的可能性。对于那些能够让利益相关者参与进来的项目，共同建构需求分析就会有一定的优势。

以上每一个步骤都是和其他步骤相辅相成的。在给定的条件下，一个需求分析过程可能会循环进行，也就是说，随着项目的演化，不同的步骤会被回顾甚至重复，或者，可能将几个步骤综合起来。需求分析的一个重要考量就是与利益关者之间的合作水平，高水平的合作将会有效提高分析结果的实用性。

2.2 项目需求分析案例

以下通过希纳等人2019年的研究来阐述如何进行需求分析。这项研究的目的是对移民村进行社区卫生需求评估，以制定促进儿童健康的公共项目。

（1）熟悉环境和确定目标人群。

项目组首先进行了文献回顾，查阅了地方和国家报告中（例如，来自地方行政中心、公共卫生中心统计、世卫组织和网站的报告）与健康有关的因素（如人口特征、疾病统计、保健障碍）。

①吉尔吉斯斯坦的医疗卫生现状。

吉尔吉斯斯坦卫生系统的特点是集中规划、分级管理，并且依赖于大型网络城市医院，主要存在以下问题：

a. 医患比例水平明显低于其他发展中国家（每 1 000 名患者约有 2 名医生和 6 名护士）。全科医生紧缺，导致治疗护理效率和水平都不高。

b. 曾有一个医疗政策项目（Den souluk 项目），即国家医疗保险改革计划，旨在彻底改变医疗卫生系统。然而，由于劳动力不足和设施差，医疗卫生系统仍然存在缺陷。Den Souluk 项目认为造成人员稀缺的原因是医疗服务提供者经常移民到其他国家，护士严重短缺是因为缺乏培养护士的教育设施和相关支持。

c. 护士使用的设备和护理标准过时。医院设备不完善，如果按照西方的护理标准，现在已经落后了 30~50 年。

d. 护士工资很低，并且政府无力支持补贴。

吉尔吉斯斯坦国家医疗卫生系统基础薄弱，尤其是儿童可预防疾病的防控，如缺铁性贫血和微量营养素缺乏。移民村的儿童人口比例很高（20%~45%），5 岁以下儿童的主要死亡原因是临产期或产时的并发症，如早产、急性呼吸道感染、损伤、腹泻。此外，儿童的主要健康问题包含血液疾病和含铁量相关的疾病。儿童贫血患病率高达 42%（2015 年春季）。联合国儿童基金会（2014）报告称，在 6~29.9 个月的儿童中，11.7%出现发育迟缓，2.0%身体虚弱，4.8%出现体重不足，以及 32.7%出现贫血。贫血的儿童中总缺铁率为 48.0%。另外，医疗事故发生率也很高。根据联合国儿童基金会（2017 年）的报告，在 10 家试点医疗机构中发现产生不合理疼痛、医源性风险增加、诊断和治疗不匹配、错误治疗、错误诊断和毫无根据的住院的概率超过 20%。

在过去的 10 年里，国际联合国儿童基金会、世界卫生组织、美国国际开发署等组织对发展中国家的社会发展和健康状况改善提供了一些支持。联合国儿童基金会报告说，吉尔吉斯斯坦婴幼儿有严重的营养缺乏问题。卫生部曾经与国际组织合作分发微量营养素，然而现有的来自国际组织的支持效果甚微，儿童贫血等可预防疾病的流行率仍然很高。

②移民村庄的医疗卫生现状。

在分析了整个国家的医疗卫生系统存在的问题之后，研究者又对首都西南地区三个村庄（阿克奥戈、阿拉图和阿克奥多村庄）进行了分析。研究者首先分析了三个村庄所在地区的历史形成过程、民族比例和未记录在册人口比例。

在这三个地区，未记录在册的人口占总人口的 30%，他们获得医疗保健的机会也很有限。阿克奥戈是一个新兴的村庄，有两所正规学校（1~12 年级），人口教育水平相对较高。两所学校的学生人数很多，大约为 4 000 人。阿拉图村庄儿童人口比例很小，老龄人口比例很大，只有一所学校。阿克奥多是该地区最贫穷的村庄，该村庄 90%以上的人口是从农村迁来的，小时工很多，并且失业率很高。因为没有学校，学生必须前往邻近的阿克奥戈村学习。由于缺乏稳定的收入、人口频繁流动且未登记人口数量多，移民村庄居民可以使用的医疗服务很有限。

每个移民村都有一个公共卫生中心，其中有医生、护士，也包括其他医学、儿科和妇产科医疗服务者。在公共卫生中心接受初级诊疗后，有严重问题的患者被送往负责监督公共卫生中心的国家总医院。与国家水平相比，村公共卫生中心医疗服务的数量低（每 1 000 名病人对应 0. 97 名护士和 1. 6 名医生）。此外，该地区最常见的疾病是蛀牙（51. 5%）和贫血（33. 8%）。

即使移民村离首都很近，但是这些社区获得社会基础设施（医疗、学校等）的机会有限，并且这些村庄获得的财政补贴往往很低。总之，这些移民村儿童的健康面临许多障碍，急需国际组织的援助来解决儿童的健康问题。尽管最近社区评估方法和卫生发展计划有所改进，但没有人去调查研究这个国家存在的主要医疗卫生问题，也没有人建议制订战略计划，因此需要有一个针对儿童的有效社区医疗卫生项目计划。

综上所述，项目组决定把重点放在以儿童为中心的项目上，分析决定健康的因素及社区的医疗保健模式，来制订改善移民村儿童健康的战略计划。

（2）收集一手数据。

定性数据收集于 10 天内完成，采用问卷和访谈的方法进行。研究对象是吉尔吉斯斯坦移民村，使用的语言是吉尔吉斯斯坦语，但官方语言是俄语，所以研究者使用吉尔吉斯斯坦语言设计问卷和访谈问题，或是设计成俄语但是提供专业翻译员将问题翻译成吉尔吉斯斯坦语。对于政府官员的访谈，基本上是由一名精通韩语和俄语的翻译陪同进行的（因为研究团队是韩国人）；当双方都可以用英语交流时，访谈是用英语进行的。访谈的时间是根据受访者的情况来安排的，选择他们最方便的时间和地方来进行。焦点小组访谈配备了一个主持人来引导讨论和记录员来记录讨论内容。采访内容有一些是使用书面记录的方式，有些是采用智能手机录音的方式。

在进行一对一访谈时，选择关键人物作为受访者。有部分受访者和关键人物是由村里的行政主任给介绍的，有一些是由吉尔吉斯斯坦卫生部的首席儿科医生介绍的。因为吉尔吉斯斯坦的行政体制基于等级秩序，很难直接联系到具体某个工作人员，而且未经相关人员许可，不得进行研究。因此，当一个意想不到的关键人物被提及且需要对他（她）进行访谈时，研究者是得到了他（她）所在部门的负责人的允许才进行访谈的。

焦点小组访谈包括两组共 16 名当地居民、三组共 18 名来自三个公共卫生机构的卫生服务提供者（包括护士和医生）和来自三个地区的共八名村领导组成的两个小组。访谈问题包括社区健康卫生现状，可能影响健康的积极和消极因素，为了改善人们的健康需要改变哪三件事情，关于医疗服务最好的和最坏的方面是什么。后续问题和提示会根据每次访谈的受访者的现场情况而定。一对一访谈，共采访了 12

名关键人物，他们是公务员和当地专家，例如，吉尔吉斯斯坦卫生部儿科负责人、市儿科负责人、三个地区的公共卫生办公室主任、两所学校的校长和校医院的护士，以及联合国儿童基金会和美国国际开发署的工作人员。访谈问题是关于社区的优势和劣势、卫生健康方面遇到的障碍和困难，以及对卫生健康促进计划的需求。

定量分析数据的收集是采用调查问卷方式进行的。总体是移民村共有27 000人，儿童人口占43%。样本量由人口比例公式决定，使用5%的误差，90%置信区间。考虑到研究期间的辍学情况，最终选择了300人作为样本。问卷是根据文献回顾和项目小组讨论的结果编制的，问卷内容涉及34个参与者对家庭社会经济状况问题的主观感受、健康状况和疾病管理、社区环境、社会支持和网络、健康行为、社区计划的期望项目、对健康计划参与的兴趣以及生活满意度。

生活满意度用视觉模拟法进行测量，通过提问“一般来说，你对自己的生活满意吗?”用0~100的数字表示满意度，0表示完全不满意，100表示非常满意。其他问题的答案是根据分类量表划分的。问题是由韩国研究者设计的，需要将韩语翻译成吉尔吉斯语来进行问卷调查。在发放正式问卷之前，研究者找了三个研究地区的居民做过问卷调查，根据他们的意见和反馈适当修改调整问卷内容。最后，设计好的调查问卷分发给三个村的社区领导，让社区领导通过方便抽样的方式招募本村的受访者。受访者为20岁及以上成年人，填答好的问卷由社区领导在一周后收回。

（3）分析一手数据。

①问卷调查分析。

a. 调查问卷被分发到三个村庄的300个家庭，但是只有141户（47%）返回结果。

b. 61%的受访者是女性；所有受访者的平均年龄37.7岁。

c. 总的来说，经济状况很差，有些人吃得不够。一年来，7%的家庭由于经济原因经常缺少食物，21.1%的家庭偶尔缺少食物。

d. 对于家庭健康状况，33.4%的人回答“好”或“非常好”，61.3%的人回答“一般”，5.3%的人回答“差”。

e. 最常见的家庭疾病是贫血（48.7%）和龋齿（22.9%）。

f. 一年内，73.5%的家庭到访过医院或公共卫生中心，27.7%的家庭表示他们生病时没有得到适当的治疗。对医疗服务满意率仅为43.5%。

g. 对自然环境的满意度（如空气和水的质量）为74.2%，对生活环境的满意度（包括电、水、污水、垃圾处理、体育设施）为55.5%。这些结果清楚地表明，人们对环境的满意度很低。

h. 这三个村庄的居民彼此友好。受访者中，91.5%的人回答说他们可以信任邻居，82.3%的人回答在邻里关系上曾有过互相帮助的经历。

i. 受访者生活方式不健康。许多人没有注意到“甜”和“咸”的食物所需摄取的比例，21.5%的家庭食用“非常咸”或“咸”的食物，大约63%的人在饮食时加糖，20.8%的人没有减少糖的摄入量。很少有人锻炼或接受常规体检，饭前便后洗手率为76.2%和86.6%。

j. 村民生活满意度较好，平均生活满意度得分较高，满意度平均为 7.8 分（满分 10 分），方差在 2.6 分。

②访谈——关于健康障碍和健康服务需求。

对关键人物进行一对一访谈，研究者对受访者们的观点的综合分析如下：

a. 由于公共卫生中心缺少医生和护士，医护人员的工作负荷过重；医护人员技术水平不高，他们希望接受必要的培训，从而对患者进行适当的治疗。

b. 收入不稳定、缺乏清洁水等资源、缺乏教育机构、缺乏设施。

c. 社区居民普遍缺乏对儿童健康问题的认识。他们常常不知道孩子的健康状况或者他们应该如何改进它。除了营养不良之外，单亲家庭数和虐待儿童的行为也在不断变多。

d. 如果推进了学校健康项目，孩子们在一起接受健康教育，效果会很显著。另外，虽然学校的设施匮乏，但老师们的热情会使项目更加有效。

e. 儿童中最普遍的疾病是可预防的，如营养不良、贫血和蛀牙。因此，该项目应首要关注这些村庄孩子们的可预防疾病。

③焦点小组访谈——关于决定健康的因素和卫生服务需求。

研究者对七个小组进行了焦点小组访谈，共 42 人，以下是他们对健康决定因素和健康服务的看法：

a. 医疗服务提供者的能力不高。

一是尽管得到了国际组织的支持，但由于缺乏培训及教育支持的标准化程度有限，护士和医生的能力依然较低。

二是有限的护理教育：护理学院数量少，仅有一所；开设的三年制的课程跟不上护理教育的最新趋势；大部分教员是内科医生，而不是护士，专业性有限。

三是培训需求：公共卫生中心的卫生服务提供者对了解先进的医疗服务及使用先进的医疗设备表现出浓厚的兴趣。

b. 儿童安全管理效率低。儿童健康风险很大，整个地区学生多，没有公共交通或者校车，有一半以上的孩子步行上学。学校教学课程设置分为早班、下午班和晚班。因此，学生在学校的时间有限，学生在外面闲逛的比例很高。

c. 资源匮乏。

一是有限的医疗人力：大多数地区，卫生中心的医疗服务遵循卫生部的指导方针，即由家庭医生提供每月以医院看诊或到家诊断形式覆盖 300 多名社区居民。但因为居民户数太多了，医生护士们不能严格遵守家访规定，访问量也达不到要求。

二是获得医疗卫生服务方面的困难：当有健康问题时，居民应到距公共卫生中心七千米的综合医院就诊，但因为交通不便，去看病有困难；此外，这些服务只提供给登记在册的个人，未注册的人获得医疗服务的机会有限。

三是有限的医疗设备：尽管公共卫生中心能解决社区居民的基本健康问题，因为医疗设备有限，如供氧设备、超声波、X 射线和温度计，家庭医生和家庭护士不能提供很好的护理治疗。

d. 学校领导和一些专家对旨在提高健康卫生的教育有兴趣，包括学校校长、护士和社会工作者，对以学校健康教育为形式的社区卫生项目具有热情。

e. 儿童可预防疾病的高发率。由于居民和医护人员很清楚儿童贫血和出现其他可预防疾病的严重性，他们试图解决这个问题，但疾病产生的原因是多样的，而且因为贫穷，政策没有得到适当执行。

f. 参与社区医疗卫生项目的动机。

一是居民的需求和意愿。

二是公共交通需求：该地区公务人员表示，在未来几年，极需要推广以社区为基础的预防保健服务，包括地方政府健康计划。

三是公共卫生服务提供者的需求和意愿：在三个村庄的公共卫生中心，只有阿克奥多健康中心愿意积极参与这个项目。

（4）确定卫生优先事项和计划策略。

通过需求分析，我们了解了移民儿童健康问题面临的许多障碍和对促进儿童健康项目的需求。虽然最初有三个移民村表现出兴趣，但只有一个村庄，即阿克奥多，积极表现出有兴趣参与这个项目。项目的推行者在分析了需求和障碍以后也表现出参加这个项目的积极性。因此，在阿克奥多地区开展儿童健康试点项目将会是可行且有效的。综合一手和二手数据，项目小组成员讨论了儿童健康促进计划项目的优先事项和策略，并和吉尔吉斯斯坦卫生部门和居民讨论做出修改。从数据中得到的六个优先事项：加强医疗服务提供者的能力、克服资源短缺、管理儿童健康和预防疾病、改善公共卫生、改善生活方式、增强学校健康。

（5）分析讨论，给出建议。

这项研究是第一个关注移民村儿童健康问题的研究。独立国家联合体（独联体）国家独立后的现代/（近期）移民带来了严重的医疗卫生问题，包括健康状态和医疗卫生资源分配不平等的问题。在这项调查中，像孩子喝茶和过度吃糖等不健康的饮食习惯在村里似乎很普遍。尽管这些可能会导致儿童贫血和其他可预防的疾病，但一些受访者并不知道其潜在危害。

在这项研究中，到公共卫生中心或医院就诊的比率是 73.5%，但只有 27.7%的人回答说他们接受到了恰当的治疗，而接受治疗的满意率也只有 43.5%。这个调查对象只包括登记在册的居民，因为未登记在册的居民无法获得公共医疗服务。此外，与医务人员的接触并不罕见，但因为无法支付诊断检查或药物费用（支付最需要的基本药物费用的 50%），医护人员很难进行监管。居民还列出了社区可以用来克服一些与健康和教育有关的障碍的方法，尤其是当他们知道现将开发一个促进儿童健康的项目，他们想新建一些设施，如幼儿园和游乐场。他们不太愿意通过教育和改变生活方式来改善儿童健康状况。几年以前，有一个国际项目向他们发放营养粉，居民们希望这个项目以同样的方式进行。大多数月收入低的家庭和缺乏食物的家庭需要机构的支持，然而，正如在以前的项目中，提供食物并不是最基本的解决方案。项目团队再次强调需要提高居民们的认识和知识。

基于对一手数据和二手数据的分析，儿童健康促进计划的优先事项和策略如下：

第一个策略是确保初级卫生保健工作人员的能力。从资源短缺的角度来看，最重要的是医疗中心的医生和护士能把他们的工作做好。在医疗中心，他们需要有能力去治疗和预防儿童疾病，并且能够教育儿童的家庭预防疾病。医护人员们抱怨基础检测工具不足，尽管物质资源的供给不能决所有问题，但基础材料是必不可少的。

第二个策略是加强社区参与度和提高儿童健康意识。社区参与包括参与健康相关活动，根据卫生工作者的指导和健康教育开展健康生活。已经有研究表明社区参与健康项目提高了居民的健康和健康意识，同时社区意识能提高社区参与度。行为和态度的改变需要个体和社区共同努力。这些地区有良好的社会关系、友好的邻里关系，以及学校、老师、社区、健康中心提供者对儿童保健的高度关注，这都是有助于改善儿童健康的方法。

利用地区特点，在进行对儿童疾病的预防和管理时，鼓励居民积极参与是很重要的。总的来说，该地区 31. 1%的居民表示将积极参与儿童健康项目，63%的人表示参加与否视情况而定，这就需要根据居民的参与意愿来组建小组。学校可以利用社区资源增强儿童健康意识。基于项目组的培训，学校的护士和教师能推行洗手、刷牙等健康教育；检测贫血儿童并联系健康中心和儿童家长；把学校健康教育的内容传播给家庭，通过家庭关系互动向公众宣传预防活动。通过学校和社区项目，社区工作人员将对当地居民进行改善饮食习惯的教育，并和他们分享经验。在这项研究中，研究者发现儿童贫血问题很严重，并且母亲们比其他任何人更愿意合作来解决问题。此外，研究人员确定的优先事项和策略反映了社区的意见，使项目朝着更现实的方向发展。

第三项战略是支持儿童健康促进服务，对卫生工作者和卫生署进行预防疾病发生提供直接的帮助。卫生工作者需要以合适的方式照顾孩子，如果发现有贫困居民贫血，需要给他们提供药费补贴。公共卫生服务中心须与儿童健康中心合作，促进社区儿童健康。通过卫生工作者的活动和卫生部，社区居民可以听取育儿建议，通过早期筛查，获得有关儿童健康问题的信息和解决方案。对于大多数人，由于资源有限，他们很难支持子女的成长和发展。然而，仅仅依靠外部支持抚养孩子是不行的，还必须让当地居民亲身参与对儿童的健康教育和育儿过程中去。

（6）总结经验教训。

进行需求分析时，该项目有一个问题没有考虑全面，即项目中需要灵活性。这里面涉及文化和制度之间的差异。在实际工作中，研究者发现这个村庄有很强的等级制度，这一点是进行需求分析时忽略了的，因为他们没有从以往的研究和文献中发现这个问题。在这个地区，想要将居民组成一个小组，与卫生有关的公共机构可以主导他们。换句话说，因为他们习惯了“自上而下”的方法，他们不明白“自下而上”式社区计划。“自下而上”的过程积极影响参与者在实施项目社区活动中的合作和协作水平。研究者能够意识到这一点，将会使需求分析的过程更加严谨，给出的项目策略和行动计划等策略会更有效。

总结

需求分析不仅连接着项目结果和公众需求，同时也是政策制定者制定目标政策和项目规划者做决策的重要参考。政府部门可以运用需求分析提供的信息来确定需要解决的社会问题，并通过设计和实施恰当的政策和项目来改善这些社会问题。同时，评价者也可以将需求分析纳入项目评价来检验它们是否仍旧彼此相关。

马斯洛需求层次理论把人们的需求等级划分为五类：生理需求、安全感需求、归属感需求、自尊需求和自我实现需求。人类趋向于首先满足他们的基本需求，然后才去满足他们的高层次需求。除非基本的需求被满足，否则人们不知道有高层次需求的存在。

确立需求的存在和需求强度，可以和一套基准或参照点进行比较。这类基准主要包括：行业标准或理论模型、伦理道德、群体之间的比较的基准、服务提供者的基准、当前及潜在客户的基准。

需求是那些被社会重视的东西。如果我们同意将某项服务认作是一个需求，我们通常要通过政治程序来配置资源，以满足这个需求。但需求反映的是我们的价值观，所以在是否要投资一个项目的问题上可能会产生激烈的分歧。

利益相关者参与需求分析过程的程度越深，该分析就越能影响他们考虑需求分析的建议。因为需求分析是针对资源分配提出建议，而资源分配通常是通过政治决策来完成的，因此，让政策制定者一开始就参加到项目中来会提高建议被采纳的可能性。

需求分析的每一个步骤都是和其他步骤相辅相成的。在给定的条件下，一个需求分析过程可能会循环进行，随着项目的演化，不同的步骤会被回顾甚至重复等。需求分析的一个重要考量就是与利益关者之间的合作水平，高水平的合作将会有效提高分析结果的实用性。

基本概念

需求　需求分析　马斯洛需求层次理论　需求评估　需求强度

课后习题

1. 为什么要进行需求分析？
2. 进行需求分析时，需要进行数据分析。一手数据和二手数据有什么区别？
3. 社区考虑在一块空地上增设儿童休闲娱乐设施（如滑梯、沙坑等），需求的目标人群有哪些？
4. 请给你的学校提出一个公共项目的建议，并且做出需求分析，拿到课堂上讨论。

第九章
问卷调查分析

在第一章的项目评价关键点图中，连接公众需求项目和项目结果的是充分性分析，分析的是产生的结果是否解决了公众的需求问题，可以采用问卷调查的方法来分析需要是否被满足；连接项目目标和实际结果的是有效性分析，可以采用定性分析和问卷调查定量分析的方法来实现；投入和产出的关系也可以用问卷调查分析的方法来分析效率。

在项目评价中，调查问卷经常作为收集资料的一种方式。本章将在第一节介绍问卷调查的要素、整体结构和基本步骤。第二节介绍问卷的主体设计，比如如何设计问题内容和问题的形式，还有提问的原则和设置问卷格式时的注意事项。第三节介绍问卷的调查形式。有时候是由访问者来提问，即调查访谈和电话访谈，有时则是将问题写下来并交由受访者完成，即自填式问卷。随着时代和科技的发展，网络调查和一些新型调查方式也不断涌现。第四节介绍了问卷的信度与效度。

第一节　问卷调查的构建简介

1.1　问卷的要素

构成一份完整的问卷所必需的组成部分，包括以下内容：

①标题组：完整的标题，内容包括问卷的主题、调查组织机构、调查执行机构、调查组织与执行过程相关内容。通常出现在问卷的封面上。

②申明组：目的说明，包括学术目的和实践目的，有的研究只会说明其中一个；保密申明，申明收集问卷之后得到的数据只会用于上述目的，而不会用于其他用途，更重要的是说明对数据的应用不会披露个案信息，只会把个案的信息汇总到群体数据之中去应用。通常位于封面之后的一页。

③指导语组：每一类访题前的指导性说明及说明这类访题的目的及应答方式。通常位于一组访题之前，既是给受访者指导说明，也给后续数据清理者提供说明方向。

④访题组：问卷的主体，包括访题与选项设计。我们将在第二节中具体介绍。

⑤说明组：在适当的地方，对访题及其选项中需要澄清的问题、术语、界限等进行界定性说明。简单的说明和介绍，有助于受访者理解问卷，能够让问卷看起来

更为清楚、有条理。尤其问卷涉及多种类型的资料时，这些说明也有助于帮助受访者调整思维，更好地回答不同部分的问题

1.2　问卷整体结构和构建步骤

一项研究用的问卷的结构可能是很复杂的，通常会使用不止一种问卷。那么多种问卷之间，就存在分工与衔接的问题。如何让每一种问卷充分发挥自己的作用，是复杂设计的基本原则。如果多种问卷有相同的内容，最好采用模块结构，即让多种问卷共享同一个内容模块，使之在分析时可以用于比较。内容模块也就是依据调查内容，可以将问卷调查的内容区分为若干模块或内容组，如中国家庭金融调查问卷，就包括了资产与负债、保险与保障、支出与收入、金融知识、基层治理与主观评价等模块。

我们已经学习了构建问卷的要素，那么如何构建一个问卷调查呢？以下是构建问卷整体结构的基本步骤：

①根据操作化的结果，将变量进行分类，并列出清单。比如说，研究本科生入学机会的地区不平等，需要区分因变量（不平等的状态）和自变量（影响不平等的因素，如地区经济发展水平、家庭社会经济地位等），还需要选取控制变量（比如人口特征、家庭特征、学校特征等）。

②针对每个变量，依据访问形式，设计访题或访题组。我们将会在第二节中介绍。

③整体谋划访题之间的关系和结构，原则是让访问简单、快捷、经济且误差小。具体内容也会在第二节中详细介绍。

④设计问卷辅助内容，如封面、申明语、指导语、入户/样本地址抽样表、访员记录、选项卡等内容。

第二节　问卷的设计

在项目评价中，问卷经常作为收集资料的一种方式，有时候是由访问者来提问，即调查访谈和电话访谈，有时则是将问题写下来并交由受访者完成，即自填式问卷。我们可以参考本节所讨论的问卷内容、提问原则和调查问卷格式设置的基本逻辑。

2.1　问卷的问题内容

首先，我们要清楚调查问卷中应该问的内容。一般来说，一个问卷要包括三类问题：理论模型中的变量、辅助变量与人口统计学特征。

我们想要评价一个项目，首先应该将理论模型中的所有变量（目标变量）设计成问卷内容的重点。理论模型中的变量可以包括：

（1）存在性、事实性问题。一般用于调查“是否有”“有多少”等方面的事实。尽量找到变量的研究属性和自然属性，尽量找到可以直接应答的问法。

（2）行为性问题。一般用于调查曾经发生过的行为，包括行为的时间、地点、方式等。可以直接提问，也可以将行为放在一个假定的场景里去提问。问题设计可以参考教育学传播理论中的“5W+H”理论（what、when、where、who、why、and how），例如，用什么方式表现什么内容（what）？在什么时候使用的以及使用的时间多长（when）？在什么场合或环境下下使用的（where）？设计制作者是谁以及实施者是谁（who）？为什么要使用该方式，其目标是什么（why）？怎样操纵组织使用该方式，运用得怎样（how）？

（3）观点类或态度性问题。这是个体的观点和态度的反应，属于不可以直接测量的变量。

①情感性意见：对人、事、物的偏好及情绪的反应，如喜欢/不喜欢、有兴趣/无兴趣。

②评价性意见：对人、事、物的某种品质的判断，如很好/好/不好、优/良/中/差。

③认同性意见：对某一事物或对别人的某项意见的赞同倾向，如同意/不同意、赞成/不赞成。

④认识性意见：对某种事物认识、了解所表达的思想与信念，如签署意见。

（4）能力类或者是测试性的问题。常用于测量人的心智能力、身体能力等，尽量使用已有的统一的标准。例如，用智商（IQ）、美国研究生入学考试（GRE）分数等测量人的心智能力，用日常生活活动（activities of daily living，ADL）量表[①]测试人的身体能力等。

问卷中需要包含第二类的变量是人口统计特征（年龄、性别、种族、教育程度、省份、职业等）。这些变量大多比较客观，报告误差不大。有时候，这些变量并不占据主要位置。问卷问题需要包括这些变量往往是为了检验一个样本是不是与群体有相似的组成，从而保证样本具有代表性。

问卷里还有一类问题是帮助获得辅助变量的。比如说一些控制变量（control variables），它们并不是理论模型中的重点，但不可或缺。比如，在因果关系中，我们需要排除假相关，例如，准实验设计中观察到工人参加培训，想知道对工资收入的影响，我们的主要理论模型的变量是培训的情况（此次培训的时间/时长、地点、参加方式、培训时的认真程度、结业成绩等）及工资收入的情况，但是也需要问一些关于其他变量的问题来排除假相关（如有没有参加其他的培训等）。

2.2 问卷调查的提问原则

设计结构化的问卷需要注意的提问原则如下：

（1）选择合适的问题形式。

这些选择包括：使用问题（疑问句）还是陈述（陈述句）？如果选择使用问题，是选择开放式问题还是封闭式问题？

---

① 日常生活活动（ADL）通常被称为物理 ADL 或基本 ADL，包括管理基本身体需求所需的基本技能，包括以下方面：个人卫生、穿衣、如厕、走动和饮食等。

①问题和陈述。

尽管“问卷”中的“问”字会让人觉得问卷必须是由一个个的疑问句组成，但事实上典型的问卷也可以包含陈述性的句子，即列出相对简短的陈述句来总结态度或观点，并让受访者回答他们的态度。

李克特量表（Likert Scale）是一种常见的调查评分格式。李克特量表是在1932年发展起来的复合测量类型，它试图通过在问卷调查中使用标准化的回答分类来提高社会研究中的测量层次，并以此来决定不同项目的相对强度。受访者通常使用最少五个级别（一般5~7个）：从高到低或从优到差，将他们对陈述内容的态度进行排名。就是说，这种格式要求人们回答他们同意或不同意、赞成或不赞成、相信陈述是真是假的程度等。

例如，问卷中陈述为“面对政府可能做的经济措施，如削减政府开支，请圈上最能体现你的态度的选项。

1. 强烈支持
2. 支持
3. 既不支持也不反对（或者表达为一般、中立等）
4. 反对
5. 强烈反对”

这样研究者就可以得到受访者对于陈述句内容的态度或观点的强烈程度。在同一问卷中，同时用问题和陈述将会让你在项目设计中更具灵活性，同时也能够让你的问卷更加吸引人。

②开放式问题和封闭式问题。

上述所提到的“问题”的提问方式，即问卷里出现的疑问句，可以分为两种形式：开放式问题和封闭式问题。

封闭式问题(closed-ended questions）就是要求受访者在问卷所提供的答案中选择一个答案，类似于做选择题。

封闭式问题是预先设定好的，针对要测量的变量直接提问，给定应答选项，对应设定好的编码，有一套预先知道的答案可以在问卷上列出。这些代码可以很容易地输入到数据文件中，易于管理，而且处理成本低廉；能够保证回答具有更高的一致性，并且比开放式问题更容易操作，因而在调查研究中相当流行。封闭式问题最典型的适用情况是关于事件是否发生，例如：

“你是否参加了这个项目?【】是【】否”

“你是否有医疗保险?【】是【】否 ”

封闭式答案的设置通常为“是”“否”。但也有的封闭式问题的答案设置可以是有序变量（ordered variable)，例如，你问受访者：“你去年的个人劳动所得收入是多少?

A. <1万

B. 1万~5万（不含5万）

C. 5万~10万（不含10万）

D. 10 万~20 万（不含 20 万）

E. ≥20 万”

上述关于收入的问题，设置的答案是一个有序变量。值得注意的是，可能还需要设置“不知道/不确定”作为答案。提供“不知道”这个答案目的是保证答案的完整性。但从另一个角度来说，如果每个问题都设置“不知道”这个选项，会导致被访者遇到不确定的问题，不加思索，就回答“不知道”，使得回答有偏误。而且，有时这种结构式回答可能会忽略一些重要的答案。所以，封闭问卷的结构应该遵循以下两条结构要求：首先，应该包括所有可能的回答，例如，如果是上述问年收入的问题，因为答案是数字，操作简单，易于包括所有的可能性；其次，如果答案是分类变量（categorical variable），分类必须是互斥的（特别是单选题），不应该让受访者觉得好像可以选多个答案。

开放式问题(open-ended questions）就是对要测量的变量直接提问，并如实记录受访者回答的内容，类似于填空题。比如，你问受访者“你感觉这个项目所面临的重要问题是什么?”，“你支持这个项目的原因是什么?”，“你为何要采取这个行为?”等等，希望得到受访者就哪些现状、改进或改变的想法，然后给出一个空格，让受访者自己填写答案，或者由调查者记录受访者的口头回答。我们前面讲的定性分析中的深度访谈，就基本依赖于开放式问题。开放式问题也称为“非结构化”或“自由回答”问题。

开放式问题适用于研究人员无法预测可能出现的回答，或者预测回答不太合适的情况。另外，关于支持或者不支持某个项目，如果将这种意见类的问题设置为开放性的，可以知道人们用来回应的确切措辞，能够从具体的语言里感受到受访者感受和态度的强烈程度。比如，开放性问题是“你为什么不再参加那个项目了?”，被访者可以口述或写下：“这太可怕了，我在参加这个项目的时候做了很多努力，但是没有人理会我说的话，我再也不会去参加了。”如果预先设定好封闭式答案的话，这个问卷答案只能被记录为“很不喜欢这个项目”，逐字应答提供了更丰富的信息。

开放式问题很容易问，但也存在一些问题：因为需要访员记录答案，这非常依赖于访员记录答案的方式和细节；被访者在对问题有消极态度的时候，通常会回答“不知道”或者“很难说”，研究者得不到想要的信息；另外，如果问题是“这个项目面临的重要问题是什么”，把它设计成开放性问题，答案将是多样化的，受访者回答的切入点五花八门，可能和研究者的意图本质并不相关，为后续整理归纳答案，联系研究意图带来困难。分析回答内容，将开放式问题的答案进行编码归纳到不同的主题也是一项困难、耗时且耗力的过程。特别是手动编码，是一项缓慢且劳动密集型的活动，特别是当样本量较大且问卷包含许多开放式问题。大多数研究机构都会限制开放式问题的数量，因为它在成本计算中是一个非常重要的变量。有许多计算机编码系统，越来越多地被大型研究公司使用。一些研究依赖于在初始单词搜索识别主题的过程，或手动编译代码框架，通常还是需要大量的手动输入来编辑主题以及进行编码排序的。所以研究者们也可以采用封闭式问题去提问，但研究者设计选项时通常很难列出穷尽所有的答案，所以可以通过增加诸如“其他（请注明：

__________）”一项来保证答案完整，这也可以看作是一个半封闭式问题，例如，

“您认为目前政府对于基本公共服务的哪一个方面最应加强发展？

（请圈出最能反映您态度的一个答案）

A. 公共教育

B. 劳动就业

C. 社会保障

D. 低保，灾害、流浪乞讨、残疾、孤儿救助，基本养老，婚姻登记、殡葬等基本社会服务

E. 社会管理

F. 医疗卫生

G. 住房保障

H. 公共文化与体育

I. 城乡基础设施

J. 其他（请注明：__________）”

③单选还是多选题。

单选题是指对要测量的变量，直接提问，受访者只能从若干选项中选一个作为答案，所以设置单选题答案必须是互斥的。上述关于收入和基本公共服务的例子就属于单选题。多选题或者称为复选题，对要测量的变量直接提问，是指受访者可以从选项中选择一项或者多项作为回答。多选题可以看作是对多个“是否”问题的一个连续发问或者组合，能较快地获取信息并且节省时间和问卷的版面。

举一个多选题的例子：

“您对互联网最反感的方面为：（多选）

A. 垃圾邮件

B. 弹出式广告/窗口

C. 网络病毒

D. 网络入侵/攻击（包括木马）

E. 网上不良信息

F. 网上虚假信息

G. 网上收费陷阱

H. 隐私泄露

I. 其他（请注明 __________）”

这个问题如果设置成单选题，受访者可能会感到为难：究竟哪一项才是最反感的？网络病毒、网络入侵、网上收费陷阱等方面可能都给他们带来很大的困扰，进而受访者可能很难说出到底哪种情况最让人反感。

一个问题应该设置成单选还是多选要根据实际情况而定，对调查结果的影响也不一样。有些问题只能设置成单选，例如，“是否发生”的问题或者上述关于收入多少的问题；有些问题可以设置成单选也可以设置成多选，需要看研究的重点是什么。例如，关于政府应加强哪项基本公共服务的例子，如果政府资金有限，只能选

择一项去加强而来调查民意（强调答案的唯一性），那么就应该设置成单选；如果政府想知道民众对于哪几项基本公共服务是比较关注的，则可以设置成多选。如果设置成多选题，一定要在题干的适当位置说明。同时，多选题的选项也不宜太多，受访者们可能没有耐心读完所有的选项。

④指标题、量表题。

有时候，我们不仅仅用一个问题去获得一个关键变量的信息，也可能会需要使用多个访题去测量一个变量，也就是建构一个矩阵式的问题答案。这时候，我们会用到指标题和量表题。指标题，是用多个访题去测量一个变量，但每个访题各自测量一个维度；而量表题，也是用多个访题去测量一个变量，但是访题测量的是嵌套递进的。这两类访题通常适用于态度或者观点类的问题，因为人们的态度和观点不能直接测量，当然有时候也可以用其测量行为类的问题。举个指标题的例子，对乡镇基本公共服务满意度的测量，可以从对于基本医疗卫生、基本社会服务、基本住房保障等不同方面（维度）去衡量（表 9.1）。表 9.2 是量表题的例子，我们可以看出表中的问题都是关于人们精神状态的描述，可以用来识别抑郁的程度。我们发现一系列的问题对精神状态的描述是层层递进的，代表的抑郁程度逐渐加深。

表 9.1　您对政府在基本公共服务方面的表现是否满意呢？
（请圈出能代表你满意度的数字）

	非常满意	比较满意	一般	不太满意	非常不满意
乡镇基本医疗卫生满意度	1	2	3	4	5
乡镇基本社会服务满意度	1	2	3	4	5
乡镇基本住房保障满意度	1	2	3	4	5
乡镇基本公共文化体育满意度	1	2	3	4	5
乡镇残疾人基本公共服务满意度	1	2	3	4	5
乡镇基本劳动就业创业满意度	1	2	3	4	5
乡镇基本社会保险满意度	1	2	3	4	5

表 9.2　下面有一些对人们精神状态的描述，
请根据您最近一个月内的情况填写，您多久：

	几乎每天	经常	一半时间	有一些时候是	从不
感到情绪沮丧，郁闷，做什么事情都不能振奋	4	3	2	1	0
感到精神紧张	4	3	2	1	0
感到坐卧不安，难以保持平静	4	3	2	1	0
感到未来没有希望	4	3	2	1	0
做任何事情都感到困难	4	3	2	1	0

对某一特定主题的研究，使用同一类型的一系列问题，如指标题或量表题，有效地利用了空间。这样就不用对一系列中的每个问题单独去问“是否”，这样会使受访者的注意力更加集中进而能够更迅速地完成这种格式的问题。此外，这种格式还能够提高回答之间的可比较性。由于受访者能够迅速地回忆起对上一个问题所做出的回答，他们就可以比较他们在两个问题之间的同意的强度来回答，比如选择“十分同意”还是“比较同意”。不过，使用这种矩阵格式也存在问题：可能会强化一些受访者的回答模式，使得受访者会用同一个答案，如“非常同意”来回答所有的陈述。

总结一下，设计问卷必须要考虑选择何种提问形式。形式不是目的，重点是要适合于目标变量的类型与测量的目的。封闭选项的设置便于数据处理，开放性问题能够保证回答的多样性。单选项便于测量的确定性，不过，常会限制访题的经济性；多选项具有经济性，但对于如何处理多个选项常会变成挑战。封闭式问题和开放式问题、单选和多选，各自都有优缺点，需要根据实际情况来考量。

（2）问题要清楚。

问卷中的问题必须清楚、明确。很多意见和观点对于提问者来说可能再清楚不过，但是对于受访者来说却可能并非如此。因为我们对这些主题都比较关注，而受访者则可能根本就没有留意过这些问题。又或者，如果我们对相关主题只有肤浅的了解，我们也不可能充分地表达问题的意图。如问题“你如何看待当前的扶贫政策?”就可能会引起受访者的反问：“您说的是哪个政策?”。因此，问题表述必须清楚明晰，这样受访者才能够准确知道研究者问的是什么。

另外值得注意的一点是“不知道”这个回答选项。例如，问题是“你在未来6个月会买车吗?”，如果是封闭式答案，一般会设置为：“会”“不会”“不知道”。由于这个问题是对未来一段时间内行为的预期，有很多人不能提供确定的答案，就会选择“不知道”。如果，提问者的目的是想问“基于你现在的预期，你会在未来6个月买车吗?”，那么回答“不知道”的人就会减少很多。所以要根据提问的目的，描述清楚问题。

（3）避免双重或多重问题。

研究者常常会问受访者一个实际上具有多重内容的问题，但备选答案却是单一的。比如，你可能会问受访者是否同意以下陈述：“我们应该停止修建绿道项目，并将资金用在教育事业上。”而提供的答案选项仅仅是李克特量表里的“完全同意、同意、中立、不同意、完全不同意”，那么这将给受访者带来一些困难，因为这里面涉及很多问题：

①是否应该停止建绿道项目？即使不需要用其结余的钱去发展教育，是否还应该建绿道项目?

②如果停止建绿道项目，结余的资金是否一定要用于教育事业？因为这部分资金可以用于建设其他项目和其他事业。

③是否应该发展教育事业？也就是说，如果不停建绿道项目，还应该发展教育事业吗?

④如果发展教育事业是应该的，是否一定要牺牲绿道项目的发展来发展教育？

有些人赞成放弃修建绿道，但希望将这些资金用在公共交通。也有些人会支持修建绿道，同时也希望更加大力发展教育事业等。这其实是一个复杂的问题，提问者却把它看作是一个单一的问题。那么对于受访者来说，有些人没想到这么复杂，就果断回答了，但却不能代表他的真实想法；有些人就会觉察到这个问题的复杂性而无法回答或者索性乱答。

这个问题可以设计成连续的（相关联的）几个问题：

问题1：我们应该停止修建绿道项目吗？答案设置为“是”或“否”。

问题2：如果你在问题1的回答“是”，你认为应该停止修建绿道项目的原因是？答案“其他事业更需要投资和发展”，“绿道项目效率不高”等其他选项；如果你在问题1的回答“否”，则跳过。

问题3：如果你在问题2的答案是“其他事业更需要发展”，那么你认为可以发展哪些事业呢？答案设置为“教育事业”“医疗卫生事业”“社会保障”等其他选项。

（4）访者必须胜任回答。

在要求受访者提供信息的时候，研究者应该考虑：受访者是否能提供可靠的信息？比如问受访者：“您认为政府、企业、个人三方各自承担的养老保险比例为多少才是合理的?”对这一问题，如果受访者对养老保险的本质和费用不了解的话，他们是不可能给出有意义的回答的。问题对于受访者来说不能过于深奥。

（5）访者必须愿意回答。

访题可能会包含敏感性的问题，主要有三种类型：隐私类的，如交友圈、特别行为、习惯类、疾病类信息等；私人信息类，如身份信息，收入信息等；态度敏感类信息，如政治倾向、宗教信仰等。

隐私类的问题的例子有交友问卷，如下：

“M3 您平时与谁哪天最多？

M301 如果您有心事或想法，最先向谁说？

M302 如果您遇到日常生活中的小麻烦，最先找谁解决？

M303 如果您生病需要照料时，最先找谁？

M304 如果您需要借数额不小的现金，最先找谁？

M305 您是否有无话不说的人？

1. 是　5. 否【请跳至 M4】

M306 您可以无话不说的人是谁【单选】？

1. 家人 2. 朋友 3. 同事 4. 其他（请注明——）

私人信息类的例子如下：

您的电子邮件地址：__________

· 访员注意：不适用填“-8”。

您的手机号码：__________

· 访员注意：不适用填“-8”。

您的微信号码：__________

·访员注意：不适用填“-8”。

您是否在以下社交平台注册？【可多选】

·1. 微信　2. 新浪微博　3. 抖音　4. 腾讯 QQ　5. Facebook 6. 以上都没有

您的身份证号码：__________”

如果是隐私类的问题，如疾病，可以用循序渐进的方式提问，先问健康状况如何，再问是否有疾病，是何种疾病。对于态度类的敏感问题，可能一些人不愿意表达他们对政府的意见或政治意见，在这种情况下，他们就不愿意告诉一个陌生人（访问者）他们的真实想法。这时候除了用匿名的形式进行调查以外，也可以采用间接提问的方式，描述一段别人的行为或别人的看法，让受访者表达是赞同还是不赞同的态度。除了敏感性的问题，有时候，受访者会说他们还没有做出决定，而实际上他们已经有了观点，他们只是不想让别人知道他们是少数派。针对于此，访问者也可以用匿名的形式进行调查，这样将会大大减少受访者回答“尚未决定”的百分比。

（6）问题应该中肯。

问卷中的问题对于绝大多数受访者来说必须是中肯的。当有些问题只有极少数的受访者会考虑或者关心时，测量结果就可能不太具有价值。有时，受访者也可能会表达一些他从来没有想过的态度，从而误导了调查者。有些受访者给出了与问题不相关的答案，其实倒不如简单地回答“不知道”“没有什么意义”来得简单直接，并且受访者们还可能捏造答案。

（7）问题越短越好。

题干的长度和描述的复杂性某种程度上可能有助于提高问题的明确性、精确性和中肯性。但其实这是需要避免的，因为受访者通常都不愿意花时间去读冗长复杂的问题，更不愿意为了理解问题去认真分析问题。问题的设计最好是能让受访者快速阅读、理解其内容，并可以毫不困难地提供一个答案。因此，我们应尽量提供清楚的、简短的、不容易引起误解的问题。

（8）避免否定性问题。

问卷中的否定极容易导致误解，例如，当被问及是否同意“政府不应该修建地铁”这个陈述，相当一部分的受访者都会忽略“不”这个字，并在这个基础上做出相反回答。有些人可能被双重否定的逻辑绕晕了，有些人本来可能是反对的，但却选择了同意。提问的原则是要让问题简单易懂，让受访者回答起来感到容易判断，而不需要去分析问题的复杂逻辑。

（9）避免带有倾向性的问题和词语。

比如，“难道你不认为政府做得正确吗？”就属于倾向性问题，因为它鼓励更为赞成的回答。绝大多数的研究者都承认像“难道你不同意……”这样的问题带有很强的倾向性，一般很少使用。不过，问题和词语的倾向性往往比这微妙得多，比如简单提及对享有声望的人或机构的态度立场，也会具有倾向性。问题“你是否同意最高法院最近颁布的……”也具有同样的效果。这种措辞不会导致所有的人都同意权威机构的观点，但是却极有可能增加对这种观点的支持。

有时候，不同形式的措辞也会有影响。比如，“您是否同意这个可以遏制不断上升的犯罪率的项目”和“您是否支持安装监控的项目”，得到的答案中支持率是不一样的。因为“遏制不断上升的犯罪率”会给受访者一种“这个项目有积极的影响”的印象或者倾向性，从而答案中，选择“同意”的比例会更高。

防止这种倾向性问题的最好方法是，想象一下，如果你是受访者，是什么感觉。如果你自己都觉得困窘不正当、愚蠢、不负责任或者因为某回答而感到被社会排斥，那么就要认真思考其他人在给出这些答案时的感觉。

以上是提问需要注意的一些原则。总之，在设计问卷的时候要多斟酌。

2.3 设置问卷调查格式

问卷问题的内容之后，需要根据提问原则拟定访题，之后，需要对问卷的格式、外观、长度确定及访题出现的顺序做出一系列决定。我们需要整体谋划访题之间的关系和结构，设置调查表格式。调查问卷应美观，易于理解。问卷的建构对于研究者来说就是一项重要的实践技巧。需要注意以下问题：

（1）问卷格式。

问卷的格式和问题内容措辞是同等重要的。格式设置不合理的问卷可能会导致受访者遗漏一些问题、混淆问题本意，甚至导致他们直接扔掉问卷。

一般来说，问卷应该平展、整齐、字体字号易于阅读。有些研究者担心问题太多，问卷太长，让受访者望而却步，就想将几个问题放在同一行中，或者将问题过度简化，来尽可能地减少问卷的页面数量。这种做法是存在很大问题的：将多个问题放在同一行中，会导致部分受访者遗漏并行排放的问题；过度简化的问题会引起受访者的误解、不能理解，或是使受访者花费大量的时间重复读和尝试理解。想象一下，如果将很多问题全部挤在问卷的第一页，受访者读起来困难，可能没有兴趣再翻到第二页继续答题了。相反如果问题排放合理，受访者能够迅速完成第一页或前几页，他们会觉得完成问卷较轻松，并且易于阅读的版面使得受访者犯错误的概率相对较低。另外。排版时尽量不要让问题跨页面显示，避免让受访者在读某个问题时翻页，或者在读题干之后还需翻页才能读到选项。

（2）问题的格式。

一道访题需要包括题号、题干、指导语、编码、选项或输入空间、继续方式、特殊编码、说明等。访题的选项排列，尽量一目了然，避免混乱排列。我们后续会在第三节介绍到不同形式的调查类型，例如访谈和自填式问卷。在最为常见的自填式问卷调查中，受访者被要求从一系列的答案中选择一个。就此而言，留足了空间的盒式选择是最好的方式，或者可以用括号【】来代替。除了使用盒式选择之外，还可以在每个回答旁边给出一个数字，让受访者圈上相应的数字。这种方法在以后的资料处理阶段有优势，因为它指定了编码数字。

图9.1展示的中国家庭金融调查问卷中一道访题的例子：“A59”“A60”“a”

“a1”和“b”是访题题号。“a”这一题中“下列各种情形，哪一种更符合工作的状况？”是题干；1~9 的数字代表选项的编码；数字后的文字代表选项；数字 3~9 后面标注的“跳问 b”表示的是继续方式；数字 9 后面的横线代表输入空间。问题“b”中，题干括号中的“高位补零”是指导语；选项中括号里的“997”等是特殊编码。

	a. 下列各种情形，哪一种更符合工作的状况？ 1 自己是老板（或者是合伙人） 2 个体工商户 3 受雇于他人（有固定雇主）→ **跳问 b** 4 劳务工/劳务派遣人员→**跳问 b** 5 零工、散工（无固定雇主的受雇者）→**跳问 b** 6 在自己家的生意/企业中工作/帮忙，领工资→**跳问 b** 7 在自己家的生意/企业中工作/帮忙，不领工资→**跳问 b** 8 自由职业者→**跳问 b** 9 其他（请注明：＿＿＿＿＿＿）→**跳问 b**	**a1. 雇有的雇员数是？** （高位补零）	**b. 目前的工作是否与用人单位或雇主签订了书面劳动合同？**（高位补零） 1 没有签订劳动合同 2 签有无固定期限劳动合同 3 签有固定期限劳动合同，期限为[＿|＿|＿]月 (997. 不适用　998. 不知道　999. 拒绝回答)
A59. 您目前的工作	[＿]＿＿＿＿＿＿＿＿＿	[＿|＿|＿|＿|＿]	[＿]-[＿|＿|＿]月
A60. 您最近的非农工作 注明：仅当A58选择2、5回答此行	[＿]＿＿＿＿＿＿＿＿＿	[＿|＿|＿|＿|＿]	[＿]-[＿|＿|＿]月

图 9.1　访题的格式

在设计回答选项时，需保持一致性。如第一题答案选项【1】代表“是”，【2】代表“否”，就不要在后面问题的选项中出现【1】代表“否”，【2】代表“是”。又比如，用 1~5 的数字代表满意度，1 表示“最满意”，5 表示“最不满意”，后面的问题涉及赞同度的时候，也最好用 1 代表“非常赞同”，5 代表“十分不赞同”。

确保问题与说明和选项区分开来。可以用黑体字或斜体字写指示性的语句，用小写字母作为问题的序号，用大写字母表示选项的序号。

可以将选项垂直排列在题干下方（图 9.2），而不是并排排列的（图 9.3），受访者可以轻松阅读内容。如果觉得这种格式浪费了太多的版面，其实可以考虑重新组织问题。

1. 非常满意
2. 比较满意
3. 一般
4. 比较不满意
5. 非常不满意

图 9.2　选项垂直排列

1. 非常满意　2. 比较满意　3. 一般　4. 比较不满意　5. 非常不满意

图 9.3　选项并排排列

(3) 问题的顺序。

问卷的问题需要和调查目的有直接明确的相关，并且要注意问题的顺序。因为问卷中问题的序列也会影响到回答。首先，一个问题的出现可能会影响到对后面问题的回答，而且问题序列的影响并不是相同的。一般来说，受教育程度比较低的受访者，更容易受问题序列的影响。关于如何设置问题的顺序，有如下几点：

①先易后难。第一个问题应该设置成很简单的问题，避免引起争议。不要在问卷一开始的时候，就使用开放式或冗长的问题，因为这样的题目可能一下子难以提问或难以回答。哪些是简单容易的问题呢？如一些公开的信息，一些关于事实性、现状类的问题。提问的顺序可以采取先易后难的方法，先从简单的开始，过渡到较难较复杂的题目，因为后续较难较复杂的题目可能会需要受访者记忆力、在心理和智力上的配合。

②主次分明。总的来说，主要的研究问题要放在问卷靠前的部分。但不同调查类型的问题序列也是不一样的。自填式问卷，通常是以最吸引人的问题开始的。这样，那些潜在的受访者在看了前几个问题之后就会有兴趣继续回答问卷。在自填式问卷中，将一些人口统计特征的问题（如年龄、性别、教育程度等）放在问卷的最后。很多缺乏经验的研究者就会将这些问题设置在问卷的开头，并以此作为一种固定模式，但是受访者对这种设计并不感兴趣。当然，如果教育程度是研究设计的重点，那么还是应该放在问卷靠前的部分，具体需视情况而定。访谈调查则刚好相反。潜在的受访者一旦开门迎接访员，访员就要给人以和蔼、亲善的感觉。在简短的研究介绍之后，访员最好就接着让受访者列举家庭成员，并开始收集与个人和家庭相关的人口统计学资料，因为这些问题通常都比较容易回答，也不太唐突。

③先一般后敏感。如何让受访者能接受你的访问，并乐于接受你后续的访问呢？可以先从受访者不用思考就可以回答，且不会产生警惕性的访题开始。前面的工作是想让受访者放松，并营造一种比较融洽的气氛，而在这个基础之上，访谈者就可以进入其他更为敏感的话题了。在访谈的过程中，可以尝试和受访者建立互信关系，让受访者打消顾虑和畏难情绪。

④先一般后具体。问题的顺序最好是顺其自然的。把关于同一个主题的问题放在一起。从一般问题开始，然后转到具体问题。

在研究中，如果问题序列相当重要，可以用多种不同的问题序列来建构多个版本的问卷，通过比较不同版本的问卷所收集的资料来判断各个版本的效果。

(4) 关联问题。

在问卷中，当研究者试图就特定主题询问一系列问题时，可能这些问题只跟部分受访者相关，与另一部分受访者不相关，也就是说存在问题不适用于所有受访者。所以我们需要设置关联式问题，该关联问题是否被问和受访者问题中的前一个问题的回答有关。关联问题可以帮助研究者甄别出谁应该回答这个问题，同时给那些与问题不相关的受访者指明方向跳过这个问题。

关联问题可以采取多种格式：可以使用箭头引导受访者从一个问题到下一个问题；缩近所有可能筛选的问题；或使用方框引导受访者跳过不需要回答的问题。比图 9.4 就是一个跳转问题的例子，图 9.5 则是一个嵌套问题的例子。

一般来说，复杂问卷常常会有跳转安排，但跳转问题常常又是问卷访问时的误差来源：可能产生漏跳，会造成本该访问的访题被整块地错过了；可能产生误跳，不仅会造成本该访问的访题被整块错过，还会造成不该回答的访题花了时间去回答。所以在设计关联和跳转问题的时候，跳转路径必须尽量清晰可及，避免来回跳转。在设置跳转或者嵌套类的问题之前，通常会有先导性访题或过滤性访题，也就是说如果一个访题的答案会影响到一系列的访题安排，则应先问，如图 9.5 所示，需要先问“您是住在自有住房还是租住的住房中?”才能对后续自有住房和租房的每月费用更细化地分析。

Q-5　您目前住在您的自有住房里还是租住房里?

【1】自有住房 → 如果您住在自有住房中，请跳至下一页问题 Q14

【2】租住房

（如果是租住房）

Q-6 月租金是多少?

【1】少于 1 000 元

【2】1 000~2 000 元（不含 2 000 元）

【3】2 000~3 000 元（不含 3 000 元）

【4】>3 000 元

图 9.4　跳转格式

Q-5 您目前住在您的自有住房里还是租住房里?（圈出你选择对应的数字）

【1】自有住房

【2】租住房

（如果是自有住房）

Q-6a 每月房贷是多少（不含其他各类费用）?

【1】没有，或少于 1 000 元

【2】1 000~3 000 元（不含 3 000 元）

【3】3 000~5 000 元（不含 5 000 元）

【4】5 000 元及以上

Q-7a 每月你将要付的水、电、燃气、暖气、垃圾费的总数是多少?

【1】少于 100 元

【2】100~200 元（不含 200 元）

【3】200~300 元（不含 300 元）

【4】300 元及以上

（如果是租住房）

Q-6b 月租金是多少?

【1】少于 1 000 元

【2】1 000~2 000 元（不含 2 000 元）

【3】2 000~3 000 元（不含 3 000 元）

【4】3 000 元及以上

Q-7b 每月租金都包含以下哪些费用?（圈出所有合适的选项）

【1】电费

【2】垃圾费

【3】暖气费

【4】以上都没有

图 9.5　嵌套格式

（5）设计问卷辅助内容。

首先需要在问卷的开始写明调查问卷的目的，解释所获得的信息将被如何使用，并确保回答者的保密性。在邮寄的问卷中，需要在封面上着重强调这些点（图 9.6）。

给出如何回答的指示性语句。紧跟着问题之后需要有一个括号，在括号中进行说明。例如，圈出你选择的数；只圈一个（单选）；选出所有你认为合适的选项（多选）；请在空白处填写；输入整数；请不要使用小数或分数等。即使指示性的语句会在多个题目中经常重复也没关系，重复性指示总比受访者不知道指示要好。

说明性的内容我们以中国家庭金融调查问卷（2011）测试卷为例（图 9.6）。想要了解家庭成员的基本信息，要对“家庭成员”这个概念进行说明和解释，帮助受访者、访员和后续数据处理者更好地理解“谁应该被算在家庭成员之中”。“访员注意”这个说明性的语句中就列出了七类和家庭有经济联系但暂时不住在家里的人，其也应该被算作家庭成员；而可能住在家中的成员，如司机和保姆则不应算进去。

二、家庭成员的基本信息

显示：下面我们想了解下与您有经济联系的家庭成员的基本情况，先从您自己开始。

访员注意：

1. 以下 7 类人如果与家里有经济联系，他们应该包括在家庭成员里。

（1）外出读书；（2）外出打工/工作；（3）探亲访友；（4）探亲访友；（5）服刑；（6）参军/服役；（7）出国/境（包括旅游、工作、留学、探亲等）（8）已结婚搬出住

2. 不包括保姆、司机等。

家庭成员编码[**依次编号**]		01	02	03	04	05	06	07	08
[A2001]	是受访者的什么人？ 【卡片 A0】 1. 本人 2. 配偶或伴侣 3. 父母 4. 岳父母/公婆 5. 祖父母/外祖父母 6. 子女 7. 儿媳/女婿 8. 孙女/孙女 9. 孙媳/孙女婿 10. 兄弟姐妹 11. 其他（请注明）								
[A2002]	姓名								

图 9.6 问卷辅助内容设计

使用过渡性声明语句来增加问题之间的连续性。过渡性说明语句有三种功能：表示新主题即将开始；开始新页面；打破长序列的单调性问题。例如：“接下来，我们想问您几个关于您所处的社区服务机构”，“这次调查的另一个重要目的是了解您的社区服务机构的情况如何”，“最后，我们想问几个关于您的问题来帮助我们分析结果”。

2.4 预调查

不管研究者在设计问卷等数据资料收集手段的时候有多认真、仔细，还是存在错误的可能性。实际上一般来说，初步完成的研究设计是一定会存在错误或者不完善的地方的，比如说，题意不明确导致受访者无法回答，或者是违背了前面讨论过的提问原则。避免这种错误的最有效的办法就是对问卷（全部或者部分）进行预调查。

预调查，是测试运用问卷搜集数据的环节。在正式进入问卷调查前进行预调查是很必要的。

（1）预调查的主要目的是通过预先招募小部分研究对象来测试问卷的有效性及可执行程度，包括：

①研究变量是否已经覆盖？

②每个问题都能衡量到它想要衡量的内容吗？

③受访者是否理解所有的访题？是否有些问题会引出难以理解的答案？

④所有受访者对问题的解释是否都相似？

⑤每个封闭式问题是否都适用于每个受访者的答案？

⑥调查问卷是否产生了一种积极的压力来激励人们回答它？

⑦问题的任何方面是否导致研究者的偏见？

⑧内容之间的衔接、跳转是否流畅？

⑨受访者是否配合？

⑩访问时长与时机是否与资源的配置吻合？

⑪问题的顺序是否会影响研究结果？

⑫信度和效度如何？

（2）预调查的具体过程如下：

①让同事或其他研究者用批判性思维来审查问卷问题。让他们阅读问题，看看措辞和说明是否清楚，问题是否能完成研究目标。问卷设计者必须充分仔细地考虑他们的意见、建议和想法，然后再决定这些意见和建议是否能提高问卷问题的质量。

②预调查的对象无需具有很强的代表性，不过至少应该找那些跟问卷相关的人来完成。尽量选择与研究对象相似的人来进行预测试问卷。一般来说，让一部分研究对象完成问卷往往都比通过阅读来查找错误更加有效。有些问题常常看起来很好，但实际上却可能是无法回答的。

③模拟实际的数据收集过程。无论是邮寄方式调查、电话调查还是面对面访谈调查，尽可能地模拟实际数据收集过程，过程可能不会完全一样，但需要尽最大的努力去接近真实的过程。如果使用的是邮寄问卷方式，可以让人们在没有任何提示或帮助的情况下回答，然后询问他们的建议。如果是访谈的方式，无论是电话访谈还是面对面访谈，都可以让访员像真实访谈一样进行一次测试访谈。

④获取对问卷的形式和内容的反馈意见和建议。看看是否有什么问题被误解了；指示是否清楚；问卷是否太长或者太难；完成问卷需要多长时间；是否有足够的空间进行回答等。

⑤评估这些问题是否能够获得满足研究者需要的信息。

⑥尝试制表和分析过程进而确保问卷收集的数据可以按照预期的方式进行分析。

⑦修改问卷。检查定稿，仔细检查每个问题并反复思考：从问题中得到的信息是什么含义？有什么意义？它对这项研究有多大贡献？

总之，问卷的构建设计是很重要的，不合适的问卷构建，会导致问卷的作用减少，甚至无效。

第三节　问卷调查形式

至此，我们已经讨论了如何明确地表达问题和设计有效的问卷。接下来我们将讨论获得问卷结果的主要方法，也就是如何将设计好的问卷分发给受访者并且得到有意义的回答，从而得到有效的分析数据和资料。

实施调查的三种主要方法：自我填答的问卷——受访者自己完成问卷；访谈者和受访者面对面地进行调查，即访谈调查；电话调查。随着时代和科技的发展，网络调查和一些其他的调查方式也常常会应用于研究之中。

3.1　自我填答的问卷

一般来说，传统的问卷调查形式是自我填答的问卷调查，也是最典型的调查方式。

自填式问卷的发放有以下几种普遍的方法。

（1）可以把一群受访者召集到同一地点同时填答问卷。例如，想知道学生对于学校实施某一公共项目的看法，可以在课堂上收发问卷完成调查。

（2）可以通过邮寄问卷的方法，将问卷邮寄给受访者，待受访者填写完毕再邮寄回给调查者。

（3）运用“留置家中”的方式进行收集问卷，也就是由研究人员将问卷送至受访对象家中，并向其解释整个研究，然后把问卷留给受访对象自行完成，稍后再由研究者取回。

（4）将“留置家中”和邮寄问卷的方法结合运用，也就是可以把问卷邮寄至受访者家中，然后再派研究人员登门回收问卷，以便检查问卷是否填答完整。当然，也可以是由研究人员将问卷送至受访者家中，并请受访者填答完全后自行将问卷寄回研究单位。

总体来看，有实验研究表明：因为研究人员亲自发送和（或）取回问卷，问卷的完成率和质量都比邮寄收发问卷要高得多。但是研究人员亲自收发问卷会带来研究的高花费，所以应当根据实际情况选择合适的方式。

如果研究者想采用邮寄发放和（或）收回问卷的形式，需要注意一些问题。例如，首先受访者需要在填写完问卷以后，找一个信封，再找胶水将信封封住，然后再找邮票贴上，再投递到邮局或者邮筒。想象一下这个过程，如果能在发放问卷的时候，就提供好寄回的自粘式信封，并且邮票也是贴好的，或者是使用到付形式，这样会提高问卷的回收率。其次，随着时代的变迁和中国的发展，邮寄收发不再是广大居民通信的主要方式，水电费账单、广告等都很少采用邮寄的方式，除了大学录取通知书等重要文书以外，居民们很可能会忽略他们信箱里的调查问卷。如果想让广大居民花时间填写问卷并且寄回给研究者，基本上是不可能的。最后，现阶段随着网络和电子邮件的普及，有时问卷还会以电子邮件的形式收发。现阶段的美国，或许还会用邮寄的方式和电子邮件的方式来收发问卷，但这种方式并不太适用于中国国情。

"入户调查"，或者就是上述说的"置留家中"的方式虽然可能会产生更高的人工成本，但却更加有效。实践中有很多调查也运用了入户调查的方法。例如，始于2003年的中国综合社会调查（Chinese General Social Survey，CGSS）[①]（表9.3），是我国最早的全国性、综合性、连续性学术调查项目。该调查系统全面地收集了社会、社区、家庭、个人多个层次的数据，旨在总结社会变迁的趋势，探讨具有重大科学和现实意义的议题，推动国内科学研究的开放与共享，为国际比较研究提供数据资料，充当多学科的经济与社会数据采集平台。该调查启动全国范围内的入户访问工作，派遣学生访问员携带工作证件、介绍信等相关证明，对全国各省市、自治区、直辖市随机抽取的调查对象进行面对面的入户问卷访问。自填式问卷调查方式的优点是：第一，可以问一些相对复杂和长的问题，相比较访谈和电话调查的复述提问方式来说，阅读更加便捷；第二，不用和访员交谈，不让访员知道自己的观点，可能让被访者感到更自在。但自填式问卷的缺点就是对于开放性问题不太友好，因为缺乏访员的引导和追问，可能答案不完善或者回答与题干想问的内容不符。在"入户调查"的自填式问卷调查之中，可采用督导员，运用可行的督导方法，尽量保证对自填问卷的指导，尽量减少填答过程的差错。督导员需要耐心回答任何受访者的任何问题，永远不要说"不知道"，这样能保证问卷的回收率和问卷有效率。督导员还需要对每一份回收的问卷，依据督导手册的要求进行认真核查，及时发现并解决问题。

表9.3　中国综合社会调查（2015）问卷样本

中国综合社会调查 （CGSS） 2015年度调查问卷 （居民问卷） 中国人民大学 中国调查与数据中心 2015年6月 关于中国综合社会调查（CGSS）的说明

① 调查网址 http://cgss.ruc.edu.cn/。2003-2008年是CGSS项目的第一期，共完成5次年度调查（2007年没有执行），除2004年的调查数据，剩下的年度数据都已公布。2010-2019年是CGSS项目的第二期。截至2017年底，已完成5次年度调查，其中2010-2015年的数据已公布。

表9.3(续)

中国综合社会调查（Chinese General Social Survey，CGSS），是中国第一个全国性、综合性、连续性的大型社会调查项目。目的是通过定期、系统地收集中国人与中国社会各个方面的数据，总结社会变迁的长期趋势，探讨具有重大理论和现实意义的社会议题，推动国内社会科学研究的开放性与共享性，为政府决策与国际比较研究提供数据资料。

中国综合社会调查由中国人民大学联合全国各地的学术机构共同执行。从 2003 年开始，每年对全国各地一万多户家庭进行抽样调查。经过严格的科学抽样，我们选中了您家作为调查对象。您的合作对于我们了解有关情况和制定社会政策，有十分重要的意义。为了获得准确的数据，请您依据实际情况，回答访问员提出的问题。如果因此而对您的生活和工作造成不便，我们深表歉意，请您理解和帮助我们的工作。

对问卷中问题的回答，没有对错之分，您只要根据平时的想法和实际情况回答就行。对于您的回答，我们将按照《中华人民共和国统计法》第一章第九条和第三章第二十五条的规定，对您所提供的所有信息绝对严格保密，并且只用于统计分析，请您不要有任何顾虑。我们在以后的科学研究、政策分析以及观点评论中发布的是大量问卷的信息汇总，而不是您个人、家庭的具体信息，不会造成您个人、家庭信息的泄漏。请您放心。

在__________（省/自治区/直辖市）的调查，由中国人民大学和__________（合作单位名称）联合进行。参与调查的所有督导员和访问员都佩戴有中国人民大学统一核发的证件，如果您对调查员的身份有任何疑问，欢迎您随时拨打电话：010-62510695-1022 进行核查。

希望您协助我们完成这次访问，谢谢您的合作。

中国人民大学中国调查与数据中心
2015 年

B 部分 十年回顾

B15. 您对政府在下列工作方面的表现是否满意呢？【出示示卡 12】

1. 为患者提供医疗服务	1	2	3	4	5
2. 为老人提供适当的生活保障	1	2	3	4	5
3. 提供优质的基础教育	1	2	3	4	5
4. 捍卫国家安全	1	2	3	4	5
5. 打击犯罪	1	2	3	4	5
6. 公平执法	1	2	3	4	5
7. 政府部门秉公办事	1	2	3	4	5
8. 环境保护	1	2	3	4	5
9. 帮助穷人，维护社会公平	1	2	3	4	5

B16. 我们想了解一下您对政府所提供的下面公共服务的满意度如何？如果 **0** 分代表完全不满意，**100** 分代表完全满意，您分别给打多少分？（高位补零）

表9.3(续)

1. 公共教育	[___	___	___] 分
2. 医疗卫生	[___	___	___] 分
3. 住房保障	[___	___	___] 分
4. 社会管理	[___	___	___] 分
5. 劳动就业	[___	___	___] 分
6. 社会保障	[___	___	___] 分
7. 低保，灾害、流浪乞讨、残疾、孤儿救助，基本养老，婚姻登记、殡葬等基本社会服务	[___	___	___] 分
8. 公共文化与体育	[___	___	___] 分
9. 城乡基础设施	[___	___	___] 分

B17. 综合考虑各个方面，您对我国目前公共服务总体上在各个方面的满意程度如何？是非常不满意、不太满意、说不清满意不满意、比较满意、还是非常满意？【出示示卡 13】

	非常不满意	不太满意	说不清满意不满意	比较满意	非常满意
1. 公共服务资源的充足程度	1	2	3	4	5
2. 公共服务资源分布的均衡程度	1	2	3	4	5
3. 获取公共服务的便利程度	1	2	3	4	5
4. 公共服务的普惠性程度	1	2	3	4	5

B18. 您认为目前政府对于基本公共服务的哪一个方面最应加强发展？

公共教育 ………………………………………… 1

劳动就业 ………………………………………… 2

社会保障 ………………………………………… 3

低保，灾害、流浪乞讨、残疾、孤儿救助，

基本养老，婚姻登记、殡葬等基本社会服务 ………………………………………… 4

社会管理 ………………………………………… 5

医疗卫生 ………………………………………… 6

住房保障 ………………………………………… 7

公共文化与体育 ………………………………………… 8

城乡基础设施 ………………………………………… 9

其他（请注明：________________） ………………………………………… 10

3.2 访谈

访谈（interview）是收集调查资料的一种替代方法，由研究者派遣访员和受访者面对面交谈，访员提问，受访者回答，访员记录回答。受访者不需要自己阅读问卷。因为是面对面的交谈，这对访问员有着极高的要求，所以访员的招募、培训过程是很重要的。

出于节省成本的考虑，招募访员应尽量招募样本地的访员。有很多调查研究会招募学生访员。学生访员认真，但他们的社会经验较差，对于需要足够社会经验的访问，比如对反社会群体的调查，学生不适合作为访员。此外，访员的性别、年龄、受教育程度、可利用时间，应与访问的对象、环境、可访问时间相契合。对访员的培训可以通过设计者对问卷进行讲解和访员之间相互练习的方式进行。一般来说，访员必须：

（1）具有基本素质。

访员必须要口齿清楚，会说普通话，如果涉及地方性的问卷调查，最好能讲本地的方言；具有必备的受教育程度和技能，如需要采用计算机辅助调查，则访员必须具备基本的计算机操作能力；为人和善，不一定是擅长沟通，但至少具有必要的沟通能力。

（2）注意外观与举止。

穿着须和受访者类似。假设去访问一个贫困受访者，访问者华丽的穿着可能难以取得受访者的信任和良好的合作反应。另外，访问者须表现得神情愉悦，不能因为访员的个人因素而影响到受访者的情绪、态度和观点。

另外，访员和被访者在人际关系方面也要标准化。访员不可避免地会在面试中引入一些明显的人口学特征，比如性别、年龄和受教育程度。访员不应讲自己的故事或者发表与采访主题有关的意见。访员是不能对回答者给出的答案做任何判断的。简而言之，在谈话时，要弱化访员的个人特质，因为不同的访员会有所不同，需要访员表现得像个专业人士，而不是朋友。

（3）熟悉调查的问卷。

访员必须理解问卷调查的目的、对象、管理环节、质量要求等。熟悉访问技巧、问卷结构、内容、访题。熟悉问卷并非是事前浏览几遍问卷就能做到的。访问者必须熟悉问题本身，准备好复述问题的用词，并且尽力像自然对话一样念出问题。有时候有些问题并不适用于受访者，访问员须要向受访者解释问题。另外关于保密性、参与项目的自愿性质，以及谁将使用结果也可能对答案产生一些影响。好的访员会给所有受访者一个与项目相似的方向，以便访谈的背景尽可能保持恒定。另外，访员还必须熟悉设备使用的方法与技巧，熟悉工作环节等。

（4）谨遵问卷中的遣词造句。

上一节我们提到不同的表述方式可能会有倾向性，这样受访者提供的答案可能会出现偏差。因此，访问者在复述问题时应该谨遵问卷中的遣词造句，没有措辞变化。即使是提问方式上的微小变化，在某些情况下，已经被证明对问题的回答方式有显著的影响。按问题原样提问可以确保受访者的理解与问题本意一致，这样也能保证不同的受访者对同一个问题有一样的理解。

（5）准确的记录答案。

答案的记录应该标准化，以确保不会有因访员不同而产生的误差。访谈的答案很多都是开放性的，因此逐字逐句、确切无疑地记录受访者的答案十分关键。不要试图总结、解释、归纳、遗漏或者修改受访者的语言，即使他们的语法、表达含糊或者口语化。例如，我们去访问受访者对社区内交通状况的感想，受访者甲回答“道路上的汽车太多了，应该想办法来限制汽车”，受访者乙回答“需要新建更多的道路”。如果访问者将这两个受访者的答案都归纳记录为“交通阻塞”，后期研究者则无法分辨这两者的区别。

（6）深入追问受访者。

这点经常适用于开放式问题。如果回答者没有完全回答问题，访员必须用一种能引出更好答案的方式问一些后续问题。访员应该以非直接的方式调查不完整的答案，并且要确保这种方式不会增加任何一个答案超过另一个答案的可能性。如上述交通状况的问题，有些受访者只会简单回答“非常糟糕”，这时就需要访问者深入追问获得更详细的答案。可以这样追问，“是什么样的呢”或“表现在哪些方面呢”。对于封闭式问题，重复问题和所有的选项是最常用的办法。

调查访谈里，除了有访员参与其中，可能还会需要有督导员帮助工作的完成。督导员的基本职责有：

①指导访员有效地利用访问技巧，帮助访员顺利完成访问。

②核查问卷调查完整性，因为应答完整性是影响调查误差的重要因素。访员和督导都要对应答完整性进行核查，即核查是否所有样本都访问到了，所有应该访问的访题是否都访问到了，并且所有需要回答的部分、填写的信息是否都填写好了。

③经常与访员保持沟通，帮助访员解决技术性问题和影响访问的其他问题，如情绪、技巧等。

④采用其他督导方法，在保证质量的前提下，保证访问的进度。

总结一下，访谈调查有很多优点。首先，回收率高，若采用邮寄调查，人们可能会忽略邮寄过来的问卷，但调查访谈中，访员的出现，使得人们拒绝被访问的概率减少。同时，访谈调查也有利于建立融洽关系和信任，特别是当涉及一些敏感话题的时候。其次，访员的出现会减少“我不知道”和“我没有意见”这类答案的出现，因为访员可以解释或者继续追问得到更详细的答案。再有，访员能够对容易混淆的问题进行解释和指导。最后，访员不仅能问问题，还能观察受访者。值得注意的一点，这里的访谈和第七章定性分析法中的访谈是不一样的。这里的访谈是结构性提问，而第七章中定性分析访谈法适合于非结构性问题和实地研究。访谈调查的缺点是成本高，需要对访员进行培训，时间花费比其他方式（电话、网络）长。

3.3　电话调查

电话调查，即给受访者打电话进行调查。访员戴着耳机坐在电脑屏幕前，随机选择电话号码并自动拨号。早年间，电话不普及的时候，样本只局限于有电话的受访者，会产生一些社会阶层的偏误，例如，调查很可能会排除掉装不起电话的穷人。后来，电话逐渐普及，但不是每家每户的电话都能登录在电话簿上的，可能有些人注重自己的隐私不想透露自己的号码，仍旧会造成抽样的问题。而在今天，随着手机的普及，也有些人的家里不装固定电话，或者由于电信诈骗案件及推销活动越来越多，受访者可能接到电话以后会不听解释而挂掉电话。即使受访者相信打来的电话是一项真正的调查研究，相比较登门面对面访问，受访者挂掉电话的概率还是比开门以后拒绝当面访谈的概率要高。另外，受访者可能会在访问的中途因为一些突发事件而挂掉电话，或由于不耐烦而随便找个理由就挂掉电话。

电话调查也有一些好处，相比面对面访谈，它更节约时间和成本，省去了路途上的时间。另外，受访者只是通过声音，而不能看见提问者，会减轻受访者的思想负担和压力，使他们在回答一些问题的时候更加诚实，面对一些敏感问题时不会拒绝。但另一个弊端就是电话录音功能，有些受访者可能因为害怕言论被录音而拒绝接受访问。

3.4 网络调查

上述三种问卷调查方式都是传统的调查方法，随着科技技术不断进步，网络、电子计算机深入人们的生活，网络调查也变得普遍起来。人们基于网络，可以用手机、平板电脑及电脑回答问题。例如，中国国家调查数据库里有一项网民社会意识调查（网址为 http://www.cnsda.org/index.php? r=projects/view&id=69084413），是从 2012 年开始，通过在互联网发布网络问卷的方法对中国网民展开网络调查，用来了解中国普通民众社会意识的具体情况。

有一部分人，尤其是那些访问特定网站的人，他们是相当适合在线调查的。上述网民社会意识调查中，调查小组采用网上问卷调查的方式，同时在问卷网、新浪微博、凯迪社区、天涯论坛等网络社区发布答题链接，邀请网友自愿进行答题，2012 年在网络上收集有效问卷 2 200 多份，2013 年收集到 2 662 份，2014 年收集到 4 231 份，2015 年收集到 3 781 份，2017 年收集到 2 379 份问卷。

然而，在线调查或者网络调查是否具有代表性通常容易被质疑。上述网民社会意识调查开展时，对于样本的选择问题，研究者也提到该调查是以中国网民，而不是以全体中国民众作为研究对象。但是考虑到样本收集的便捷性及研究经费的限制，进行研究往往需要以牺牲样本的代表性为代价。由于抽样方法的缺陷，此研究中的网民样本可能并不能代表普通中国人，他们也未必能够代表中国的网民总体。调查一共进行了 5 次（2012、2013、2014、2015 和 2017 年），调查问卷和调查方法都在不断改进。研究者了解到，微博用户多数是关注政治社会问题和积极参与舆论塑造的群体，问卷网用户相对于微博用户而言，更接近于普通中国民众，后续年份他们就考虑用专门的题目区分不同来源的用户。2015 年的网民调查还根据中国实际网民的男女比例做了样本选取（仅限问卷网注册用户）。这些都涉及在线调查的核心，即要正确评估并给予不同的受访者不同的权重，类似于配额抽样。

以下我们用上述调查为例，详细解读网络调查的方法及优缺点。

首先是关于调查方法。该网民社会意识调查和问卷网合作，问卷网（www.wenjuan.com）是一个专门从事网络调查的公司，该网站有注册用户400多万。网站每天向注册用户发送包括各种商业调查在内的问卷链接，注册用户自主选择答题与否。很重要的一点，在线调查如果能给受访者回报，将会提高回答率。作为回报，答题者将获得积分或者等量货币奖券，积少成多后可兑换小奖品或电话费。研究者在问卷网上是通过此种方式收集到样本。

新浪微博上的样本收集有两种方式，一是通过调查小组若干名成员每天向微博用户发送答题链接的方式吸引答题者自愿答题；二是研究者利用新浪微博的推广功能，付费对答题链接进行推广来吸引答题者自愿答题。凯迪社区和天涯论坛的样本收集则是通过在该论坛上发布附有答题链接的帖子的方式来吸引论坛用户自愿答题。

其次是关于调查执行。为了保证网络问卷的可靠性，调查者可以考虑采取如下一些控制措施：第一，为了避免重复答题，可以在网络调查时设定每个IP地址只能回答一次问卷。第二，可以考虑剔除答题时间过短的问卷，并在后期通过人工浏览问卷的方式，剔除一些明显不认真答题的问卷。第三，在后期调查中，还可以设置网民自评答卷真实度的问项，作为参考。

对网络问卷调查质量产生负面影响的最大因素可能是问卷的时间长度，问卷时间越长调查的质量越差。因此线上问卷调查的内容控制在10~15分钟是比较合适的。免费发放的问卷要比付费的问卷可能更可靠。一些问卷发放平台已经形成了专门的问卷答题者群体，以赚钱为目的，这一群体被称为“威客”，他们可绕过IP限制、时间限制，每人经常回答数十份甚至几百份问卷。建议学界同行在发放问卷时谨慎使用此类平台。

最后是关于信度。需要对通过上述网络收集方法是否能够获得网民的真实态度和意见做进一步说明。研究者认为样本的可信度可以接受的理由有：

第一，在没有强迫的前提下，如果网民花费了10~30多分钟来回答问卷，那么他应该是认真作答的（一部分不认真作答者可以通过答题时间予以剔除）。问卷网注册用户通过答题可以获得积分奖励，而新浪微博、凯迪社区的答题者除了能获得答题后的基本统计结果外，什么收益都没有，在这种情况下他们仍然答题，可知应该是认真回答的。

第二，由于答题者不直接面对受访者，因此受访者可能不像面访时存在戒备心理（或社会期望心理、政治正确心理），因而会更容易坦诚地表达自己的想法。

3.5　其他调查方式

（1）混合式调查。

混合模式调查并不新鲜，可以追溯到20世纪60年代初。在混合模式设计中，研究人员将多种数据收集方法结合起来，并提高目标人群覆盖率，提高回答率，减少调查成本。混合模式设计的早期应用包括邮寄调查和电话跟进调查相结合，或是面对面访谈和电话调查相结合，以弥补在单一模式电话调查中拥有电话用户不足的缺陷。现如今，网络调查已经成为一种最普遍的调查数据收集方法。网络调查，特别是在线调查非常有效率且花费少，时间短。但是，仅使用网络调查会缺乏准确性，因为不是每个人都可以上网，而且回答率可能有限。所以我们可以用混合调查的模式。

混合式调查不仅仅可以应用在同一时段的调查研究，也就说，同一时间用两种方法去调查（如面对面访谈和电话访谈的结合），也可以用于一个连续的调查，也就说先用一种方式，在后面继续追踪调查时用另一种方式。最常见的混合模式设计顺序是从最便宜的模式（如邮件或网络）开始，然后是更昂贵的模式（电话和/或面对面）。一个著名的例子是美国社区调查（American Community Survey），在连续几年的调查中，招聘受访者或第一轮面试时用最昂贵的面对面访谈的方法，因为这是个基线调查，必须保证高回答率。然后在后续追踪调查的几年时间里，用相对便宜的调查方式来收集数据。

除了混合调查模式，随着时代的发展，一个新的技术出现了，那就是混合设备模式调查。网络调查正从面向计算机（台式机或笔记本电脑）转变为面向多媒体（PC、智能手机和平板电脑）的概念。许多做网络调查的研究人员可能还没有意识到自己推出的网络调查有可能是基于混合设备的，很少考虑受访者在完成问卷时使用不同类型的设备所带来的测量误差。这些设备不仅在屏幕尺寸，也在数据输入界面（如键盘和鼠标、触摸屏、屏幕键盘）有区别。移动手机和个人电脑调查的主要区别在于可以发送调查问卷邀请（短信或电子邮件）的方式、调查长度，问题格式，以及不提问测量的可能性（下文所述的新型测量方法）。

（2）新型测量方法。

调查问卷的目标是通过询问受访者关于他们的态度、观点和行为。然而，调查问卷并不能充分反映人们的生活；自我报告数据可能受到人类记忆与各种自我表征偏差的影响。随着社会技术变革与数字技术的迅速兴起，过去十年，移动技术创造了令人兴奋的机遇，可以以新的方式收集数据。新技术的发展大幅度提高了数据的质量和数量，并可能改变调查研究的本质。例如，要求受访者扫描购买的食品的条形码，可以链接到膳食数据库；运用运动手环来测量体育活动；微型传感器现在可以用来检测环境的环境特征，如温度或湿度以及接触污染物。新技术也有望减少受访者的回答负担，例如，使用全球定位系统（GPS）数据跟踪行程，而不是询问受访者通过自我报告获取此信息，以及通过与社会联系和社会网络媒体来衡量政治取向。“物联网”也呈现出新类型测量的机会，例如，在受访者家中使用智能体重秤，可以测量随时间变化产生的能量消耗情况。这些新技术收集来的信息和数据都可以称为“大数据”。我们也逐渐进入了大数据时代。当然，大数据不能替代传统的问卷调查方法，两者结合更加有效。

（3）非自填式调查问卷。

并非所有调查问题的答案都由抽样调查的受访者本人填写完成的。通常情况下，如果被选为调查对象的人在问卷调查时不在场（例如，不在家、在外工作、在外上学、已经死亡等），一些调查将允许另一个人（通常是家庭成员，如配偶、孩子）

代表目标受访者做出回应，那么回答者并不是受访目标，回答者只是受访目标的代理人/发言人。使用非自填式调查问卷的数据有美国人口普查（U. S. Census），美国的当前人口调查（the Current Population Survey，CPS），还有中国老年人健康长寿影响因素调查（CLHLS）等。在中国老年人健康长寿影响因素调查中，对于死亡的老年人，他们生前的一些信息（性别、职业、住房情况、医疗费用等）都是由孩子代替回答的。

据估计，CPS 数据库调查费用成本，如果使用代回答，将节省 17%。节省的资金对数据质量的影响是不同的。代回答的潜在风险似乎也很明显：代理人在描述他人时可能不如描述自己时准确；也可能在观察同一现象时，有重要的视角差异。因此，代回答将构成代理人对目标对象的看法和定义，而自我报告会构成自我感知，两者都有效但不同。但从另一角度看，代回答有时可能更比自我报告更准确，例如，当代理人获得的信息比目标人更多。所以问卷调查设计者要重点关注的是对代理人是否能够提供精确信息的判断，要明确什么可能导致代回答不准确，以及最有可能发生这种不准确的情况。

第四节　问卷的信度与效度

4.1　问卷的信度

· 影响信度的因素

①题项数目。题组内的题项数越多，信度越高。例如，家庭对于孩子教育水平的影响的研究中，家庭的影响可以细化为家庭收入、家庭氛围等因素。我们可以针对家庭氛围编写一组问题，例如，父母每周陪孩子阅读的时间，父母每周和孩子做游戏的时间等等。如果家庭氛围这个题组内的问题数越多，则从不同的方面体现了父母与孩子的互动程度，问卷的信度就越高。但到有一定数量的题目以后，再增加题项所能提高的信度非常有限。如果题项已经足够，信度仍然不佳，就必须设法改善题项，使题项尽可能测量相同或相近的方面。

②题项内容。题项询问的内容或议题越相近或越相关，内部一致性就越高，信度也越高。例如，上述例子中家庭氛围的问卷，父母陪孩子阅读的时间和做游戏的时间。题项本身的内容是否明确，也会影响信度。若题项内容不够明确，容许受访者对题意作各种诠释与联想，将会影响其回答，甚至不知如何回答。

③样本数量。样本数对信度的影响虽不大，但至少应有适当大小的样本，才不致使抽样误差太大。每次的变异数差距大，得到的信度值本身也会不稳定。

④访问情境。访问的情境不一，例如，访员对于题项内容有不同的诠释，访员的访问态度或方法不一，或每个受访者接受访问时周遭环境之间的差异大，将使得测量误差的变异数变大，信度降低。

· 信度的分类

问卷的信度是指用问卷作为调查工具所得到的资料是否具有一致性或稳定性。

调查结果（observed value，缩写为 O）是观察到的值，而我们想要的是真实数值（true value，缩写为 T），两者的差就是测量误差（Error，缩写 E）。若测量误差的变动太大，使得调查结果的变动也很大、不稳定，此时调查的信度低。

若测量误差不会因真实数值的高低而改变，即二者无共变或不相关，则 O、T、E 三者变异数（方差）之间的关系是：

$$\mathrm{Var}(O) = \mathrm{Var}(T) + \mathrm{Var}(E)$$

理论上，$\mathrm{Var}(T)$ 和 $\mathrm{Var}(O)$ 的比值越大，证明观测值和真实值越接近，信度越高。但是研究者正是因为不知道真实值，才做调查（测量）而得到观察值的。所以实际操作时，会以两次调查测量（测量一与测量二）结果的相关系数作为信度系数的估计值。

信度的基本意义是一致性。因测量一与测量二之间的关系不同，可产生几种不同的信度，以下将说明两者几种可能关系所产生的信度：

（1）时间上的一致性（再测信度或者重测信度，test-retest reliability）。

对同一批人在不同的时间点，询问完全相同的问题，这些人的回答是否前后一致？例如，研究个人的社会网络，以 10 个题目询问 100 个受访者，问他们与亲友往来的情形；一个月后，再以完全相同的 10 题重问同一批受访者，看两次调查的回答内容是否相同。

假定短时间内一批对象的状态并没有改变，对每个对象用同一个问卷先后测两次，并且问题的答案是一个连续变量，这时可用皮尔逊积差相关（Pearson Correlation Coefficient）来评估。用 x_{i1} 和 $\bar{x}_1$ 来表示第一次对 i 这个人调查测量结果及第一次所有人测量结果的平均值，用 x_{i2} 和 $\bar{x}_2$ 来表示第二次调查测量结果及结果的平均值，两次调查结果的相关系数，即重测信度系数，用 $r_{x_1x_2}$ 表示：

$$r_{x_1x_2} = \frac{\sum_i (x_{i1} - \bar{x}_1)(x_{i2} - \bar{x}_2)}{\sqrt{\sum_i (x_{i1} - \bar{x}_1)^2 \times \sum_i (x_{i2} - \bar{x}_2)^2}}$$

如果相关值为 1，则该测验具有完美无瑕的信度，表明被试者在两次测验上得到了完全一致的分数，但这种情况在心理学和教育学的研究中基本不会出现；如果两次测验的相关系数为 0，则该测验完全不可靠，表明被试者在第二次测验时得到了与第一次完全不一致的分数，在此种情况下，这些分数毫无意义；如果两次测验之间的相关值为负值，则表明被试者在第一次测验中取得的分数越高，在第二次测验中所取得的分数越低，反之亦然。即便出现这种意外情况，测验的信度也同样被认定为 0。一般来说，Person 系数为 0.8~1 可称为极强相关（信度极好），为 0.6~0.8 是强相关（信度较好），0.4~0.6 代表信度中等，低于 0.4 代表信度较差。

当问题的答案是等级变量时，可用内部相关系数（intraclass correlation coefficient，ICC）来进行方差分析；当问题的答案是分类变量时，可用 KAPPA 系数来评估两次测量的一致性。一般来说，KAPPA 系数大于 0.75 表示信度极好，为 0.4~0.75表示信度较好，低于 0.4 表示信度较低；ICC 的值大于 0.75 表示信度极好，为 0.6~0.75 表示信度较好。如果信度较低，则需要考虑对问卷的题目进行修改甚至删除一些关联度较低的题项。

SPSS 操作路径：

皮尔逊积差相关（Pearson）：分析→相关→双变量相关。

内部相关系数 ICC：分析 → 度量 → 可靠性分析 → Intraclass correlation coefficient 选项。

KAPPA 系数：分析→描述统计→交叉表→KAPPA 选项。

重测信度属于稳定系数。重测信度法特别适用于事实式问卷，因为诸如性别、出生年月等在两次施测中不应有任何差异，大多数被调查者的兴趣、爱好、习惯等在短时间内也不会有十分明显的变化。如果没有突发事件导致被调查者的态度、意见突变，这种方法也适用于态度、意见式问卷。

由于重测信度法需要对同一样本试测两次，被调查者容易受到各种事件、活动和他人的影响。因此，重复测量有两个缺陷：一是研究对象的特征可能随时间变化，那么会引起误差之外的测量结果的差异；二是重复测量可能会受前一次测量的影响，不一定能反映测量对象的特征。所以，两次测量间隔时间长短也有一定限制，因此在实施中有一定困难，可能会对再测信度正确性和意义造成干扰。通常重测时间以2~4 周为宜，太短会受记忆的影响，太长又受环境的影响。两次调查时间相距越短，记忆与练习的影响越大，再测信度会被高估；时间相距越长，受访者改变回答的机会越高，故会低估再测信度。此外，让受访者重复回答相同问题，可能会因厌烦而乱答。还有些受访者可能在第一次调查后即与他人讨论有趣的问项。

（2）不同版本间的一致性（复本信度，equivalent form reliability）。

同样的概念以两套不同的题项访问，并且两套问题的测量误差变异数与真实分数的变异数都相同（故称复本），此时受访者回答两套问题的一致程度即为复本信度。例如，同样关于两性平等的问题，在第一套问题回答显得观念较平等开放的受访者，在回答第二套问题时是否也是如此？

复本信度属于等值系数。当研究者想对受访者重复测量相同的能力或特质，但又想尽量避免记忆、练习等非测量内容的影响，故不希望使用相同的问项时，就会用到复本。复本信度法是让同一组被调查者一次填答两份问卷复本，计算两个复本的相关系数。复本信度法要求两个复本除表述模式不同外，在内容、格式难度和对应题项的提问方向等方面要完全一致。但在实际调查中，很难使调查问卷达到这种要求，因此采用这种方法者较少。复本编制不容易，易出现顺序效应，受练习的影响复本信度只能反映问卷内容所造成的误差，无法反映答卷者本身所造成的误差等。复本信度的估测和再测信度一样，会因记忆、练习、厌烦、成长成熟的问题所干扰。

复本信度还包含评量者间的信度（inter-rater reliability）和评量者本身的信度（intra-rater reliability），即不同观察者所做评量结果之间的一致程度和同一观察者重复做的评量之间的一致程度。这些信度系数也是两者之间的相关系数。

（3）折半信度法（split-half reliability）。

鉴于设计复本问卷较困难，有时也可以用折半信度法（或者称为分半信度），也就是只进行一次问卷测验，将测验的题目分为对等两半（相当于作为各自的复本），分别求出两半题目的总分，再计算两部分总分的相关系数。分半的方法很多，一般是将奇数题和偶数题各作为一半，而非前后分半，目的是避免顺序效应。分半的方法不一样，得到的信度也是不一样的。

折半信度通常是在只能测试一次或者没有复本的情况下使用。这种方法一般不适用于事实式问卷（如年龄与性别无法相比），常用于态度、意见式问卷的信度分析。在问卷调查中，态度测量最常见的形式是 5 级李克特（Likert）量表。

SPSS 操作路径：分析→度量→可靠性分析→模型（半分 split—half 选项）。

（4）同一量表内题项之间的一致性（内部一致性）。

重测信度和复本信度是对同一批人做两次调查。项目评价在实践中，由于资源和时间的限制，一般是很难进行的。我们引入内部一致性（internal consistency）的估测，只需做一次调查即可。

内部一致性是指用来测量某个建构的一组问项，是否只测量这项建构而已？或者掺杂了其他的建构？例如，测量攻击性的量表，其中的题项是否只包含攻击的症状？还是掺杂了其他问题？

欲探讨量表的内部一致性，有几种信度系数可选择：

①复合量表的信度。

假设我们有一个题组，包含 k 个问题，每一题的信度（每个次量表）可以按照上述重测信度的计算方式计算出来，还是记为 $r_{x_1x_2}$。且各次量表的测量误差的变异数均相同，真实数值的变异数亦相同，也就是说每个次量表的信度相同。然后我们可以计算出整个题组的信度，也称为复合量表信度，记为 $R_{x_1x_2}$。

$$R_{x_1x_2} = \frac{k \times r_{x_1x_2}}{(k-1)r_{x_1x_2}}$$

同一题组内题项之间相关越高，表示内部一致性越高，所测量的性质越接近，所掺杂的误差越少。题组的信度也与其长度（题项数）有关。若题组各题项所测量的内容不致相差太多，则题项越多内部一致性越高。

②克隆巴赫信度系数（Cronbach's α）。

由于调查结果中，同一题组内的各题项或各小部分题项之间的变异数常不相同，无法使用复合量表信度的公式，此时必须使用 Cronbach's α。

克隆巴赫信度系数（Cronbach's α）是 Cronbach 于 1951 年创立的，用于评价问卷的内部一致性。Cronbach's α 系数取值为 0~1，α 系数越高，信度越高，问卷的内部一致性越好。Cronbach's α 系数不仅适用于两级记分（是或者否）的问卷，还适用于多级计分的问卷。这种方法适用于态度、意见式问卷（量表）的信度分析。

$$\alpha = \frac{k}{k-1}\left(1 - \frac{\sum_j \sigma_{x_j}^2}{\sigma_y^2}\right)$$

σ_y^2 是整个量表 y 的变异数（方差），$\sigma_{x_j}^2$ 是量表中第 j 个问题的变异数。

一般地，问卷的 α 在 0.8 以上该问卷才具有使用价值。α 达 0.85 以上，表明问卷信度良好。一份信度系数好的量表或问卷，最好在 0.8 以上，0.7~0.8 还算是可以接受的；分量表最好在0.7以上，0.6~0.7可以接受。若分量表的内部一致性系数在0.6以下或者总量表的信度系数在0.80以下，应考虑重新修订量表或增删题项。

所以，有了Cronbach's α，可以将每个题项都当成次量表进行计算。不仅如此，Cronbach's α还适用于计算折半信度。当两半的量表是同等时，Cronbach's α是整体量表的信度；当两半的量表不同等时，Cronbach's α是整体量表的最低限；当两个半量表之间的共变量越大，Cronbach's α越高，即内部一致性越高。

SPSS操作路径：分析→度量→可靠性分析→模型（α系数）。注意"统计量"对话框中"如果项已删除进行度量"选项，可以用来对问卷中的各项进行逐一分析，以达到改良问卷信度的目的。

c. KR20信度系数（二分变项的信度系数）。

Kuder和Richardson的KR20信度系数与Cronbach's α在概念上完全相同。Crocker和Algina称Cronbach's α和KR20都是coefficient alpha（系数α）。

当题项的回答得分是二分变项（dichotomous variable）时，也就是题项的得分非0即1，必须使用KR20；当题项的得分为连续变项时，则使用Cronbach's。

d. 因子分析（factor analysis）。

因子分析是最常用来探讨内部一致性的工具。因子分析假定题组内的每个题项由共同因子（common factor，F或简称因子）和独特因子（specific factor，S）两项元素组成。共同因子是说假定没有任何误差，一个题项可能不只包含一个因子。独特因子是指除了该题项特有的变异之外，独特因子还包括该题项的测量误差。

假设题项j是多元回归分析里的依变项，Z_j表示受访者在题项j的回答，因子F_1、$F_2 \cdots F_m$与表示第j题的独特因子S_{jj}都是自变项。λ，b分别为其系数。因子分析可以表达为：

$$Z_j = \lambda_{j1}F_1 + \lambda_{j2}F_2 + \cdots + \lambda_{jm}F_m + b_jS_{jj}$$

系数λ称为因子负荷量，代表题项与因子之间的相关系数。作因子分析时，首先关心的是共同因子的系数λ（因子负荷量）。每个题项里，共同因子F的因子负荷量值λ都不一样。若共有j个题项，跟因子有关的负荷值（包括λ_{11}、λ_{21}、$\lambda_{31} \cdots \lambda_{j1}$）$\lambda_{j1}$值越大，表示因子$F_1$对该题项的贡献越大，且因子$F_1$所萃取的内涵里，题项$j$作为$F_1$的指标所占的比重越高。因子的命名，也是依据在因子负荷量大的各题项所共同代表的面向来建立。

因子分析与多元回归不同。第一，因子与独特因子之间被设定为没有相关，但因子之间则可依据研究需要而让它们彼此有相关。第二，独特因子是某一题项特有的因子，但因子则是每个题项都有的自变项。第三，各题项j被视为因子F的指标。

第一个因子都是最能解释题组变异数的，接着再依照解释量高低的次序排列，直到所有的变异数被解释完毕，这时因子的个数几乎都会与题项数相等，而且这时个别因子的变异数解释量已经非常低。所以，要采用因子分析所得到的结果，通常只会利用最前面少数几个变异数解释量特别高的因子，忽略其他的因子。

（5）评分者信度。

重测信度、复本信度和分半信度的评估方式都适用于客观测验，即分数评定完全客观化的测验。然而，当测验评分不是那么客观时，例如，对于同一篇作文，不同的评定者倾向于给不同的分数，或者不同的面试官可能会在结构化面试中将同一个面试者评定为不同的分数等级。在这种情况下，需要用评定者信度或评分者信度（inter-rater reliability）。考察评分者信度的方法是随机抽取相当份数的问卷，由两位评分者按记分规则分别给分；然后根据每份问卷的分数计算相关系数，即可得到评分者信度。评分者信度也可以是一位评分者两次评分的相关系数。如果是多个评分者或一位评分者两次以上的评分，可采用肯德尔和谐系数（Kendall's coefficient of concordance）和 Kappa 系数。肯德尔和谐系数用于等级资料，Kappa 系数用于定性资料。一般要求在成对的受过训练的评分者之间平均一致性达到 0.9 分以上，才认为评分是客观的。

上述几种信度系数，以 Cronbach's α 应用最广，其次为折半信度。问卷的信度越高，受到人、时、地、物的干扰就越低，其所能反映事实或让人相信的程度越高，因此在问卷实施前能否有效提高信度是问卷测验成败的关键。如果我们对制定的量表进行预测试，然后进行信度分析时发现量表的信度较低，则往往可以通过如下的方法来提高信度：适当延长问卷的长度；问卷的难度适中；问卷的内容尽量同质；测验的时间要充分；测验的程序要统一。

4.2 问卷的效度

所谓效度，在调查研究中是指调查题项的结果，是否真实反映研究者所要度量的东西的程度。因此效度并不是题项本身的特性，而是题项所得到的信息的意义。效度分为两大类：内部效度（内部有效性）和外部效度（外部有效性）。内部有效性是指从研究中获得的测量值实际量化了其设计测量值的准确度，而外部有效性是指从研究样本中获得的测量值描述研究样本的参考人群的准确程度。例如：一份测量儿童心理卫生的量表，也许对儿童受访者而言，具有良好效度；但对于成人而言，却不尽然，因为有些题目对于成人可能具有不同的意义，因而减低了效度。

（1）内容效度。

若量表的题项属于测量范围内所有可能的题项之中，则该量表具有内容效度。内容效度也包括了表面效度，但有的研究者是把表面效度单独列出的。

当题项看起来是测量调查研究者想知道的现象，而无混杂其他的性质时，就具有表面效度。也就是说，当专家或者是研究者查看问卷中的项目，并得出测试是对概念/目标变量的有效测量的结论，而这个对概念/目标变量测量的判断只停留在表面上。这意味着他们正在评估每个度量项目是否与任何给定的概念域相匹配。表面效度通常被认为是相对随意的。许多研究者并不认为这是检测有效性的一个很好的标准。然而，它是发展中国家使用最广泛的检测有效性的形式。

内容效度是指全面评估或衡量目标结构的程度。例如，一位研究人员需要评估员工对机构里职业危害防范培训计划的态度。他希望确保调查问卷的问题完全代表了对职业危害预防的态度。如何检测内容有效性呢？通常由熟悉目标变量结构的专家进行理性分析来实现。具体而言，专家将审查所有问卷项目的可读性、清晰度和全面性，并就最终问卷中应包括哪些题目达成某种程度的一致。评判过程可以是两分法，专家指出一个题项是“有利的”（评分为+1）还是“不利的”（评分为+0）。然而，多年来，评判方法不断发展，产生了一些新的评级方法，例如，李克特比值或绝对数字评级等。

为了保证内容有效性。出题前应该小心搜集文献，掌握其他学者如何测量相同的概念/变量，并运用自己的观察和心得，加以增减。准备出题时，首先将要测量的概念作分析解构，决定该概念有哪些维度。例如，“幸福感”可能包括政治的、经济的、社会的、人际的及家庭的。根据这些维度至少出个七到十题，再删去表现不佳的题项；多出些题目，才不致在分析阶段只剩下两题能用，使内部一致性不高。最后，再以类似总体的一群人来作预试，并且预试的样本数要大，足以作一些统计分析，检视题项的结构效度，再决定是否直接纳入正式问卷，或必须修改抑或删除。

（2）效标关联效度。

效标关联效度是当研究者企图确定调查问卷结果与某一特定标准的关系时进行的。效标关联效度代表了一种测量问卷调查结果与其他工具或预测值的匹配程度。例如，具良好效标关联效度的忧郁症量表，其测量结果须与实际罹患忧郁病症有密切相关。

效标可以是多样化的，例如，已经建立良好信度与效度的其他量表，实际的表现或其他方式的测量结果，都可以作为效标。

效度的估算有两种方法：同时效度系数与预测效度系数。当标准与测度同时存在时，两者的相关系数即为同时效度系数。同时效度是根据现有的标准（黄金标准）来评估新开发的问卷的一种方式，即测试以当前形势预测事件的能力。例如，研究人员可以使用问卷来阐明糖尿病患者在最后一次医院随访中的血糖水平读数，并将其与该患者的实验室血糖读数进行比较。

效标取得时间是在调查时间之后，则之间的相关性称为预测效度系数。预测效度系数是评估问卷（工具）预测未来事件、行为、态度或结果的能力。这是用相关系数来评估的。预测效度是一项测试，用来衡量未来某个事件或结果的能力。预测有效性的一个很好的例子是使用高血压患者对药物依从性的问卷来预测他们未来的医疗结果，如收缩压控制。

影响效标效度系数高低的因素如下：

①效标本身若含其他的因素，会使效度看似较低。

②调查结果的数值范围若太窄，也使系数变低。

③制订效标者若也知晓调查结果，可能受到调查结果的影响，评分趋向一致，而使系数变高。

④样本数不够大，会使抽样误差所占比例较大，使统计检力变低。

⑤量表与效标信度不高，都会使相关系数变小。

企求良好的效度，必须先建立良好的信度；但有了良好的信度，并不见得能获得良好的效度。

（3）结构效度。

结构效度是测量出的结果体现或衡量其所要衡量的特质或理论建构的程度。它没有比较的标准，而是使用了一个假设结构进行比较。这是最有价值但又是最困难的有效性测量方法。基本上，它能够衡量测量出的结果在实际使用中的意义。结构效度包括：

①聚合效度。

如果同一个概念以不同的方式衡量能产生相似的结果，则具有聚合效度。例如，研究者使用自我报告和观察两种不同的度量方式，如下：

a. 场景一（自我报告）：研究人员可以在被调查者的电视机上放置仪表，记录人们在电视上观看某些健康类节目的时间，再将此记录与问卷调查结果进行比较。

b. 场景二（观察）：研究者可以派人在家中观察受访者的电视使用情况，并将观察结果与问卷调查结果进行比较。

如果能得到相似的结果，那么则具有聚合效度。

②判别效度。

有证据表明，一个概念不同于其他密切相关的概念。利用上述看健康类电视节目的例子，研究者可以决定去测量娱乐类电视节目的观看量，并确定它们是否与健康类电视节目有测量值上的不同。在这种情况下，健康类电视节目收看量不应与娱乐类节目收看量高度相关。

③已知组效度。

在已知组有效性中，将一个已经建立了结构结果属性的组与一个尚未建立属性的组进行比较，由于两组被调查者的属性都是已知的，因此，被测结构在相关属性组较高，而在不相关属性组较低。例如，采用问卷调查的方法，对临床诊断为抑郁症和无抑郁症的两组患者进行调查，在已知组效度下，临床诊断为抑郁症的患者在问卷中关于抑郁的结构得分将高于未经诊断的患者。

④析因效度。

这是内容效度的一个实证扩展。这是因为它使用称为因子分析的统计模型来验证构建的内容。当目标结构在多个维度中不同范围内形成一个通用属性时，通常使用这种方法。在析因效度分析中，用来衡量某一特定维度的几个项目之间的关联度应该高于其他维度的项目。

⑤假设检验效度。

如果从理论上得出的关于被测量概念（变量）或其他概念（变量）之间关系的研究假设能够被测量结果证实，那么就具有假设检验效度。以看电视为例，有一种社会学习理论，指出如何通过观察和模拟电视播放的暴力行为来学习暴力行为。从这个理论中，我们可以得出一个假设，即暴力攻击性行为与观看暴力电视节目的数量之间存在正相关关系。如果所收集到的证据支持假设，也就是说这两个理论概念能在假设检验过程中被测量和检验，那么我们就可以得出结论，在测量暴力攻击性行为和观看电视暴力节目的测量中，存在着高度的结构效度。

总结

在项目评价中，问卷经常作为收集资料的一种方式。构成一份完整的问卷所必需的组成部分包括标题组、申明组、指导语组、访题组和说明组。

构建问卷结构首先需要根据操作化的结果，将变量进行分类，并列出清单。其次，针对每个变量，依据访问形式，设计访题或访题组。接着整体谋划访题之间的关系和结构，原则是让访问简单、快捷、经济且误差小。最后，设计问卷辅助内容。

在设计访题的时候，我们需要针对目标变量设计问题的内容（存在性、行为性、观点态度类、能力或测试类），选择合适的问题形式（问题/陈述、封闭/开放/半封闭、单选/多选、指标题、量表题等），并且需要根据提问原则来明确地表达问题和设计有效的问卷。同时，还需要注意设置问卷调查的格式，注意问题设置的顺序。设计完问卷之后需要进行预调查来测试问卷的有效性及可执行程度，并对问卷进行修改完善，最后才能定稿正式发放问卷。

调查问卷根据不同的发放形式可分为自填式问卷、调查访谈、电话访谈、网络调查和新型测量调查方法等其他调查方法。我们需要考虑问卷的信度和效度。问卷的信度是指用问卷作为调查工具所得到的资料是否具有一致性或稳定性。所谓效度，在调查研究中是指调查题项的结果是否真实反映研究者想了解的概念。

基本概念

问题和陈述　开放式问题　封闭式问题　单选题　多选题　指标题　量表题　自我填答式问卷调查　访谈调查　电话调查　网络调查　混合式调查　新型调查方式　非自我填答式问卷调查　重测信度　复本信度　折半信度　复合量表的信度　克隆巴赫信度系数　KR20 信度系数　因素分析　评分者信度　内容效度　校标关联效度　结果效度

课后习题

1. “你是否因为不能获取足够信息而不知道如何去申请失业保险?”这个问卷提问设计存在什么问题？怎样改进？

2. 就下列开放式问题，设计能够在问卷中使用的相应的封闭式问题。

（1）去年你的收入是多少？

（2）你认为你的社区所面临的最大问题是什么？

（3）你如何看待医疗卫生系统的改革？

（4）接受高等教育对你来说有多重要？

3. 请设计一组自填式问卷的关联式问题，以求获得以下信息：

（1）受访者有没有医疗保险？

（2）如果受访者没有医疗保险，是否需要医疗保险？

（3）如果受访者需要保险，是否在想办法寻求（申请）医疗保险？

（4）如果受访者需要且在想方设法寻求医疗保险，遇到什么困难？

（5）如果受访者没有医疗保险，且不需要医疗保险，原因是什么？是身体很健康？还是对医保不信任？还是有足够的经济基础？

4. 自己寻找一份真实的问卷调查，把它带到课堂上进行评论，并就调查设计的其他方面加以评论。

第三篇　国外绩效评价实践和借鉴

第十章
国外绩效评价实践

项目评价有什么作用？它的质量怎样？是否可以为决策提供参考，或为改进项目效率提供建议？为了解答这些问题，我们需要项目评价框架及标准来为项目评价提供参考。

第一节　评价框架与标准

项目评价框架的基本逻辑是：好的评价不仅仅需要收集准确的证据并得出有效的结论，并且这一评价还可以产生良好的应用结果。为了最大限度地利用评价结果，我们需要在创建“产品”（评估）之前创建一个“市场”。我们需要在评价之前寻找到其价值所在：评价必须与项目密切相关；评价所研究的问题也必须是该项目利益相关者所关注的问题。根据美国疾病控制与预防中心（CDC）的建议，评价框架应包含两个要素：执行评价的六个步骤与判断评价是否有效的四个标准（见图 10.1）。

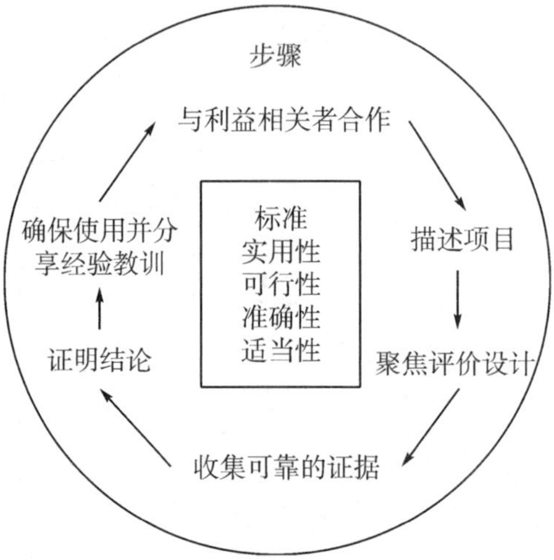

图 10.1

这个框架也包括了评估实践中的两个要素，即执行评估的六个步骤和判断有效评估的四个标准（见图 10.1）。

执行评估的六个步骤可以用于任何评估。因为步骤都是相互依赖的，所以它们可能会以非线性的顺序遇到。每个先前的步骤都为后续的进展奠定了基础。

这六个步骤如下：

步骤一，与利益相关者合作。

步骤二，描述项目。

步骤三，聚焦评估设计。

步骤四，收集可靠的证据。

步骤五，证明结论。

步骤六，确保使用并分享经验教训。

在评估中，遵循这六个步骤将有助于我们了解项目的背景（如项目的历史、设置和组织），并可以改善评估的构思和执行方式。

该框架的第二个要素是四套评价标准，包括三十项子标准。这四套标准不是评估的方法，而是指导每一个评估步骤的标准。

这四个标准在执行评价过程中起着重要的作用。

第一，实用性标准要求评价应满足目标用户的信息需求：谁需要评价结果？评价是否能为他们提供及时的相关信息？

第二，可行性标准要求评价在现实和经济上是可行的：项目的评价资源（时间、资源和专业知识）是否足够？

第三，准确性标准要求评价应该展现被评价项目的价值或特征的准确信息：评价是否会得出有效且可靠的结果？

第四，适当性标准要求评价充分考虑法律和伦理道德，以及利益相关者的利益：项目是否保护个人权利并保护有关人员福利？是否会影响项目参与者或周围社区？

应用这四个标准，我们不仅能够丰富评价手段，也能够排除那些不合理的评价方法。如表 10.1 所示，在“与利益相关者合作”这一步中，我们可以通过回答下列问题来丰富或排除评价方法：（实用性）谁会使用这些结果？（可行性）利益相关者可以投入多少时间与精力到评价中来？（准确性）我们需要多广泛地调查利益相关者才能保证评价的准确性？（适当性）我们需要和哪些利益相关者商量才能确保项目是合乎道德规范的？

表 10.1　在第一步中应用四个标准

标准	问题
实用性	谁会使用这些结果？
可行性	利益相关方的参与可以投入多少时间和精力？
适当性	在进行道德评价时，需要咨询哪些利益相关方，以确保我们能够识别项目的积极和消极方面？
准确性	我们需要在多大程度上让利益相关方参与进来，才能准确描述这个项目？

在下一节中，我们将展开讨论在执行项目评价的六个步骤及其要求的四个标准。

第二节　评价步骤

2.1　与利益相关者合作

利益相关者主要包含三类人员：

第一类是项目工作人员，包括发起人、合作者、联盟伙伴、管理人员、项目负责人与工作人员等。项目工作人员与评价活动的进行方式是息息相关的，因为在评价中，学习到的结果可能会改变项目执行。

第二类是受项目影响的人，包括客户、家庭成员、社区组织、学术机构、社会团体、专业协会与反对者等。尽管让项目的支持者参与评价是很自然的，但是对项目公开表示怀疑或反对的人也需要参与评价，因为对项目的反对可能源于不同价值观或者对项目的运行方式有不同的意见。我们需要审慎地考虑反对的观点，并在项目反对者的帮助下进行调查。这些努力可以增强评价的信誉。

第三类是评估的主要用户，指的是有能力就项目做出决定的特定人员。成功的评估将在开发的初期瞄准主要用户并与他们保持频繁的互动，使评估满足他们独特的信息需求。

·为什么利益相关者对评价很重要

利益相关者可以在任何阶段对评价提供帮助或造成阻碍。由于社会项目结构纷繁复杂，因此利益相关者在帮助确定评价问题，以及让评价结果发挥影响力方面尤为重要。如果利益相关者参与评价过程，他们更有可能支持评价，并根据结果和建议采取行动。相反，在没有利益相关者支持的情况下，我们的评价结果可能会被忽略、批评、抵制甚至被破坏。

我们可以运用四个评价标准来确定最关键的利益相关者。

（1）可以提高我们评价信誉的利益相关者。

（2）负责项目日常运行的相关负责人。

（3）有能力倡导或授权改善项目的特定人员。

（4）将资助或授权项目的继续或扩展的出资者。

·利益相关者在评价中的角色

利益相关者的观点可能会影响项目评价的每个步骤。利益相关者参与到“项目描述”中可确保我们对项目的活动和结果有清晰的理解并达成共识；参与到“聚焦评价设计”这一步骤中可确保我们不会遗漏最重要的评价问题；在“收集可靠的证据”这一步骤中，利益相关者能够帮助我们用最有效、最适当的方式从目标受访者处收集数据；在“证明结论”这一步骤中，利益相关者可以帮助我们对收集的证据做出判断；在最后一步“确保使用并分享经验教训”中，利益相关者可以帮助我们运用评价结果。

利益相关者可以参与各个阶段的评价。例如，我们可能希望将利益相关者包括在评价团队中，并让他们参与设计评价问题、数据收集和分析；或让他们研究评价合作伙伴在评价中的需求与兴趣。同样，如果利益相关者参与评价过程，他们更有可能支持评价，并根据结果和建议采取行动。

好的评价不仅可以得出有效的结论，而且还会产生良好的应用结果。通过与利益相关者合作，特别是关键的利益相关者的帮助，使其定期参与项目评价的各个步骤，包括：编写项目描述、建议评价问题、选择评价问题及传播评价结果，不仅有利于项目评价的顺利进行，而且有利于提高评价结果的可信度和评价建议的运用。

2.2　描述项目

一个全面的项目描述会阐明项目的所有组成部分和预期结果，从而帮助我们将评价重点聚焦在最重要的问题上。在这一步中，我们描述的是项目而非评价。这一步既可以在利益相关方之后，也可以先于利益相关方。无论哪种方式，早在数据可用于衡量项目有效性之前，利益相关方的参与和项目描述的结合就有了明确性和产生了共识。这种明确性为项目评价奠定了良好基础，也有助于确保战略规划和绩效评价在项目的同一参考框架下进行。

“描述项目”这一步，同样可以根据四个标准来设置相应的问题，如表10.2所示。

表10.2　在第二步中应用四个标准

标准	问题
实用性	思考如何使用模型、细节的层次是否合适或者细节是太多还是太少？计划决策/描述对需要使用它们来制定评价计划的人来说是否可理解？
可行性	项目描述是否至少包括一些控制项目的活动和结果？
适当性	评价是否完整且公平地评价了项目的所有方面，包括其优势和劣势？项目描述是否包括足够的细节来体现优点和缺点以及意外和预期的结果？
准确性	项目描述全面吗？您是否记录了项目的背景，以便识别对项目的可能影响？

项目描述应足够清晰详细，应该注意到与利益相关者进行协商以制定清晰、合乎逻辑的项目描述的重要性。这种清晰的项目描述为良好的项目评价奠定了基础，有助于将项目组件与效果相连接，以确保对项目目标和策略的理解。并且这也有助于确保战略规划和绩效测量在该项目的同一框架下进行，使得能够与相似的项目进行比较。项目描述中主要包括以下几个部分：需求、预期效果、活动、资源、发展阶段和项目背景。

·需求

项目需求主要回答我们计划在项目中要解决的主要问题。因此，项目需求描述的是项目要解决的问题或创造的机会，并说明项目将带来哪些改变。它应该包括：①现存的问题或机会的性质和严重程度；②受影响的人群；③需求是否正在改变，或以何种方式改变。

· **预期效果**

预期效果是指我们希望从项目活动中得到的变化。预期效果的描述应该呈现该项目必须完成什么，才能被认为是成功的，也就是项目的效果。对于大多数项目而言，其影响会随着时间而发展。因此，对期望效果的描述应按时间进行组织，范围从具体到广泛，后果从短期到长期。另外，我们应预先考虑该项目的潜在意外后果。对于处理大而复杂的项目来说，最终的结果往往宏大且长期，比如彻底消除问题或状况，或者改善已经受到影响的人们的生活质量。因此，一个强有力的项目描述不仅详细描述了预期长期结果，也描述了在此之前的短期和中期结果。

· **活动**

项目活动描述主要回答：项目及其工作人员将采取什么行动改变目标群体的状况？因此，活动描述的是项目及其人员为目标群体实现预期结果而采取的行动。活动会因项目而异。描述项目活动，应说明每个项目活动如何相互关联，并阐明项目的假设，还应注意可能会影响该项目成功的外部因素。典型的项目活动可能包括外展、培训、资助、服务交付、合作和伙伴关系以及健康交流等。

· **资源**

项目资源描述主要回答：为了使活动成功开展，项目需要什么资源？因此，项目资源描述的是有效地开展项目活动所需的时间、人才、技术、设备、信息、资金和可用于开展项目活动的其他资产，这些通常来自项目外部。在项目描述中包含资源投入很重要，因为它也是对资助者和利益相关者的资源责任的考评，通常也是评价的重点。项目资源暗示了项目活动的数量和强度，并显示了活动与资源之间匹配的情况。当未实现预期的结果时，如果出于某种原因无法查看项目活动，那么我们可以查看资源投入清单。此外，我们的经济评价，包括成本—收益和成本—效果分析，都需要了解所有直接和间接的项目投入和成本。

· **发展阶段**

项目发展阶段描述主要回答：该项目所处的阶段是刚刚开始，是在实施阶段，还是已经进行了很长时间？项目可以大致分为三个开发阶段：计划、实施和维护/成果实现。开发阶段在下一步确定现实的评价重点方面发挥着核心作用。处于计划阶段的项目与已经存在了几年的项目相比，其评价重点会有很大的不同。在项目计划期间，项目活动未经测试，评价的目的是完善项目。在实施过程中，正在对方案活动进行现场测试和修改，评价的目的是发现真实的项目活动与理想的项目活动之间的差距，并可能通过改变活动来完善项目。在最后阶段，已经有足够的时间使项目的效果显现出来，评价的目的是识别项目效果，并说明非预期的影响。

· **项目背景**

项目背景描述主要回答：由于外部因素可能同时带来机遇和障碍，哪些因素和趋势可能会影响项目的成功或失败？项目背景包括政治、资金、机构间支持、竞争组织、竞争利益、社会和经济条件及（项目、机构和过去合作的）历史。背景是项目存在的大环境。因为外部因素既有机会也有障碍，所以要意识到并理解它们。一个现实的和反应灵敏的评价应当对项目的广泛潜在影响十分敏感。对背景的理解可以让用户准确地解释、发现并评价这些发现的普遍性。例如，经济适用房项目可能在一个小城镇取得成功，但如果没有一些适应措施，它可能就无法在市中心的社区发挥作用。

2.3 聚焦评价设计

完成前两步后，我们对项目有了清晰的了解并与利益相关者达成了共识。现在，我们需要聚焦在评价设计上（评价设计对四个标准的具体应用见表 10.3）。因为对项目的正确评价取决于评价问题、提问人及对信息的处理方式，因此，评价设计包括确定最重要的评价问题及设计恰当的评价。其中，项目评价问题可以分为以下两类：

表 10.3 在第三步中应用四个标准

标准	问题
实用性	评价的目的是什么？谁将使用评价结果，他们将如何使用这些结果？必须满足任何其他利益相关方的哪些特殊需求？
可行性	该计划的开发阶段是什么？这个项目有多紧张？提议的重点中的组成部分有多可衡量？
适当性	重点和设计是否能充分检测到任何意想不到的后果？重点和设计是否包括对那些受项目影响的人的经验的检查？
准确性	重点是否足够广泛，以检测项目的成功或失败？该设计是否正确回答了利益相关方提出的问题（如归因）？

·实施评价（过程评价）

实施评价（过程评价）记录一个项目是否已经按预期实施——为什么得以按预期实施或者为什么没有按预期实施？在过程评价中，可以检查活动是否正在进行，谁在进行活动，通过活动联系到了谁，以及是否已经分配了足够的投入。过程评价对于帮助区分项目性能不佳的原因而言很重要——项目不好，还是项目很好却无法达到设定的实现标准？在任何情况下，过程评价都能衡量实际的项目性能是否忠实于最初的计划。此类衡量可能包括对比如表 10.4 所示所有或部分方面的实际和计划表现：

表 10.4 实际项目性能和计划的对比

计划	实际
提供服务或项目的场所（如农村还是城市）	项目正在使用的金额
接受服务的人数	对服务的直接和实物资助
接受服务的人的经济地位和种族/民族背景	服务或项目的人员配备
服务质量	活动和会议的数量
服务交付时发生的事件	举办的培训次数

· **结果评价**

结果评价评价的是项目要解决的问题的进展。项目通常使用短期、中期和长期结果，或近端（接近干预）、远端（远离干预）等术语来描述这一序列。根据项目开发的阶段和评价的目的，结果评价可能包括序列中的任意或所有结果，包括人们态度和信仰的变化、风险或保护行为的变化和环境的变化（包括公共和私人政策、正式和非正式的法规执行及社会规范和其他社会力量的影响）。

虽然过程和结果评价最常见，但还有其他几种类型的评价问题也是特定项目评价的核心。包括以下内容：

①效率评价。项目活动是在使用的资源（如预算和员工时间）最少的情况下进行的吗？投入到项目中的资源产生了多少产出？

②成本效益评价。项目成果的价值或收益是否超过了产生它们的成本？

③归因评价。结果是否与项目相关而不是与同时发生的其他事情相关？

实施评价将重点放在投入、活动和产出方面，而不关注成果的表现。结果评价专注于某些或所有结果，但不一定要关注活动。效率评价将投入与活动/产出联系起来，关注的是对于给定水平的投入/资源能产生多少产出。归因评价将集中于项目和特定结果之间的关系，以及结果的进度是否与特定活动/产出相关。由于评价资源总是有限的，下面的两个标准可以帮助确定最佳评价重点：实用性标准（谁将使用结果及哪些信息将对他们最有用）和可行性标准（评价中有多少时间和资源可用）。

· **实用性标准**

（1）评价的目的是什么？

目的是指评价的总体意图。明确的目的是评价问题、设计和方法的基础。一些常见目的有：获得有关项目活动的新知识，改进或微调现有的项目操作（如项目过程或策略），通过提供关于项目对长期目标的贡献的证据来确定项目的效果，以及通过充当自我导向变革的催化剂来影响项目参与者（如教学）。

（2）谁将使用评价结果？

用户是使用评价结果的个人或组织。在与利益相关方接触的过程中，用户可能已经在第一步中就被识别出来了。这一步需要确保他们对评价设计和评价问题选择的投入。用户的支持会提高将评价结果用于项目改进的可能性，防止评价被误导或变得无关紧要。

（3）如何使用评价结果？

我们所收集的信息可能具有不同的用途，在设计评价时应详细说明。使用评价信息的用途包括：记录实现目标的成功程度，确定项目中需要改进的地方，决定如何分配资源，动员社区支持，重新分配或扩大进行干预的地点，改进项目材料的内容，将项目资源集中于特定人群以及募集更多资金或额外合作伙伴。

（4）其他关键利益相关方需要从评价中获得什么？

最重要的利益相关方是那些请求或将要使用评价结果的人。尽管如此，单在第一步中，我们就已经确定了利益相关方：他们虽然没有使用当前评价的结果，但有一些关键问题需要在评价中解决，才能保持他们的参与性。例如，特定的利益相关方可能总是关心成本、差异或归因。如果是这样，我们可能需要将这些问题添加到评价重点中。

·可行性标准

实用性标准确定评价的重点，但是我们还必须确定它是否切实可行。

（1）该项目的开发阶段是什么？

在第二步中，我们确定了该项目的开发阶段。在项目开发中，大致有三个阶段——计划、实施和维护，分别反映不同的重点。在计划阶段，一个真正的形成性评价——你的目标是什么，你如何达到目标，花费多少——可能是最合适的重点。在这一阶段，包含结果的评价毫无意义。相反，在完工阶段对项目的评价，不仅包括对项目成果的测量，而且需要包括对成果进度的测量。

（2）这个项目的强度如何？

有些项目范围广泛，涉及多个方面。其他项目可能只使用一种方法来解决一个大问题。一些项目让参与者广泛接触（“剂量”），而另一些项目则让参与者快速而肤浅地参与其中。虽然简单或肤浅的项目有潜在的用处，但实际上，即使它们完全可操作，也不能指望它们对更大项目的最终结果做出重大贡献。

（3）相关资源和后勤考虑的是什么？

资源和后勤可能会影响关于评价重点的决策。一些结果测量起来更快、更容易、更便宜，而另一些结果可能根本无法测量。这些事实可能会使关于评价的决定偏向某些结果，而不是其他结果。

尽早识别效用和可行性之间的不一致性是评价重点步骤的重要部分。但是，我们也必须确保无论在任何时候，对于什么是项目评价的现实重点有一个“共识”。

·定义具体的评价问题

在这一点上，我们需要把关注的部分转化为具体的问题：活动是否按计划实施？预期结果是否实现？结果是否是由于活动，而不是其他原因？如果结果发生在某些但并非所有地点，在不太成功的地点存在哪些障碍，哪些因素与成功相关？活动以什么代价实施，成果以什么代价实现？

·决定评价设计

通常公认的研究设计有三种类型：实验性、准实验性和非实验性/观察性。传统的项目评价通常使用第三种类型。但是因为实验性与准实验性方法看起来更具科学性，因此这些方法也经常被我们使用。

实验设计使用随机分配来比较一个或多个组与一个或多个未接受干预的同等组的干预结果。例如，你可以选择一组相似的学校，然后随机分配一些学校接受疾病预防课程，其他学校作为对照。所有学校都有同样的机会被选为干预或控制学校。随机分配，可以减少、控制和干预学校任何可能影响项目结果差异的方式变化的机会。这让我们可以将结果的变化归因于自己的项目。例如，如果干预学校的学生比对照学校的学生延迟发病或风险行为的时间更长，我们就可以将成功归因于自己的项目。然而，在社区环境中，很难（有时甚至不道德）有一个真正的控制组。

还可以选择使用准实验设计。这些设计在非等价组之间进行比较，并且不涉及干预组和对照组的随机分配。比如，各省之间及一个省与整个国家之间的结果比较是常用方法。这种比较将帮助你建立有意义的进展基准。如果各省的项目与那些有较大投资的省的项目相似的话，他们可以将自己的进展与有类似投资的省的进展进行比较，或者可以将结果与预期结果进行对比。

2.4 收集可信的证据

评价应努力收集信息，以展示项目的全面情况，从而使得评价可信（具体对四个标准的应用见表10.5）。通常会影响可信度的证据收集包括开发指标、数据来源、数据质量、数据数量、后勤保障和协议。

表10.5 在第四步中应用四个标准

标准	问题
实用性	是否咨询过可以帮助调查对象的关键利益相关方？方法和来源是否适合数据的预期目的和用途？是否咨询了主要利益相关方，以确保对选定的方法或来源没有偏好或障碍？是否有具体的方法或来源来提高关键用户和利益相关方对数据的信任度？
可行性	数据方法和来源能否在项目的时间和预算内实施？评价团队是否具备实施所选方法的专业知识？方法和来源是否符合受访者的文化和特点，如语言和文化水平？考虑到可以用于数据收集的时间和资源，后勤和协议是否现实？
适当性	数据收集是否会造成过度的干扰？是否有必须解决的受访者安全或保密问题？方法和来源是否适合受访者的文化和特点——他们是否理解他们被问的问题？
准确性	是否有适当的质量保证项目来确保数据收集的质量？是否收集了足够的数据，即支持所选的置信水平或统计能力？方法和来源是否与问题的性质、敏感性以及受访者的知识水平？

·开发指标

由于指标将有关项目、背景和预期效果的一般概念转化为可以解释的变量，因此它们为收集对于评价的预期用途有效且可靠的证据提供了基础。指标涉及判断项目的标准，因此，在某种程度上，指标反映了对于项目的监控。可以定义和跟踪的指标示例包括项目活动的指标（如客户满意度的水平、参与率等）和项目结果的指标（如参与者行为、社区规范、政策的变化等）。定义太多指标可能会损害评价目标，但是，需要多个指标来跟踪项目的实施和效果。

（1）选择指标时，请记住以下几项：

①可以为活动（进程指标）和/或成果（成果指标）制定指标。

②每个活动或结果可以有多个指标。

③指标必须有重点，必须衡量活动或成果的一个重要方面。

④该指标必须明确具体衡量的是什么。

⑤指标衡量的变化应代表实施活动或实现结果的进展。

（2）我们可能需要开发自己的指标，或者可以利用其他人开发的现有指标。很多项目已经开发了与项目主要活动和结果相关的指标清单。这些指标清单的优势有：

①它们可能已经有过相关性和准确性的预先测试。

②它们定义了收集指标的最佳数据源。

③每项活动或结果通常都有许多潜在的指标，确保至少有一个指标适合你的项目。

④因为许多项目都使用相同的指标，所以你可以比较项目之间的性能。

·数据来源

现在，我们已经确定了要衡量的活动和成果及用于衡量其进度的指标，接下来需要选择数据收集方法和来源。一个关键的决定是，是否有现有的数据源（二级数据收集）来衡量我们的指标，或者是否需要收集新的数据（一级数据收集）。原始数据收集方法也分为几大类。其中最常见的是：个人访谈、电话访谈、小组讨论/焦点小组、观察和文件审查。

从许多二级和一级的数据收集选择中选择正确的方法必须同时考虑到问题的背景（有多少钱可以用于收集和测量？多久需要结果？有伦理考虑吗?）和内容（这是一个敏感问题吗？是关于一种可以观察到的行为吗？这是被调查者可能知道的事情吗?）。有些方法产生定性数据，有些产生定量数据。如果问题涉及一个抽象的概念或一个度量很差的概念，通常最好使用多种方法。从第一步的利益相关方讨论中获得的见解及在第三步中获得的关于目的/用户/用途的清晰性将有助于指导来源和方法的选择。例如，利益相关方可能知道哪些方法最适合某些预期的调查对象，和/或对定量或定性数据收集有强烈的偏见，如果结果可信，就必须遵守这些偏见。更重要的是，目的和用途/用户可能决定了对有效、可靠的数据的需求，这些数据能够经受住仔细的审查，或者可以允许收集不太严格的数据来指导管理人员。

根据数据收集的环境和内容，每种方法都有优缺点，如表 10.6 所示。表 10.7 以举例的方式介绍了一些我们常用的数据来源。

表 10.6 各种数据收集方法的优缺点

方法	优势	劣势
个人采访	选择偏见最少：可以采访没有电话的人——甚至是无家可归的人。回复率最大：当被面对面询问时，人们最有可能同意接受调查。可以使用视觉材料	最昂贵：需要经过专业培训的面试官和差旅时间和费用。最不匿名：因此，最有可能出现的情况是，受访者会选择他们认为社会上可以接受的方式
电话采访	最快速的方法。最有可能控制采访质量：面试官在一个地方，这样主管可以监督他们的工作。易于随机选择电话号码。比个人面试便宜。回复率高于邮寄调查	选择偏见最多：忽略无家可归的人和没有电话的人。与私下完成调查的人相比，受访者的匿名性更低。和个人面试一样，需要一个经过专业培训的的面试官

表10.6(续)

方法	优势	劣势
答辩人完成文书	最匿名：因此，对社会可接受的反应的偏见最小。每个应答者的成本因应答率而异：应答率越高，每个应答者的成本越低。比电话面试的选择偏见更少	对数据质量的控制最少。取决于受访者的阅读水平。邮寄文书的回复率最低。使用邮寄工具完成调查花费的时间最多，因为这种工具需要邮寄时间和答复者完成的时间

表 10.7　数据来源

你可以调查或采访谁?
· 客户、项目参与者、非参与者
· 员工、项目经理、管理员
· 合作机构工作人员
· 公众
· 社区领袖或社区的关键成员
· 资助者
· 倡导团体的代表
· 官员、立法者、决策者
你会观察到什么?
· 会议
· 特殊事件或活动
· 在工作表现上
· 服务接触
你可能会分析哪些文件?
· 会议纪要、行政记录
· 客户医疗记录或其他文件
· 时事通讯、新闻稿
· 战略计划或工作计划
· 注册、注册或录取表格
· 以前的评价报告
· 资助者或合作者持有的记录
· 网页
· 图表、地图、图表、照片、录像带

选择数据收集方法和来源时，请选择符合项目需求的方法和来源，避免选择熟悉或流行但不一定能回答你问题的数据方法/来源。请记住，预算问题本身不应该推

动你的评价规划工作。

如表 10.8 所示的四个评价标准可以帮助我们将大量数据收集选项减少到最适合的数据收集的可管理数量。

表 10.8　评价标准

实用性	数据收集的目的和用途：我们是在寻找一个行为的时间点决定，还是检查经验的范围和多样性，或者讲述一个深入的故事？数据收集的用户：一些方法会让怀疑者或关键用户更相信数据吗？
可行性	可用资源：你能负担得起哪些方法？时间：需要多长时间才能得出结果？频率：你多久需要一次数据？背景：我们接受过这种方法的培训吗，或者需要外部顾问的帮助吗？
适当性	被调查者的特点：识字或语言等问题会让某些方法比其他方法更好吗？对项目/参与者的干扰程度：数据收集方法会干扰项目还是被参与者视为具有干扰性？其他伦理问题：在寻求这个问题的答案时，是否存在保密或受访者安全的问题？
准确性	问题的本质：这是一种可观察到的行为吗？问题的敏感性：被调查者在这个问题上回答问题的公开性和诚实性如何？被调查者的知识：这是被调查者可能知道的事情吗？

有时，由于被测量的事物很复杂和/或数据方法/来源不能产生足够可靠或准确的数据，因此单一的方法不足以准确测量一项活动或结果。采用多种方法（有时称为“三角测量”）有助于提高测量的准确性，并在各种方法产生相似结果时提高结论的确定性。混合数据收集是指收集定量和定性数据。当一种方法用于准备另一种方法时，混合方法可以顺序使用，也可以同时使用。顺序使用混合方法的一个例子是，使用重点小组（定性）开发调查工具（定量），然后进行个人访谈（定性和定量），以调查编码或解释调查数据期间出现的问题。同时使用混合方法的一个例子是使用重点小组或开放式个人访谈来帮助确认定量调查的回答有效性。不同的方法揭示了项目的不同方面。当调查的结果非常抽象或者没有一个高质量的数据源存在时，组合方法可以最大限度地发挥每种方法的优势，最大限度地减少每种方法的局限性。使用多种或混合方法可以增加对不同调查结果子集的交叉检查，并提高利益相关方对总体调查结果的信心。

·数据质量

质量是指评价中使用的信息的适当性和完整性。使用现有数据源的优点在于，它们已经过测试，是有效且可靠的数据。如果您正在设计自己的评价工具，则应了解影响数据质量的因素。影响质量的因素包括仪器设计、数据收集项目、培训数据收集器、源选择、编码、数据管理和例行错误检查等。

·数据数量

我们还需要确定在评价过程中要收集的数据量。有些情况下，我们需要最高有效性和可靠性的数据。但在其他情况下，从一些案例或样本中获得的数据可能也很合适。如果使用辅助数据源，许多与数据质量相关的问题（如样本大小）就已经确定了。如果我们正在设计自己的数据收集工具，并且对项目的检查包括研究和评价问题，那么你需要收集的数据量（即样本大小）将随我们想要进行的详细程度和比较类型而变化。我们还需要确定收集数据的管辖级别。我们可能希望获得最详细的估计，然而这通常意味着样本量更大、费用更多。最后，需要考虑我们试图检测的变化的大小。通常，检测少量变化需要较大的样本量。例如，检测到5%的增长将需要比检测到10%的增长更大的样本量。我们可能需要借助统计学确定足够的样本量。

·后勤保障

后勤是收集和处理证据的方法、时机和方式。选择用于收集证据的每种技术必须适合于发现结果、分析项目和策略。个人和组织还具有文化偏好，这些偏好决定了可接受的提问和收集信息的方式，包括哪些人被认为是提出问题的合适人选。例如，一些参与者可能愿意与陌生人讨论，而另一些参与者则更愿意与认识的人交谈。

在概述收集评价数据的项目时，需要考虑以下问题：

①什么时候收集数据？我们需要确定何时（以及以何种间隔）收集信息。如果我们正在衡量目标是否已经实现，目标将提供何时收集某些数据的指导。如果我们正在评价具体的项目干预，那可能希望在参与者开始项目前、项目完成后以及项目结束后几个月从他们那里获得信息。如果我们正在评价社区活动的效果，那我们可能希望在活动前后评价目标受众的社区知识、态度和行为。

②谁将参与评价？我们是针对一个相对特定的群体，还是针对一个更普通的人群？

③我们是否打算从所有参与者或样本中收集数据？有些项目以社区为基础，所以最好对参与这些项目的人群进行抽样调查。然而，如果参与者很少，那我们可能需要调查所有的参与者。

④谁来收集信息？收集数据的人是否接受过持续培训？数据收集者会统一收集和记录信息吗？数据收集者需要接受培训，以确保他们都以相同的方式收集信息，并且不会带入偏见。最好面试官由同一个人一起培训。

⑤如何维护信息的安全性和保密性？确保评价参与者的隐私和保密性非常重要。我们可以通过匿名收集信息，并确保将数据存储在锁定且安全的地方来做到这一点。

·协议：确认角色和责任

协议总结了评价项目，阐明了每个人的角色和责任，并描述了如何实施评价项目。协议的要素包括关于预期用户、用途、目的、问题、设计和方法的陈述，以及可交付成果、时间表和预算的摘要。协议可以是法律合同、谅解备忘录或详细的协议。创建一个协议可以建立对与评价相关的活动的相互理解。它还为必要的修改提供了基础。

2.5 证明结论

无论评价是为了显示计划的有效性、帮助改进计划还是证明责任，都需要分析和解释在第四步中收集的证据。第五步包括分析证据，根据分析对项目做出声明，并通过将证据与利益相关方的价值观进行比较来证明声明的合理性，这一步对四个标准的具体应用见表 10. 9。

表 10. 9　在第五步中应用四个标准

标准	问题
实用性	是否仔细描述了解释这些发现的视角、过程和基本原理？利益相关方是否考虑过不同的方法来解释这些发现？
可行性	分析和解释的方法是否适合专业知识和资源的水平？
适当性	在确定成功的标准时，是否考虑了那些不太强大或受项目影响最大的人的标准和价值观？
准确性	我们能明确证明自己的结论吗？利益相关方完全理解这些结论吗？

为什么这一步不叫做分析数据？因为数据分析是评价的核心，评价者知道为评价收集的证据不一定能说明问题。如图 10. 2 所示，通过价值观（利益相关方带来的标准，然后据此进行判断）来分析和综合结果（“证据”），可以使结论变得合理。结论的合理性是注重利用评价的基础。如果机构、社区和其他利益相关方同意结论合理，则其将更倾向于使用评价结果进行项目改进。证明结论包括分析和综合调查结果，设定项目性能标准，解读发现并做出判断三个步骤。

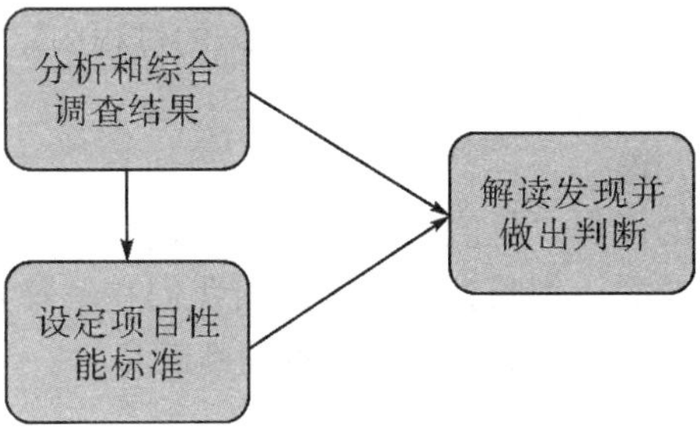

图 10. 2　证明结论的步骤

· 分析和综合调查结果

数据分析是对我们收集的信息进行组织和分类、列表、汇总、和其他合适的信息比较结果，并以易于理解的方式呈现结果的过程。以下是数据分析和综合的五个步骤：

①将数据输入数据库并检查错误。如果你用自己的仪器收集数据，就需要选择计算机项目来输入和分析数据，并决定谁来输入、检查、制表和分析数据。

②将数据制成表格。需要将数据制成表格，才能为每个指标提供信息。

③根据感兴趣的各种人口统计变量对数据进行分析和分层，如参与者的种族、性别、年龄、收入水平或地理位置。

④进行比较。当你的项目检查包括研究和评价研究时，使用统计测试来显示目标人群的比较和干预组之间、地理区域之间或干预前和干预后状态之间的差异。

⑤以清晰易懂的形式展示你的数据。数据可以以表格、条形图、饼图、折线图和地图的形式呈现。

· 设定项目性能标准

不要将项目标准与本书中讨论的四个评价标准相混淆，它们是用来判断项目性能的基准。它们反映了利益相关方对项目的价值观，是合理评价的基础。项目及其利益相关方必须阐明和协商用于认为计划成功或不成功的基准。可能用于确定这些基准的标准有：

①参与者的需求、社区价值观、期望和规范、项目任务和目标。

②程序协议和程序、类似项目的绩效、对照组或比较组的绩效

③资源效率、授权、政策、法规和法律、参与者、专家和资助者的判断、机构目标、社会平等。

当利益相关方对标准/价值观有不同意见时，它可能反映出关于哪些结果被认为是最重要的不同意见。或者，利益相关方可能在结果上达成一致，但在判断项目成功所必需的结果的进度上存在分歧。每个指标的阈值（有时称为“基准”或“性能指标”）通常基于已知基线的预期变化。例如，所有利益相关者都可以同意增加项目参与者的收入为判断项目成功的关键结果，但是，他们增长多少收入才算成功可能有不同意见。我们将协商这些标准的共识，并将结果与性能指标进行比较，从而证明我们对项目的结论是正确的。性能指标应该是可实现的，但具有挑战性，并且应该考虑项目的发展阶段和利益相关方的期望。在评价早期最好识别和解决利益相关方价值观/标准的差异。如果在收集或分析数据的过程中定义了性能标准，那么这个过程可能会变得激烈和敌对。

· 解读发现并做出判断

判断是对一个项目的优点、价值或重要性的陈述。当我们将发现与一个或多个选定的项目标准进行比较时，判断就形成了。而我们在解释发现时，也需要注意如表 10.10 所示的一些问题。在形成对一个项目的判断时：

①可以应用多种项目标准。

②利益相关方可能会做出不同甚至是冲突的判断。

一个项目的质量、价值或重要性的相互矛盾的声明通常可以反映利益相关方在做出判断时所使用的不同的项目标准或价值。这种分歧会促使利益相关方澄清他们的价值观，并就如何评判项目达成共识。

表 10.10　解释发现时需要注意什么

· 根据项目目标来解释评价结果。 · 在准备报告时，需要考虑听众。如他们需要和想知道什么？ · 考虑评价的局限性： 　· 可能的偏见。 　· 结果的有效性。 　· 结果的可靠性。 · 对结果有其他的解释吗？ · 结果与类似项目的结果相比如何？ · 用来衡量进展的不同数据收集方法是否显示出相似的结果？ · 结果与先前研究支持的理论一致吗？ · 结果和预期的相似吗？如果不相似，那么为什么会认为他们可能不同？

2.6　确保使用并分享经验教训

在评价过程中所学到的经验教训，不会自动转化为明智的决策和适当的行动。我们需要做出努力来确保评价结果得到正确使用和传播，这一步对四个标准的应用见表 10.11。项目评价的最终目的是利用信息来改进项目。我们在评价过程的早期确定的目的应指导评价结果的使用。评价结果可用于证明项目的有效性、确定改进项目、修改项目计划、证明责任和证明资金合理性。其他用途包括：

①向立法者或其他利益相关者证明资源正在充分利用并且该项目有效。

②协助制定预算并合理分配资源。

③将结果与前几年的结果进行比较。

④比较实际结果与预期结果。

⑤建议现实的预期结果。

⑥支持年度和长期项目。

⑦将注意力集中在对项目重要的问题上。

⑧推广项目。

⑨确定合作伙伴。

⑩增强项目的形象。

⑪保留或增加资金。

⑫为项目人员提供指导。

⑬确定培训和技术援助需求。

确保评价结果被使用有五个要素：提出建议、准备、反馈、后续行动及传播。

表 10.11　在第六步中应用四个标准

标准	问题
实用性	报告是否清楚地描述了该计划，包括其背景，以及评价的目的、项目和结果？是否与用户分享了重要的中期调查结果和报告，以便及时使用调查结果？是否以鼓励利益相关方跟进的方式计划、实施和报告了评价？
可行性	格式是否适合观众的时间和资源？
适当性	是否确保受评价影响的每个人以及有权获得评价结果的其他人都可以获得评价结果（包括局限性）？
准确性	有没有试图避免由个人情感和其他偏见引起的扭曲？评价报告是否公正、公平地反映了评价结果？

·提出建议

建议是评价结果要考虑的行动。形成建议是项目评价的一个必备元素，它需要的信息超出了就项目绩效做出判断所需的信息。尽管一个项目能够产生效果，但并不一定会建议继续努力，特别是在存在优先事项相互竞争，或存在其他更有效方式的情况下。因此，关于继续、扩展、重新设计或终止项目的建议与对项目有效性的判断是分开的。

提出建议需要有关背景的信息，然后在该背景下将做出项目建议。如果我们的建议缺乏足够证据，或与利益相关者的价值观不符，则可能损害评价的信誉。共享建议草案，征求多个利益相关者的反应，以及提出备选方案而不是指导性建议，会增加建议相关性和更受欢迎的可能性。

·准备

准备是指为最终使用评价结果而采取的措施。通过准备，利益相关方可以加强他们将新知识转化为适当行动的能力，讨论潜在的发现如何影响决策，探索潜在结果的积极和消极影响，并确定项目改进的不同选项。

·反馈

参与评价的每个人都有反馈。在评价过程的所有阶段都需要反馈，这在利益相关方之间形成了信任的气氛。在评价的早期，通过让每个人都知道项目如何实施以及评价如何进行，给予和接受反馈使评价保持在正轨上。随着评价的进展和获得初步结果，反馈有助于确保主要用户和其他利益相关方能够对评价决定发表意见。通过举行讨论和定期分享临时发现、临时解释和报告草稿，可以获得有价值的反馈。

·后续行动

后续行动是指用户在评价过程中及收到评价结果后所需的技术和情感支持。我们有必要进行积极的跟进，以提醒目标用户使用评价。除此之外，还需要采取后续行动，以防止在制定复杂政策的过程中忽略了该项目的教训。为了防止这种疏忽，参与评价的人员应在决策阶段中倡导评价结果。这种倡导使人们更加了解发现的内容及与发现相符的行动。使用评价结果还应承担防止滥用的责任。评价结果始终受评价环境的约束。但是，某些利益相关者可能会倾向于将结果置于背景之外。例如，不恰当地概括单个案例研究的结果，然后做出推广，将构成对案例研究评价的滥用。同样，寻求破坏某个项目的利益相关者可能会过分强调负面调查结果而没有考虑该项目的积极属性，从而滥用结果。积极的后续行动可以确保不会误解证据，并且不会将其应用于除评价重点之外的其他问题，从而有助于防止这些和其他形式的滥用。

·传播

传播包括及时、公正和一致地向相关受众传达评价项目或经验教训。不管如何组织，传播的目标都是充分披露和公正报道。

（1）规划有效的沟通需要：

①预先与预期用户和其他利益相关方就报告策略进行讨论。

②将信息产品的时间、风格、音调、消息来源、载体和格式与受众相匹配。

（2）将信息传达给受众的一些方法包括：

①信件。

②网站。

③社区论坛。

④媒体（电视、广播或报纸）。

⑤私人关系。

⑥电子邮件群组。

⑦海报。

如果选择正式的评价报告格式，评价报告必须清晰、简洁、公正地传达评价的所有部分。这份报告应该容易被理解，不需要很长时间或很强的技术性。我们也应该考虑为不同的听众量身定做口头报告。传统评价报告的大纲可能如表 10.12 所示。

表 10.12　传统评价报告的大纲

1　行动纲要
2　背景和目的
1.1　项目背景
1.2　评价原理
1.3　利益相关方的识别和参与
1.4　项目说明
1.5　关键评价问题/重点
3　评价方法
3.1　设计
3.2　取样项目
3.3　衡量或指标
3.4　数据收集项目
3.5　数据处理项目
3.6　分析
3.7　限制
4　结果
5　讨论和建议

第三节　项目评价元分析

3.1　项目评价标准陈述清单

·实用性标准

实用性标准致力于提高利益相关者发现评价过程，以及产品满足他们的需求的可能性。实用性标准用大写字母 U 表示，有以下几条：

U1 评价者信用：评价需要由有经验有信用的合格人员进行。

U2 关注利益相关者：评价需要关注所有投资或受评价影响的个人和团体。

U3 商议目标：评价目标需要明确，并需要不断基于利益相关者的需求与他们商讨。

U4 明确价值：评价需要阐明项目目标、过程和结论的个人和文化价值。

U5 相关信息：评价信息需要服务于利益相关者明确且紧急的需求。

U6 有意义的过程和产品：评价需要基于鼓励参与者重新发现、重新理解或者修改他们的理解和行为来构建活动、描述以及判断。

U7 即时且合适的沟通和报告：评价需要将信息不断告知其各个层面的受众。

U8 关注后果和影响：评价需要促进负责任的和合理的应用并防止负面后果和被

滥用。

·可行性标准

可行性标准致力于增加评价效用和效率。可行性标准用大写字母F表示，包括：

F1 项目管理：评价需要使用有效的项目管理策略。

F2 切合实际的过程：评价过程应该是实际的，并在项目运行过程中不断调整。

F3 具体可行性：评价需要发现、跟踪并平衡个人和团体间的文化和政治倾向和需要。

F4 资源使用：评价需要有效率和效用地使用资源。

·适当性标准

适当性标准支持评价中准确、公平、正确和正当的内容，用大写字母P表示，包括：

P1 负责任和全面的方向：评价需要对利益相关者及其社区负责。

P2 正式的协议：评价协议需要通过讨论明确责任，并考虑到客户和利益相关者的需求、期望和文化背景。

P3 权利与尊严：评价需要在设计和实施过程中保护参与者和其他利益相关者的权利和尊严。

P4 阐述清晰和公平：评价需要清晰并公平地着眼于利益相关者的需求和目标。

P5 透明与公开：评价需要将所有发现、局限与结论对所有利益相关者公开。

P6 利益冲突：评价需要公开且诚实地明确和指出可能会破坏评价效力的真实或感知到的利益冲突。

P7 财政责任：评价需要考虑到所有花费并遵从良好的财政步骤。

·准确性标准

准确性标准是为了增加评价表述、主张和发现，尤其是那些支持理解和有关质量的判断的可靠性和真实性，用大写字母A表示，包括：

A1 被验证的结论与决定：评价的结论和决定需要在文化和背景中被验证。

A2 有效的信息：评价信息需要服务于特定的目的和支持可行的解释。

A3 可靠的信息：评价程序需要为特定目的产出足够可靠和一致的信息。

A4 明确的项目和内容介绍：评价需要详细记录项目及其内容。

A5 信息管理：评价需要应用系统性的信息收集、审核、验证和储存方法。

A6 好的设计和分析：评价需要为了评价目的去应用适当的技术设计和分析。

A7 明确的评价推理：从信息分析到发现、解释、结论和判断的评价逻辑需要清晰并被详细记录。

A8 交流和报告：评价交流需要有足够的视野，并防止错误、偏差和扭曲。

·评价责任标准

评价责任标准鼓励对评价足够的记录及专注于提升评价过程和产品责任的元评价观点，用大写字母E表示，包括：

E1 评价记录：评价需要充分记录讨论的目标和实施的设计、步骤、数据和结果。

E2 内部元分析：评价者需要使用其他可行标准来检测评价设计、使用流程、信息收集和结果。

E3 外部元分析：项目评价赞助人、客户、评价者和其他利益相关者应当鼓励使用这个或其他可行标准进行外部元分析。

3.2 **项目评价元分析清单**

·U1 利益相关者识别

□清晰识别评价客户。

□联合领导人物来识别其他利益相关者。

□与潜在利益相关者商议来识别他们的信息需求。

□使用利益相关者来识别其他利益相关者。

□与客户一起，将利益相关者按重要性排序。

□安排在评价过程中联合利益相关者。

□保持评价对新认证的利益相关者开放。

□强调利益相关者的评价需求。

□为一定范围的个人利益相关者服务。

□为一定范围的机构利益相关者服务。

□9~10 特别好□7~8 很好□5~6 好□3~4 一般□0~2 差

·U2 评价人员可信度

□聘请称职的评价人员。

□聘请利益相关者信任的评价人员。

□聘请能够解决利益相关者问题的评价人员。

□聘请能够对性别、社会经济地位、种族、语言和文化差异等问题作出适当反应的评价人员。

□确保评价计划响应关键利益相关者的关注。

□帮助利益相关者了解评价计划。

□向利益相关者提供关于评价计划的技术要求、质量及其他实用性信息。

□适当关注利益相关者的批评和建议。

□与社会状况和政治趋势保持一致。

□随时向利益相关者通报评价进展。

□9~10 特别好□7~8 很好□5~6 好□3~4 一般□0~2 差。

·U3 信息范围与选择

□全面了解客户最重要的评价要求。

□与利益相关者面谈，以了解他们的观点。

□确保评价人员和客户能够就相关受众、问题及所需信息进行协商。

□优先考虑最重要的利益相关者。

□优先考虑最重要的问题。

□允许在评价期间添加任何问题。

□获取足够信息以解决利益相关者认为的最重要的评价问题。
□获取足够信息以评价项目的价值含量。
□获取足够信息以评价计划的价值含量。
□根据所需信息的优先级分配评价工作。

□9~10 特别好□7~8 很好□5~6 好□3~4 一般□0~2 差

· U4 价值判断

□考虑其他能够解释评价结果的价值判断来源。
□为价值判断提出清晰、可辩护的依据。
□确定作出评价解释的适当一方。
□确定相关的社会需求。
□确定相关的客户需求。
□参考相关法律。
□酌情参考相关组织机构的任务。
□参考项目目标。
□考虑利益相关者的价值观。
□根据相互矛盾但可信的价值基础酌情提出其他解释。

□9~10 特别好□7~8 很好□5~6 好□3~4 一般□0~2 差

· U5 报告清晰度

□清楚地报告基本信息。
□发布简短、直接的报告。
□关注基于合同问题的报告。
□阐述项目及其相关方面。
□描述评价的目的、程序及结果。
□支持结论和建议。
□避免使用技术术语进行报告。
□以利益相关者的口吻进行报告。
□提供执行摘要。
□提供技术报告。

□9~10 特别好□7~8 很好□5~6 好□3~4 一般□0~2 差

· U6 报告的时效性和传播性

□及时向目标用户提交中期报告。
□必要时提交最终报告。
□与项目政策委员会及时沟通交流。
□与项目人员及时沟通交流。
□与项目客户及时沟通交流。
□与公众媒体及时沟通交流。
□与各类知情权受众及时沟通交流。
□利用有效的媒体来吸引和告知不同的受众。

□演讲适当简短。

□使用示例帮助受众将调查结果与实际情况联系起来。

□9~10 特别好□7~8 很好□5~6 好□3~4 一般□0~2 差

· **U7 评价影响**

□与观众保持联系。

□让利益相关者参与整个评价流程。

□鼓励、支持利益相关者使用调查结果。

□向利益相关者展示他们如何在工作中使用调查结果。

□预测调查结果的潜在用途。

□提供中期报告。

□确保报告公开、直接、具体。

□使用持续的口头交流补充书面报告。

□召开反馈研讨会，讨论并应用调查结果。

□提供后续协助以解释和应用调查结果。

□9~10 特别好□7~8 很好□5~6 好□3~4 一般□0~2 差。

在以上的问题中，“特别好”得 4 分，“很好”得 3 分，“好”得 2 分，“一般”得 1 分。最后总分 26~28 为“特别好”，19~25 为“很好”，14~18 为“好”，7~13 为“一般”，0~5 为“差”。

· **F1 实际程序**

□根据信息需求决定方法和工具。

□尽量减少干扰。

□减少数据冗余。

□任命称职的人员。

□加强员工教育培训。

□选择员工有资格执行的程序。

□根据已知的约束条件选择程序。

□制定切实可行的日程表。

□让当地人员参与评价流程。

□将评价程序作为日常活动的一部分。

□9~10 特别好□7~8 很好□5~6 好□3~4 一般□0~2 差。

· **F2 政治可行性**

□预测不同利益群体的不同立场。

□避免或消除对调查结果的偏见或误用。

□促成合作。

□让利益相关者参与整个评价流程。

□同意拥有编辑权和传播权。

□发布中期报告。

□报告不同意见。

□向拥有知情权的受众报告。
□采用固定的公共合同。
□终止任何有损评价的行为。

□9~10 特别好□7~8 很好□5~6 好□3~4 一般□0~2 差。

· F3 成本效益

□确保高效。
□提供实物服务。
□提供值得投资的信息。
□及时告知决策。
□促进项目改进。
□提供责任信息。
□产生新见解。
□帮助推广有效做法。
□尽量减少干扰。
□尽量减少对项目人员的时间要求。

□9~10 特别好□7~8 很好□5~6 好□3~4 一般□0~2 差。

在以上的问题中，“特别好”得 4 分，“很好”得 3 分，“好”得 2 分，“一般”得 1 分。最后总分 11~12 为“特别好”，8~10 为“很好”，6~7 为“好”，3~5 为“一般”，0~2 为“差”。

· P1 服务定位

□评价项目客户的需求。
□根据目标客户评价项目结果和需求。
□确保为所有合法的项目受益人提供服务。
□推广优质服务。
□向利益相关者明确评价的服务方向。
□确定项目优势。
□确定要纠正的程序缺陷。
□为项目改进提供中期反馈。
□揭露有害行为。
□告知所有拥有知情权的观众关于该计划的积极结果和消极结果。

□9~10 特别好□7~8 很好□5~6 好□3~4 一般□0~2 差

· P2 正式协议

□评价目的和问题。
□受众。
□评价报告。
□编辑。
□报告发布。
□评价程序和日程表。

□确保数据的保密性/匿名性。
□评价人员。
□元评价。
□评价资源。

□9～10 特别好□7～8 很好□5～6 好□3～4 一般□0～2 差

· **P3 主体的个人权利**

□向利益相关者承诺：评价将尊重和保护主体的个人权利。
□明确评价的预期用途。
□让利益相关者了解情况。
□遵循程序正当原则。
□维护个人权利。
□了解参与者的价值观。
□尊重多样性。
□遵守协议。
□遵守保密/匿名协议。
□避免任何伤害行为。

□9～10 特别好□7～8 很好□5～6 好□3～4 一般□0～2 差。

· **P4 人际交往**

□始终以最专业的方式与所有利益相关者建立联系。
□与利益相关者保持有效沟通。
□遵守组织机构的协议。
□尽量减少干扰。
□尊重参与者的隐私权。
□兑现时间承诺。
□关注并解决参与者对评价的担忧。
□对参与者敏感的话题——价值观和文化差异的多样性保持关注。
□公平地对待不同的利益相关者。
□请勿忽视或试图掩盖参与者的无能、不道德、欺诈、浪费或滥用等行为。

□9～10 特别好□7～8 很好□5～6 好□3～4 一般□0～2 差

· **P5 全面公正的评价**

□评价并报告项目优势。
□评价并报告程序缺陷。
□报告预期结果。
□报告意外结果。
□详细说明评价流程。
□适当说明如何利用程序的优势来克服其缺陷。
□审查报告草案。
□适当处理对报告草案的批评。

□承认最终报告的局限性。

□评价并报告评价限制对项目总体判断的影响。

□9～10 特别好□7～8 很好□5～6 好□3～4 一般□0～2 差

· P6 调查结果的披露

□定义拥有知情权的受众。

□建立符合知情权要求的合同基础。

□告知受众评价的目的和项目报告。

□以书面形式报告评价结果。

□报告项目支持者和批评者的相关观点。

□报告结论和建议。

□说明结论和建议的依据。

□揭示评价的局限性。

□在报告中，严格遵守直接性、开放性及完整性的原则。

□确定报告受众。

□9～10 特别好□7～8 很好□5～6 好□3～4 一般□0～2 差

· P7 利益冲突

□在评价早期，确定潜在的利益冲突。

□提供书面的合同保障措施，以防止潜在的利益冲突。

□聘请多位评价人员。

□保存评价记录，便于进行独立评审。

□适时聘请独立各方评价由利益冲突导致的敏感或腐败。

□适时发布评价程序、数据及报告，供公众审查。

□与基金管理局签订合同，而不是与基金项目签订合同。

□让内部评价人员直接向首席执行官汇报。

□向所有拥有知情权的受众公平的进行汇报。

□即使存在潜在的利益冲突，也要让具有特殊资格的人员参与评价，但要采取措施消除冲突。

□9～10 特别好□7～8 很好□5～6 好□3～4 一般□0～2 差

· P8 财务责任

□预先指定和预算费用项目。

□保持预算拥有足够的灵活度，允许进行适当的重新分配，以加强评价。

□获得进行预算修改的批准。

□分配管理评价财务的责任。

□保持准确的资金和支出来源记录。

□保持与工作分配和工作时间有关的人事记录。

□采用比较采购法获取评价材料。

□采用比较合同法进行招标。

□节约评价资源。

□适时将支出汇总表作为公共评价报告的一部分。

□9~10 特别好□7~8 很好□5~6 好□3~4 一般□0~2 差

在以上的问题中，“特别好”得 4 分，“很好”得 3 分，“好”得 2 分，“一般”得 1 分。最后总分 30~32 为“特别好”，22~29 为“很好”，16~21 为“好”，8~15 为“一般”，0~7 为“差”。

· A1 程序文件

□从各种纸质材料收集关于预期程序的相关阐述。

□从客户和各利益相关者处收集关于项目的阐述。

□阐述程序的相关功能。

□保存程序运行方式的各种记录。

□适时聘请独立观察员来讲解程序的实际操作步骤。

□描述程序的实际功能。

□分析关于程序如何运行的各种描述之间的差异。

□分析程序的运行方式与实际运行方式之间的差异。

□要求客户和各利益相关者确保关于评价项目和实际项目的记录的准确性。

□生成一份技术报告，记录操作程序。

□9~10 特别好□7~8 很好□5~6 好□3~4 一般□0~2 差

· A2 语境分析

□使用多个信息源来描述程序。

□描述与程序有关的技术、社会、政治、组织及经济特征。

□记录异常情况。

□记录个人或团体故意或以其他方式干扰程序的情况。

□记录个人或团体故意或以其他方式对项目提供特殊帮助的情况。

□分析预期程序与可能采用的程序的相似或不同之处。

□报告会对项目产生重大影响并且可能会引起潜在客户兴趣的相关背景情况。

□评价环境对项目结果的影响。

□确定并描述本项目在同一时间和项目环境下运行的任何关键的竞争对手。

□阐述项目一般人员如何看待项目的存在感、重要性和质量状况。

□9~10 特别好□7~8 很好□5~6 好□3~4 一般□0~2 差

· A3 说明目的和程序

□在评价开始时，记录客户的评价目的。

□监测并描述利益相关者对于评价结果的预期用途。

□监测并描述如何确保评价目的保持不变或随着时间的推移而改变。

□确定并评价利益相关者之间关于评价目的的一致点和分歧点。

□适时更新评价程序，以适应评价目的的变化。

□记录实际执行的评价程序。

□在解释调查结果时，考虑不同的利益相关者对于评价的预期用途。

□在解释调查结果时，应考虑到预期程序有效执行的程度。

□在完整的评价报告中描述评价目的和程序。

□适时聘请独立的评价人员来监督并评价评价的目的和程序。

□9~10 特别好□7~8 很好□5~6 好□3~4 一般□0~2 差

·A4 可辩护的信息来源

□从各种来源获取信息。

□验证后使用先前收集的相关信息。

□适时采用多种数据收集方法。

□文件和报告信息源。

□记录、证明并报告用于选择信息源的标准和方法。

□为每个信息源定义群体。

□根据需要为每个群体定义雇佣样本。

□记录、证明并报告从每个来源处获取信息的方法。

□在评价报告的技术附录中将数据收集工具包括进去。

□记录并报告所获得的信息中的任何偏差信息。

□9~10 特别好□7~8 很好□5~6 好□3~4 一般□0~2 差

·A5 有效信息

□将评价重点放在关键问题上。

□酌情采取多种措施解决每个问题。

□提供获取信息的架构和行为的详细描述。

□评价并报告使用每种程序所获得的信息类型。

□训练和校准数据采集器。

□记录和报告数据收集条件和过程。

□记录如何对每个过程的信息进行评价、分析及解释。

□单独或组合报告并论证推理。

□评价和报告程序所提供的信息的全面性，并将其作为与回答评价问题所需信息相关的信息。

□通过确定使用定性评价程序收集的信息中的常规主题和重复主题，建立有意义的信息类别。

□9~10 特别好□7~8 很好□5~6 好□3~4 一般□0~2 差

·A6 可靠信息

□确定并证明声称的可靠信息的类型及程度。

□为使用的数据采集设备指定分析单位。

□酌情选择在过去显示出预期用途并且可接受、可靠的测量装置。

□在报告仪器的可靠性时，评价并报告影响可靠性的因素，包括受试者的特征、数据收集条件及评价者的偏见。

□审查并报告评价、分类及编码的一致性。

□培训和校准计分员和分析员，以产生一致的结果。

□测试新仪器，以识别和控制误差源。

□酌情检查多个观察者之间的一致性。

□在最终报告中确认可靠性问题。

□预期和报告不可靠数据对程序总体判断的影响。

□9~10 特别好□7~8 很好□5~6 好□3~4 一般□0~2 差

·A7 系统信息

□建立评价信息质量控制协议。

□培训评价人员，让其遵守数据协议。

□系统检查评分和编码的准确性。

□酌情聘请多个评价人员并检查其工作的一致性。

□验证数据输入。

□校对和验证经计算机输出或其他方式产生的数据表。

□系统化和控制评价信息的存储。

□定义有权访问评价信息的人群。

□根据既定协议严格控制对评价信息的访问。

□让数据提供者验证其提交的数据。

□9~10 特别好□7~8 很好□5~6 好□3~4 一般□0~2 差

·A8 定量信息分析

□首先进行初步的探索性分析，以确保数据的准确性并对数据有更深入的了解。

□选择适合评价问题和数据性质的程序。

□对于每一个程序，说明如何满足其关键性假设。

□报告每个分析程序的限制性假设，包括未能满足假设的条件。

□采用多种分析程序检查结果的一致性和可复制性。

□检查变化性和中心趋势。

□识别和检查异常值并验证其准确性。

□识别和分析统计交互作用。

□评价统计意义和现实意义。

□使用视觉显示来澄清关于统计结果的表示和解释。

□9~10 特别好□7~8 很好□5~6 好□3~4 一般□0~2 差

·A9 定性信息分析

□关注关键问题。

□定义要使用的信息的边界。

□获取与重要评价问题相关的信息。

□通过多个来源（包括利益相关者处）获取证实性证据，验证调查结果的准确性。

□选择适合于评价问题和使用定性信息的分析程序和总结方法。

□导出一组能够记录、说明及回答评价问题的类别。

□测试派生类别的可靠性和有效性。

□将获得的信息归类为已验证的分析类别。

□得出结论和建议并证明其意义。
□报告所引用的信息、分析及推论的局限性。

□9~10 特别好□7~8 很好□5~6 好□3~4 一般□0~2 差

· **A10 合理结论**

□将结论直接集中于评价问题上。
□准确反映评价程序和结果。
□将结论限用于适用的时间段、场景、目的及活动。
□引用支持每个结论的信息。
□识别并报告程序带来的负面影响。
□报告对调查结果的合理替代解释。
□解释对方解释被拒绝的原因。
□警告不要做出常见的误解。
□获取并处理评价报告草稿的预发布审查结果。
□报告评价的限制条件。

□9~10 特别好□7~8 很好□5~6 好□3~4 一般□0~2 差

· **A11 公正报道**

□让客户确定能够确保公平、公正的报告的步骤。
□拥有适当的编辑权。
□确定拥有知情权的受众。
□制定并遵循适当的计划，向所有拥有知情权的受众发布调查结果。
□保护报告不受有意或无意的歪曲。
□报告所有利益相关者群体的观点。
□报告其他可能的结论。
□获得报告的外部审计。
□描述为控制偏差而采取的步骤。
□参与调查结果的公开，以帮助防范和纠正其他利益相关方的歪曲行为。

□9~10 特别好□7~8 很好□5~6 好□3~4 一般□0~2 差

· **A12 元评价**

□指定或定义评价标准。
□指派人员负责记录和评价评价的过程和结果。
□采用形成性和总结性的元评价方式。
□确保拥有充分的预算以进行元评价。
□记录根据规定的标准判断评价所需的全部信息。
□酌情对合同进行独立的综合评价。
□确定并记录哪些受众将收到元评价报告。
□根据相关评价标准进行数据收集、数据处理、编码及分析。
□根据相关评价标准来分析评价结果的参与度并将其传达给利益相关者。
□确保完整记录所有元评价的步骤、信息及分析情况。

□9~10 特别好□7~8 很好□5~6 好□3~4 一般□0~2 差

在以上的问题中，“特别好”得 4 分，“很好”得 3 分，“好”得 2 分，“一般”得 1 分。最后总分 45~48 为“特别好”，33~44 为“很好”，24~32 为“好”，12~23 为“一般”，0~11 为“差”。

本章小结

项目评价框架主要包括执行评价的六个步骤：与利益相关者合作、描述项目、聚焦评价设计、收集可靠的证据、证明结论及确保使用并分享经验教训。判断评价是否有效的四个标准：实用性、可行性、准确性与适当性标准。

在与利益相关者合作这一步骤中，利益相关者主要包含三类人员：项目工作人员、受项目影响的人及评估的主要用户。利益相关者可以在任何阶段对评价提供帮助或形成阻碍。由于社会项目结构纷繁复杂，因此利益相关者在帮助确定评价问题及让评价结果发挥影响力方面尤为重要。

在描述项目这一步骤中，我们会阐明项目的所有组成部分和预期结果，从而将重点聚焦于最重要的问题。项目描述应足够清晰详细，应该注意到与利益相关者进行协商以制定清晰、合乎逻辑的项目描述的重要性。项目描述中主要包括以下几个部分：需求、预期效果、活动、资源、发展阶段和项目背景。

在聚焦评价设计这一步骤中，我们需要确定最重要的评价问题及恰当的评价设计。其中，项目评价问题可以分为实施评价（过程评价）与结果评价这两类。实用性标准（谁将使用结果以及哪些信息将对他们最有用）和可行性标准（评价中有多少时间和资源可用）可以帮助确定最佳评价重点。

在收集可信的证据这一步骤中，我们应努力收集信息，以全面展示项目的情况，使得评价可信。通常会影响可信度的证据收集包括开发指标、数据来源、数据质量、数据数量、后勤保障和协议。

在论证结论这一步骤中，我们需要分析证据，根据分析对项目做出声明，并通过将证据与利益相关方的价值观进行比较来证明声明的合理性。

在确保使用并分享经验教训这一步骤中，我们需要做出努力来确保评价结果得到正确使用和传播。项目评价的最终目的是利用信息来改进项目。我们在评价过程的早期确定的目的应指导评价结果的使用。评价结果可用于证明项目的有效性，确定改进项目，修改项目计划，证明责任和证明资金合理性。

项目评价元分析是使用具体评价指标判断项目是否达到四个标准。

主要概念

与利益相关者合作　描述项目　聚焦评价设计　收集可靠的证据　证明结论　确保使用并分享经验教训　实用性标准　可行性标准　准确性标准　适当性标准

思考题

1. 项目评价框架所包含的两个要素是什么?
2. 为什么利益相关者对评价很重要?
3. 在第二步中应用四个标准判断项目是否有效需要思考哪些问题?
4. 各种数据收集方法的优缺点有哪些?

第十一章
案例解析：烟草使用预防与控制

第一节　引言

在美国，吸烟是导致死亡和疾病的原因中唯一可预防的一类。疾病控制和预防中心吸烟与健康办公室（CDC/OSH）创建了国家烟草控制计划（NTCP），以促进和支持全国范围内以州为基础的协调活动，减少与吸烟相关的疾病、残疾和死亡。CDC/OSH 已经确定了四个项目目标领域：

一是防止年轻人开始吸烟；

二是消除不吸烟者接触二手烟的机会；

三是提倡成年人和年轻人戒烟；

四是确定并消除与烟草相关的差异。

为确定 NTCP 计划的有效性，CDC/OSH 必须衡量其实施和结果。

本章旨在为 OSH 工作人员、受赠方和合作伙伴提供过程评估技术援助。本章定义了过程评估，并描述了基本原理、优点、关键数据收集组件和项目评估管理程序，还讨论了过程评估如何与结果评估相联系，并适合于评估综合烟草控制计划的整体方法。CDC 以前的举措为设计成果评估提供了资源（如图 11.1 所描述的 CDC 框架）。本章补充了 CDC 的结果评估方法，将过程评估作为记录和衡量 NTCP 项目实施情况的一种方法。

本章的内容反映了 CDC/OSH 项目监测和评估的优先事项，并补充了另外两个 CDC/OSH 项目出版物：评估综合烟草控制项目的主要结果指标和综合烟草控制项目的项目评估介绍。

本章内容的作用包括以下两方面：

①为理解投入、活动和产出之间的联系以及评估这些与结果之间的关系提供了一个框架；

②可以协助州、联邦项目经理和评估人员设计和实施过程评估，为他们的烟草控制工作取得的进展提供有效、可靠的证据。

阅读本章内容时，请记住它不是一个过程评估的“食谱”。州和地方程序具有独有的特征和环境，需要不同类型的流程相关信息。本章解释了过程评估的一般原则，并提供了确定要收集的信息类型的指南。此外，请注意，我们通常不会对烟草控制等全面的州计划进行过程评估，因为这种评估的范围不切实际，而且成本极高。相反，过程评估通常用于评估一个整体综合计划中的给定组件或活动。还要注意的是，就本章内容而言，术语“计划”“项目”和“干预”可以互换使用。

1.1 计划/项目评估/项目改进周期

评估是一个系统化的过程，旨在了解项目的内容以及项目运作得如何。评估结果可用于维持或提高项目质量，并确保未来的规划更加以证据为基础。评估是项目规划、实施和改进的持续循环的一部分。

图 11.1 提供了通用项目评估的六步 CDC 框架的可视化表示。CDC 框架中的六个步骤代表了一个持续的周期，而不是一个线性序列，解决每个步骤是一个迭代过程。框架中隐含着评估和规划之间的联系。

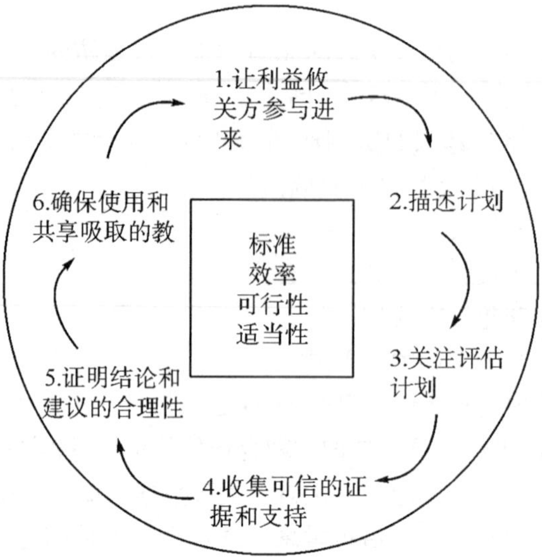

图 11.1 CDC 项目评估框架

1.2 区分过程评估和结果评估

NTCP 以逻辑模型为指导，解决了上述四个目标。CDC/OSH 的烟草控制评估方法也是基于逻辑模型的使用。如图 11.2 所示，逻辑模型规定了项目投入、活动、产出和结果（短期、中期和长期）。

图 11.2 逻辑模型

到目前为止，CDC/OSH 已经开发了一种方法，该方法强调了图 11.2 中的最后三个方框，侧重于结果并提供资源，使项目人员能够衡量和报告它们，这是结果评估。

NTCP 注重结果评估有几个原因。结果评估允许研究人员记录健康和行为结果，并确定干预和可量化效果之间的联系。此外，流行病学家和其他从业者往往有一个关于人口层面干预结果的完善证据基础，使得结果评估变得可行。

过程评估关注逻辑模型的前三个方面。它使我们能够描述和评估项目活动，并把进展与结果联系起来。这很重要，因为产出和短期结果之间的联系仍然是一个经验问题。与成果评估不同，过程评估经常使用实践智慧（实地专业人员的观察和意见）来帮助确定投入/活动/产出和短期成果之间的联系。

NTCP 受赠者可获得各种循证指南。例如，1999 年，CDC/OSH 公布了综合烟草控制计划的最佳实践（最佳实践），预计各州将从 1998 年的《总和解协议》（MSA）中获得新的资金。这是描述综合烟草控制计划的九个核心组成部分的第一份文件。最佳实践还包含一套正式的资金建议，通过提供国家框架和标准来帮助制定州烟草控制计划。自最佳实践发布以来，到现在已经发布了新的指南和评论。例如，《社区预防服务指南》和加利福尼亚烟草控制卓越社区建立了规划框架，有助于确定州活动、预期产出和对过程评估有用的标准。

第二节　过程评估的目的和好处

本节旨在回答有关烟草使用预防和控制工作中过程评估的价值和实施的基本问题。

2.1　过程评估的定义

作为整体项目评估的一个方面，过程评估是：系统地收集有关一个项目的投入、活动和产出，以及项目的背景和其他关键特征的信息。

过程评估用收集信息来描述一个项目包括的内容及其如何随时间运行。信息本身是“中性的”。它仅仅是描述性的，尽管人们经常赋予其意义和价值。除非把它与一套外部标准或准则相比较，否则其并不反映“质量”。

过程评估可以只进行一次，在整个项目过程中定期进行，或者连续进行。收集信息的类型及其频率将取决于问题的种类。

2.2　过程评估中包含的烟草控制活动范围

烟草控制项目的评估通常会出现一个问题：评估应该关注什么样的“项目或活动水平”？答案是：过程评估中包含的项目和活动的数量、类型，取决于利益攸关方的兴趣和问题及信息的预期用途。

例如，如果过程评估的目标仅仅是评估某个特定计划的效果（例如，提高卷烟税或增加戒烟线的使用）并改进该计划，那么过程评估将仅收集与该项目相关的信息。另一方面，如果过程评估的目的是评估社区、州或其他地理区域内的全面烟草控制工作，那么过程评估就将收集与指定地理区域内所有不同项目相关的信息。又如，一些州已经通过了无烟工作场所法，因此，过程评估的目标可能是评估为解释和实施这些法律而提供的教育、培训和技术援助。

2.3 目的：过程评估如何为您服务

过程评估有四个主要目的，它们与单个项目和烟草控制的一般领域相关：项目监控、项目改进、建立有效的项目模型—明确项目责任（表 11.1）。以下简要概述了这些目的，并提供了案例示例。

表 11.1 过程评估的四个主要目的

目的	过程评估能做什么	示例问题
1. 项目监控	跟踪、记录和总结项目的投入、活动和产出 描述项目和/或其背景的其他相关特征	·我们在这个项目上花了多少钱？ ·正在进行什么活动？ ·谁在主持活动？ ·我们能联系到多少人？ ·我们接触什么类型的人？ ·付出了多少努力（例如，会议、媒体数量等）。我们是否投入了已经完成的计划或具体干预？
2. 项目改进	将您计划的投入、活动和产出与标准或准则、您的期望/计划或推荐实践（保真度）进行比较 将项目投入、活动和产出信息与项目结果信息联系起来	·我们有合适的活动组合吗？ ·我们达到预期目标了吗？ ·作为合作伙伴、参与者和提供者，是否有合适的人参与进来？ ·员工/志愿者是否具备必要的技能？
3. 建立有效的项目模型	评估流程如何与结果相联系，以确定最有效的计划模型和组件	·多层次项目的独立组成部分的优势和劣势是什么？ ·实现特定结果的最佳途径是什么（例如，通过无烟法规）？
4. 明确项目责任	向资助者和其他决策者证明您正在尽可能充分地利用项目资源	·项目投入或资源是否得到有效分配或调动？

·项目监控

（1）项目监控包括跟踪、记录和总结项目的投入、活动和产出。例如，可以在一个或多个时间点进行记录：

①花了多少资金；

②参与计划活动的工作人员和/或志愿者的数量；

③与烟草使用预防和控制有关的活动的数量和类型；

④达到的人数或比例；

⑤人们的经济、社会和人口特征；

⑥举行会议或培训的次数。

（2）项目监控包括对项目特征及其背景的描述，这对于理解项目如何，以及为什么以这种方式工作可能很重要。例如，我们可能会注意到：

①项目执行其活动的场所（例如，农村、城市）；

②项目目标人群的人口或经济特征；

③员工接受的培训量；

④评估时项目的年龄；

⑤在项目努力过程中发生的独特事件。

仔细、可靠地监控项目的投入、活动和产出，以及对项目特征和环境进行描述，为过程评估提供了必要的基本数据。这些信息使我们能够决定自己在做什么。我们可以单独使用这些信息，也可以将其与过程评估的其他三个目的结合起来使用，或者将其与结果联系起来。

稍后，我们将讨论过程评估通常为项目监控收集的特定数据。但是，请注意，没有硬性的规则适用于如何选择要收集的数据。需要的信息取决于想回答的问题。

·项目改进

一旦获得了关于投入、活动和产出的信息及关于项目特征和背景的信息，就可以使用这些信息来支持关于项目改进或未来规划的决策。

以 quitline 项目为例。对于那些真正接触并完成项目的人来说，可能会获得不错的戒烟率。然而，假设该计划受到招募和保留参与者不足的困扰，过程评估可以揭示为什么参与水平达不到项目目标。例如，结果可能显示该计划有一些不方便的特点，如缺乏最佳的语言或文化属性或有其他特点，从而造成障碍。然后，可以利用这些发现，通过提高参与度和完成度来提高戒烟率。

在使用过程评估进行项目改进时，通常会以两种方式中的一种或两种来处理任务。

（1）将计划与标准或期望（例如，计划目标/目的、资助建议和指南或实践标准）进行比较。

可以将自己在过程评估中获得的任何数据与计划的特定目标进行比较。例如，可能会与自己即将接触到的人数或类型或将提供的服务数量的目标有关。过程评估将显示是否达到了这些目标；如果没有，可以相应地调整。

过程信息（例如，关于计划接触的人员类型、所讲语言、计划特征的信息）可以帮助我们了解是否接触到特定人群。过程信息还可以支持做出关于调整或微调计划的最佳方式的决策，以吸引目标人群中最广泛的人群。

“基于证据”或“最佳实践”标准有时适用于一个项目。此时，可以使用过程评估信息将性能与这些标准进行比较（这有时被称为评估对既定实践标准的“忠诚度”）。如果发现与既定的标准或指导方针不一致，就可以调整项目，使之与其更符合此类标准。在缺乏来自循证研究的标准的情况下，可以根据类似项目的经验制定规范性标准。例如，如果正在计划一个印刷媒体活动，那么可能会从其他项目中了解到多媒体活动比单独的印刷媒体更有效。

（2）将过程数据与结果数据联系起来。

项目结果数据使得知道能否得到期望的效果。可以核对结果评估数据和过程评估数据，以确定可以采取哪些措施来提高效率。

事实上，当与结果评估一起实施时，过程评估最有效。了解项目实施时实际发生了什么，这有助于理解和分析导致给定结果的条件。理想情况下，过程评估将允许将项目的优势和/或劣势归因于特定的项目特征或活动。如果没有这些信息，您可能会发现，在试图仅仅使用结果信息来改进项目时很难采取行动。

·建立有效的项目模型

多个项目的经验表明，烟草控制领域可以联合使用过程和结果信息来建立有效的项目模型。例如，评估研究可以确定哪些活动会产生最佳结果。这种过程评估的使用通常不属于单个项目的范围，除非该项目足够大，可以系统地改变其活动并测试这种改变如何影响结果。更常见的是，单个项目将向 CDC/OSH 中心或在年度报告中报告其过程和结果数据，或者他们可能参与受控或自然的野外实验。

验证循证实践的受控科学实验可以结合多种功能的过程评估。例如，投入和活动的记录产生信息，用于比较实验和控制项目按照研究方案完成工作的程度。准确记录产出使研究人员能够比较实验和控制项目的相对生产率。活动的记录以及影响特定项目的独特事件可以帮助解释实验数据，解释异常现象，以及决定实验结果分析中所包含的特定案例的有效性。

·明确项目责任

过程评估有助于项目对资助者、监管者和其他利益攸关方负责，包括政府官员和政策制定者。首先，它通过提供必要的数据来证明时间和金钱支出的合理性——例如，展示制作的材料的数量、公共广告的数量、接触或服务的人数等。项目投入、活动和结果之间联系的清晰展示增强了资助的合理性。

其次，过程评估通过记录对外部强加标准或项目资助者为项目持续资助而建立的标准的遵守情况来支持问责制。例如，过程评估可以表明一个项目的人员配备是否符合 CDC 推荐的水平。

在以下案例中，烟草控制专业人员发现过程评估有助于解决他们在实施高质量计划时面临的实际问题（请注意，这些案例及本章后面的其他案例都与逻辑模型的特定部分和/或过程评估中通常收集的信息类别相关联。该模型的链接旨在加强过程评估在 CDC 整体评估方法中的使用）。

基于逻辑模型类别的案例范例：活动

从真理中学习的评估：青年参与戒烟广告的现场营销技巧

Truth ©运动是一项针对 12~17 岁青年的大众媒体（印刷和电视）反营销活动，由美国遗产基金会资助，包括国家实地营销部分（真相之旅）。这一独特的活动推广“edgy youth”品牌，并提供有关烟草、烟草行业和烟草使用的社会成本的信息。它提倡青少年控制自己的生活，拒绝行业广告实践的影响。目标是通过雇用反映目标受众的年轻人来为现场营销努力配备人员，来接触非主流青少年（有证据表明这是一个有开始吸烟风险的群体）。

·过程评估如何发挥作用

此次活动旨在鼓励青少年之间直接接触，以促进传播烟草反营销信息。这种独特的方法给传统的结果评估设计带来了几个问题。根据目标受众的年龄可以将了未经父母许可而不能进行后续采访的人排除在外，因此采用人种学方法来提供过程评估数据。方法包括观察、参与者观察、非正式对话，以及对受访社区的游客、工作人员和成年人进行半结构化和非结构化的开放式采访。

评估的目的是项目改进。需要数据来记录旅游活动和团队动态，并评估旅游参与对骑手的影响。骑手由三组人组成，每组6到12人，他们都是经过精心挑选、多样化和特殊训练的年轻人（18岁以下），他们在2000年访问了27个城市。这次旅行创造了三个紧密联系的小型移动社区，他们在一起生活和工作了6周。这次旅行围绕着高能见度的卡车进行，卡车上有Truth ©标志和特定的音乐，以吸引选定地点的目标观众。为了避免破坏前卫的青年形象，当地市场没有人参与旅游活动的规划或实施。

·优势

评估提供了一个机会，以一种独特的现场营销方法的实施，以向青少年传达关于吸烟的公共健康信息。评估结果突出了各种经验教训。评估提供了对未成年人、“前卫”文化多样性的骑手相关的困难的范围和类型的深入理解。一种可能的替代办法是雇用不需要在旅途中受到密切监督的年轻人，并让当地市场的青年参与活动的规划和实施。后者将解决访问没有目标观众出现的场馆时出现的问题。所有成年员工在与不同的年轻人一起旅行时，都需要围绕种族、民族、性偏好和青年文化等问题进行敏感性培训。评估结果还表明，国家社会营销活动的现场营销技术可以受益于当地产品或信息分销系统的参与，以便建立联系，保持品牌知名度和产品在社区的可用性。与反映此次运动形象的地方烟草控制同盟建立更紧密的联系将是一个更有效的策略。

资料来源：EISENBERG M，RINGWALT C，DRISCOLL D，et al. Learning from truth ©: Youth participation in field marketing techniques to counter tobacco advertising [J]. Journal of Health Communication，2004（9）：223-231.

基于逻辑模型类别的案例：活动和产出

以学校为基础的非正式青少年同伴引导的减少吸烟干预的结果和过程评估

尽管关于其有效性的证据参差不齐，但作为一种促进青年健康的战略，同伴教育还是得到了广泛使用。关于年轻人作为同伴教育者实际做了些什么，很少有系统的叙述。为了研究威尔士东南部和英格兰西部学校戒烟试验（ASSIST）中被招募为“同伴支持者”的年轻人的活动，项目在基线时招募了59所中学的10 730名学生。ASSIST同伴提名项目成功地招募、培训和保留了有影响力的男女同伴支持者，以非正式的方式进行干预，降低他们所在年级组的吸烟水平。

·过程评估如何发挥作用

一年随访的结果数据显示，在干预学校中，在基线时偶尔吸烟或实验性吸烟的学生在随访时报告每周吸烟的风险降低了18.2%。这一结果得到唾液可替代分析的支持。为了理解如何实现这种短期结果，研究人员评估了过程评估的定性数据。这些数据表明，大多数同龄人的支持者采取了一种务实的策略：他们把注意力集中在偶尔吸烟或不吸烟的朋友和同龄人身上，他们觉得可以说服他们不要经常吸烟，而不是那些他们认为已经“上瘾”或属于吸烟团体的人。

·优势

通过结合过程和结果评估，作者能够确定同伴支持者如何实际实施干预以获得结果。研究表明，当学校的同伴教育者被要求非正式地工作，而不是在教师的有组织的监督下工作时，他们能有效地传播健康促进信息。同伴支持者本身的吸烟行为似乎也受到了训练的影响。尽管不鼓励使用基于恐惧的方法（最佳实践表明），但同伴教育者实际上有效地使用了这种策略。尽管同伴教育者传达的信息相对简单，而且很快就失去了动力，但两年的随访将证实吸烟水平的下降是否会持续。

资料来源：AUDREY A，HOLLIDAY J，CAMPBELL R. It's good to talk：Adolescent perspectives of an informal，peer-led intervention to reduce smoking [J]. Social Science and Medicine，2006（63）：320-334.

2.4 过程评估信息的用户和使用

·用户

项目评估中有三个主要的利益相关方群体：

①受项目服务或影响的人，如病人或客户、倡导团体、社区成员和当选官员；

②参与项目运作的人员，如管理层、项目人员、合作伙伴、资助机构和联盟成员；

③能够对项目做出决定的人，如合作伙伴、资助机构、联盟成员和公众。

有效评估的一个主要特征是确定哪些预期用户可以从评估中最直接受益。第一步应该是确定评估利益攸关方，包括在评估结果中有利害关系或既得利益的人，以及在项目有效性中有直接或间接利益的人。在评估过程中确定预期用户并使其参与进来将有助于增加评估信息的使用。如果这些目标用户积极参与评估过程，则他们更有可能理解并感受到评估过程中的主人翁感。此外，这种结合增强了在项目的整个生命周期中理解和接受评估信息的效用。因此，为了确保收集、分析和报告的信息能够成功地满足利益攸关方的需求，您应该从评估过程的开始就与使用这些信息的人员合作，并关注他们将如何使用这些信息来回答什么样的问题。

以下是烟草预防和控制项目中可能的利益攸关方：

①项目经理和员工；

②对减少烟草使用感兴趣的地方、州和地区联盟；

③烟草相关资金的当地接受者；

④地方和国家合作伙伴（如美国癌症协会、美国肺协会、美国心脏协会、疾病控制和预防中心、美国遗产基金会、药物滥用和精神健康服务管理局以及罗伯特·伍德·约翰逊基金会）；

⑤资助机构，如国家和州政府或基金会；

⑥州或地方卫生部门和卫生专员；

⑦国家教育机构、学校和教育团体；

⑧大学和教育机构；
⑨地方政府、州议员和州长；
⑩私营企业和商业协会；
⑪卫生保健系统和医学界；
⑫宗教组织；
⑬社区组织；
⑭普通公民；
⑮节目评论家；
⑯受吸烟影响最大的人群代表；
⑰执法代表。

当我们回顾这份清单时，要考虑到许多利益攸关方有着不同（有时甚至是相互竞争）的利益。鉴于单一评估无法回答这些不同利益提出的所有可能问题，因此利益攸关方的名单必须缩小到一个更具体的主要预期评估用户群体；推荐的主要预期评估用户数量为8~10。这些利益攸关方/主要预期用户将在评估的所有阶段担任顾问角色，从确定评估的主要预期用途开始。

为确定主要目标用户，项目合作者应该确定所有可能的利益攸关方，并确定评估结果对每个利益攸关方的影响有多重要。只有那些我们希望受到影响并采取行动的利益攸关方（而不是那些对我们来说信息有价值但不重要的人）才应该作为主要的目标用户。

基于逻辑模型类别的案例示例：投入

利益攸关方咨询委员会、北卡罗来纳州青年赋权研究

北卡罗来纳青年赋权研究（NC YES）是对基于青年的烟草使用预防项目的一项为期三年的参与性评估。该研究旨在记录北卡罗来纳州青少年吸烟和预防项目的特点，并跟踪青少年在这些项目中在当地学区实施无烟政策中所扮演的角色。

·过程评估如何发挥作用

该项目的一个重要组成部分是召集一个由包括青年和成年人在内的关键项目利益攸关方组成的咨询委员会。咨询委员会的目的是就研究的所有方面提供意见，包括研究的研究问题、数据收集策略和结果解释。选择董事会成员是为了反映国家的种族、民族和地理多样性，以及参与组织类型的多样性。

·优势

这种合作的好处对于研究人员和顾问委员会成员的利益攸关方都显而易见。例如，研究小组能够利用委员会在数据收集工具上的投入，从而使收集的信息对社区有更大的用处。董事会还要求研究小组在大学之外传播研究结果，以便更广泛的受众能够获得研究结果。通过增加对评估和研究方法的了解，参与这一过程使董事会成员受益。他们还认为，他们的经验和技能通过参与过程得到了利用，传播的信息惠及了多种受众，而不仅仅是研究界。

资料来源：RIBISL K M，STECKLER A，LINNAN L，et al.. The North Carolina

Youth Empowerment Study (NC YES): A participatory research study examining the impact of youth empowerment for tobacco use prevention [J]. Health Education & Behavior, 2004, 31 (5): 597-614.

基于逻辑模型类别的案例：活动

为讲西班牙语的社区卫生推广工作者评估培训课程的有效性

“无烟埃尔帕索”的目标是招募和培训能够向低收入、主要讲西班牙语的吸烟者群体提供全面戒烟干预措施（包括免费尼古丁替代疗法）的推广人员。尽管在美国和墨西哥边境沿线使用了促进剂来开展健康教育课程，内容涉及糖尿病和其他与健康相关的疾病，但还没有研究表明它们可以作为戒烟顾问发挥什么作用。

·过程评估如何发挥作用

培训课程（每次为期五天）提供三个级别的认证：入门基本技能水平；中级治疗专家；还有，高级“戒瘾”专家。在一年期间（2003年8月至2004年8月），举办了24期培训班，有89人参加。获得了74名通过入门认证的参与者的过程信息。其中，39人进入中级水平，34人获得高级证书。为了确定课程对自信心和满意度的影响，参与者被给予测试前和测试后的测量。尽管所有参与者的自信心都有所提高，但完成所有三个等级的参与者表现出最显著的提高，并且被认为能够提供短暂的戒烟干预。高满意度分数表明参与者感觉准备充分。

项目工作人员利用这些信息来验证项目的成功，并改进他们的“培训培训师”模式的实施。培训课程易于获取且免费，这一事实提高了出勤率。但是课程的长度有一个威慑作用，因为完成高水平训练的人数较少。因此，为期5天的培训课程缩短为1天、2天和3天，以增加晋升到更高培训级别的参与者人数。这种改变很必要，以适应参与者的不同工作时间表。

·优势

成功完成整个项目的推广人员成了一个扩大的“培训培训师”团队的一部分，其目的是产生大量的人口变化，并减少埃尔帕索低收入、讲西班牙语的人群的差异。项目工作人员利用过程信息来完善项目活动，并最大限度地增加参加完整培训项目的推广人员数量。同样，您可以监控活动，记录参与情况，评估满意度，以便系统地调整计划，消除可能降低效率的问题。

资料来源：MARTINEZ BRISTOW Z, SIAS J J, URQUIDI U, et al.. Tobacco cessation services through community health workers for Spanish-speaking populations [J]. American Journal of Public Health, Field Action Report, 2006, 96 (2): 211-213.

·使用

正如本章前部分所言，过程评估可以服务于多种目的，并且可以以不同的方式发挥作用。以下是两个正在进行的过程评估如何被用来改善项目指导和项目活动的例子。

基于逻辑模型类别的案例示例：投入

对 10 个州烟草控制项目使用最佳实践指南的评估

1999 年，CDC/OSH 所制定的《全面烟草控制计划的最佳实践》是第一个定义全面烟草控制计划所需组成部分的全国性资源。该准则为规划和实施烟草控制活动提供了一个框架。定性过程评估中提出的问题是，各州是否以及如何在计划规划中使用指南，以及可以确定指南的优势和劣势。在 2002-2003 年期间，从 10 个州的烟草控制项目中收集和分析了关于熟悉度、资金和指南使用的过程评估数据。通过对各州主要烟草合作伙伴的书面调查和定性访谈获得了信息。受访者的典型人数是 17 人，代表每个州平均 15 个机构。

·过程评估如何发挥作用

结果显示，牵头机构和咨询机构最熟悉这些准则，而其他国家机构对此知之甚少。大多数国家修改了准则，以制定适合其国情的框架。例如，许多国家根据自己的可用资源优先考虑九个组成部分和支出，因为供资水平并不总是现实。

·优势

结果表明，指导方针的优势包括为项目规划和具体的资金建议提供一个基本框架。局限性包括准则没有涉及实施战略或与烟草相关的差异，也没有根据当前的循证研究进行更新。为了确保指南继续对各州有用，评估者建议更新指南，以解决项目组成部分的实施问题，确定减少烟草使用差异的策略，并包括基于证据的例子。还需要修订建议的供资水平，这样才能在不断变化的社会和政治气候中更加有效，并且需要将准则从典型的牵头机构传播到其他烟草控制伙伴，如联盟和相关国家机构。

资料来源：MUELLER N, LUKE D, HERBERS S, et al.. The best practices: Use of the guidelines by ten state tobacco control programs [J]. American Journal of Preventive Medicine, 2006, 31 (4): 235-242.

基于逻辑模型类别的案例：活动

将过程评估结果纳入为大学年龄吸烟者开发的基于网络的戒烟计划

大学年龄的吸烟者通常不使用传统的戒烟方法，如支持小组和咨询，来降低他们的吸烟水平。因此，这项研究旨在探索基于互联网的戒烟干预的选择——Kick It! ——专为大学生设计。研究的目的是开发系统并进行过程评估，以了解干预的使用和可接受性，以及获得其他反馈。

·过程评估如何发挥作用

35 名吸烟者参与了干预，研究小组对 35 名学生中的 6 名进行了定性访谈。访谈旨在获得更多关于学生使用 Kick It! 计划的信息，他们对计划的优点和缺点的想法，以及他们对未来变化的建议。深入的访谈揭示了几个有用的建议，可以为项目添加组件，创建一个更个性化的系统，改变格式和内容。

· **优势**

从被调查者那里收集的信息足够详细，足以让 Kick It！开发人员将为未来的用户和其他研究人员改进该项目，以审查通过这一过程评估进行的工作，从而为针对大学年龄学生的类似项目的开发提供信息。

资料来源：ESCOFFERY C，MCCORMICK L，BATEMAN K. Development and process evaluation of a Web-based smoking cessation program for college smokers：Innovative tool for education [J]. Patient Education and Counseling，2003（53）：5-217.

第三节　过程评估的核心信息元素

3.1　投入/活动/产出指标

过程评估将收集与评估逻辑模型的前三个类别（投入、活动和产出）相关的指标：

①投入指标衡量进入一个项目的各种资源。烟草控制项目的投入可以涉及人员配备、资金和其他资源。

②活动指标衡量作为项目一部分发生的实际事件。在烟草控制方面，这些活动可以包括青年教育运动、通过媒体传递的信息、联盟发展以及许多其他类型的努力。

③产出指标衡量项目活动的直接产品。包括使用戒烟热线的参与者数量、完成的媒体活动、更高的香烟税、商店和公共汽车上张贴的海报数量以及其他产品。

表 11.2 列出了通过过程评估收集的典型信息元素，对其进行了描述，并提供了可提供这些信息的措施或指标 2 的示例。前三组信息元素出现在投入、活动和产出的类别中。接下来，列出了一些与整个项目和/或其背景相关的附加信息元素。

请注意，收集的信息类型将取决于计划的目标，并且应该与过程评估将解决的问题相关。例如，获取有关我们的计划或政策/法规所涉及或影响的人员的特征的信息通常非常重要。但是，您会选择监控哪些特征？如性别、种族、年龄。在设计过程评估时，选择测量的特征将取决于特定信息需求。例如，如果一个基于证据的项目只适用于一个特定的年龄组，就会想要测量年龄；或者，如果需要了解不同种族背景的人在结果上的差异，那么就会想要衡量种族。

表 11.2　过程评估中通常获得的信息

项目	描述	示例过程指标
	投入	
财务	按来源分列的支持预防和控制活动的收入；成本（总成本或每项活动的特定成本）	员工、用品、媒体等费用。 人均花费美元 资金来源
人员—数量	参与的有偿工作人员和/或志愿者人数； 带薪员工和志愿者的工作时间	开展预防/控制活动的工作人员数量 生产一种产品需要几个小时的努力

表11.2(续)

项目	描述	示例过程指标
人员—专业特征	参与人员/志愿者的资格/经验/培训	获得特别认证的工作人员人数 员工和志愿者的教育背景
人员—个人特征	参与的工作人员/志愿者的个人特征	员工的民族背景 工作人员年龄 工作人员的性别
工具	建筑物和设备的主要特征	运行时间 易获取 技术能力
现场	倡议发生或项目运行的位置	预防/控制活动的地理范围 邻里类型（例如，城市）
	活动	
面向人口的预防活动	描述阻止自愿使用或接触，或合法消除使用或接触的活动—以社区或社区的一部分为重点	反营销是否以及如何发生 是否以及如何向立法者提供信息 是否以及如何向各机构提供技术援助
面向个人的活动	描述针对个人的活动，以个人为基础或在特定的群体中	培训类型 咨询类型
易获取	有助于接触干预措施的项目特征	宣传材料的语言 一天中提供项目的时间 工作人员和/或志愿者使用的语言靠近公共交通
招聘	识别、接近和吸引目标受众的流程	联系方式 广告手段 用于吸引观众的激励措施
	产出	
接触到的人员	记录有消息暴露或参与预防/控制活动的人数	达到的人数 课堂参与者人数
所接触的人的特征	人口统计学、家庭、个人、健康和通过预防/控制活动达到的人的其他属性	年龄性别 将所接触的人的特征与预期目标人群的特征进行比较
预防/控制活动产生的产品	电视、广播、报纸上的信息、公开会议、广告、促销部分的数量；以及，如果适用，交付的服务单元	广告数量 捐赠的播出时间 与立法者的会议次数 课程期次数 公开会议次数 总评分点
影响目标地区烟草控制的文件	影响目标区域内烟草控制活动模式（系统、伙伴关系、活动、服务交付）的书面计划、指南或其他文件	已完成的州计划
与整个计划/项目或其背景相关的其他要素		

表11.2(续)

项目	描述	示例过程指标
发展阶段	计划成熟度/当前活动阶段的描述	阶段，例如： 形成/规划 早期实施 已建立但仍在修改中 已建立但稳定 衰落中
组织结构和组成部分	描述组织、任务组、联盟等的组成，监督和实施计划活动，包括不同活动模块的责任，以及其他相关的结构、领导、服务交付和/或管理流程	所涉及组织的名称，总体和活动的每个主要部分 经理的从属关系 机构间协议的类型（如果有）
项目理论和保真度	烟草预防/控制活动的要素/特征是否存在，这些要素/特征已通过以前的研究、指南和规程的制定进行了规定	最佳实践说明中规定的措施或指南清单 重大实施行动的时间表 识别干扰计划活动或活动实施的事件
协作/伙伴关系	一个项目涉及多个独立机构的程度，这些机构以正式安排的形式加入，并对全部或部分工作相互负责	成员名单 机构间协议 每个合作伙伴的角色 合作在活动期间的存续
烟草预防/控制活动重点领域的社会、政治、经济环境	影响计划、实施和/或评估计划实施活动的社会、政治和经济条件要素	立法机关或公众对烟草控制的意见 该地区的主要经济趋势 加强或阻碍烟草预防/控制活动的立法/条例 烟草行业活动和促销
其他独特事件	影响项目实施或正在进行的操作的项目内外的事件	影响项目活动、可及性或范围的破坏性社会、历史或环境事件 在获得财政资源、人员、设备等方面的延误。

3.2 将过程信息与性能标准进行比较

收集的具体信息元素将取决于打算实施的烟草预防/控制活动的类型，以及需要通过过程评估回答的问题。如前所述，过程信息本身是中性的。它不表示质量、忠诚、成功或顺从。但是，可以使用过程信息来评估进度，前提是要建立一个标准或准则来比较这些信息。

我们通过使用以下一种或多种类型的标准，可以建立用于比较过程信息的标准：

①资助方的绩效标准（如CDC项目公告、基金会招标书）；

②作为计划规划和开发过程的一部分而制定的标准（例如，SMART目标、战略计划）；

③作为评估规划过程的一部分而制定的标准［例如，由评估人员与项目工作人员或不同的利益攸关方群体（如烟草控制联盟的一个小组）协商制定］。

这些方法中的每一种都应得到循证规划的科学指导，如综合烟草控制计划的最佳实践、社区预防服务指南、和烟草控制卓越社区。此外，这些标准应在当地环境下合理。

为了简要说明如何将过程指标与假设标准进行比较，我们展示了通过对 9 个州进行全天现场访问期间的实地访谈、与全国各州烟草控制工作人员的讨论组，以及文献综述收集的示例投入、活动和产出。这些是投入、活动和产出的例子，被确定为综合烟草使用预防和控制方案的关键要素。

将实际投入、活动和产出（通过过程评估衡量）与既定标准进行比较，可以帮助州和地区烟草控制经理：

①识别项目或干预的计划实施和实际实施之间的差异；

②确定有效和无效的实施和管理战略；

③更好地理解项目活动是否及如何有助于实现预期的短期结果。

在表 11.3 和 11.4 中，我们提供了过程信息如何为类似这样的项目性问题的决策提供信息的例子。必须要注意，这些仅仅是在制定自己的标准和指标时需要考虑的示例，不应将其视为 CDC 推荐采用的信息。

表 11.3 列出了示例投入、衡量这些投入的示例标准及衡量这些投入的示例指标。

表 11.3　投入——将指标与标准进行比较

投入类型	标准示例	示例投入指标
提供资金	CDC 推荐的最佳实践水平指导方针	分配给每个计划组件的美元
安置职工	CDC 资助机会公告（FOA）中描述的所需或推荐人员	实际人员编制
员工技能	50%的员工将接受文化能力方面的培训，85%的员工将认为培训质量很高	接受文化能力培训的工作人员百分比，以及认为培训质量高的工作人员百分比
伙伴关系	75%的合作伙伴认为国家在其规划和实施中包含了他们的观点	关于合作伙伴对国家在其规划和实施中纳入其观点的程度的看法的调查/访谈数据

特定的社区或全州范围的倡议或计划将选择他们认为最适合自己想要解决的人口的活动，并考虑到可用的财政资源及政治、社会和文化因素。他们可能选择的活动出现在表 11.4 的第一列。请注意，这些活动可能由 NTCP 受赠方、与受赠方合作的合作伙伴或合作伙伴自行开展。

对于实施的每一项活动，我们也可以衡量产出。如果产出标准已经存在或正在开发，就可以将实际产出与预期产出进行比较。表 11.4 列出了具有相应产出的示例活动，包括每个活动的示例标准和指标。虽然表 11.2 提供了一些这类活动的描述，但以下标准包含了评估成分。这确保了所收集的信息不仅包括对活动的描述，还包括对活动质量的评估。在第一个例子（反营销）中，产出不仅包括达到的人口百分比，还包括对信息的文化适当性的评估。

表 11.4　活动和产出——比较指标和标准

活动类型	活动		产出	
	标准示例	示例指标	标准示例	示例指标
反营销	实施文化上合适的多渠道媒体活动（电视、广播和印刷），鼓励非裔美国人制定无烟家庭和汽车规则	描述是否以及如何实施反广告活动	75%的非裔美国成年人回忆起关于家庭和汽车中二手烟暴露的宣传信息，认为这些信息适合他们的社区	回忆起竞选信息并认为这些信息适合其社区的非裔美国人的百分比
政策和监管行动	与政府机构和合作伙伴合作，制定实施无烟法律的综合计划（例如，标识、教育企业）	描述用于制定计划的流程（例如，确定利益攸关方、制定计划所采取的措施）	与适当的政府机构和合作伙伴合作完成高质量的书面综合实施计划	适当的外部二手烟政策专家评估实施计划的高质量
社区动员	关于当前政策和监管问题（如税收、二手烟政策）的媒体宣传、季度新闻发布会和新闻稿至少6个	媒体插播、新闻发布会/新闻稿的数量以及讨论的主题	作为新闻发布会和新闻稿的结果，每季度发表报纸文章和社论	引用新闻稿和/或新闻发布会中提供的材料或信息的文章和社论的频率
基于学校的预防	向所有当地伙伴提供适当、及时和有用的技术援助	说明是否以及如何向当地合作伙伴提供技术援助	85%的当地合作伙伴认为技术援助适当、及时且有用	酌情、及时和有用地评估技术援助的当地伙伴的百分比
	完成对无烟学校政策的存在和遵守情况的评估	描述无烟学校政策是否到位以及对遵守情况的看法	75%的学区对无烟学校政策的调查做出了回应，数据被用于制定行动计划，以扩大学区覆盖面	对增加学校覆盖面的评估和行动计划的回应率
活动类型	活动		产出	
	标准示例	示例指标	标准示例	示例指标
伙伴关系发展	将与每个CDC资助的国家网络建立合作关系，以减少与烟草相关的 与各自优先人口群体的差距	与国家网络合作的协议数量	作为每项合作的结果，优先人口代表将确定并评估一项战略和两个机会，以接触和影响每一个优先人口，使其具备文化能力	被优先人口代表评估为具有文化能力的战略和机会
解决差距的战略计划	一个由适当和不同的利益攸关方组成的小组将致力于制定一项差异战略计划	优先人群利益攸关方参与计划制定的证据	将制订差异战略计划，并将其与实施战略一起纳入总体战略计划	总体战略计划，包括差异计划和实施战略
知识整合	利用有关烟草相关差异的知识，将对重点人群实施两项具有文化能力的干预措施	确定的优先人群和干预措施	两项量身定制的基于人群的干预措施按设计实施，覆盖40%的已确定优先人群	评估将显示所设计的干预措施的执行情况（即保真度）和达到的优先人群的百分比
监督	开发和实施能够识别烟草相关差异的监控系统	描述是否以及如何对特定人群的知识、态度和行为进行抽样和评估	收集并分析两个特定群体的数据	描述烟草相关知识、态度和行为的数据系统符合专业标准的证据
评估	对面向农村人口的quitline宣传活动进行评估	对开展的宣传活动的评估	完成评估，用于为如何提高农村人口对检测线的利用率提供决策依据	评估决策者是否以及如何使用评估结果来为退出决策提供信息

为了阐明如何理解和使用表 11.4，我们提供了以下与反营销相关的示例。

一个州卫生部门进行了一项评估调查，发现与其他群体相比，非裔美国人报告在家庭和汽车上有无烟规定的可能性较小，他们的孩子更有可能接触二手烟。为了解决这些差异，该州的烟草基金会提供了一笔赠款，用于开展多渠道反营销活动，以影响非裔美国人有关二手烟暴露的知识、态度和行为。反营销活动过程评估的结果表明，它是通过印刷、广播和电视上的公益广告而不是付费广告来实施的。在规划竞选活动时，州政府制定了标准，即 75%的非裔美国成年人会记得竞选信息，并认为这些信息适合他们的社区。为了评估该运动的有效性，该州与一名评估员签约，与当地非裔美国人教会协会合作进行评估。评估内容包括随机抽样的简短书面调查和四个教会成员的讨论小组。结果显示，45%的被调查者能够回忆起这些信息，而且这些信息在广播中最常被听到。与看过这场运动的教会成员的讨论结果显示，90%的人认为这些信息适合他们的社区。因此，该州决定，在下一次反营销活动中，他们将不仅利用电视、广播和印刷来实施这项活动，而且会把重点放在广播节目上。此外，为了评估结果，该州计划在随后的基于人群的评估调查中纳入评估广告曝光率及态度和行为变化的问题。

以类似的方式，您可以将项目活动的信息与理解干预能力的标准进行比较，以识别和消除与烟草相关的差异。

案例示例：项目结构和组件

Henry J. Laiser 家庭基金会社区健康促进赠款方案的实施

1986 年，Kaiser 家庭基金会发起了社区健康促进赠款方案，帮助社区在一个或多个目标健康领域制定健康干预措施。美国西部 11 个社区的受资助站点获得了高达 45 万美元的赠款，并在制定和实施适合其社区的干预活动方面获得了很大的灵活性。

受赠者被要求：①与广大社区机构和组织建立联盟，②进行正式的需求评估，以及③解决五个目标健康问题中的一个或多个。

·过程评估如何发挥作用

因为受资助者在发展联盟和实施干预方面有自由，所以研究团队必须要能够收集信息来描述每个社区的项目。在计划和目标区域收集的信息类型包括位置类型（城市/郊区/农村）、目标区域人口、社区人口统计、赞助机构、健康目标区域、主要干预对象、计划动力和主要干预的描述。

·优势

过程评估的这一部分的结果显示，就所使用的干预措施和目标人群而言，各站点之间存在相当大的差异。关于各个站点的项目结构和组成部分的信息对于解释流程和结果评估的其他发现至关重要。

资料来源：WICKIZER T M，WAGNER E，CHEADLE A，et al.. Implementation of the Henry J. Kaiser Family Foundation's Community Health Promotion Grant Program：A process evaluation ［J］. Milbank Quarterly，1998，76（1）：47-121.

案例：理论和忠诚

纽约全州学校烟草政策评论

1994 年联邦《支持儿童法案》和其他公共卫生法律的颁布促使学校制定了解决烟草问题的政策。然而，人们对由此产生的学校政策的质量知之甚少。为了评估纽约所有学校的烟草政策的质量，纽约州教育部（NYSED）委托进行了一项系统的审查。NYSED 指定全州健康学校中心领导对 2001 年 4 月至 8 月期间纽约州所有学区提交的烟草政策进行审查。

·过程评估如何发挥作用

该中心使用两个指南制定了一个政策准则：幸福、健康、准备好进行学习和学校健康指数。该标准评估了五个政策组成部分，包括：①制定、监督和宣传政策②目的和目标，③无烟环境，④烟草使用预防教育，⑤帮助克服烟草成瘾。总共有 471 项烟草政策用这个标准进行了审查。结果显示，总体而言，政策得分较低。

·优势

评估表明，许多学区的政策没有为学生提供无烟环境，应该提供额外的技术援助，帮助学校制定和执行符合 CDC 指导方针的有效政策。在许多情况下，烟草政策似乎都是由外部顾问制定，很少考虑利用主要利益攸关方和/或更大的社区的投入来制定切实可行的烟草政策。这些结果促使人们更加努力地向学区提供信息、培训和技术援助，以帮助改善他们的烟草政策。

资料来源：STEPHENS Y D, ENGLISH G. A statewide school tobacco policy review: Process, results, and implications [J]. Journal of School Health, 2002, 72 (8): 334-338.

案例：协作和伙伴关系

通过西雅图和金县无烟住宅倡议消除二手烟

接触二手烟没有安全水平。华盛顿州法律保护金县不受公共场所和工作场所的影响；因此，最多的接触次数发生在家里。努力实现完全无烟政策意味着在多单元住宅的所有私人单元、所有室内公共区域和室外区域禁止吸烟，包括所有天井、门廊和甲板以及烟雾可能飘入室内的任何地方。

·过程评估如何发挥作用

金县烟草预防计划已经确定了两项促进住房无烟政策的战略：监管和自愿。

监管策略包括改变分区法规，禁止在金县多户住宅区吸烟，以及根据华盛顿的妨害法，公共卫生部门将二手烟列为妨害。通过卫生委员会的行动，无烟多单元住房可以成为一项规定。与开发和管理公司合作，展示无烟住宅的价值和可行性，是影响监管的一种策略，也是通过县卫生部门内部的政策制定渠道进行的。

自愿策略是协助物业经理、房东和公寓管理委员会通过教育和技术援助引入无烟政策，并授权租户与物业决策者合作。策略包括提高租户意识、利用有针对性的大规模媒体、与多单元住房的最大业主进行外联，以及与租赁协会合作提供教育和工具。

每种策略都包含具体的衡量标准（例如，合作伙伴的数量、培训参与者、媒体的数量和质量）。通过监测所取得的进展来收集这一过程评估信息，将有助于确定哪些活动富有成效，值得更多投资，哪些目标可能需要不同的方法。

· **优势**

仔细监控每一个项目的中间目标，并记录相应的成就——例如分区代码的变化、无烟单位的数量——可以让您知道哪种策略更能实现预期的结果。

资料来源：Public Health，Seattle and King County Smoke Free Housing Initiative，Tobacco Prevention Program（Brochure，2006）.

第四节　管理过程评估

如引言中所述，进行设计和过程评估并没有一种单一的正确方法。本节概述了关键的评估标准和管理评估的实际项目。这些基本组成部分旨在为以有效利用为重点的参与式评估设计和实施提供基础。在整个评估过程中，当与顾问和利益攸关方一起工作时，有关管理评估的信息已包括在内，可以提供关于澄清角色和责任的实用指南。

尽管以下10步流程确定了评估流程的一般阶段，明确了角色，并为完成评估的每个阶段提出了现实的时间范围，但该流程并未规定评估的方法和内容。该模型很灵活，它可以适应当地情况，并用于过程和结果评估。虽然可能不是每一项评价研究都必须这样做，但这一过程的一个主要好处是它确保了项目工作人员和评估人员与利益攸关方一起工作。

4.1　管理过程评估：10步流程

虽然前几节提供的概念信息有助于制定和指导评估方法，但没有提供如何在日常评估管理中应用这些概念的实际指导。项目经理经常会问这样的问题：

①如何管理一个大型州政府项目的评估？

②为什么要有一个评估咨询小组？应该由谁领导？

③如何在社区层面协调项目评估？

④评估工作人员和利益攸关方的明确角色是什么？

⑤项目经理如何与评估人员和利益攸关方有效合作？

⑥如何确定哪些员工应该参与？

⑦如何与外部评估顾问有效合作？

· **目的：为什么使用10步流程来管理评估**

烟草控制管理者在进行评估时面临的一个问题是确定合适的评估者。很难找到一个对参与式评估模式感到满意并接受联合委员会评估标准的评估员。这一进程是作为一种实施注重利用的评估方法的方式而设计的，这种方法认为，判断评估的主要标准应该是评估的使用情况。正如本手册的引言中所言，过程评估可以用于项目改进、监控和责任。但是，为了确保收集、分析和报告的信息满足所有利益攸关方的需求，应该从评估过程的开始就与使用这些信息的人员合作，并关注他们将如何使用这些信息。

管理评估的10个步骤有助于项目经理和评估人员解决上述问题。这是一种实用且有用的方法，它清楚地定义了项目经理（或指定人员）和评估人员的角色和职责，因为他们与主要目标用户和利益攸关方的咨询小组密切合作。该流程经过了五年的现场测试，为过程评估提供了一种切实可行的方法。

该流程包括评估咨询小组、评估协调员（通常是项目经理或指定人员）和评估者（内部员工或外部顾问）。10步流程通过建立对评估的共同理解以及设计和实施评估的系统流程，培养项目员工的评估能力。

它还提高了评估人员与利益攸关方接触及合作规划和实施注重利用的评估的能力。这一过程通过与评估咨询小组合作，将研究概念化、开发评估问题，并协助解释数据，增加了评估人员生成有用报告的可能性。

·咨询小组、评估协调员和评估者的角色

下文概述了评估咨询小组、评估协调员和评估者在10步流程中的作用。

（1）评估咨询小组的作用。咨询小组的职能是在整个评估过程中提供投入，帮助评估人员思考各种方案问题，审查评估计划草案和数据收集工具，对收集的数据提供见解，并根据评估结果提出建议。小组的作用是进行反思，而不是对评估的设计、实施或最终报告做出最终决定。此外，咨询小组提供了对被评估项目的社会和/或政治背景的见解，这通常解释了项目实施方式的差异。

（2）评估协调员的作用。评估协调员在整个10步流程中发挥核心作用。一般而言，主持人管理评估咨询小组和评估者之间的关系，帮助选择适当的评估设计，为实施评估争取组织和政治支持，提供技术和后勤援助，并促进主要预期用户和项目利益攸关方使用评估结果。管理这些关系对于确保咨询小组提供的投入和反馈反映在评估设计和实施中至关重要。

评估协调员还通过确定和选择适当的评估人员，以及与评估人员合作，根据需要向咨询小组全面介绍关键评估概念，从而在建设组织开展评估的能力方面发挥重要作用。

无论是项目经理还是与干预和/或项目的项目性方面密切相关的指定人员，都应充当评估协调员。评估员不应同时担任评估协调员和评估员，因为这可能会减少10步流程的益处，并增加评估设计时缺乏有意义的方案洞察力的风险，这最终会降低评估能力，并对评估结果的使用产生负面影响。

评估者的作用：评估者负责就评估的设计、数据收集工具、数据收集方法和项目、数据分析和最终报告的撰写做出最终决定。虽然可能存在评估人员需要与咨询小组协商的问题，但评估人员最终负责以有效、道德和专业的方式进行评估。

·10步流程的阶段和步骤

10步评估流程为参与者提供了一个遵循的协议，该协议将每个步骤分为四个阶段：基础、正式化、实施和利用。10步流程的四个阶段概述和12个月评估的建议时间表，如表 11.5 所示。时间线可以根据需要根据本地环境进行调整。例如，当评估一个为期两年的项目时，实施阶段可能比表 4-1 中显示的要长。

表 11.5　管理评估的 10 步流程概述

阶段	步骤
一、基础	
在这一阶段，将起草评估计划，并注意如何在政策和方案修改或终止的决策中使用评估过程和结果。研究的目的、问题和方法是在这个阶段确定的	1~3 （大约 11 周）
二、正式化	
在这一阶段，正式协议、支持基础设施和实施细节都要经过谈判并达成一致。这一阶段包括提案和数据收集工具的开发，以及符合 IRB 政策（联邦机构适用于 OMB）	4~5 （大约 11 周）
三、实施	
在此阶段，将进行项目评估，并完成数据收集和初步分析。特别注意早期发现和可能的建议。然后，编写一份报告草稿，进一步正式确定研究结果和可能产生的建议。评估咨询小组对报告草稿进行审查，并根据他们的意见对报告进行定稿	6~8 （大约 23 周）
四、利用 在这一阶段，调查结果转化为行动决定	9~10 （大约 7 周）

该流程的所有十个流程的详细信息，以及评估协调员和评估者在每个步骤中的职责和活动。还规定了评估咨询小组在整个过程的各个步骤中的责任和活动（表 11.6）。

表 11.6　10 步流程中的步骤和员工职责

第一阶段：基础		
评估协调员的作用		评估者的角色
步骤 1：	确定评估项目和评估人员	
a.	与关键项目人员会面，确定优先评估主题	
b.	确定外部顾问或内部评估员	
步骤 2：	电话会议或与关键员工和评估人员的会议	
a.	安排与关键员工和评估人员的电话会议或会议，讨论计划评估所需的基本信息（例如，目的；逻辑模型；预期用户、用途和利益攸关方的标识）	参加电话会议或会议
步骤 3：	与咨询小组合作规划评估	
a.	确定评估咨询小组	协助确定多样化的咨询小组

表11.6(续)

b.	安排与咨询小组和评估人员的会议或电话会议（至少2小时），以获得以下方面的意见： · 评估的目的/用途 · 评估的用户 · 评估问题 · 方法学 · 政治考虑	参加会议
第二阶段：正式化		
步骤4：	起草、分发和审查提案和数据收集工具	
a.		起草提案和数据收集工具（例如，书面调查、电话调查、个人/小组访谈）
b.	与项目经理一起审查提案草案和数据收集工具，并在必要时提出修改建议；批准参与者保护提案、工具和计划	
c.	项目经理批准后，将计划分发给评估咨询小组进行为期两周的审查	
d.	收集评估咨询小组对提案和数据收集工具的反馈，并转发给评估人员	
步骤5：	修订、最终确定提案和数据收集工具，并提交给IRB审批；如果使用外部评估员，则签署合同	
a.	与项目经理一起批准最终提案和数据收集工具	最终确定提案和数据收集工具/工作，以符合内部评级法流程
b.	确保适当的员工签署建议书，如果使用外部评估员，该建议书将附在合同中	签署提案
第三阶段：实施		
步骤6：	数据收集、投入和分析	
a.		收集、投入和分析数据；准备初步调查结果；将调查结果发送给评估协调员
b.	与项目经理一起审查初步调查结果/分享	
步骤7：	初步调查结果与评估咨询小组分享	
a.	向评估咨询小组分发调查结果	
b.	安排与评估咨询小组的电话或会议，以讨论调查结果并确定报告调查结果的格式	参加评估咨询小组会议
步骤8：	编写、分发、审查和定稿报告草稿	
a.		准备报告草稿
b.	审核报告并与项目经理分享	

表11.6(续)

c.	项目经理批准后，分发给咨询小组进行为期两周的审查	
d.	收集咨询小组的反馈并转发给评估人员	
e.		完成报告
第四阶段。利用		
步骤 9：	召开会议总结评估研究，讨论调查结果的利用和报告的传播	
a.	安排与评估人员的会议，以审查评估流程，并讨论如何使用评估，以及下一次评估的发展（如果适用）	参加会议
b.	向预期用户/利益攸关方和其他人传播报告	
步骤 10：	制定用于评估的行动计划	
a.	与项目经理一起制定实施和监控行动计划	酌情参与
b.	继续评估过程；针对第一年的评估领域或确定新的优先评估主题	

·关于实施 10 步流程的进一步指导

（1）第一阶段的考虑。

第一阶段的活动侧重于让评估咨询小组参与进来，并制订一个可行的评估计划。然而，第一步是确定什么样的项目或干预将被评估。烟草控制项目是一个复杂的、多组成部分的系统，包括社区联盟、政策指令、大众媒体宣传和电话热线等活动。以下标准将帮助确定能够提高完成有用评估能力的项目或计划活动：

①所选择的计划/干预措施对烟草使用的预防和控制应具有重要意义。在政策和项目决策中，对过程评估和报告进行认真审查应该非常重要。

②它应该提供要解决的实际问题。

③应该激励员工对该主题进行过程评估。

④过程评估必须提供解决项目员工/利益攸关方提出的问题的数据。

⑤必须达成一致，即该计划可以在商定的成本和时间框架内进行评估。

⑥过程评估应该对广泛的烟草使用预防和控制利益攸关方的利益敏感。

⑦在可能的情况下，应收集数据，以便在不同层面做出决策（例如，项目决策、管理决策）。

⑧产生的数据必须对决策有用。

如有必要，应在咨询小组首次会议之前，向评估咨询小组成员简要介绍评估的基本原则。两种潜在的资源包括《综合烟草控制计划中的计划评估简介》和《以利用为中心的评估》。以这种方式引导咨询小组成员将促进他们参与这一过程并提高评估能力。它还将帮助咨询小组成员确定主要评估用途，确定关键评估问题的优先次序，并评估适当的数据收集方法。理想情况下，评估主持人和评估员将参与此介绍，作为与咨询小组成员建立融洽关系的一种方式。

最初的咨询小组会议（步骤3b）是评估中的一个重要里程碑。咨询小组有效参与评估规划将为整个评估过程的持续成功奠定基础。应认真准备，以确保所有咨询小组成员积极参与对评估计划核心组成部分的严格评估。

第一次评估咨询小组会议期间经常出现的一个挑战是，确定的评估问题比在开展研究的时间框架和可用资源范围内能够回答的要多。出现这种情况时，咨询小组成员必须优先考虑已确定的评估问题。如果做不到这一点，就可能导致无法在资源有限的情况下充分回答最有用的评估问题。

（2）第二阶段的考虑。

第二阶段的活动包括正式确定过程评估计划。理想情况下，如果使用外部评估员，最终计划将作为正式合同工作说明书的一部分。但是，可能会发现在开始任何评估工作之前，有必要敲定评估合同。如果是这样的话，最好在征求建议书和与评估人员的工作说明中尽可能明确地说明在开发和完成评估时使用的参与式流程。明确告诉评估人员，在整个评估项目中需要有效地让主要评估用户参与进来，这将有助于避免失败。承包商经常独立于项目人员和主要的预期评估用户工作，可能无法满足项目评估标准；这通常会导致最终报告中几乎没有或根本没有对项目改进、监控或问责有用的信息。

（3）第三阶段的考虑。

第三阶段，评估实施，需要最长的时间来完成。实施包括数据收集和分析，以及与评估咨询小组举行会议，以帮助解释调查结果。后一个组成部分至关重要，因为咨询小组将对推动成果的方案问题有宝贵的见解。

评估咨询小组还将在确定用于项目决策的报告结果的最佳格式方面发挥重要作用。从历史上看，评估最终会形成一份冗长的报告，使用标准的科学研究原则来报告方法、发现和结论。不幸的是，这份正式报告常常成为评估信息实际使用的障碍。应该与评估咨询小组合作，确定报告评估信息的最有效方式及发布此信息的最佳时间表，以克服这一障碍，同时认识到不同的受众可能需要多份报告。报告过程评估信息的格式和时间表应由评估的主要目的和计划用途决定。例如，为改进项目而收集的过程信息必须能够快速获得，以最大限度地利用它进行中期变更和改进。根据主要评估用户不断变化的需求，澄清交流评估信息的形式和结构将是一个反复的过程。因为咨询小组成员代表评估信息的主要用户，所以咨询小组是在给定的项目背景下总结的形式和功能的最佳指导来源。以下是报告评估结果的一些替代格式：

①简短通信（备忘录、传真、电子邮件）；

②与利益攸关方进行个人讨论；

③中期/进度报告；

④内容提要；

⑤图表文章；

⑥口头陈述；

⑦时事通讯、公告和小册子；

⑧录像带演示；

⑨海报展示；

⑩公开会议；

⑪新闻媒体传播。

（4）第四阶段的考虑。

第四阶段包括利用评估信息和向主要利益攸关方传播评估结果。在这一阶段，评估结果和建议转化为执行决定请注意，传播计划的创建是一个不同于评估计划开发的过程。

定制10步流程：该流程设计为在大约12个月内完成。然而，这一过程适用于当地环境和不同长度的研究。例如，调整每个阶段的时间框架，可以使用相同的框架在6个月、12个月或18个月内实施一项研究。

这个过程也可以与专家小组一起使用，专家小组被召集来确定项目的证据基础，并为逻辑模型的开发提供指导。在咨询委员会中包括选定的专家小组成员可以为评估问题、方法和使用等实际问题提供有价值的视角。

4.2　项目评估标准与评估研究中的参与者保护

·项目评估标准

评估标准联合委员会的项目评估标准概述了一套实用性、可行性、适当性和准确性标准，这些标准将有助于开发和实施一个道德的、有用的过程评估，最大限度地利用有限的资源。当确定评估人员来协助过程评估的设计和完成时，应该确保他们熟悉这些专业标准并对其负责。此外，当使用管理评估的10步流程时，评估协调员、评估者和评估咨询小组应熟悉标准，并同意评估将符合这些标准。

这些标准旨在确保评估遵循四项首要原则：

①效用：评估将满足预期用户的信息需求。

②可行性：评估将是现实的、谨慎的、外交的和节俭的。

③准确性：评估将揭示和传达技术上足够的信息，这些信息决定了被评估项目的价值或优点。

④适当性：评估将以法律、道德的方式进行，并适当考虑参与评估的人员以及受评估结果影响的人员的福利。

·保护评估研究的参与者

进行需要与人类受试者接触的研究（如调查、焦点小组讨论）的研究者通常必须获得机构审查委员会（IRB）的批准。然而，仅仅为了改进项目而收集信息的项目评估并不一定被认为是研究。非研究性研究不一定需要IRB审查。是否需要IRB审查取决于当地的情况。在开始评估研究之前，项目经理应与所在机构的内部评级机构核实，以确定是否需要内部评级机构的批准。内部审查委员会的审查需要时间，因此应尽早做出决定。

移民和难民委员会审查研究方案，以确保它们符合保护人类受试者的标准。当机构需要IRB批准时，该要求也适用于该机构的研究承包商。如果一个机构没有内部评级机构，可以请求其他机构的内部评级机构进行审查。相应的网站（http://

ohrp.cit. nih.gov/search/asearch.asp#23ASUR）上列出了已登记同意遵守联邦人类研究主题保护政策的国际研究机构。

联邦政府机构也要遵守文书工作减少法案的要求。该法案禁止联邦实体在未经美国管理和预算办公室（OMB）批准的情况下，从9个以上的个人或机构进行系统的数据收集。无论收集的信息是用于评估还是研究目的，该要求都适用。

4.3 选择过程评估设计（方法）

评估人员与咨询小组合作，为给定的过程评估目的选择最佳的数据收集方法。评估数据可以定量（可量化的、数字表达的信息）、定性（叙事格式的信息）或两者的组合。定量方法通常使用标准化仪器来收集数据，这些数据被转换成数值并使用统计方法进行分析。定量数据的收集和分析通常被认为更加客观。然而，定量数据往往缺乏定性方法提供的丰富信息。

定性方法适用于收集过程的详细描述，也适用于项目责任、监控和改进。具体而言，过程数据可以提供关于项目如何运行、是否如预期运行以及哪些项目元素更成功（或更不成功）的详细信息。注重项目改进的形成性评估通常使用过程数据。在一些情况下：①当不确定为什么一个项目的组成部分或干预是或不是工作的时候；②当评估者在寻找未知的变量的时候。定性方法通常是更强有力的评估工具。开放式定性数据不受预定类别的限制，通常用于过程评估，因为这些数据可以为评估者或项目经理尚未理解的复杂问题提供详细的答案。这种数据收集方法"强调对事件的理解，而不是精确的测量"。这是一个动态的过程，可以从多个角度收集证据。数据收集旨在了解影响项目员工和参与者的过程。

无论使用何种数据收集方法，评估人员在确定使用何种测量工具时都需要考虑以下六个问题：

①所需的数据收集类型；

②数据收集的频率；

③负责数据收集的人员；

④数据收集措施的可靠性（一种工具提供一致评级的程度）和有效性（一种工具衡量它应该达到的程度）；

⑤成本；

⑥参与者和工作人员的潜在负担。

评估人员应与项目经理讨论这些问题，以确定最合适的数据收集工具。过程评估中常用的一些定性研究方法有：

①案例研究；

②对项目利益攸关方进行结构化或半结构化访谈或自我管理调查，以收集项目活动协调员和障碍的信息；

③由参与者、工作人员或举报人组成的焦点小组，以生成关于项目设计的信息或项目改进建议；

④直接观察以记录参与者和项目人员在干预期间的行为；

⑤项目会议记录、分包商进度报告、自我报告清单、日记或项目档案的记录审查。

可以使用各种工具来分析和解释定性数据。两个常用的软件项目是 NVivo718 和 ATLAS. ti。例如，ATLAS. ti 允许分析电子文本、图像（例如，手写笔记的扫描）、视频（例如，电视反营销广告）和音频（例如，广播反营销、数字化采访）。

两种定量研究方法是：

①开展调查以衡量参与者对项目的理解或确定项目问题的根源；

②以记录审查的形式跟踪数据，以计算分发或收集的项目数量，如测量分发的小册子数量、分发/收到的无烟家庭承诺、项目联系或接触的人数以及举办的培训课程数量的项目日志。

在考虑数据收集方法时，必须让评估咨询小组参与进来以确定哪些方法可行。评估人员应充当顾问，以确保评估方法尽可能强有力；如果没有合理的评估，成功的项目就不能被证明是有效的。

请注意，许多过程评估信息来自项目通常作为正常操作的一部分创建的文档和记录，很少需要构建全新的数据收集项目来进行过程评估，但是可能需要采取措施来确保现有数据收集项目的准确性和完整性。

例如，关于投入的信息可能出现在描述性材料、批准的预算、董事会会议记录、机构间协议（规定合作伙伴和角色）和其他文件中。有关项目活动类型的信息通常会出现在战略计划、工作计划、员工日志和机构间协议中。产出通常通过工作日志、参与记录，有时通过支出记录和会计报告记录。

4.4 过程评估——超越单一研究

我们可以使用本节中描述的步骤和技术进行单一评估。但是，我们很可能会同时或依次进行多个过程评估。这将需要对评估（过程和结果）的持续承诺和持续的资源分配。最理想的情况是，它还将包括评估信息的持续使用，用于项目监控、项目改进、有效项目模型的开发和责任。

让利益攸关方担任顾问角色的参与式评估模式（如前文描述的 10 步流程）增强了评估信息的使用和适用性。参与式方法在参与评估过程的人员和组织中建立了对评估的欣赏、了解和接受。这反过来又鼓励在日常项目决策中使用评估信息。进行参与式评估的次数越多，就越能利用刚才描述的过程，提高相关组织进行有效的项目评估和例行使用评估结果的能力。

我们可能会发现，让组织中的某个人专注于任何单个评估研究的流程、完成和及时使用之外的内容非常有用。此人或小组可以回顾每项独立研究取得的成就，在从每项研究中获得的经验基础上，努力创建和维持组织结构和流程，以实施和使用评估。评估能力建设是一个有价值的过程，可以提高质量评估成为贵组织工作的常规部分的可能性。

第五节　结论

过程评估是确定改进项目、监控项目实施、建立有效的项目模型和明确责任的重要部分。将过程评估与结果评估配合使用，能够帮助更好地将时间和资源集中在最有好处的地方。在不断变化的烟草使用预防和控制领域，系统地收集过程信息，将逐渐帮助我们根据需要有效地修改项目组成部分和活动。这种有效补偿不断变化的外部环境和优先事项的能力，将提高我们解决吸烟影响健康这一问题的能力，并证明项目资金的合理性。

小结

吸烟是导致死亡和疾病的原因中唯一可预防的一类，本章将过程评估应用于烟草使用预防与控制，可以为理解投入、活动和产出之间的联系，以及评估这些与结果之间的关系提供了一个框架，也可以协助设计和实施过程评估，为烟草控制工作取得进展提供有效、可靠的证据。

本章首先区别了过程评估与结果评估，并阐述了过程评估的目的和好处。过程评估是系统地收集有关一个项目的投入、活动和产出，以及项目的背景和其他关键特征的信息。过程评估有四个主要目的：项目监控、项目改进、建立有效的项目模型和明确项目责任。

接下来，本章分析了哪些人会使用项目评估，以及如何使用项目评估。项目评估中有三个主要的利益相关方群体：受项目服务或影响的人、参与项目运作的人员及能够对项目做出决定的人。

本章最后讨论了过程评估的核心信息元素及如何通过 10 步流程法管理过程评估。

主要概念

过程评估结果评估　投入　活动　产出　短期结果　中期结果　长期结果　项目监控　计划改进　建立有效的项目模型　项目责任　投入/活动/产出指标　管理过程评估的 10 步流程

思考题

1. 如何区分过程评估与结果评估？
2. 过程评估中的核心信息元素是什么？
3. 管理过程评估的十步流程是什么？

参考文献

艾伦·巴比，2018. 社会研究方法［M］. 11版. 邱泽奇，译. 北京：华夏出版社.

詹姆斯·C·麦克戴维，劳拉·霍索恩，2011. 项目评价与绩效测量：实践入门［M］. 李凌艳，等译. 教育科学出版社.

威廉，邓恩，2011. 公共政策分析导论［M］. 4版. 谢明，等译. 北京：中国人民大学出版社.

哈维·罗森，特德·盖亚，2015. 财政学［M］. 10版. 郭庆旺，等译. 北京：中国人民大学出版社.

约翰·罗斯特，苏珊·格伦博，2011. 现代心理测量学［M］. 3版. 李晓，缪晶晶，译. 中国人民大学出版社.

凯思麦基，2009. 建设更好的政府：建立监控与评估系统［M］. 丁煌，译. 北京：中国人民大学出版社.

西奥多·H·波伊斯特，2016. 公共部门绩效评估，萧鸣政，译. 中国人民大学出版社.

约瑟夫·斯蒂格里茨，2005. 公共部门经济学［M］. 3版. 郭庆旺，等译. 北京：中国人民大学出版社.

白景明，陈北平，王泽彩，等，2018. 中国财政绩效报告——理论与实践2018［M］. 北京：中国财政经济出版社.

蔡立辉，2012. 政府绩效评价［M］. 北京：中国人民大学出版社.

财政部国际司，2010. 国际金融组织贷款项目绩效评价操作指南［M］. 北京：经济科学出版社.

财政部国际司，2010. 国际金融组织贷款项目绩效评价典型案例［M］. 北京：中国财政经济出版社.

财政部预算评审中心，2017. 中国财政支出政策绩效评价体系研究［M］. 北京：经济科学出版社.

陈向明，2000. 质的研究方法与社会科学研究［M］. 北京：教育科学出版社.

曹堂哲，罗海元，孙静，2017. 政府绩效测量与评估方法：系统、过程与工具［M］. 北京：经济科学出版社.

李志军，等，2015. 国外公共政策评估手册与范本选集［M］. 北京：中国发展出版社.

廖敏，2016. 问卷的信度和效度以及 spss 软件运用 [J]. 科技展望，26，369（16）：296.

刘朝杰，1997. 问卷的信度与效度评价 [J]. 中国慢性病预防与控制（4）：32-35.

马文军，潘波，2000. 问卷的信度和效度以及如何用 sas 软件分析 [J]. 中国卫生统计，17（6）：364-365.

施青军，2016. 政府绩效评价概念、方法和结果运用 [M]. 北京，北京大学出版社.

辛志强，2012. 心理学研究方法 [M]. 北京：北京师范大学出版社.

卓越，2011. 公共部门绩效评估 [M]. 2 版. 北京：中国人民大学出版社.

ANAND S，HANSON K，1997. Disability-Adjusted Life Years：A Critical Review [J]. Journal of Health Economics，16（6）：685-702.

Asian Development Bank，2018. Lao People's Democratic Republic：northern region sustainable livelihoods through livestock development project [R]. Performance Evaluation Report.

ASHENFELTER O，CARD D，1985. Using the longitudinal structure of earnings to estimate the effect of training programs. The Review of Economics and Statistics，67（4）：648-660.

ATKINSON P，PUGSLEY L，2005. Making sense of ethnography and medical education [J]. Medical education，39（2）：228-234.

BARBOUR R S，2005. Making sense of focus groups [J]. Medical education，39（7）：742-750.

BECK T，LEVINE R，LEVKOV A，2010. Big bad banks? The winners and losers from bank deregulation in the United States [J]. The Journal of Finance，65（5）：1637-1667.

BERTRAND M，DUFLO E，MULLAINATHAN S，2004. How much should we trust differences-in-differences estimates [J]. The Quarterly journal of economics，119（1）：249-275.

BINGENHEIMER J B，BRENNAN R T，EARLS F J，2005. Firearm violence exposure and serious violent behavior [J]. Science，308（5726）：1323-1326.

BOLARINWA O A，2015. Principles and methods of validity and reliability testing of questionnaires used in social and health science researches [J]. Nigerian Postgraduate Medical Journal，22（4）：195.

BRACE I，2018. Questionnaire design：How to plan，structure and write survey material for effective market research [M]. London：Kogan Page Publishers.

BRANAS C C，CHENEY R A，MACDONALD J M，ed al. 2011 [J]. A difference-in-differences analysis of health，safety，and greening vacant urban space. American journal of epidemiology, 174 (11): 1296–1306.

BUSKIRK T D, 2015. The rise of mobile devices: from smartphones to smart surveys [J]. The Survey Statistician, 72: 25–35.

Callaghan R C, Sanches M, Gatley J M, et al., 2013. Effects of the minimum legal drinking age on alcohol–related health service use in hospital settings in Ontario: a regression–discontinuity approach [J]. American journal of public health, 103 (12): 2284–2291.

CAMERON A C, TRIVEDI P K, 2005. Microeconometrics: methods and applications [M]. Cambridge: Cambridge university press.

CAMPBELL D T, ROSS H L, 1968. The connecticut crackdown on speeding: Time–series data in quasi–experimental analysis [J]. Law and Society Review, 3 (1): 33–53.

Centers for Disease Control and Prevention. Introduction to Process Evaluation in Tobacco Use Prevention and Control [R]. Atlanta, GA: U. S. Department of Health and Human Services, Centers for Disease Control and Prevention, National Center for Chronic Disease Prevention and Health Promotion, Offjce on Smoking and Health.

Chen Y, Ebenstein A, Greenstone M, et al., 2013. Evidence on the impact of sustained exposure to air pollution on life expectancy from China's Huai River policy [J]. Proceedings of the National Academy of Sciences, 110 (32): 12936–12941.

COUPER M P, TRAUGOTT M W, LAMIAS M J, 2001. Web survey design and administration [J]. Public opinion quarterly, 65 (2): 230–253.

DE L M D, 2012. The effect of Medicaid eligibility on coverage, utilization, and children′s health [J]. Health economics, 21 (9): 1061–1079.

Dhaliwal I, Duflo E, Glennerster R, et al. 2013. Comparative cost–effectiveness analysis to inform policy in developing countries: a general framework with applications for education [J]. Education policy in developing countries: 285–338.

Di T R, Schargrodsky E, 2004. Do police reduce crime? Estimates using the allocation of police forces after a terrorist attack [J]. American Economic Review, 94 (1): 115–133.

DiCicco B B, Crabtree B F, 2006. The qualitative research interview [J]. Medical education, 40 (4): 314–321.

DRUMMOND M F, SCULPHER M J, CLAXTON K, et al., 2015. Methods for the economic evaluation of health care programmes [M]. New York: Oxford university press.

FELTRIN C, NEWTON J M, WILLETTS G, 2019. How graduate nurses adapt to individual ward culture: A grounded theory study [J]. Journal of advanced nursing, 75 (3): 616–627.

FOWLER J F J, 2013. Survey research methods [M]. London: Sage publications.

FREYALDENHOVEN S, HANSEN C, SHAPIRO J, 2019. Pre–event trends in the panel event-study design [J]. American Economic Review, 109 (9): 3307-3338.

FRYBACK D G, LAWRENCE W F, 1997. Dollars may not buy as many QALYs as we think: a problem with defining quality of-life adjustments [J]. Med. Decis. Mak., 17: 276-84.

GALIANI S, GERTLER P, SCHARGRODSKY E, 2005. Water for life: The impact of the privatization of water services on child mortality [J]. Journal of political economy, 113 (1): 83-120.

GOLD M R, STEVENSON D, FRYBACK D G, 2002. HALYS and QALYS and DALYS, Oh My: similarities and differences in summary measures of population Health [J]. Annual review of public health, 23 (1): 115-134.

GUBA E G, LINCOLN Y S, 2001. Guidelines and checklist for constructivist (a . K . A . Fourth generation) evaluation [J]. Evaluation, (November): 1-15.

GUBRIUM J F, HOLSTEIN J A, 1997. The new language of qualitative method [M]. New York: Oxford University Press.

HAHN J, TODD P, VANDER K W, 2001. Identification and estimation of treatment effects with a regression-discontinuity design [J]. Econometrica, 69 (1): 201-209.

HANSEN C B, 2007. Asymptotic properties of a robust variance matrix estimator for panel data when T is large [J]. Journal of Econometrics, 141 (2): 597-620.

HANSEN C B, 2007. Generalized least squares inference in panel and multilevel models with serial correlation and fixed effects [J]. Journal of econometrics, 140 (2): 670-694.

HARMAN J S, LEMAK C H, ALAMIN M, et al., 2011. Changes in per member per month expenditures after implementation of Florida´s Medicaid reform demonstration [J]. Health services research, 46 (3): 787-804.

HIRANO K, IMBENS G, RIDDER G, 2003. Efficient Estimation of Average Treatment Effects Using the Estimated Propensity Score [J]. Econometrica, 71 (4): 1161-1189.

IMBENS G W, LEMIEUX T, 2008. Regression discontinuity designs: a guide to practice [J]. Journal of econometrics, 142 (2): 615-635.

Imbens G W, Wooldridge J M, 2009. Recent developments in the econometrics of program evaluation [J]. Journal of economic literature, 47 (1): 5-86.

IMBENS G W, WOOLDRIDGE J M, 2007. What's new in econometrics? lecture 1 estimation of average treatment effects under unconfoundedness [R]. [S. L.]: NBER Summer Institute.

IMBENS G W, WOOLDRIDGE J. M, 2007. What's new in econometrics? lecture 3 regression discontinuity designs [R]. [S. L.]: NBER Summer Institute.

IMBENS G W, WOOLDRIDGE J M, 2007. What's new in econometrics? lecture 10 difference-in-differences estimation [R]. [S. L.]: NBER Summer Institute.

JAMIESON S, 2004. Likert scales: how to (ab) use them [J]. Medical Education, 38 (12): 1217-1218.

KAUFMAN R, 1992. Strategic planning plus: an organizational guide [M]. London: Sage publications.

KAUFMAN R A, ENGLISH F W, 1979. Needs assessment: Concept and application [J]. Educational Technology, 15 (3): 123-125.

KAUFMAN R, CHRISTENSEN B D, 2019. Needs Assessment: Three Approaches with One Purpose [J]. Performance Improvement, 58 (3): 28-33.

KROSNICK J A, PRESSER S, 2010. Question and questionnaire design [J]. Handbook of Survey Research (2): 263-314.

KUMAR S. VOLLMER S, 2013. Does access to improved sanitation reduce childhood diarrhea in rural India [J]. Health Economics, 22 (4): 410-427.

KVALE S, 1996. InterViews: an introduction to qualitive research interviewing. London: Sage pubications.

LALIVE R, 2008. How do extended benefits affect unemployment duration? A regression discontinuity approach [J]. Journal of econometrics, 142 (2): 785-806.

LEE D S, LEMIEUX T, 2010. Regression discontinuity designs in economics [J]. Journal of economic literature, 48 (2): 281-355.

MALHOTRA N K, 2006. Questionnaire design and scale development [J]. The handbook of marketing research: Uses, misuses, and future advances: 83-94.

MCDAVID J C, HUSE I. HAWTHORN L R, 2018. Program evaluation and performance measurement: an introduction to practice [M]. London: Sage Publications.

MCGRATH C, PALMGREN P J, LILJEDAHL M, 2019. Twelve tips for conducting qualitative research interviews [J]. Medical teacher, 41 (9): 1002-1006.

MCKILLIP J, 1998. Need analysis: process and techniques. In L. Bickman and D. J. Rog (eds.), Handbook of Applied Social Research Methods [M]. Thousand Oakes, CA: Sage publications.

MCKILLIP J, 2003. Need analysis: tools for the human services and education. London: Sage publications.

PALINKAS L A, HORWITZ S M, GREEN C A, ET AL., 2015. Purposeful sampling for qualitative data collection and analysis in mixed method implementation research [J]. Administration and policy in mental health and mental health services research, 42 (5): 533-544.

POPE C, 2005. Conducting ethnography in medical settings [J]. Medical education, 39 (12): 1180-1187.

PUKALLUS M, PLONKA, K, KULARATNA S, et al., 2013. Cost-effectiveness of a telephone-delivered education programme to prevent early childhood caries in a disadvantaged area: a cohort study [J]. BMJ open, 3 (5): 2579.

ROSENBAUM P R, RUBIN D B, 1983. The central role of the propensity score in observational studies for causal effects [J]. Biometrika, 70 (1): 41-55.

RUBIN D B, 2001. Using propensity scores to help design observational studies: application to the tobacco litigation [J]. Health Services and Outcomes Research Methodology, 2 (3): 169-188.

SARIS W E, GALLHOFER I N, 2014. Design, evaluation, and analysis of questionnaires for survey research [M]. New York: John Wiley & Sons.

SEPPÄLÄ T, HANKONEN N, KORKIAKANGAS E, et al., 2018. National policies for the promotion of physical activity and healthy nutrition in the workplace context: a behaviour change wheel guided content analysis of policy papers in Finland [J]. BMC public health, 18 (1): 87.

SHIN H, LEE S J, LEE Y N, ET AL., 2019. Community health needs assessment for a child health promotion program in Kyrgyzstan [J]. Evaluation and program planning, 74: 1-9.

SMITH R D, WIDIATMOKO D, 1998. The cost - effectiveness of home assessment and modification to reduce falls in the elderly [J]. Australian and New Zealand journal of public health, 22 (4): 436-440.

TAYLOR P E, 1998. Questionnaire Design: Asking questions with a purpose [M]. Madison: University of Wisconsin-Extension.

THISTLETHWAITE D L, CAMPBELL D T, 1960. Regression-discontinuity analysis: An alternative to the ex post facto experiment [J]. Journal of Educational psychology, 51 (6): 309.

TURNER D W, 2010. Qualitative interview design: A practical guide for novice investigators [J]. The qualitative report, 15 (3): 754.

U. S. Department of Health and Human Services Centers for Disease Control and Prevention, 2011. Office of the Director, Office of Strategy and Innovation [R]. Introduction to program evaluation for public health programs: A self-study guide. Atlanta, GA: Centers for Disease Control and Prevention.

VAN D K W, 2002. Estimating the effect of financial aid offers on college enrollment: A regression - discontinuity approach [J]. International Economic Review, 43 (4): 1249-1287.

VAN D K W, 2008. Regression-discontinuity analysis: a survey of recent developments in economics [J]. Labour, 22 (2): 219-245.

VENKATARAMANI A S, BOR J, JENA A B, 2016. Regression discontinuity designs in healthcare research. bmj, 352: i1216.

Wang G, Macera C A, Scudder Soucie B, et al., 2004. Cost effectiveness of a bicycle/pedestrian trail development in health promotion [J]. Preventive Medicine, 38 (2): 237-242.

WATKINS R, WEST M M, VISSER Y, 2012. A guide to assessing needs: Essential tools for collecting information, making decisions, and achieving development results [R]. [S. L.]: The World Bank.

WHERRY L R, MILLER S, KAESTNER R, ET AL., 2018. Childhood medicaid coverage and later-life health care utilization [J]. Review of Economics and Statistics, 100 (2): 287-302.

WITKIN B R, ALTSCHULD J W, 1995. Planning and conducting needs assessments: A practical guide [M]. London: Sage publications.

YARBROUGH D B, SHULA L M, HOPSON, R K, et al., 2010. The Program Evaluation Standards : A guide for evaluators and evaluation users (3rd. ed) [M]. Thousand Oaks, CA: Corwin Press.